本书为司法部2014年度国家法治与法学理论研究课题
“多数人侵权行为与责任”项目（14SFB20025）

多数人侵权行为与责任

杨立新　主编
陶　盈　赵晓舒　韩　煦　参与撰写

法律出版社
LAW PRESS·CHINA

目　录

前　言

本书是2014年度司法部国家法治与法学理论研究课题“多数人侵权行为与责任”项目，编号为14SFB20025。课题研究进展顺利，提前半年完成了研究任务，提出了最终成果的研究报告。

这个课题之所以能够提前完成，得益于在接受该课题之前，课题组对此问题已进行了研究，有较好的研究基础。在过去一年半的时间里，课题组主要对课题内容进行补充、整合，最终完成研究报告的全部内容。

《中华人民共和国侵权责任法》（以下简称《侵权责任法》）以及其他相关法律对多数人侵权行为及责任作了特别详细的规定。在大陆法系的侵权法中，我国法律对这类具体规则的规定最为复杂、具体。但由于对这个问题的研究并不深入，对《侵权责任法》中的很多具体规定认识不足，导致对我国侵权法的多数人侵权行为及责任的规范体系和理论体系理解得不够深刻，掌握得不准确，不能揭示其全貌。经过几年的研究，课题组认为已经掌握了这个规范体系和理论体系的主要内容，有能力阐释其规范体系及其理论基础，故而完成了本课题的最终研究报告，经过整理后形成本书。

本书研究报告共分为七章。第一章研究的是多数人侵权行为及责任的理论框架，全面揭示我国多数人侵权行为及责任的基本理论体系。第二章至第五章，分别对共同侵权行为、分别侵权行为、竞合侵权行为以及第三人侵权行为及其对应的责任分担形态分别进行说明，并且对于其中的重点问题，进行了具体的研究。第六章和第七章，对多数人侵权行为及责任的特殊问题进一步展开研究，着重研究了不确定并列责任主体的确定、侵权责任并合与营销参与者，以及网络平台中的多数人侵权行为及责任。

在侵权法理论中，多数人侵权行为及责任具有重要地位，且极具深刻性、逻辑性，既是理论问题，又是实践问题。课题组进行的研究，仅仅是揭示其冰山一角而已，其还需要我们继续进行深入探讨和研究。本书内容中肯定存在认识不够、表述不准的问题，敬请法学界专家和司法实务界专家批评指正。

"多数人侵权行为与责任"研究项目课题组负责人
中国人民大学民商事法律科学研究中心　杨立新
2016 年 11 月 28 日

第一章　多数人侵权行为及责任的理论框架

进入21世纪以来,侵权法理论的研究热点集中在两个问题上:一是重视受害人是多数人的侵权案件,形成了大规模侵权的理论与实践的研究热点;[①]二是重视侵权人是多数人的侵权案件,形成了多数人侵权行为及责任的理论和实践的研究热点。对大规模侵权行为研究的目的,着重解决对为数众多的受害人的救济问题。而对多数人侵权行为及责任的研究目的,则是关注侵权责任在多数侵权人之间的分担。前者重视的是救济的及时、有效,后者注重的是责任分担的科学、公平。当代侵权法理论发展的这两个热点问题越来越成熟,标志着当代侵权法理论研究的发展水平。本书研究多数人侵权行为及责任的新发展,是对后一个问题的研究,期望建立科学、合理、公平的侵权责任分担规则。在本章中,本书先对多数人侵权行为及责任理论的整体框架作出描述,展示其理论体系的概貌。

---

① 参见张新宝、葛维宝主编:《大规模侵权法律对策研究》,法律出版社2011年版。

第一节　多数人侵权行为及责任理论的发展背景

在当代,侵权法理论对多数人侵权行为及责任的研究,有以下主要学说作为发展背景:

一、美国侵权法的责任分担理论

美国侵权法继承英国侵权法的传统,并且不断发展,形成了今天的侵权责任分担理论和规则。

英联邦的侵权法较早地形成了受害人过错和数人侵权的责任制度,1978 年英国制定了《民事责任(分摊)法令》。[①] 美国侵权法早期追随英国法,直到 1975 年才改为采纳按照过失比例进行分担责任的做法。1965 年美国法学会的《侵权法重述·第二次》重点研究与有过失,研究被告和原告均有过失的侵权责任分担,[②]同时也在共同侵权责任的研究中,研究共同侵权行为人之间的连带责任。[③] 对其他多数人侵权行为和责任的研究,并未予以特别重视。

美国法学会于 1993 年开始编撰、于 2000 年发表的《侵权法重述·第三次·责任分担编》,全面阐释了侵权责任分担理论的核心问题,包括原告行为的种类(如故意自伤、原告过失和自甘风险)、连带责任、根据原因力分担责任以及分担和补偿请求权。2003 年,美国统一州法委员会发表了《统一侵权责任分担法案》,在州法层面上,全面统一侵权责任分担制度。[④]

---

① 王竹:《侵权责任分担论——侵权损害赔偿责任数人分担的一般理论》,中国人民大学出版社 2009 年版,第 10 页。

② 参见美国《侵权法重述(第二次)》第十七章"与有过失",《美国法律整编·侵权行为法》,刘兴善译,司法周刊杂志社 1986 年版,第 375 页。

③ 参见美国《侵权法重述(第二次)》第四十四章"共同侵权行为人",《美国法律整编·侵权行为法》,刘兴善译,司法周刊杂志社 1986 年版,第 709 页。

④ 王竹:《侵权责任分担论——侵权损害赔偿责任数人分担的一般理论》,中国人民大学出版社 2009 年版,第 28 ~ 29 页。

美国《侵权法重述·第三次·责任分担编》与美国《统一侵权责任分担法案》重点研究的是比较过失和多数人侵权，包括侵权责任在原告与被告之间的分担，以及多数人侵权行为中的数个侵权人之间的责任分担，其对此均制定了详细的责任分担规则，具有特别的借鉴意义。我们可以看到，进入21世纪以来美国侵权法的发展，某对侵权责任分担规则的研究，分为比较过失、连带责任（包括不真正连带责任）以及按份责任。这种侵权责任分担规则的范围，比大陆法系多数人侵权行为及责任规则的范围要宽，既涵盖了多数人侵权行为及责任的规则，也涵盖了受害人与侵权人之间的责任分担，即过失相抵规则。

二、大陆法系侵权法的多数人之债理论

大陆法系侵权法原本没有多数人侵权行为及责任的规则，而是适用债法的多数人之债的规则，解决多数人侵权行为及责任分担问题。大陆法系多数人之债包括多数人债权和多数人债务。多数人侵权行为产生多数人债务，适用多数人债务的债法规则，包括连带之债、不真正连带之债和按份之债。[①]

大陆法系民法用多数人之债的方法解决多数人侵权行为及责任分担的问题是顺理成章的，因为大陆法系认为侵权行为是发生债的原因之一，既然侵权行为发生的法律后果是债的关系，那么，多数人侵权行为必然发生多数人之债，用多数人之债的规则调整多数人侵权行为的责任分担，是完全没有问题的。因此，在大陆法系侵权法中，专门研究多数人侵权行为及责任的学说并不多见。

在研究侵权责任分担的学说中，用多数人之债的方法和规则解决多数人侵权行为及责任分担，与美国侵权法的责任分担学说和规则相比较，范围最为狭窄。用多数人之债的方法研究多数人侵权行为，尽管没有债法与侵权法理论和规则的对接问题，但是就侵权法本身的理论和实践而言，不够完美。

东亚侵权法学会编写的《东亚侵权法示范法》对此有所改变。

---

① 史尚宽：《债法总论》，中国政法大学出版社2000年版，第636页。

该示范法专设一章即第八章"多数人侵权行为与责任",规定了共同侵权行为及连带责任,以及按份责任、混合责任、不真正连带责任等多数人侵权行为及其责任分担形态,具有鲜明的特点。①

三、中国学者提出的侵权责任形态理论

中国学者在研究侵权法理论和实践的过程中,发现侵权责任在侵权法律关系当事人之间的分配是一个非常复杂的问题,它不仅包括多数人侵权责任的分担问题、多数人侵权行为与过失相抵等侵权法律关系中当事人的责任分担问题,而且还有更多侵权责任形态的存在。经过长期努力,杨立新教授在2003年再版的《侵权法论》中,提出了较为完整的侵权责任形态理论。他认为,侵权责任形态理论是最宽泛的研究侵权责任分担规则的理论,既包括大陆法系的多数人之债的理论,也包括美国侵权法的责任分担理论,还包括单方责任和双方责任等责任形态:自己责任和替代责任;单方责任和双方责任(双方责任包括过失相抵、公平分担损失);单独责任和共同责任(共同责任包括连带责任、按份责任和不真正连带责任)。我们同时发现,侵权行为形态与侵权责任形态是完全对应的关系,将侵权行为形态与侵权责任形态完全对应起来,构成完美的侵权法理论体系,更便于指导法官在司法实务中的法律适用。②

四、侵权责任形态理论体系中的多数人侵权行为

无论是大陆法系多数人之债规则在多数人侵权行为及责任中的适用,还是英美侵权法特别是美国侵权法关于责任分担的理论,以及中国学者提出的侵权责任形态的理论和规则,其着眼点都是侵权责任在不同的当事人之间的分配,追求的是侵权责任承担和分配的公平和科学。它们的区别仅仅在于着眼点的宽窄不同。侵权责任形态理论的视野较为宽阔,着眼于所有的侵权责任分配的领域。责任分担理论着眼于中等的视野,看到的是多数人侵权行为和过失

---

① 杨立新主编:《东亚侵权法示范法》,北京大学出版社2016年版,第22~27页。

② 杨立新:《侵权法论》,人民法院出版社2004年版,第477页。

相抵等侵权责任法律关系中的当事人分担侵权责任。而大陆法系侵权法对于这些问题都有涉猎,但是都分别地在债法的范围里进行研究,缺少在侵权法的完整视野中对侵权责任形态问题的宏观的、整体的、体系化的研究,因而多数人之债的理论和规则不是直接针对侵权责任形态提出的理论和规则,而是对于所有的多数人之债的理论和规则并将其直接适用于多数人侵权行为,故范围比较狭小。将多数人之债的理论和规则引入侵权法理论和实践,其实就形成了多数人侵权行为及责任的理论和规则。

从上述分析可以看到,侵权责任形态的学说是一个庞大的体系,不仅涵盖了多数人侵权行为及责任,而且也包括了英美侵权法中的责任分担学说。侵权责任形态、侵权责任分担和多数人侵权行为及责任,是三个递进的概念,三个概念的相互关系是:

侵权责任形态 > 侵权责任分担 > 多数人侵权行为及责任

因此,多数人侵权行为及责任既包括在侵权责任分担的规则体系之中,更包含在侵权责任形态的规则体系之中。研究多数人侵权行为及责任的理论定位,可以确定,多数人侵权行为及责任是侵权责任形态的一种,是侵权责任分担的具体表现形式。按照侵权行为形态与侵权责任形态相对应的侵权法一般规则,多数人侵权行为的责任形态就是多数人侵权责任,具体如下:

多数人侵权行为→多数人侵权责任

我国《侵权责任法》规定了丰富的多数人侵权行为及责任的法律规则,但分散在各个章节之中,内容十分复杂。同时,在新近修订的《消费者权益保护法》《食品安全法》和《广告法》中,又增加了新的多数人侵权行为与责任的规则,这更增加了这个理论的复杂性,需要学界进行科学的整理和理论的分析,揭示出完整的理论体系和具体规则。

这个重要的理论任务,就落在了我们侵权法学者的肩上。

第二节 多数人侵权行为及责任概念的重新界定

一、多数人侵权行为及责任概念的来源

多数人侵权行为及责任的概念来源于大陆法系的多数人之债。史尚宽教授认为:“以同一给付为标的之债之关系,有多数债务人或多数债权人或双方均为多数者,谓之多数主体之债之关系。”[①]将其应用到侵权法中,称为多数人侵权或者数名加害人。例如,如果有数人以与侵权行为相关的方式出现在案情中时,则会由此产生处于不同规则层面上的问题。引起的问题是:各有关人员是否确实要根据侵权责任法承担责任?如果是,应该在什么范围内承担责任?如果存在一个应由多人承担的侵权责任,则要提出的问题是:这种责任与被害人构成什么关系?最后需要解决的是在加害人的内部关系中损害分担的问题。[②]

英美法系侵权法也有多数人侵权行为的概念。美国《侵权法重述·第三次·责任分担篇》对多名侵权人对不可分伤害的责任分别规定了连带责任的效力、单独责任的效力等,其中连带责任的效力规定在第10节:“当依据适用法律,有多人对一受害人承担连带责任时,该受害人可以起诉任何一名负连带责任者,并从中获得它可以获得的全部赔偿。”第11节规定了单独责任的效力:“当依据适用法律,某人对一受害人的不可分伤害承担单独责任时,该受害人仅可以获得该负单独责任者应得赔偿中所占的比较责任份额。”[③]在美国侵权法中,连带责任包括不真正连带责任。因而,其多名侵权

---

① 史尚宽:《债法总论》,中国政法大学出版社2000年版,第634页。

② [德]马克西米立安·福克斯:《侵权行为法》,齐晓琨译,法律出版社2006年版,第232页。

③ [美]肯尼斯·S.亚伯拉罕、阿尔伯特·C.泰特选编:《侵权法重述——纲要》,许传玺、石宏译,许传玺审校,法律出版社2006年版,第346页。

人对不可分伤害的责任,其实分为连带责任、单独责任、混合责任以及不真正连带责任。因此,英美侵权法关于多名侵权人对不可分伤害的责任,与大陆法系多数人之债中的多数债务人之债有相通之处,多数债务人之债包含多名侵权人对不可分伤害的责任概念,多名侵权人对不可分伤害的责任与多数人侵权行为及责任是相同的概念。

二、对多数人侵权行为和多数人侵权责任概念的不同界定

对于多数人侵权行为及责任的概念,学者有不同的界定。

王利明教授在其《侵权责任法研究》一书中,使用了数人侵权的概念,但没有作出定义;使用了数人侵权中的责任的概念,分别对数人侵权中连带责任和按份责任进行了界定。[①] 比较可惜的是,他没有对多数人侵权行为及责任作出具体界定。

张新宝教授使用多数人侵权行为的概念,认为多数人侵权行为是由数个行为人实施行为,对同一损害后果承担责任的侵权行为,其行为主体为二人或者二人以上,数人对同一损害后果承担侵权责任,数人承担侵权责任的方式即数个责任主体与被侵权人一方的请求权之间的联系具有多样性。[②]

程啸教授在其《侵权责任法》一书中,使用多数人侵权责任的概念,认为多数人侵权责任指的就是二人以上实施侵权行为时产生的侵权责任;[③]多数人侵权责任并非规范所有的加害人为多人的情形,而仅仅解决那些因果关系比较特殊的、多数加害人造成他人损害时的责任承担问题。[④]

王成教授认为,数人侵权行为,是指二人以上实施的侵权行为。数人侵权行为与单独侵权行为对应,根据承担责任的方式,数人侵权行为可以分为承担连带责任的数人侵权行为和承担按份责任的数人侵权行为。承担连带责任的数人侵权行为也称为共同

---

① 王利明:《侵权责任法研究》,中国人民大学出版社 2010 年版,第 507、581 页。

② 张新宝:《侵权责任法》,中国人民大学出版社 2010 年版,第 44 页。

③ 程啸:《侵权责任法》,法律出版社 2011 年版,第 238 页。

④ 程啸:《侵权责任法》,法律出版社 2011 年版,第 237 页。

侵权行为。①

日本潮见佳男教授使用“复数行为者的不法行为”的概念，在该概念下，阐释共同不法行为和竞合的不法行为。② 比较遗憾的是，他没有对复数行为者的不法行为概念进行界定。不过，复数行为者的不法行为概念，其实就是多数人侵权行为的概念。

德国学者使用数名加害人的概念，用以表述多数人侵权行为，其含义是指当侵权行为法意义上相关的人为数人，即《德国民法典》第830条中所称的“共同行为人和参与人”。③

综合上述各位学者的意见，多数人侵权行为及责任的概念应当包括的要素是：第一，行为人的数量为多人，即两个人以上；第二，造成的损害后果为一个，因此是一个侵权行为，或者是不同的侵权行为但结果是一个，而不是数个损害后果以及数个侵权行为；第三，数人侵权行为包含多种侵权行为类型，而非单一类型；第四，数人侵权行为的后果责任多由数人分担，在极个别的情形下，也存在不分担责任者。④ 只要符合上述基本特征，就是多数人侵权行为及责任。

三、本书对多数人侵权行为及责任概念的界定

上述对多数人侵权行为及责任概念的界定，有繁有简，繁者如张新宝教授的意见，简者如王成教授的意见。

我们认为，界定多数人侵权行为及责任的概念，应当能够完整地体现多数人侵权行为及责任的上述四个基本要素。事实上，多数人侵权行为及责任是两个概念，一是多数人侵权行为，二是多数人侵权责任。将两者放在一起研究和表述，主要出于方便的考量，而实际上在界定这个概念时，应当分别进行。

张新宝教授的意见比较稳妥，符合上述要求。在张新宝教授做

---

① 王成：《侵权责任法》，北京大学出版社2011年版，第110页。

② ［日］潮见佳男：《不法行为法》，日本信山社2011年版，第125、126、196页。

③ ［德］马克西米立安·福克斯：《侵权行为法》，齐晓琨译，法律出版社2006年版，第232～233页。

④ 例如，在通常情况下，对第三人过错造成的损害，就是免除实际加害人的责任，只由第三人承担责任。

出的这个概念界定的基础上,还可以对这个定义进一步完善。这就是:多数人侵权行为是由数个行为人实施,造成同一个损害后果,各侵权人对同一损害后果承担不同形态责任的侵权行为。而多数人侵权责任则是指数个行为人实施的行为,造成了同一个损害后果,数人对该同一损害后果按照行为的不同类型所承担的不同形态的侵权责任。

第三节　多数人侵权行为类型的新发展

一、传统侵权法理论对多数人侵权行为及责任的分类

在传统的侵权法理论中,对多数人侵权行为的类型有不同见解。有的学者认为多数人侵权行为包括共同侵权行为和分别侵权行为,如王利明教授的前述看法;有的学者认为多数人侵权行为包括共同侵权行为和竞合侵权行为,如潮见佳男教授的意见;有的学者认为多数人侵权行为包括数人对同一损害后果承担连带的侵权责任、数人对同一损害后果承担按份的侵权责任以及在数个责任主体中,部分责任主体承担全部赔偿责任、部分责任主体承担补充的侵权责任的三种类型。[①]

这些意见都从不同的立场理解多数人侵权行为的类型,都有自己的理由,但都是不完整的。这表明,以往的侵权法理论对多数人侵权行为类型的理解和整理还是不完全的、不完整的,没有准确概括出多数人侵权行为的类型。特别是在《侵权责任法》《消费者权益保护法》《食品安全法》《广告法》以及有关司法解释中出现的关于多数人侵权行为的不同规定,展现了多数人侵权行为与责任的多样化、复杂化,如果仅仅局限于传统的侵权法理论对多数人侵权行为类型的概括,是无法全面展示多数人侵权行为的类型的,对此必须予以改进。

---

① 张新宝:《侵权责任法》,中国人民大学出版社2006年版,第52页。

二、新的多数人侵权行为类型体系

经过反复研究,我们提出了构建新的多数人侵权行为类型的看法,认为多数人侵权行为包括以下四种类型:

一是共同侵权行为。共同侵权行为当然是多数人侵权行为,是多数人侵权行为中最为典型的类型,也是最为重要的类型。

二是分别侵权行为。无过错联系的共同加害行为这个概念比较冗长,不够精练。从《侵权责任法》第 11 条和第 12 条的规定中,提炼出"分别"的概念,就把它叫做分别侵权行为,表述的就是无过错联系的共同加害行为。这个概念比较简洁,且非常贴切,与《侵权责任法》第 11 条和第 12 条的规定相一致。

三是竞合侵权行为。在传统的侵权法中,与不真正连带责任相对应的侵权行为形态没有被概括出来,曾经有人使用过原因竞合的概念,[①]也有使用竞合侵权行为的概念。我们借鉴潮见佳男教授的意见,对此使用竞合侵权行为的概念,对应的责任后果是不真正连带责任。

四是第三人侵权行为。第三人侵权行为是《侵权责任法》第 28 条规定的免责事由,但是这种免责事由的侵权行为特点是,作为侵权行为人的一方存在两个以上的行为人,实际上也是数人侵权,仅仅是一方免责另一方承担责任而已,因此,我们把它作为广义的多数人侵权行为。

综合起来,四种多数人侵权行为可以分为两种类型:第一种是狭义的多数人侵权行为,包括共同侵权行为、分别侵权行为和竞合侵权行为;第二种是广义的多数人侵权行为,除了上述三种狭义的多数人侵权行为之外,还包括第三人侵权行为。这四种多数人侵权行为,构成了侵权法的多数人侵权行为的体系结构。见表 1－1:

表 1－1 多数人侵权行为类型

<table>
<tr><td rowspan="4">多数人侵权行为</td><td rowspan="3">典型的多数人侵权行为</td><td>共同侵权行为</td></tr>
<tr><td>分别侵权行为</td></tr>
<tr><td>竞合侵权行为</td></tr>
<tr><td>非典型的多数人侵权行为</td><td>第三人侵权行为</td></tr>
</table>

① 侯国跃:《中国侵权法立法建议稿及理由》,法律出版社 2009 年版,第 50 页。

三、多数人侵权行为形态与多数人侵权责任形态的对接

在侵权法中，侵权行为形态与侵权责任形态需相互对应。换言之，有什么样的侵权行为形态就有什么样的侵权责任形态；什么样的侵权责任形态，就必定由什么样的侵权行为形态所决定。因此，多数人侵权行为形态所对应的就是多数人侵权责任形态。

在以往的侵权法中，侵权行为形态与侵权责任形态在多数人侵权这样的对应关系中出现了欠缺，即在多数人侵权行为与多数人侵权责任中，有的对应不起来。例如，共同侵权行为的侵权行为形态对应的是连带责任形态；分别侵权行为（无过错联系的共同加害行为）的侵权行为形态对应的是按份责任形态；第三人侵权行为的侵权行为形态对应的是第三人侵权责任形态；而在立法和司法中大量使用的不真正连带责任的侵权责任形态，没有一个能够直接对应的侵权行为形态。其残缺的情形见表 1－2：

表 1－2　传统侵权法多数人侵权行为与责任对接的情形

多数人侵权行为形态	多数人侵权责任形态
共同侵权行为	连带责任
分别侵权行为	按份责任
?	不真正连带责任
第三人侵权行为	第三人单独责任

多数人侵权的侵权行为形态与侵权责任形态的对应关系中出现这样的欠缺，存在逻辑上的问题，说明传统的多数人侵权行为及责任类型的理论概括是不完整的。按照侵权法的逻辑，在多数人侵权行为体系中，必须有一个多数人侵权行为的类型对应不真正连带责任的责任形态类型。没有这样的对接关系，多数人侵权行为及责任的逻辑体系就是不完整的。

经过长期研究，我们认为，采用竞合侵权行为的概念能够填补这一理论残缺，使其对应不真正连带责任，从而构成了多数人侵权的完整体系。

现在的多数人侵权行为形态与多数人侵权责任形态的对接关系体系见表1－3：

表1－3 侵权责任法规定的多数人侵权行为与责任对接的情形

多数人侵权行为形态	多数人侵权责任形态
共同侵权行为	连带责任
分别侵权行为	连带责任(11条)或者按份责任(12条)
竞合侵权行为	不真正连带责任
第三人侵权行为	第三人单独责任

这样的侵权行为形态和侵权责任形态对接的体系，构成了完整的、完美的多数人侵权行为及责任的理论体系，是非常理想的，也是多数人侵权行为及责任理论的最新发展。

第四节 多数人侵权行为的责任承担规则

在以往的侵权法理论中，多数人侵权行为的责任承担规则比较简单，主要就是连带责任、按份责任以及不真正连带责任，不存在比较复杂的责任形态规则。

21世纪以来，随着多数人侵权行为及责任理论的不断发展，出现了较多的新型侵权责任形态及规则，我国《侵权责任法》也规定了更多的责任形态规则。可以看到，当代侵权法多数人侵权行为及责任的承担规则，向着多样化、系统化的方向发展，在连带责任和不真正连带责任中出现了更多的责任形态。下面概括的就是多数人侵权行为的责任承担规则体系，里面包含着新发展出来的责任分担规则。

一、共同侵权行为与连带责任

共同侵权行为是最重要的多数人侵权行为。在司法实践中，共同侵权行为及责任的纠纷出现的频率特别高，是多数人侵权行为及责任中的重点。共同侵权行为及责任在《民法通则》中就有规定

(第 130 条),在最高人民法院的司法解释中也有较多的规定。面对司法实践的不同做法和理论上的不同认识,《侵权责任法》规定了第 8 条、第 9 条、第 10 条和第 13 条、第 14 条,构成了完整的共同侵权行为及责任的法律规范体系。

对共同侵权行为的类型尽管有多种不同的学说主张,但包括主观的共同侵权行为、客观的共同侵权行为、共同危险行为等,是基本的意见。在主观的共同侵权行为中,包括教唆人、帮助人责任以及团伙成员责任。[①] 除此之外,《侵权责任法》规定的大量的适用连带责任的侵权行为形态,并不就是当然的共同侵权行为,可以把它们叫做准共同侵权行为或者视为共同侵权行为,如《侵权责任法》第 51 条规定的非法转让报废车、拼装车致人损害的侵权行为等。这些承担连带责任的侵权行为并非就是共同侵权行为,但依照法律规定须承担连带责任,因此将其作为准共同侵权行为,即准用共同侵权行为规则的侵权行为形态,是较为准确的。

共同侵权行为的责任分担规则是连带责任。对此,大陆法系和英美法系有共同的看法和规则。大陆法系的典型代表如《德国民法典》第 421 条规定:"二人以上以其中每一人都有义务履行全部给付但债权人只有权请求给付一次的方式,负担一项给付的(连带债务人),债权人可以随意向其中任何一个债务人请求全部给付或部分给付。到全部给付被履行时为止,全体债务人仍负有义务。"美国《侵权法重述·第三次·责任分担编》第 10 条规定:"当依据适用法律,有多人对一受害人承担连带责任时,该受害人可以起诉任何一名负连带责任者,并从中获得它可以获得的全部赔偿。"这样的规则与《侵权责任法》第 13 条和第 14 条规定的连带责任规则是完全一致的。[②]

---

① 关于团伙成员的共同侵权责任,为 1992 年施行的《荷兰民法典》第 6:166 条所规定,参见张新宝:《侵权责任法》,中国人民大学出版社 2006 年版,第 60 页。

② 对此,应当特别注意的是,《最高人民法院关于审理人身损害赔偿案件适用法律若干问题的解释》第 5 条规定的连带责任规则与《侵权责任法》第 13 条和第 14 条规定的规则相抵触,而且《侵权责任法》的上述规定就是为了纠正司法解释中的错误而规定的。参见杨立新:《侵权责任法条文背后的故事与难题》,法律出版社 2011 年版,第 61 ~ 62 页。

连带责任的新发展,是在连带责任中出现了单向连带责任和部分连带责任。单向连带责任也叫做混合责任,是在连带责任中,有的责任人承担连带责任,有的责任人承担按份责任,是连带责任与按份责任混合在一起的连带责任形态。部分连带责任,是在一个损害中,有的部分由连带责任人连带承担,有的部分由非连带责任人单独承担的多数人侵权责任形态。

连带责任的规则分为以下三种不同形式:

(一)典型的连带责任

典型的连带责任规则就是《侵权责任法》第 13 条和第 14 条规定的规则。连带责任的规则是:

1. 中间责任

《侵权责任法》第 13 条规定的是中间责任规则:"法律规定承担连带责任的,被侵权人有权请求部分或者全部连带责任人承担责任。"任何一个连带责任人都有义务满足赔偿权利人的全部赔偿请求。

2. 最终责任

《侵权责任法》第 14 条第 1 款规定的是最终责任规则:"连带责任人根据各自责任大小确定相应的赔偿数额;难以确定责任大小的,平均承担赔偿责任。"连带责任的最终责任须分为不同的份额,按照连带责任人的过错程度和行为原因力的大小,分配给每一个连带责任人。

3. 承担了中间责任的连带责任人向最终责任人的追偿权

《侵权责任法》第 14 条第 2 款规定的是追偿规则:"支付超过自己赔偿数额的连带责任人,有权向其他连带责任人追偿。"通过中间责任人行使追偿权,实现最终责任的承担。

(二)单向连带责任

《侵权责任法》规定了两个特殊的连带责任规则,即第 9 条第 2 款和第 49 条。这种责任实际上也是连带责任,但其特殊性是,在连带责任中,有的责任人承担连带责任,有的责任人承担按份责任,因此,形成了连带责任的一个特殊类型,就是单向连带责任。在《侵权责任法》第 9 条第 2 款规定的教唆帮助无民事行为能力人或者限制民事行为实施侵权行为的侵权案件中,教唆人和帮助人承担的是

“侵权责任”，有过错的监护人承担的是“相应的责任”，这就是在该连带责任中，有的责任人承担连带责任，有的责任人承担按份责任，构成单向连带责任。同样，《侵权责任法》第 49 条规定的租车、借车的损害赔偿责任，租车人或者借车人（机动车使用人）承担是侵权责任是连带责任，机动车所有人如果有过错，承担的“相应的责任”就是按份责任，构成单向连带责任。

大陆法系侵权法中没有提及单向连带责任形态。美国侵权法连带责任中的混合责任，其实就是单向连带责任。美国《侵权法重述·第三次·责任分担编》第 11 节（单独责任的效力）规定：“当依据适用法律，某人对一受害人的不可分伤害承担单独责任时，该受害人仅可以获得该负单独责任者在该受害人应得赔偿中所占的比较责任份额。”并且把这种责任形态叫做混合责任。① 这就是在多数人侵权的连带责任中，有的责任人承担连带责任，有的责任人承担单独责任（按份责任），承担单独责任的单独责任人只承担受害人应得赔偿中的自己的份额，就是按份责任。这就是单向连带责任。②

单向连带责任的规则是：

1. 单向连带责任人中的连带责任人承担中间责任

单向连带责任中的连带责任人就全部赔偿责任承担责任。如果被侵权人起诉其承担全部责任，连带责任人有义务承担全部赔偿责任，其中不属于他的份额的部分，为中间责任。

2. 单向连带责任人中的按份责任人只承担按份的最终责任

单向连带责任中的按份责任人只承担按照份额确定的最终责任，不承担中间责任。如果被侵权人起诉按份责任人承担中间责任，按份责任人可以《侵权责任法》第 9 条第 2 款和第 49 条规定其承担“相应的责任”而予以抗辩，法官应当予以支持。

3. 承担了中间责任的连带责任人有权向按份责任人进行追偿

单向连带责任中的连带责任人承担了超出自己责任份额之外

---

① ［美］肯尼斯·S. 亚伯拉罕、阿尔伯特·C. 泰特选编：《侵权法重述——纲要》，许传玺、石宏等译，法律出版社 2006 年版，第 346、355 页。

② 杨立新：《侵权责任法》，法律出版社 2012 年版，第 121 页。

的中间责任的,有权向没有承担最终责任的责任人包括连带责任人和按份责任人进行追偿,实现最终责任的分担。

(三)部分连带责任

部分连带责任,是在一个多数人的侵权行为造成的损害中,有的部分由连带责任人连带承担,有的部分由非连带责任人单独承担的多数人侵权责任形态。例如,《侵权责任法》第36条第2款规定的避风港原则中,网络服务提供者就损失扩大的部分承担连带责任,就是典型的部分连带责任。

部分连带责任,是在一个损害的责任中,在数个侵权行为人的行为原因力重合的部分,要由数个责任人承担连带责任,在原因力不重合的部分,仅由该行为人承担单独责任。

二、分别侵权行为与按份责任和连带责任

分别侵权行为主要是无过错联系的共同致害行为。[①] 不过,《侵权责任法》第11条又将二人以上分别实施侵权行为造成同一个损害,每一个行为都足以造成全部损害后果的,也叫做分别侵权行为,扩展了分别侵权行为的内容。将《侵权责任法》第11条和第12条规定中的"分别实施侵权行为"的概念进行提炼,将其概括为分别侵权行为,其中包括无过错联系的共同加害行为,是非常贴切的。

我们把分别侵权行为分为三种类型,即典型的分别侵权行为、叠加的分别侵权行为和半叠加的分别侵权行为。其中半叠加的分别侵权行为并非《侵权责任法》第11条和第12条所规定,而是从逻辑上推导出来的。三种分别侵权行为的简要情况如下:

一是典型的分别侵权行为,按照《侵权责任法》第12条规定,"二人以上分别实施侵权行为造成同一损害,能够确定责任大小的,各自承担相应的责任;难以确定责任大小的,平均承担赔偿责任"的这种分别侵权行为,是典型的分别侵权行为,其后果是按份责任(美

---

① 无过错联系的共同致害行为,参见杨立新:《侵权行为法专论》,高等教育出版社2005年版,第303页。

国侵权法将其称为单独责任)，每个行为人只对自己的行为后果承担侵权责任，不存在连带责任的问题。

二是叠加的分别侵权行为，即《侵权责任法》第11条规定“二人以上分别实施侵权行为造成同一损害，每个人的侵权行为都足以造成全部损害的，行为人承担连带责任”的侵权行为。这并不是分别侵权行为的典型形态。

三是半叠加的分别侵权行为，是介于典型的分别侵权行为与叠加的分别侵权行为之间的分别侵权行为，是在两个以上的行为人分别实施侵权行为，有的行为人的行为足以造成全部损害，具有全部原因力，有的行为人的行为不能造成全部损害，只有部分原因力的分别侵权行为。其后果是，成立部分侵权行为，即对于损害重合部分，每一个行为人都要承担连带责任，对于损害不重合的部分，由具有全部原因力的行为人单独承担。

三、竞合侵权行为与不真正连带责任

(一)竞合侵权行为的概念界定

竞合侵权行为是指两个以上的民事主体作为侵权人，有的实施直接侵权行为，与损害结果具有直接因果关系，有的实施间接侵权行为，与损害结果的发生具有间接因果关系，行为人承担不真正连带责任的侵权行为形态。

竞合侵权行为是新创立的一种多数人侵权行为形态的概念。在此之前，我国侵权法理论中没有这个概念，只有原因竞合和行为竞合的概念。其中原因竞合的概念，是指构成侵权损害的原因不止一个，而是数个，发生竞合而造成同一个损害。有人将分别侵权行为也叫做原因竞合，[①]不是特别正确，因为行为与事实等结合也可以形成原因竞合。行为竞合的概念接近于竞合侵权行为的概念，但没有将其提高为多数人侵权行为类型的地位。这是多数人侵权行为类型的新发展。

---

① 侯国跃:《中国侵权法立法建议稿及理由》，法律出版社2009年版，第118～119页。

(二)竞合侵权行为的类型

我国《侵权责任法》以及司法解释规定了较多的竞合侵权行为类型,规则各不相同。这既是竞合侵权行为类型的新发展,更是多数人侵权行为及责任承担规则的新发展。竞合侵权行为类型分为以下四种:

1. 必要条件的竞合侵权行为

必要条件的竞合侵权行为,是指两个行为中的从行为(间接侵权行为)与主行为(直接侵权行为)竞合的方式,是从行为为主行为的实施提供了必要条件,没有从行为的实施,主行为不能造成损害后果的竞合侵权行为。换言之,间接侵权人的从行为是直接侵权人的主行为完成的必要条件,这种竞合侵权行为就是必要条件的竞合侵权行为。

2. "必要条件 + 政策考量"的竞合侵权行为

"必要条件 + 政策考量"的竞合侵权行为,是指符合必要条件的竞合侵权行为的要求,但是基于政策考量,规定间接侵权人先承担中间责任,之后向直接侵权人追偿以实现最终责任的竞合侵权行为。

3. 提供机会的竞合侵权行为

提供机会的竞合侵权行为,是指两个竞合的行为,从行为为主行为的实施提供了机会,使主行为的实施能够顺利完成的竞合侵权行为。从发挥的作用上考察,提供机会的竞合侵权行为与必要条件的竞合侵权行为有所不同,这就是,间接侵权人的从行为给直接侵权人的主行为造成损害结果提供了机会,但并不是必要条件。

4. 提供平台的竞合侵权行为①

《消费者权益保护法》第 43 条和第 44 条规定的侵权行为类型,就是提供平台的竞合侵权行为。第 44 条第 1 款规定:"消费者通过网络交易平台购买商品或者接受服务,其合法权益受到损害的,可

---

① 对此,杨立新教授曾经将其概括为特殊保险关系的竞合侵权行为,是指造成受害人人身损害的侵权行为是一个独立的侵权行为,但受害人在遭受损害之前与有关单位共同订立了特别的责任保险,责任保险的权利与侵权损害赔偿请求权发生竞合,因而发生竞合侵权行为。参见杨立新:《多数人侵权行为及责任理论的新发展》,载《法学》2012 年第 7 期。

以向销售者或者服务者要求赔偿。网络交易平台提供者不能提供销售者或者服务者的真实名称、地址和有效联系方式的，消费者也可以向网络交易平台提供者要求赔偿；网络交易平台提供者作出更有利于消费者的承诺的，应当履行承诺。网络交易平台提供者赔偿后，有权向销售者或者服务者追偿。”网络交易平台提供者为网络交易双方当事人提供网络交易平台，销售者销售商品或者服务者提供服务，造成消费者损害的，本无交易平台提供者责任，但是如果有约定的条件或者符合法定的条件的，就要承担附条件的不真正连带责任。这种提供平台所造成的侵权行为，也属于多数人侵权行为，即提供平台的竞合侵权行为。

（三）竞合侵权行为的责任承担

竞合侵权行为的后果是不真正连带责任。

不真正连带债务的概念源自于德国普通法的连带债务二分论，由埃舍尔（Eisele，也译作阿依舍雷）于1891年在其论文《共同连带和单纯连带》中提出。他认为，宏观上区分共同连带和单纯连带的现实意义并不显著，唯连带债务和不真正连带债务的区分更为重要。由此，学界探究的重点由共同连带债务和单纯连带债务的区分转变为连带债务和不真正连带债务的区分，也就是当今学者所研究的连带债务与不真正连带债务的区分。① 侵权法将侵权行为发生的不真正连带债务称为不真正连带责任。

根据竞合侵权行为的不同类型，不真正连带责任的责任形态有所变化，形成了不同的不真正连带责任的类型和规则。四种不同的竞合侵权行为类型，分别对应不同的不真正连带责任类型：

1. 必要条件的竞合侵权行为→典型的不真正连带责任

在竞合的侵权行为的数个行为中，其中一个是主要的侵权行为，另一个是为主要的侵权行为的实施或者损害后果的发生提供必要条件。例如，缺陷产品是由生产者形成的，该产品经过销售者而转移到消费者手中，两个行为竞合，发生同一个损害后果，生产者的行为是主要的侵权行为，销售者的行为就是侵权行为实施的必要条

---

① 陈郑权：《论不真正连带债务制度》，载《人文学报》第35期，第25页。

件。两个侵权人承担典型的不真正连带责任。

典型的不真正连带责任的规则是:

(1)中间责任

在两个不同的不真正连带责任人之间,受害人可以选择其中一个提出损害赔偿请求,即可以向任何一个侵权人请求承担赔偿责任。任何一个不真正连带责任人都有义务承担全部赔偿责任,实现形式上的连带。

(2)最终责任

不真正连带责任的最终责任,是不真正连带责任的最终后果一定要由应当承担最终责任的人全部承担责任,而不是在不真正连带责任人之间实行实质的连带,即分担责任。最终责任必定要由承担最终责任的不真正连带责任人全部承担。不真正连带责任的最终责任只是一个责任,而不是份额的责任,即不分担。

(3)追偿权

在不真正连带责任中,不真正连带责任人中的一人承担中间责任后,有权向最终责任人追偿,实现最终责任。中间责任人承担责任后,对最终责任人的追偿是全额追偿,包括必要的费用。

2."必要条件+政策考量"的竞合侵权行为→先付责任

"必要条件+政策考量"的竞合侵权行为,同样是必要条件的竞合侵权行为,但侵权法根据政策考量,将这种特定的竞合侵权行为改变责任承担规则,由典型的不真正连带责任改为先付责任。这种竞合侵权行为,同样一个是主要的侵权行为,另一个是为主要的侵权行为的实施或者损害后果的发生提供必要条件,构成必要条件的竞合侵权行为,但由于立法者为了更好地保护受害人,使受害人的损害能够得到更为及时的救济,因而规定受害人直接向提供必要条件的侵权人请求损害赔偿,而不是直接向主要的侵权行为一方请求赔偿,因此形成了先付责任这种特殊的不真正连带责任的类型,其规则的承担也与典型的不真正连带责任不同,杨立新将其命名为先付责任。[①] 如《侵权责任法》第44条规定的产品责任中的第三人

① 杨立新:《侵权责任法》,法律出版社2012年版,第129页。

责任,第 85 条和第 86 条规定的建筑物、构筑物及其他设施脱落、坠落、倒塌损害责任,规定被侵权人可以直接向应当承担中间责任的生产者、销售者或者所有人、管理人、使用人以及第三人或者建设单位、施工单位请求赔偿;在他们承担了赔偿责任之后,再向应当承担最终责任的其他责任人追偿。

先付责任是不真正连带责任的一种变形,是特殊的不真正连带责任,其规则是:第一,承担中间责任的责任人先承担赔偿责任。第三人产品缺陷损害责任中的生产者、销售者不是产品缺陷的制造者,因此不是最终责任人,而是中间责任人。但法律规定,在先付责任中,被侵权人应当直接向生产者或者销售者请求赔偿,而不是直接向产品缺陷的制造者即第三人请求赔偿。在建筑物等损害责任中,适用同样的规则。第二,中间责任人承担了赔偿责任之后向最终责任人追偿。中间责任人在承担了赔偿责任之后,有权向最终责任人进行追偿,该追偿权的范围是全额追偿,即最终责任的范围是全部赔偿责任。第三,索赔僵局及破解。由于《侵权责任法》对先付责任的规则没有规定被侵权人可以直接向最终责任人索赔,因此存在中间责任人无法承担赔偿责任后,被侵权人又不能向最终责任人索赔的僵局。对此,司法解释应当规定,当出现上述索赔僵局的时候,准许被侵权人直接向最终责任人起诉追究其赔偿责任。

3. 提供机会的竞合侵权行为→相应的补充责任

提供机会的竞合侵权行为,是指两个竞合的行为,从行为为主行为的实施提供了机会,使主行为的实施能够顺利完成的竞合侵权行为。《侵权责任法》第 34 条第 2 款规定的劳务派遣的侵权行为,第 37 条第 2 款规定的违反安全保障义务的侵权行为,第 40 条规定的第三人造成学生伤害的侵权行为,都是这种竞合侵权行为。

提供机会的竞合侵权行为的法律后果是承担相应的补充责任,即有限的补充责任。补充责任也是不真正连带责任的一种变形,是特殊的不真正连带责任。其规则是:

(1) 直接侵权人即最终责任人首先承担责任

与先付责任不同,补充责任的最终责任人首先承担侵权责任,而不是中间责任人先承担责任。

(2)间接侵权人承担补充责任

如果直接侵权人出现赔偿不足或者赔偿不能的情形,则由承担中间责任的间接侵权人承担相应的补充责任。相应的补充责任的范围,是与其过错和原因力相适应的责任,而不是全额补充。

(3)间接侵权人不享有追偿权

由于在相应的补充责任中,间接侵权人承担的补充责任是有限补充责任,且以其过错为基础,因此,间接侵权人承担了补充责任之后,不享有追偿权。

4. 附条件的不真正连带责任

附条件的不真正连带责任仍然属于不真正连带责任,其基本特征如下:提供平台的一方,对于展销会举办者、柜台出租者以及网络交易平台提供者在该平台上与消费者进行交易,造成了消费者权益的损害,只有在符合法律规定的条件的情况下,才对受害人承担不真正连带责任,否则就只能由销售者或者服务者承担赔偿责任;并且平台提供者承担赔偿责任之后,还有权向销售者或者服务者进行追偿。

四、第三人侵权行为与单独责任

(一)第三人侵权行为的概念和性质

第三人侵权行为是指第三人由于过错,通过实际加害人的直接行为或者间接行为,造成被侵权人民事权利损害,应当由第三人承担侵权责任、实际加害人免除责任的多数人侵权行为。

第三人侵权行为的基本性质,法律规定为免责事由,但就加害行为的数量上而言,存在两个以上的行为。因而从行为的本质上观察,这种侵权行为也属于多数人侵权行为,是多数人侵权行为中的一个特殊类型,与其他多数人侵权行为既有相同之处,也有不同之处。

(二)第三人侵权行为的后果

在适用过错责任原则和过错推定原则时,构成第三人侵权行为,其法律后果就是第三人侵权责任,免除实际加害人的赔偿责任。至于第三人承担侵权责任的规则,适用侵权损害赔偿的一般规则即可,并无特别之处。

(三)适用无过错责任原则的第三人侵权行为的例外

在适用无过错责任原则的情形下,第三人侵权行为具有特别的要求。原因是,在适用无过错责任原则的侵权行为类型中,法律将有些第三人侵权规定为不真正连带责任:环境污染责任适用第68条;饲养动物损害责任适用第83条;产品责任第三人适用第44条。

在适用无过错责任原则的侵权领域中,法律没有明确规定第三人免责的,如果法律规定受害人故意造成损害可以免责,则第三人故意造成损害可以免除实际加害人的责任;如果法律规定受害人重大过失或者过失造成损害实行过失相抵,则第三人重大过失或者过失造成损害可以免除实际加害人的责任。(见表1-4)

表1-4　侵权行为形态与侵权责任形态对接

<table>
<tr><td colspan="2">侵权行为形态</td><td colspan="3">侵权责任形态</td></tr>
<tr><td colspan="2">单独侵权行为</td><td colspan="3">单独责任</td></tr>
<tr><td rowspan="12">多数人侵权行为</td><td rowspan="4">共同侵权行为</td><td rowspan="4">连带责任</td><td>共同侵权行为</td><td rowspan="3">典型的连带责任</td></tr>
<tr><td>共同危险行为</td></tr>
<tr><td>准共同侵权行为</td></tr>
<tr><td>交叉的共同侵权行为</td><td>单向连带责任</td></tr>
<tr><td rowspan="3">分别侵权行为</td><td colspan="2">典型的分别侵权行为</td><td>按份责任</td></tr>
<tr><td colspan="2">叠加的分别侵权行为</td><td>连带责任</td></tr>
<tr><td colspan="2">半叠加的分别侵权行为</td><td>部分连带责任</td></tr>
<tr><td rowspan="4">竞合侵权行为</td><td rowspan="4">不真正连带责任</td><td>必要条件的竞合侵权行为</td><td>典型的不真正连带责任</td></tr>
<tr><td>“必要条件+政策考量”的竞合侵权行为</td><td>先付责任</td></tr>
<tr><td>提供机会的竞合侵权行为</td><td>补充责任</td></tr>
<tr><td>提供平台的竞合侵权行为</td><td>附条件不真正连带责任</td></tr>
<tr><td>第三人侵权行为</td><td colspan="3">第三人单独责任(加害人不承担责任)</td></tr>
</table>

第二章 共同侵权行为与连带责任

共同侵权行为是多数人侵权行为中最重要、最复杂的类型，其承担的连带责任也有新的变化，学界历来对其研究都比较深入，也存在不同看法。有些学者专门出版专著，研究共同侵权责任制度，[①]但仍然存在较多的问题需要继续进行研究，故本章专门研究共同侵权行为与连带责任及其法律适用问题。

第一节 《民法通则》前后学说对共同侵权行为的认识

一、《民法通则》颁布之前学说对共同侵权行为的认识

在《民法通则》颁布实施之前，我国侵权法学说对共同侵权行为的认识比较肤浅，基本上来源于前苏联民法的侵权法理论。

---

① 张铁薇：《共同侵权制度研究》，人民法院出版社 2013 年版。

最早的民法教科书将共同侵权行为称为共同致人损害。例如，认为两人以上共同造成他人损害就叫共同致人损害，它的特征是几个行为人之间在主观上有共同致人损害的意思联络，同时各个行为人的违法行为在客观上正是造成损害的不可分割的原因，共同致人损害的加害人，应对受害人的实际损失负连带赔偿责任。但从各个加害人的内部关系来说，全部赔偿数额应按各人的过错程度比例分担。[①] 这个界定比较有代表性，时间也比较早，影响比较大。我们在 1981 年研究这个问题时，也使用共同致人损害的概念。[②] 佟柔教授主编的《民法原理》教科书也将共同侵权行为称为共同致人损害。[③]

1984 年《最高人民法院关于贯彻执行民事政策法律若干问题的意见》第 73 条规定："两个以上致害人共同造成损害的，应根据各个致害人的过错和责任的大小，分别承担各自相应的赔偿责任。教唆或者帮助造成损害的人，应以共同致害人对待，由其承担相应的赔偿责任。部分共同致害人无力赔偿的，由其他共同致害人负连带责任。"这样的规定，显然还是对共同侵权行为及责任规则进行表述的初级阶段，也可以概括为共同致人损害的概念，没有使用共同侵权行为。

至于共同致人损害的本质特征，有的学者概括为意思联络，认为只有数人之间在主观上具有共同致人损害的意思联络，也就是具有共同故意者，才能构成共同致人损害；[④]有的学者概括为共同过错。前者如认为"两个或两个以上的人共同造成他人损害"，"几个行为人之间在主观上有共同致害的意思联系，或者有共同过失，即具有共同过错"。[⑤] 后者如认为"两个以上的行为人主观上有共同

---

① 中央政法干部学校民法教研室：《中华人民共和国民法基本问题》，法律出版社 1958 年版，第 330 页。

② 杨立新等：《关于处理民事损害赔偿案件的几个问题》，载《法学研究》1981 年第 1 期。

③ 佟柔主编：《民法原理》，法律出版社 1982 年版，第 227 页。

④ 中央政法干部学校民法教研室：《中华人民共和国民法基本问题》，法律出版社 1958 年版，第 330 页；伍再阳：《意思联络是共同侵权行为人的必备要件》，载《法学季刊》1984 年第 2 期。

⑤ 佟柔主编：《民法原理》，法律出版社 1983 年版，第 227 页。

故意或者共同过失，即有共同过错”。“共同过错，就是二人以上共同侵权造成他人损害。”[①]学者认为，后一说法最早出现在20世纪80年代佟柔教授主编的《民法原理》一书中，后为许多学者所接受，成为我国民法学界关于共同侵权行为本质的主流学说，并得到司法实务中法官的肯认。[②] 有的学者认为，共同侵权行为与各个侵权行为所引起的结果，有客观的关联共同为已足，各行为人间不必有意思的联络。[③] 这种客观说属于少数意见。

一般认为，决定共同侵权行为的最本质特征是主观原因。把共同侵权行为的本质特征归结为客观行为或因果关系或结果，注重的是共同侵权行为的外在形式，而没有抓住其内在的实质。共同行为说强调行为上的联系，忽视了共同加害人主观上的联系；关联共同说强调的是各个加害人的行为与损害结果之间的因果关系的联系，强调结果的共同等，都不能准确反映共同侵权行为的本质。将各个共同加害人联结在一起，将各个加害人的行为构成为一个整体的，只能是各加害人的主观因素。只有抓住这一点，才能准确揭示共同侵权行为的本质。[④]

二、《民法通则》颁布实施后学说对共同侵权行为的认识

（一）2003年之前学说对共同侵权行为的认识

1986年4月12日，立法机关通过了《民法通则》，其中第130条统一了对共同侵权行为的规定。该条文的内容是：“二人以上共同侵权造成他人损害的，应当承担连带责任。”该法在1987年1月1日开始实施。

在《民法通则》刚刚公布时，学界对于共同侵权行为及其赔偿责任的研究，仍然是比较肤浅的。例如，在中国政法大学民法教研

---

① 马原主编：《中国民法教程》，人民法院出版社1989年版，第311页。

② 张铁薇：《共同侵权制度研究》，人民法院出版社2013年版，第109页。

③ 邓大榜：《共同侵权行为人的民事责任初探》，载《法学季刊》1982年第3期。

④ 杨立新：《侵权法论》，人民法院出版社2005年版，第596页。

室 1986 年出版的《中华人民共和国民法通则讲话》、[①]西南政法学院法律系 1986 年出版的《民法通则讲座》,[②]最高人民法院有关人员编写的《民法通则与审判实践》[③]等有关著作中,对《民法通则》第 130 条的解释,基本上都是含糊其辞的。1988 年出台的《最高人民法院关于贯彻执行民法通则若干问题的意见(试行)》,仅仅对共同侵权行为中的教唆帮助行为的定性和责任承担作出了解释之外,对共同侵权行为及其连带责任没有作其他规定。

在随后的侵权法理论研究中,学说在共同侵权行为的以下几个问题上,讨论逐渐深入:

第一,尽管还有将共同侵权行为称为共同致人损害、共同过错等不同称谓的,但是主流学者开始使用共同侵权行为的概念,并且逐渐成为通说。相比之下,共同过错的称谓虽也有使用,[④]但其使用频率较共同侵权行为少。共同过错这一称谓的着眼点在于过错的形态,与有过失、受害人过错相对应。从侵权行为的形态上分析,共同侵权行为的概念更能够体现这种侵权行为的完整内涵和外延,是准确、科学的称谓。

第二,在界定共同侵权行为的概念时,原则上一致,分歧较多。王利明教授认为:"共同过错也叫共同侵权行为或共同致人损害,它是指两个或两个以上的行为人,基于共同的故意和过失致他人损害。"[⑤]张新宝教授认为:"共同侵权行为是指二人或二人以上共同侵害他人合法民事权益造成损害,应当承担连带责任的侵权行为。"[⑥]

---

① 中国政法大学民法教研室编:《中华人民共和国民法通则讲话》,中国政法大学出版社 1986 年版,第 229 页。

② 西南政法学院法律系、民革重庆市委员会:《民法通则讲座》,1986 年版,第 366 页。

③ 沈关生、周强、岳志强:《民法通则与审判实践》,群众出版社 1989 年版,第 163 页。

④ 王利明所著《侵权行为法归责原则研究》一书,仍使用这一概念。

⑤ 王利明:《侵权行为法归责原则研究》,中国人民大学出版社 1992 年版,第 284 页。

⑥ 张新宝:《中国侵权行为法》,中国社会科学出版社 1995 年版,第 85 页。

第三，在解释共同侵权行为的本质特征问题上，更多的人接受共同过错的概念，即共同故意构成共同侵权行为，共同过失也构成共同侵权行为。[①] 但是意思联络说、关连共同说等学说，仍然存在较大的市场。

第四，学界对此逐渐统一认识，即界定共同侵权行为本质特征的基本价值，在于确定多数人侵权行为承担连带责任的范围大小，立法者认为应当将连带责任限制在什么样的范围，就决定采用什么样的共同侵权行为本质的表述。[②]

应当看到的是，共同侵权行为的最本质特征就是意思联络，只有存在主观上的共同故意才能够将数个不同行为人的行为结构成一个行为，所以不同的行为人才应当对外承担一个完整的责任，就是连带责任。可是，依照意思联络说的立场确定的连带责任范围太窄，不能使更多的受害人受到连带责任的保护，因而才确定共同过错是共同侵权行为的本质。而从客观方面界定共同侵权行为的本质，又使连带责任过于宽泛，因此不能采用。[③] 有的学者把共同侵权行为分为意思联络的共同侵权行为和非意思联络的共同侵权行为，构成共同侵权，数个加害人均需要有过错，或者为故意或者为过失，但是无须共同的故意或者意思上的联络；各个加害人的过错的具体内容是相同的或者相似的即可。[④]

这就是2003年之前中国民法学界对共同侵权行为及其本质特征的基本看法。

（二）2003年之后对共同侵权行为的认识

2003年出台、2004年5月1日施行的《最高人民法院关于审理人身损害赔偿案件适用法律若干问题的解释》对共同侵权行为的本质特征作出了新的规定，这就是除了坚持共同侵权行为的共同过错的本质之外，还有条件地承认共同侵权行为的客观标准，认为数人

---

① 王利明主编：《民法·侵权行为法》，中国人民大学出版社1993年版，第354页；杨立新：《侵权损害赔偿》，吉林人民出版社1990年版，第135～137页。

② 杨立新：《侵权法论》，人民法院出版社2011年版，第709页。

③ 杨立新：《侵权法论》，人民法院出版社2011年版，第709页。

④ 张新宝：《侵权责任法原理》，中国人民大学出版社2005年版，第81页。

虽无共同故意、共同过失，但其侵害行为直接结合发生同一损害后果的，亦构成共同侵权，应当依照《民法通则》第 130 条规定承担连带责任。

这一规定在民法学术界引发了激烈的讨论。反对采用客观标准认定共同侵权行为的专家认为，人身损害赔偿司法解释这样规定，是该司法解释的一个“硬伤”，是不符合法理的，同时在实践中也不好操作。所谓的“侵害行为直接结合”，在理论上专家学者都说不清楚，在司法实践上更无法操作。按照有些人的解释，判断“侵害行为的直接结合”，就是数人的加害行为具有“时空一致性”。但是“时空一致性”实际上并不能判断加害行为的直接结合或者间接结合。坚持共同侵权行为客观标准的学者认为，确认共同侵权行为的客观标准是采用以数人的侵害行为直接结合造成一个共同的损害后果作为判断的基础。行为直接结合和间接结合的说法虽然在理论上比较复杂，但是它很好地说明了共同侵权行为的认定标准。数人的行为对于损害的发生不能分割，是损害发生的必要因素，各个行为均构成共同原因的，就可以解释为行为的直接结合。反之，行为对损害的发生具有独立的作用，原因力能够分割、能够比较的，是非必要的因素，不能认定为直接结合，而是间接结合。因此，确定行为的直接结合和间接结合的主要标准，就是行为是否能够独立对损害结果发生影响。这种的观点是，共同侵权行为的本质特征应当从主观标准向客观标准适当过渡，以更好地保护受害人。对此可以借鉴我国台湾地区“民法”关于共同侵权行为的本质特征为关连共同的立场，将共同侵权行为分为主观的关连共同和客观的关连共同。①

这些不同的意见，就是制定《侵权责任法》之前所面临的共同侵权行为规则的形势，意见比较分歧。

---

① 上述三种学术观点，分别是王利明、张新宝和杨立新的意见，参见杨立新：《侵权法论》，人民法院出版社 2011 年版，第 709 ~ 710 页。

第二节　制定《侵权责任法》对共同侵权行为本质与类型的抉择

一、《侵权责任法》规定共同侵权行为与连带责任面临的问题

《最高人民法院关于审理人身损害赔偿案件适用法律若干问题的解释》第3条第1款规定："二人以上共同故意或者共同过失致人损害，或者虽无共同故意、共同过失，但其侵害行为直接结合发生同一损害后果的，构成共同侵权，应当依照民法通则第130条规定承担连带责任。"第5条规定："赔偿权利人起诉部分共同侵权人的，人民法院应当追加其他共同侵权人作为共同被告。赔偿权利人在诉讼中放弃对部分共同侵权人的诉讼请求的，其他共同侵权人对被放弃诉讼请求的被告应当承担的赔偿份额不承担连带责任。责任范围难以确定的，推定各共同侵权人承担同等责任。""人民法院应当将放弃诉讼请求的法律后果告知赔偿权利人，并将放弃诉讼请求的情况在法律文书中叙明。"

正是这些条文的规定，使本来简单明了的《民法通则》关于共同侵权行为及连带责任的规定，面临着复杂化问题。其引起的主要问题是：

第一，共同侵权行为本质属性的界定应当选择哪种立场？究竟选择主观主义还是客观主义的立场？如果选择客观主义的立场，应当用什么标准确定？对此，《民法通则》在第130条没有作出具体规定。在我国大陆地区的司法实践和理论研究中一直坚持的是主观主义立场，即数人共同致人损害，只有具备共同过错的要件，才能构成共同侵权行为。[①] 但是，最高人民法院上述司法解释离开了这个立场，确认二人以上具有共同故意或者共同过失的构成共同侵权行为；二人以上"虽无共同故意、共同过失，但其侵害行为直接结合发

---

① 中央政法干校民法教研室：《中华人民共和国民法基本问题》，法律出版社1958年版，第330页。

生同一损害后果的”,也“构成共同侵权”,后者立场显然采取的是客观主义立场。问题是:首先,这样的选择是不是正确;其次,如果这样的选择是正确的,应当如何确定客观的共同侵权行为的认定标准呢?

第二,对于共同侵权行为的类型,应当怎样界定?在共同侵权行为与无过错联系的共同加害行为之间,是不是还有必要规定第三种侵权行为形态?如果需要规定这样的侵权责任形态,应当怎样确定它的构成要件和责任形态?事实上,最高人民法院上述司法解释在共同侵权行为与无过错联系的共同加害行为之间,增加了一个客观性的共同侵权行为。① 这种做法是不是妥当?对于共同侵权行为的类型究竟应当作出怎样的规定呢?

第三,侵权连带责任的规则应当怎样确定?上述司法解释第5条规定的规则是否可行?上述司法解释关于连带责任的规定,最大的问题就在于改变了连带责任的基本规则,受害人对于共同加害人必须同时起诉,否则就视为原告对未起诉的共同加害人赔偿权利的放弃,因此不得主张对他们所应承担的责任份额。这样的规则是对连带责任规则的根本性的背弃,还是正确的选择呢?

制定《侵权责任法》,如何规定共同侵权行为,首先必须解决这些问题。

二、《侵权责任法》对共同侵权行为本质特征的立场选择

(一)各国侵权法关于共同侵权行为与责任的一般规定

对于共同侵权行为的本质特征,各国都有自己的不同立场。制定《侵权责任法》,对共同侵权行为的本质特征应当如何规定,着重参考了以下立法例。

在大陆法系,罗马法的私犯制度存在对共同侵权行为的简略规定,甚至对一些教唆、帮助行为也有规定。查士丁尼《法学总论——法学阶梯》规定:“不仅可以对实施侵害的人,例如殴打者提起侵害

---

① 杨立新:《侵权法论》,人民法院出版社2005年版,第600页。

之诉,而且可对恶意怂恿或唆使打人嘴巴的人提起侵害之诉。”[①]在一些特殊场合,如由家畜造成的损害,如果由数个家畜致害,则数个家畜的所有主负连带责任。[②] 这些规定虽然不是共同侵权行为的自觉的概念,但是它们所包含的内容是共同侵权行为。法国民法典对于共同侵权行为没有做具体规定。在实践中,法国法院采用共同责任人或者共同债务人的概念,确定共同侵权行为的整体债务,并规定共同债务人之间的求偿权。[③]《德国民法典》第 830 条规定了共同侵权行为以及共同危险行为,第 840 条规定了共同侵权行为的连带责任。德国法的这种立法对于后世的侵权法立法具有极大的影响。

英美侵权法认为,各自独立的行为结合在一起而造成他人损害,从而对受害人负有连带责任的人,是共同侵权人。共同侵权人中的每一个人都有义务向被害人支付赔偿金;已支付赔偿金的共同侵权人有权向其他未支付赔偿金的共同侵权人索取补偿。[④] 美国《侵权法重述・第二次》第 875 条规定:“两人或多人之每一人的侵权行为系受侵害人之单一且不可分之法律原因者,每一人均须对受害人就全部伤害负责任。”[⑤]此外,对于“就他人之侵权行为致第三人受伤害,如符合下列规定情形之一者,行为人亦应负责任:(1)行为人与该他人共同作侵权行为或与该他人为达成共同计划而作侵权行为;或(2)行为人知悉该他人之行为构成责任之违反,而给予重大之协助或鼓励该他人之作如此行为;或(3)行为人于该他人之达成侵权行为结果,给予重大协助,且行为人之行为单独考虑时,构成对第三人责任之违反”,均为共同行为之人。[⑥] 在上述共同侵权

---

① ［罗马］查士丁尼:《法学总论——法学阶梯》,商务印书馆 1989 年版,第 203 页。

② ［意］彼德罗・彭梵得:《罗马法教科书》,黄风译,中国政法大学出版社 1993 年版,第 407 页。

③ 《法国民法典》(下),罗结珍译,法律出版社 2005 年版,第 1091 页。

④ 《牛津法律大辞典》,光明日报出版社 1988 年中文版,第 481 页。

⑤ 美国法学会:《美国法律整编・侵权行为法》,刘兴善译,司法周刊杂志社 1986 年版,第 709 页。

⑥ 美国法学会:《美国法律整编・侵权行为法》,刘兴善译,司法周刊杂志社 1986 年版,第 709 页。

行为中,原告得选择侵权行为人中之一人或全体对其提起损害赔偿之诉,亦得分别起诉。[①] 不仅如此,英美法也承认共同危险行为,美国加利福尼亚州上诉法院 1980 年审理的辛德尔诉阿伯特制药厂案(Sindell v. Abbort Laboratories),由于不能确认当时生产致害药物乙烯雌粉的 5 家主要制药厂中的哪家企业制造的该药致辛德尔患乳腺癌,故判决该 5 家制药厂共同承担连带赔偿责任。[②]

(二)关于共同侵权行为本质特征的不同学说

《侵权责任法》规定共同侵权行为的本质特征,面对的是下述不同主张:(1)意思联络说。认为共同加害人之间必须有意思联络始能构成。如无主体间的意思联络,则各人的行为就无法在实质上统一起来,因而也不构成共同侵权行为。[③] (2)共同过错说。认为共同侵权行为的本质特征在于数个行为人对损害结果具有共同过错,既包括共同故意,也包括共同过失。[④] (3)共同行为说。认为共同行为的共同加害人承担连带责任的基础是共同行为,共同加害结果的发生总是同共同加害行为紧密联系,不可分割。[⑤] (4)关连共同说。认为共同侵权行为以各个侵权行为所引起的结果,有客观的关连共同为已足,各行为人间不必有意思的联络。数人为侵权行为的时间或地点,虽无须为统一,但损害则必须不可分离,始成立关连共同。[⑥] (5)共同结果说。认为共同造成损害的概念要求损害是数人行为的共同结果,不一定要求几个参加人有共同的目的和统一的行为。[⑦] 上述各种主张,可分为两种基本观点。前两种认为共同侵权行为的本质在于主观方面,后三种认为共同侵权行为的本质为客观方面。

---

① 参见耿云卿:《侵权行为之研究》,商务印书馆 1972 年版,第 40 页。

② 参见潘维大:《英美侵权行为法案例解析》(上),瑞兴图书股份有限公司 2002 年版,第 270 页。

③ 伍再阳:《意思联络是共同侵权行为人的必备要件》,载《法学季刊》1984 年第 2 期。

④ 王利明等:《民法 · 侵权行为法》,中国人民大学出版社 1993 年版,第 354 页。

⑤ 邓大榜:《共同侵权行为人的民事责任初探》,载《法学季刊》1982 年第 3 期。

⑥ 欧阳宇经:《民法债编通则实用》,汉林出版社 1978 年版,第 78 页。

⑦ [苏联]坚金 · 布拉图斯:《苏维埃民法》,法律出版社 1957 年版,第 199 页。

不过,《侵权责任法》规定共同侵权行为本质特征所面临的最为重要的问题是最高人民法院司法解释的立场转变。确定共同侵权行为的本质特征的目的,就在于确定连带责任的范围。立法者认为应当将连带责任限制在什么样的范围,就决定采用什么样的共同侵权行为本质的表述。事实上,共同侵权行为的最本质特征,就是意思联络,可是意思联络说确定的连带责任范围太窄,因而后来确定共同过错是共同侵权行为的本质。最高人民法院认为这样的认识仍然无法保护受害人的民事权益,故作出这样的改变。而完全从客观立场界定共同侵权行为的本质,如以共同行为或者共同结果作为共同侵权行为的本质,则又使连带责任过于宽泛,因此不能采用。

(三)值得借鉴的我国台湾地区司法实践和学说的立场

在界定共同侵权行为的本质特征时,最值得借鉴的是我国台湾地区的学说主张。

台湾地区"民法"第185条规定共同侵权行为的立法理由认为:"查民律草案第950条理由谓数人共同为侵害行为,致加损害于他人时(即意思及结果均共同),各有赔偿其损害全部之责任。至造意人及帮助人,应视为共同加害人,始足以保护被害人之利益。其因数人之侵权行为,生共同之损害时(即结果共同)亦然。"其"立法"采纳的立场主要是意思联络说,但是作为特殊情况,构成关连共同者,也认为是共同侵权行为。可见,立法是采取两个标准,在实务上也是如此,前者为意思联络,即主观上的关连共同;后者为客观上的关连共同;各行为既无意思联络,又无关连共同者,非共同侵权行为。①

我国台湾地区"司法院"1977年6月1日(66)院台参字第0578号令例变字第1号认为,"民法"上之共同侵权行为,与刑事上之共同正犯,其构成要件并不完全相同,共同侵权行为人间不以有意思联络为必要,数人因过失不法侵害他人之权利,苟各行为人之过失行为均为其所生损害之共同原因,即所谓行为关连共同,亦足成立共同侵权行为。台湾地区"最高法院"1978年台上字第1737号判

① 刘清景主编:《民法实务全览》(上),学知出版事业公司2000年版,第370页。

决书重申了这一立场。[①]

在学说上，有主张共同侵权行为须有共同故意或者共同过失者，如共同侵权行为人须有故意或过失。有故意或过失之人（包括有免责错误之人）共同者，唯于有故意或过失者之间成立共同侵权行为。[②] 近来学者认为，数人共同不法侵害他人之权利者，对于被害人所受损害，所以应负连带责任，系因数人的侵权行为具有共同关联性。所谓共同关联性即数人的行为共同构成违法行为的原因或条件，因而发生同一损害。分为主观的共同关联性与客观的共同关联性。主观的共同关联性，是指数人对于违法行为有通谋或共同认识，对于各行为所致损害，均应负连带责任。客观的共同关联性，为数人所为违法行为致生同一损害者，纵然行为人相互间无意思联络，仍应构成共同侵权行为。这种类型的共同加害行为，其共同关联性乃在于数人所为不法侵害他人权利之行为，在客观上为被害人因此所生损害的共同原因。[③]

（四）《侵权责任法》对共同侵权行为本质特征的选择

确定共同侵权行为本质的目的在于确定连带责任范围的宽窄，立法者认为应当将侵权连带责任限制在什么样的范围，就决定采用什么样的表述。[④] 学者认为，主观说担心扩大共同侵权及连带责任之适用而加重加害人的负担，客观说则试图寻求对受害人更有力的保护与救济。[⑤]

按照意思联络说界定共同侵权行为，所确定的连带责任的范围太窄，不能够使更多的受害人得到侵权连带责任的保护。[⑥] 如果要更好地保护受害人的利益，进一步扩大连带责任保护受害人的范围，采用折中说界定共同侵权行为的本质特征，是可以接受的。事实上，也确实如学者所说，在较晚近的各国判例中，法官们开始确认

---

① 刘清景主编：《民法实务全览》（上），学知出版事业公司 2000 年版，第 370 页。

② 史尚宽：《债法总论》，荣泰印书馆 1978 年版，第 166 页。

③ 孙森焱：《新版民法债编总论》（上），三民书局 2004 年版，第 276～278 页。

④ 杨立新：《侵权法论》，人民法院出版社 2005 年版，第 597 页。

⑤ 张新宝：《侵权责任法原理》，中国人民大学出版社 2005 年版，第 81 页。

⑥ 杨立新：《侵权法论》，人民法院出版社 2005 年版，第 597 页。

即使是多数加害人没有意思上的联络,其共同行为造成损害的,也为共同侵权行为,应当承担连带责任。[①] 因此,在起草《侵权责任法》过程中,更多的学者赞成适当扩大共同侵权行为的范围,采用折中说界定共同侵权行为的本质特征,使连带责任的范围适当扩大,以更好地保护受害人的赔偿权利。

争论的问题是,应当采用什么样的标准界定共同侵权行为的性质才最为稳妥。最高人民法院司法解释以数人的行为是直接结合还是间接结合作为标准,确定共同侵权行为与无过错联系的共同加害行为,这个标准并不好。

所谓的"侵害行为直接结合",最大的问题在于这个概念的抽象性,在理论上,专家、学者都说不清楚,在司法实践上当然就更无法操作。按照有些人的解释,判断侵害行为的直接结合,就是数人的加害行为具有"时空一致性"。但是时空一致性实际上并不能判断数个加害行为的直接结合或者间接结合。例如,2004 年 8 月 19 日凌晨 5 点左右,广州一辆本田轿车撞破立交桥护栏跌落,驾驶室悬空架在下方绿化带的铁栏杆上,车尾后备箱包裹里的 60 万元现金滚落路面,两名中年夫妇和一名拾荒汉上前抢救受伤的驾驶员,另外七八名围观者看到一捆一捆的钱滚落路上,置伤者于不顾,抢走这些钞票。警方追回 50 万元,尚有 10 万元没有追回。这是典型的多数人侵权行为,是数人共同实施的,尽管没有共同故意,也没有共同过失,但是行为的发生具有时空的一致性,是同一时间、同一地点发生的,损害后果也是一个共同的结果,但是能够作为共同侵权行为处理,让他们承担连带责任吗?显然不能,他们只能承担自己应当承担的份额。

关键的问题是,司法解释的功能在于将抽象的法律规定具体化,以便于实践操作。司法解释将具体的法律规定抽象为行为的"直接结合"与"间接结合",却是将具体规定解释为抽象的概念;在解释不清的情况下,用更为抽象的"数人行为的时空一致性"来对"直接结合"进行解释,结果更为抽象。这不是司法解释应有的

---

① 张新宝:《侵权责任法原理》,中国人民大学出版社 2005 年版,第 81 页。

做法。

关于共同侵权行为的本质特征问题，以及共同侵权行为主要解决的侵权连带责任的范围问题，尽管在一般的侵权行为法的立法中并不一定要加以明确规定，但是，在制定《侵权责任法》时，就面临着这样的问题，在立法之初一并解决，是更好的选择。按道理说，对于共同侵权行为的本质特征应当在立法理由中说明，尽管我国法律并不采用立法理由的体例，但我们一直建议在《侵权责任法》中直接规定共同侵权行为的本质特征。对此，可以采纳关连共同说作为共同侵权行为的本质特征，规定数人共同实施侵害行为，基于共同的意思联络的，应当承担连带责任；教唆人及帮助人为共同加害人，亦应承担连带责任；虽没有共同的意思联络，但其行为均为损害结果发生的共同原因并生共同损害结果的，亦应承担连带责任。这样认定共同侵权行为，放弃了所谓"直接结合"和"间接结合"的标准，采用数人实施行为致损害于他人，具有主观的关连共同和客观的关连共同，构成共同侵权行为。不具有主观或者客观的关连共同的，不构成共同侵权行为，不承担连带责任，而应当承担按份责任。

《侵权责任法》采用这样的立场和标准界定共同侵权行为，具有以下好处：

第一，统一立法和司法的见解，避免在理论上进行争论影响司法实践的统一性。在 2004 年 5 月 1 日实施人身损害赔偿司法解释之后，学界对于如何界定共同侵权行为已经发生了严重分歧，无法统一法官的认识和操作。立法统一规定共同侵权行为的本质特征，就能够在理论上和实践中"定分止争"，统一司法实践中的法律适用，避免出现司法混乱。那种认为立法不应规定学理争论问题的见解，并不一定合适。

第二，采用大多数国家和地区的普遍立场界定共同侵权行为的本质特征，扩大连带责任的范围，有利于保障受害人赔偿权利的实现。关连共同说是大多数国家和地区侵权行为法界定共同侵权行为的选择，采用这样的立场，与大多数国家和地区侵权行为法的立场相一致，能够扩大侵权连带责任的范围，更好地保护受害人的权利。

第三，采用关连共同说的主张确定共同侵权行为的本质特征，我国大陆侵权法具有较好的基础。尽管我国大陆侵权法一直奉行共同过错说,但在早期引进的苏联侵权行为法理论中,早有关连共同说的主张。例如,认为具有以下两个条件的损害就看作共同使他人遭受损害:一是两人或数人的过错行为与所发生的损害结果之间必须有因果关系;二是两人或数人的共同行为所造成的损害必须是不可分割的,必须是一个统一的整体。[①] 这种主张是典型的关连共同学说。况且,采用关连共同主张与最高人民法院人身损害赔偿司法解释的主张基本相合,只是表述上有所差别而已。

《侵权责任法》的最终立场规定在第 8 条:"二人以上共同实施侵权行为,造成他人损害的,应当承担连带责任。"这样的规定,对于共同侵权行为向客观立场扩大到什么程度,好像并不明确。但是它表达了共同侵权行为既包括主观的共同侵权行为,也包括客观的共同侵权行为。换言之,《侵权责任法》并不反对最高人民法院司法解释关于共同侵权行为的立场。[②] 这也符合在制定《侵权责任法》过程中绝大多数学者主张的共同侵权行为既包括主观的共同侵权行为,也包括客观的共同侵权行为的意见。

不过,有的学者并不这样认为,他们认为,将《侵权责任法》第 8 条规定与《民法通则》第 130 条规定相比较,增加了二人以上共同"实施侵权行为"的内容,这就表明立法者确认共同侵权行为的本质特征是具备共同意思联络,否则不构成共同侵权行为。[③]

这种解释不符合在制定《侵权责任法》过程中多数学者的意见。立法机关的官员在解释《侵权责任法》第 8 条规定中,也不是这样解释的。他们认为,这一要件中的"共同"主要包括三层含义:其一,共同故意;其二,共同过失;其三,故意行为与过失行为相结合。[④] 其中故意行为与过失行为相结合,说的就是客观的共同侵权行为,

---

① [苏联]约菲:《损害赔偿的债》,法律出版社 1956 年版,第 65 ~ 66 页。

② 杨立新:《侵权责任法条文背后的故事与难题》,法律出版社 2011 年版,第 50 页。

③ 程啸:《论〈侵权责任法〉第八条中"共同实施"的涵义》,载《清华法学》2010 年第 2 期。

④ 王胜明主编:《中华人民共和国侵权责任法释义》,法律出版社 2010 年版,第 57 ~ 58 页。

即客观的关连共同。在这样的说明中,绝对没有只有具备共同故意要件才构成共同侵权行为的意思。

因此可以得出的结论是,《侵权责任法》第8条规定的共同侵权行为,采用的是主观说加客观说立场,共同侵权行为既包括主观的共同侵权行为,也包括客观的共同侵权行为。对此采用关连共同说来解释是最为妥当的。

三、《侵权责任法》对共同侵权行为类型的立场

对于共同侵权行为应当进行类型化的划分,这样会使对共同侵权行为的判断和法律适用更具有针对性和可操作性。在以往对共同侵权行为的研究中,学者主要集中在对狭义共同侵权行为的研究,但是狭义共同侵权行为只是广义共同侵权行为中的一种,并不能涵盖全部的共同侵权行为。

在理论上,对广义共同侵权行为有几种类型,学者有不同见解。第一种主张将共同侵权行为分为:(1)典型的共同侵权行为(也称为共同加害行为);(2)教唆行为和帮助行为;(3)共同危险行为;(4)合伙致人损害;(5)无意思联络的共同侵权。① 其中合伙致人损害是指合伙人在合伙事务执行中致人损害,由于全体合伙人共同承担无限连带责任,因而具有共同侵权行为的特征。② 第二种主张将共同侵权行为分为:(1)典型的共同侵权行为;(2)共同危险行为;(3)无意思联络的共同侵权。其将教唆行为和帮助行为纳入典型的共同侵权行为中。③ 第三种主张将共同侵权行为分为:(1)典型的共同侵权行为;(2)共同危险行为和教唆帮助行为。这种主张的依据是大陆法系民法典的立法模式。④ 第四种主张认为共同侵权行为包括:(1)"共同正犯";(2)教唆者和帮助者;(3)团伙成员;

---

① 王利明:《侵权行为法归责原则研究》,中国政法大学出版社1992年版,第296页。

② 杨立新:《侵权法论》,吉林人民出版社1998年版,第317页。

③ 王利明等:《侵权行为法》,法律出版社1996年版,第186页。

④ 孔祥俊:《民商法新问题与判解研究》,人民法院出版社1999年版,第245页。

(4)共同危险行为。①

对共同侵权行为类型的划分,应当着重解决这样几个问题:第一,教唆者与帮助者不宜作为单独的一个共同侵权行为类型。共同侵权行为的行为主体是共同加害人。共同加害人按其行为的特点,可以分为实行人、教唆人和帮助人。因而,教唆行为和帮助行为都是共同侵权行为人实施的行为,都是典型的共同侵权行为,概括在意思联络的共同侵权行为中即可,不必再将其分为一种单独的共同侵权行为类型。第二,合伙致人损害不是一种具体的共同侵权行为,仅仅是共同侵权行为的一种不同表现,应当归并在客观关连共同的共同侵权行为当中。第三,无过错联系的共同加害行为不是共同侵权行为,而是应当承担按份责任的分别侵权行为。

在解决了这些问题之后,可以将共同侵权行为分为以下四种类型:(见表2-1)

表2-1 共同侵权行为的类型

共同侵权行为类型	具体内容
意思联络的共同侵权行为	共同侵权行为人包括实行人、教唆人和帮助人均实行连带责任 教唆无民事行为能力人实施侵权行为,为单独侵权行为 帮助无民事行为能力人,教唆、帮助限制民事行为能力人实施侵权行为,为单向连带责任
客观关连共同的共同侵权行为	行为主体为二人以上,行为指向同一损害目标且均具有原因力,造成同一个损害结果,损害后果不可分割
共同危险行为	实行连带责任,基本等额分配最终责任
团伙成员	团伙的任何成员,都对损害负有连带责任

① 张新宝:《侵权责任法原理》,中国人民大学出版社2005年版,第81页。

1. 意思联络的共同侵权行为

意思联络的共同侵权行为就是典型的共同侵权行为，即数人基于主观上的关连共同而侵害他人造成损害的多数人侵权行为。这种共同侵权行为的共同加害人包括实行人、教唆人和帮助人。按照通说，只有实行人的共同侵权行为，是简单的共同侵权行为；而包括教唆人和帮助人的共同侵权行为，是复杂的共同侵权行为。[①] 共同加害人中的教唆人和帮助人只能存在于以共同故意作为意思联络的共同侵权行为之中，其在主观上必须与实行人有共同故意。在教唆行为中，教唆人与实行人的主观故意容易判断，双方有一致的意思表示即可确认；其表示形式明示、默示均可。在帮助行为中，实行人与帮助人的共同故意应须证明。对此，可以参考美国《侵权法重述 · 第二次》第 876 条第 2 项、第 3 项的规定："行为人知悉该他人之行为构成责任之违反，而给予重大之协助或鼓励该他人之作如此行为；或行为人于该他人之达成侵权行为结果，给予重大协助，且行为人之行为单独考虑时，构成对第三人责任之违反。"[②]应当强调的是，教唆人与帮助人均须未直接参与实施具体的加害行为，只是由于他们与实行人之间的意思联络，才使他们之间的行为形成了共同的、不可分割的整体。教唆人与帮助人直接参与实施侵权行为，则为实行人。

2. 客观关连共同的共同侵权行为

客观关连共同的共同侵权行为，是指数人既没有共同故意又没有共同过失，实施的行为直接结合，造成同一个损害结果的侵权行为。[③] 这里所谓的行为直接结合，实际上就是客观的关连共同。这种侵权行为虽然不具有典型的共同侵权行为的本质特征，但是最高人民法院的司法解释已经将它解释为共同侵权行为，行为人之间承担连带责任。按照《侵权责任法》第 8 条的规定，可以直接界定为客

---

① 杨立新：《侵权损害赔偿》，吉林人民出版社 1990 年版，第 137 页。

② 美国法学会：《美国法律整编 · 侵权行为法》，刘兴善译，司法周刊杂志社 1986 年版，第 710 页。

③ 王利明、公丕祥主编：《人身损害赔偿司法解释若干问题释评》，人民法院出版社 2005 年版，第 11 页。

观关连共同的共同侵权行为。

客观的关连共同,实际上就是数个共同加害人之间的行为具有共同的因果关系。在以客观标准界定共同侵权行为共同行为说、共同结果说和关连共同说三种主张中,共同行为实际上很难把握,缺少界定其界限的标准;共同结果的标准则会使连带责任的范围失之过宽,不能采用。因此,只有客观的关连共同,也就是把共同因果关系作为客观的共同侵权行为的界定标准,才最为可行。

具体把握共同侵权行为的客观关连共同,标准应当是:(1)行为人的共同性,即加害人应为二人以上;(2)过失的共同性,即数人均具有过失,至于是否成立共同过失则不论,构成共同过失者为客观关连共同,各自具有过失者亦可能构成客观关连共同;(3)结果的共同性,即数人的行为已经造成了同一个损害结果,其损害结果为“不可分”;①(4)原因的共同性,即数人的行为对于损害的发生均为不可缺的原因,并且须这些行为结合为一体,才能够造成同一的损害结果,缺少任何一个行为,都不能造成这种结果;如果缺少这个行为仍然会造成这个损害,则不符合“必要条件规则”的要求,不构成共同侵权行为。②

因此,客观关连共同的共同侵权行为,既包括共同过失的共同侵权行为,也包括各个共同加害人各具过失的共同侵权行为,还包括无过错责任原则情况下行为人的行为具有共同因果关系的共同侵权行为。

3. 共同危险行为

共同危险行为是二人或二人以上共同实施有侵害他人权利危险的行为,并且已造成损害结果,但不能判明其中谁是加害人的多数人侵权行为。对此,本章专门设立一个题目进行讨论。

---

① 美国法学会:《美国法律整编·侵权行为法》,刘兴善译,司法周刊杂志社1986年版,第710页。

② 参见张新宝:《侵权责任法原理》,中国人民大学出版社2005年版,第82页。

4. 团伙成员

团伙组织成员的集合行为，是指实施侵权行为造成他人损害，如果没有团伙的集合行为则可以避免造成损害的结果发生，如果该集合行为可以归责于该团伙，则该团伙的成员应当承担连带责任的侵权行为。这是一种特殊的共同侵权行为，《荷兰民法典》第6:166条有相关规定。

第三节　对《侵权责任法》规定的共同侵权行为的正确解读

《侵权责任法》规定共同侵权行为，主要是第8条、第9条和第10条。第8条规定的是共同侵权行为的一般规则，其中包括主观的共同侵权行为和客观的共同侵权行为。第9条规定的是存在教唆行为和帮助行为的共同侵权行为，应当是指共同故意的共同侵权行为中的类型。第10条规定的是共同危险行为及责任。对于团伙成员的责任，《侵权责任法》未作规定。在对我国共同侵权行为有关问题进行了上述理论分析之后，应当对《侵权责任法》规定的共同侵权行为进行以下解读。

一、共同侵权行为的概念和本质

（一）共同侵权行为的概念

共同侵权行为这一概念，尽管在我国侵权法理论上曾经将其称为共同过错、共同致人损害、共同侵权责任等，但是共同侵权行为是通说，是绝大多数学者以及司法实践的共同认识，不应再使用共同过错、共同致害行为、共同加害行为等概念，应当统一使用共同侵权行为的概念。

对于共同侵权行为概念的界定不存在原则分歧，但在具体表述上有不同看法。如王利明教授在其新版《侵权责任法研究》（上卷）中，将共同侵权行为界定为："数人基于共同过错而侵害他人的合法权益,依法应当承担连带赔偿责任的侵权行为。"[①]张新宝教授在其新出版的《侵权责任法》中将共同侵权行为界定:"共同侵权行为是指二人以上共同故意或者共同过失致人损害,或者虽无共同故意、共同过失,但其侵害行为直接结合发生同一损害后果。"但是,他又有所怀疑,认为按照《侵权责任法》第8条和第12条规定,共同侵权行为似乎应当仅仅解释为有意思联络的共同侵权行为,而不包括无意思联络的数人实施的侵权行为。[②] 王胜明副主任在其主编的《中华人民共和国侵权责任法释义》中,对共同侵权行为概念的界定是:"共同侵权,是指数人不法侵害他人权益造成损害的行为。"[③]这个界定,使共同侵权行为的概念并非专指主观的共同侵权行为,而能够包括主观的共同侵权行为和客观的共同侵权行为。我们认为王胜明副主任的这种解释,符合制定《侵权责任法》第8条时的学者主流意见。

依照《侵权责任法》第8条的规定,共同侵权行为既包括主观的共同侵权行为也包括客观的共同侵权行为,因而应当界定为,共同侵权行为是指二个以上的行为人基于主观的关连共同或者客观的关连共同,共同实施了对他人民事权益造成损害,依法应当承担连带责任的多数人侵权行为。

共同侵权行为概念有广义、狭义之分。广义共同侵权行为除典型的共同侵权行为之外,还包括共同危险行为、团伙成员,以及法律规定应当承担连带责任的视为共同侵权行为等非典型共同侵权行为。狭义共同侵权行为概念则仅指《侵权责任法》第8条规定典型的共同侵权行为,只是广义共同侵权行为中的一种类型。

(二)共同侵权行为的本质

确定共同侵权行为的本质问题在于确定连带责任的范围。立法者认为应当将连带责任限制在什么样的范围,就决定采用什么样的共同侵权行为本质的表述。2003年最高人民法院在《人身损害

① 王利明:《侵权责任法研究》(上卷),中国人民大学出版社2016年版,第521页。

② 张新宝:《侵权责任法》,中国人民大学出版社2010年版,第48~49页。

③ 王胜明主编:《中华人民共和国侵权责任法释义》,法律出版社2010年版,第51页。

赔偿司法解释》中对共同侵权行为本质特征界定的改变，就是要扩大共同侵权行为的范围，进而扩大连带责任救济多数人侵权行为所造成的损害。

反对采用客观标准认定共同侵权行为的专家认为，人身损害赔偿司法解释这样规定，是该司法解释的一个“硬伤”，是不符合法理的，同时在实践中也不好操作。坚持采用客观标准的学者认为，确认共同侵权行为的客观标准是采用以数人的侵害行为直接结合造成一个共同的损害后果作为判断的基础。行为直接结合和间接结合的说法虽然在理论上比较复杂，但是它很好地说明了共同侵权行为的认定标准。

我们认为，共同侵权行为的本质特征应当从主观标准向客观标准适当过渡，以更好地保护受害人。应当将共同侵权行为分为主观的关连共同和客观的关连共同。数人共同不法侵害他人权利，对于被害人所受损害之所以应负连带责任，系因数人的侵权行为具有共同关连性。所谓共同关连性，即数人的行为共同构成违法行为的原因或条件，因而发生同一损害。关连性分为主观的共同关连性与客观的共同关连性。主观的共同关连性是指数人对于违法行为有通谋或共同认识，对于各行为所致损害均应负连带责任。客观的共同关连性为数人所为违法行为致生同一损害者，纵然行为人相互间无意思联络，仍应构成共同侵权行为。这种类型的共同加害行为的共同关连性乃在于数人所为不法侵害他人权利的行为在客观上为被害人因此所生损害的共同原因。①

采用这样的学说，就可以确定，我国《侵权责任法》第8条规定的共同侵权行为的本质特征是关连共同。主观的关连共同就是共同故意，亦即意思联络；客观的关连共同，与“直接结合”说相似。

---

① 孙森焱：《新版民法债编总论》（上册），三民书局2004年版，第276～278页。

二、共同侵权行为的类型划分

(一)主观的共同侵权行为

1. 主观的共同侵权行为的概念

主观的共同侵权行为,是指二个以上的行为人具有主观的共同故意,共同实施行为侵害他人民事权益,造成损害的共同侵权行为。

主观的共同侵权行为的典型特征是行为人的主观方面,即行为人之间具有意思联络。意思联络就是共同故意。数个行为人基于共同的侵害他人的故意,将数个人的行为联系在一起,构成一个行为,造成了他人民事权益的损害。这种侵权行为具有更大的危害性,被称为"共同正犯",应当课加更为严重的责任,因而确定承担连带责任。

共同故意,是指数个行为人都具有希望或者放任造成他人民事权益损害的行为后果发生的主观心理状态。数个行为人或者进行通谋,或者对别人实行侵害他人民事权益的故意行为知道而予以参加。二人以上具有如上的共同故意,并且共同实施加害行为,造成他人民事权益损害的同一个损害事实,就构成主观的共同侵权行为。

主观的共同侵权行为分为两种类型:一是简单的共同侵权行为,是指只有实行人参加的主观的共同侵权行为。这种主观的共同侵权行为不论几个人为共同加害人,都是实行人,没有教唆人和帮助人参加。二是复杂的共同侵权行为,是指不仅有实行人参加,而且也有教唆人和帮助人参加的共同侵权行为,教唆人或者帮助人参与其中,予以造意或者帮助,形成了复杂的共同侵权行为。

2. 主观的共同侵权行为的行为人

在主观的共同侵权行为中,行为人包括实行人、教唆人和帮助人。

(1)实行人。实行人是在共同侵权行为中具体实施加害行为,并且造成他人民事权益损害的侵权人。凡是具体实施加害行为的行为人,不论分工如何都是实行人。有的行为人实施的行为看起来好像与损害后果无关,例如负责望风、负责联络,但他们由于具有共同故意,他们的行为与其他行为构成一体,共同造成了损害后果,因而都是造成他人民事权益损害的加害人,都应当对损害后果承担责任。

(2)教唆人和帮助人。教唆人是在主观的共同侵权行为中,给实行人造意,教唆实行人实施侵权行为,自己并不参加实施具体加害行为的侵权人。帮助人是在共同侵权行为中以提供工具、进行协助等方式,对实行人进行帮助,自己并不实际参加具体加害行为的侵权人。

教唆人和帮助人只能存在于主观的共同侵权行为之中,其在主观上必须与实行人有共同故意。

在教唆行为中,教唆人与实行人的共同故意容易判断,双方有一致的意思表示即可确认,其表示形式明示、默示均可。在帮助行为中,实行人与帮助人的共同故意必须证明。对此,可以参考美国《侵权法重述・第二次》第876条第2项和第3项的规定:“行为人知悉该他人之行为构成责任之违反,而给予重大之协助或鼓励该他人之作如此行为;或行为人于该他人之达成侵权行为结果,给予重大协助,且行为人之行为单独考虑时,构成对第三人责任之违反。”①应当强调,教唆人与帮助人均须未直接参与实施具体加害行为,只是由于他们与实行人之间的共同意思联络,因而他们之间的行为形成了共同的、不可分割的整体。教唆人与帮助人如果直接参与实施加害行为,则为实行人,不再是教唆人或者帮助人。

教唆人和帮助人承担共同侵权的连带责任,《侵权责任法》第9条第1款规定:“教唆、帮助他人实施侵权行为的,应当与行为人承担连带责任。”教唆人和帮助人也是共同侵权人,尽管教唆人和帮助人没有亲自实施加害行为,但是通过教唆或者帮助的方法,与其他共同侵权人形成了共同故意,在造成的损害当中当然有他们的责任,因而教唆人和帮助人要承担连带责任。

(二)客观的共同侵权行为

1. 客观的共同侵权行为的概念

客观的共同侵权行为,是指二个或者二个以上的行为人在主观

---

① 美国法学会:《美国法律整编・侵权行为法》,刘兴善译,司法周刊杂志社1986年版,第709页。

上不具有共同故意，但是基于行为的关连共同性，共同实施的行为侵害他人民事权益，造成同一个损害结果的共同侵权行为。

客观的共同侵权行为与主观的共同侵权行为的区别在于，数个行为人在主观上没有共同故意，只是由于数人的行为结合在一起，造成了一个共同的损害结果，才确认为共同侵权行为。

2. 客观的共同侵权行为的法理基础

主观的共同侵权行为的本质特征是共同故意，即共同的意思联络。客观的共同侵权行为没有共同故意，将数人的行为结合起来构成一个行为的关键是什么呢？

学者认为，在晚近的侵权法司法实践中，对共同侵权行为的确认开始采用"客观说"或者"行为关联说"作为基础，扩大共同侵权行为的范围，即使在多数加害人之间没有意思上的联络，其共同行为造成共同损害的，也认定为共同侵权行为，应当承担连带责任。[①]这就是史尚宽先生所说的："民法上之共同侵权行为与刑法上之共犯不同，苟各自之行为，客观上有关连共同，即为足矣。"[②]

对此，最典型的是我国台湾地区"司法院"的会议决议。该院于1977年6月1日召开变更判例会议，认为：民事上的共同侵权行为（狭义的共同侵权行为，即共同加害行为，下同），与刑事上之共同正犯，其构成要件不完全相同，共同侵权行为人间不宜有意思联络为必要，数人因之过失行为不法侵害他人之权利，苟各行为人之过失行为均为其所生损害之共同原因，即所谓行为关连共同，亦足成立共同侵权行为。各行为人既无意思联络，而其行为亦无关连共同者而言，自当别论。[③]

按照这样的理论确立客观的共同侵权行为为共同侵权行为，确有道理。

3. 客观的共同侵权行为的确定

在实践中，认定客观的共同侵权行为应当把握以下几点：

---

① 张新宝：《侵权责任法原理》，中国人民大学出版社2005年版，第81页。

② 史尚宽：《债法总论》，中国政法大学出版社2000年版，第166页。

③ 刘清景主编：《民法实务全览》（上），学知出版事业股份有限公司2000年版，第371页。

（1）主体为二人以上。构成客观的共同侵权行为，在主体上，也必须是二人以上。在这一点上，客观的共同侵权行为与典型的共同侵权行为是一样的。

（2）行为具有关联性。客观的共同侵权行为不必具备主观的意思联络，而是要求行为的关联性。具有关联性的数人行为，构成客观的共同侵权行为的要件。如何确定数人的行为具有关联性，就是司法解释中所说的二人以上的行为的直接结合。学者认为，直接结合，就是指数人的行为具有直接关联性，构成一个整体成为引起损害发生的原因。① 事实上，关联性是指：第一，数人的行为共同指向一个共同的侵害目标；第二，每一个人的行为都是损害发生的共同原因。

（3）损害结果的统一性。构成客观的共同侵权行为必须具备损害结果统一性的要件，其含义是：第一，损害结果是统一的，是一个整体的结果，而不是各个不同的损害结果的组合。由于客观的共同侵权行为采用的是客观标准，对此要求应当更严格。第二，该损害结果不可分割。

具备以上三个要件，应当认定为客观的共同侵权行为。

（三）共同危险行为

共同危险行为是指二人以上共同实施有侵害他人权利危险的行为，其中一人或者数人的行为造成他人的损害结果，但不能判明其中具体侵权人的共同侵权行为。《侵权责任法》第 10 条规定："二人以上实施危及他人人身、财产安全的行为，其中一人或者数人的行为造成他人损害，能够确定具体侵权人的，由侵权人承担责任；不能确定具体侵权人的，行为人承担连带责任。"例如，数人均有加害行为而致他人损害，如果这一损害的发生是由全体行为人的行为所致，这是共同侵权行为；如果这一损害的发生是由其中一人或数人的行为所致，而且已经判明谁是加害人，这是一般的侵权行为或者共同侵权行为，已经判明与损害没有因果关系的行为人不负侵权责任；如果损害事实已经发生，并可判明损害确系数人的危险行为

---

① 张新宝：《侵权责任法原理》，中国人民大学出版社 2005 年版，第 81 页。

所致,但不能判明确为何人所致,这就是共同危险行为。

(四)团伙成员

1. 团伙成员侵权行为的概念

团伙成员是指某些团伙组织的其他成员实施侵权行为造成他人损害,如果没有团伙的集合行为则可以避免造成损害的危险发生,若该集合行为可以归责于该团伙,则该团伙的成员应当承担连带责任的侵权行为。它也是一种特殊的共同侵权行为。某些团伙组织,包括犯罪集团、犯罪团伙、黑势力帮派、邪教组织、违反治安管理团伙以及其他危害治安的组织等。

对此,荷兰民法典率先做出规定,其第6:166条规定:"如果一个团伙成员不法造成损害,如果没有其集合行为,则可以避免造成损害的危险之发生,如果该集合行为可以归责于这一团伙,则这些成员承担连带责任。"这就意味着,非法组织的成员执行团体的命令而实施的行为,其成员要承担连带责任。例如,一个团伙的成员按照首领的命令从事了一定的侵权行为,其他团伙成员不能因为不知道而不承担连带责任。①

这种新的共同侵权行为形态,西班牙一家法院曾做出判决予以确认。一名埃塔组织成员制造爆炸事件造成他人损害,但是警方没有抓获肇事者,受害人或其家属无法对加害人提起民事诉讼。但是,原告对并未参与这次爆炸行为的埃塔组织另一个成员提出赔偿诉讼,法院判决其为团伙的集合行为承担连带责任,因而使原告胜诉。②

借鉴这种侵权法的司法实践,可以更好地保护受害人的利益,更好地对团伙(恐怖组织、黑社会、犯罪团伙等)的不法行为进行制裁和控制,保护受害人的权益。

2. 团伙的集合行为

确定团伙成员连带责任,最关键之处就是确定团伙的集合行

① 王利明:《侵权行为法研究》(上卷),中国人民大学出版社2005年版,第716~717页。

② 参见张新宝:《侵权责任法原理》,中国人民大学出版社2005年版,第83页。

为。理由是构成团体的集合行为,该团伙的成员就要为之承担连带责任,反之,则不承担责任。

团伙的集合行为,是指这些组织的集体行为或者惯常行为,不论其行为是整个团伙实施,还是团伙组织成员的个人、数个人实施,不论其他成员是否知晓。符合这个要求的,都可以认定为团伙的集合行为,该团伙的其他成员都有责任为该集合行为承担连带责任。对此,绝不能适用《最高人民法院关于审理人身损害赔偿案件适用法律若干问题的解释》第5条规定的错误的连带责任规则,须按照侵权连带责任的基本规则处理。

第四节　共同侵权行为的连带责任

一、确定侵权连带责任规则不应当走过的弯路

之所以这样确定这个小标题的题目,就是要说明在侵权连带责任规则的健康发展中,曾经出现了一个弯路。这个弯路,就是2004年5月1日实施的《最高人民法院关于审理人身损害赔偿案件适用法律若干问题的解释》第5条,错误地规定了侵权连带责任规则。

(一)2003年之前的侵权连带责任规则

在我国,最早提到侵权连带责任的教科书,是《中华人民共和国民法基本问题》,认为共同致人损害的加害人,应对受害人的实际损失负连带赔偿责任。但就各个加害人的内部关系来说,全部赔偿数额应按个人的过错程度分担。[①] 1983年《民法原理》也提到了侵权连带责任,认为两个或两个以上的人共同造成他人损害,就构成共同致人损害,对受害人所受的财产损失,共同致害人应当负连带责任。[②]

1984年《最高人民法院关于贯彻执行民事政策法律若干问题

① 中央政法干校民法教研室:《中华人民共和国民法基本问题》,法律出版社1958年版,第330页。

② 佟柔主编:《民法原理》,法律出版社1983年版,第227页。

的意见》第73条规定："两个以上致害人共同造成损害的，应根据各个致害人的过错和责任的大小，分别承担各自相应的赔偿责任。教唆或者帮助造成损害的人，应以共同致害人对待，由其承担相应的赔偿责任。部分共同致害人无力赔偿的，由其他共同致害人负连带责任。"这个对共同侵权连带责任规则的规定，虽然不完善，对于连带责任的中间责任规则没有准确表述，但是基本意思还是正确的。

《民法通则》规定了侵权连带责任之后，最早给这个概念作出界定的，是王利明教授主编的《民法·侵权行为法》，认为共同侵权行为人对受害人所应负的连带责任，是指受害人有权向共同侵权人中的任何一人或数人请求赔偿全部损失，而任何一个共同侵权人都有义务向受害人负全部的赔偿责任。① 其后，张新宝教授的《中国侵权行为法》一书，对侵权连带责任作了一个简明的界定，即连带责任是指由法律专门规定的应由共同侵权人或共同危险行为人向受害人承担的共同的和各自的责任。依据这种责任，受害人有权向共同侵权行为人或共同危险行为人的任何一人或者数人请求承担全部侵权的民事责任；任何一个共同侵权人或者共同危险行为人都有义务承担全部侵权的民事责任；已承担全部民事责任者得向其他共同侵权行为人或者共同危险行为人进行追偿。② 我们在《侵权法论》一书中界定侵权连带责任的概念认为，是指受害人有权向共同侵权人或共同危险行为人中的任何一个人或数个人请求赔偿全部损失，而任何一个人或数个人都有义务向受害人负全部的赔偿责任；共同加害人中的一人或数人已全部赔偿了受害人的损失，则免除其他共同加害人向受害人应负的赔偿责任。③

上述这些侵权连带责任概念的表述尽管各有不同，但是其基本内容是一致的。

这些意见的法律基础都是《民法通则》第87条规定的连带债务规则："债权人或者债务人一方人数为二人以上的，依照法律的规定

---

① 王利明主编：《民法·侵权行为法》，中国人民大学出版社1993年版，第370页。

② 张新宝：《中国侵权行为法》，中国社会科学出版社1998年版，第174～175页。

③ 杨立新：《侵权法论》，吉林人民出版社1998年版，第320页。

或者当事人的约定,享有连带权利的每个债权人,都有权要求债务人履行义务;负有连带义务的每个债务人,都负有清偿全部债务的义务,履行了义务的人,有权要求其他负有连带义务的人偿付他应当承担的份额。"《民法通则》虽然没有规定侵权责任的连带责任规则,但是这种对连带债务规则的规定,完全可以满足侵权连带责任规则的要求。上述对于侵权连带责任规则的界定,都符合法律规定,并且一直指导着我国的司法实践。

这也正是大陆法系侵权法对债法规则的适用。侵权连带责任规则来源于连带债务规则,是将连带债务的法律关系引进到侵权行为法的领域,形成了侵权连带责任。在罗马法中,在侵权责任形态方面出现了直接责任和替代责任的基本区分,这就是私犯和准私犯的划分,但是对侵权连带责任没有作出规定,仅仅对共同侵权行为的某些问题作出了规定,例如,在关于侵害行为(injurya)的规定中,第 11 条规定:"不仅可以对实施侵害行为的人,例如对殴打者提出侵害之诉,而且可对恶意怂恿或唆使打人嘴巴的人提起侵害之诉。"①这里规定的明显是共同侵权行为中的教唆人的责任。但是,那时还没有共同侵权行为的概念,同时也没有规定这就是要承担连带责任。然而,在罗马法中却有关于"非理性动物由于冲动、激怒或凶猛而造成损害的,根据十二表法,产生交出加害者之诉"的规定,②即损害投役之诉。③ 根据这个规定,如果该动物是共有的,则数个共同所有主负连带责任。④ 这种损害投役的连带责任,是由于致害的动物是共有的,当然必须采取连带责任的方式解决,是财产的共有产生了动物致害的连带责任。这大概是最早的侵权连带责任的规定,也正是由于这种损害投役连带责任的方式,才启发了后

---

① [罗马]查士丁尼:《法学总论——法学阶梯》,张企泰译,法律出版社 1989 年版,第 203 页。

② [罗马]查士丁尼:《法学总论——法学阶梯》,张企泰译,法律出版社 1989 年版,第 223 页。

③ [英]巴里·尼古拉斯:《罗马法概论》,黄风译,法律出版社 2000 年版,第 234 页。

④ [意]彼德罗·彭梵得:《罗马法教科书》,黄风译,中国政法大学出版社 1993 年版,第 407 页。

人,提出了共同侵权行为的侵权连带责任。

法国民法典没有规定共同侵权行为,当然也就没有侵权连带责任的规定。德国民法典首创关于共同侵权行为、共同危险行为及其连带责任的规定,这就是第 830 条规定:“数人因共同实施侵权行为造成损害的,各人对损害均负责任。不能查明数关系人中谁的行为造成损害的,亦同。教唆人和助手视为共同行为人。”在德国民法典关于侵权行为的规定中,明确规定共同侵权行为人承担连带责任;对于其他侵权行为类型,则在第 840 条规定了“数人的责任”,即“数人共同对某一侵权行为所产生的损害负有赔偿义务的,应作为连带债务人负其责任”,其第 2 款又对雇用人的责任和监护人的责任规定了连带责任。在瑞士债务法典、意大利民法典和日本民法典中,规定侵权连带责任都是共同侵权行为的法律后果,没有将侵权连带责任扩大到其他侵权行为领域。我国台湾地区制定民法时,仿照德国的规定,在共同侵权行为的规定之外,还规定了两个连带责任,即雇主责任和法定代理人责任。①

因此,在现代侵权行为法中,规定侵权连带责任有两种体例:第一种是将侵权连带责任仅仅规定为共同侵权行为的后果,只有共同侵权行为人才承担连带责任。第二种是德国的体例,共同侵权行为、雇主责任和法定代理人责任适用侵权连带责任。对此,更多人认为第一种体例更为合理,而对德国民法的雇主责任等连带责任的第二种体例则认为不尽合理,值得商榷。②

我国《民法通则》只规定了共同侵权行为的连带责任,没有规定其他方面的侵权连带责任。因此,一般认为侵权连带责任是共同侵权行为的法律后果,在其他方面,自有相关的侵权责任形态作调整,没有必要适用侵权连带责任形态进行法律规制。在关于无民事行为能力人或者限制民事行为能力人造成损害其监护人承担责任

---

① 我国台湾地区“民法”第 187 条和第 188 条规定。这两条规定都是直接规定为雇佣人与受雇人、无行为能力人或者限制行为能力人与其法定代理人承担连带责任,而不采替代责任形式。

② 参见王泽鉴:《民法学说与判例研究》(一),中国政法大学出版社 1998 年版,第 66 页。

的规定中,也没有规定为侵权连带责任,而是规定了替代责任或者行为人自己的责任。[①]

我国《民法通则》这样规定的理由有以下几点:

第一,侵权连带责任是整体责任,与各个行为人所承担的单独责任或者按份责任相比较,是更为严重的责任。最基本的就是共同加害人中的每一个人都要对整体责任负责,赔偿权利人基于其损害,向任何一个共同加害人请求承担全部赔偿责任的,该共同加害人均必须承担整体责任,不得以自己的过错程度或者原因力比例请求只承担自己的一份责任而不对整体责任负责。

第二,侵权连带责任整体责任的产生,是基于一个共同行为。没有一个共同行为,不能产生侵权连带责任。之所以共同侵权行为可以产生连带责任,就是由于共同侵权行为人之间存在共同故意或者共同过失,因而使数人的行为紧密地结合在一起,构成了一个共同的侵权行为,产生了一个整体的责任。没有共同侵权行为,就不能够由数人承担连带责任。事实上,就是连带债务也必须是由具有共同关系的债务人的共同债务产生,不能没有共同关系的债务人凭空产生连带债务。

第三,替代责任形态足以保护法定代理人责任和雇主责任中的受害人的损害赔偿权利。《民法通则》对于无民事行为能力人或者限制民事行为能力人的监护人责任,明确规定不采用侵权连带责任的方式处理,而是采用行为人有财产的,自己承担责任;行为人没有财产的,由其监护人承担替代责任的方式,已经能够保护受害人的权利。[②] 同样,《民法通则》虽然对雇主责任没有规定,但是在《最高人民法院关于适用民事诉讼法的若干问题的意见》中,规定了雇主责任的程序性规定,其含义是替代责任。[③] 把这些规定与关于共同

---

① 参见《民法通则》第 133 条规定。

② 参见《民法通则》第 133 条规定。

③ 该司法解释第 45 条规定的内容是:“个体工商户、农村承包经营户、合伙组织雇佣的人员再进行雇佣合同规定的生产经营活动中造成他人损害的,其雇主是当事人。”这一规定的含义就是,只有雇主才是当事人,而雇工则不是当事人,不具有当事人的资格。这说明,这种雇主责任的责任形态就是替代责任,而不是连带责任。

侵权行为的连带责任的规定结合起来分析，可以确认，我国侵权法的一贯立场是，对于共同侵权行为，用侵权连带责任的规则处理其法律后果，而对于特殊侵权行为，包括雇主责任和法定代理人责任，都是用替代责任处理其法律后果，且足以保护受害人的损害赔偿权利，无须再适用连带责任的方式予以保护，并且不可以叠床架屋，两种责任形态“双管齐下”。

（二）2004 年人身损害赔偿司法解释对侵权连带责任规则的改变

1. 人身损害赔偿司法解释关于连带责任规则的规定及其要点

《最高人民法院关于审理人身损害赔偿案件适用法律若干问题的解释》第 5 条规定：“赔偿权利人起诉部分共同侵权人的，人民法院应当追加其他共同侵权人作为共同被告。赔偿权利人在诉讼中放弃对部分共同侵权人的诉讼请求的，其他共同侵权人对被放弃诉讼请求的被告应当承担的赔偿份额不承担连带责任。责任范围难以确定的，推定各共同侵权人承担同等责任。”“人民法院应当将放弃诉讼请求的法律后果告知赔偿权利人，并将放弃诉讼请求的情况在法律文书中叙明。”

该司法解释草案的征求意见稿对这个问题的规定是：“受害人仅起诉共同侵权行为人中的部分侵权人，明确放弃对其他侵权人的诉讼请求的，人民法院应当将被诉侵权人列为被告，并将受害人放弃诉讼请求的情况在法律文书中叙明。被放弃诉讼请求的侵权人应当承担的赔偿份额，其他侵权人不承担连带责任，人民法院判决时应当从赔偿总额中，扣除被放弃诉讼请求的侵权人应当承担的责任份额。”这种规则混淆了连带责任和按份责任之间的界限。经过反复修改，改成现在这种说法。最高人民法院在这个规定中提出了一个新的观点，就是不起诉就追加；不同意追加的，就是放弃；放弃对部分共同侵权人的诉讼请求，受害人对放弃的部分就不能请求赔偿，其他共同侵权加害人也不对放弃的份额再承担赔偿责任。侵权连带责任是一个完整的责任，采用这样的方法实行侵权连带责任，其实就已经不再是连带责任了。

人身损害赔偿司法解释做出这样规定的理由究竟是什么？对

此，司法解释主要起草人之一的陈现杰法官在他的文章中说得很清楚："关于对共同侵权行为人提出损害赔偿诉讼的性质，我国传统的民诉法理论认为其属于必要的共同诉讼；因此当受害人仅对部分侵权人提起诉讼时，人民法院应当依照《民事诉讼法》第119条规定，通知其他共同侵权人参加诉讼。但民法理论认为，共同侵权人承担的是连带责任；根据民法连带债务的性质，债权人（受害人）有权就一部或者全部债权向全体或者部分债务人请求清偿。必要共同诉讼的理论与实体法上的连带债务理论发生了矛盾。诉讼法学者认为，对共同侵权在程序上按必要的共同诉讼处理，符合共同诉讼原理和诉讼标的理论；判决既判力的主观效力也有利于防止受害人对不同的侵权人分别起诉，获得不当利益。另外，共同侵权未经诉讼，事实尚未确定，连带责任与否及债权人的选择权亦无从谈起，共同侵权成立与否经诉讼确定之后，方可言及是否有连带责任之承担。因此，受害人可在执行阶段选择共同侵权人之一人、数人或全体承担责任，这与连带债务理论并无不合，只不过将其选择权的实现后置到连带债务经诉讼确定后的执行阶段而已，对债权人有益无害。"①

这里说的道理可以分为三点：第一，实体法关于连带责任以及连带债务规则与《民事诉讼法》的必要的共同诉讼规则之间的矛盾，为了适应民事诉讼法的规则应当改变民法实体法的规则；第二，未经法院审理的共同侵权行为不能确认是否构成侵权连带责任；第三，对于原告的选择权后置于执行阶段，只能在执行阶段进行选择，这并不违反实体法的规则。

这些说法是不是正确，对此，要先研究连带责任的基本规则，在此基础上再进行分析和评论。

2. 侵权连带责任的基本规则

侵权连带责任的规则渊源，是连带债务规则。按照大陆法系民法的传统，侵权行为的后果也是债，共同侵权行为的连带责任，就是

---

① 陈现杰：《最高人民法院人身损害赔偿司法解释精髓诠释（下）》，载《判解研究》2004年第3期，人民法院出版社2004年版，第19页。

连带债务，适用连带债务的规则。

关于连带债务的规则，《民法通则》第 87 条后段规定："负有连带义务的每个债务人，都负有清偿全部债务的义务，履行了义务的人，有权要求其他负有连带义务的人偿付他应当承担的份额。"《民法通则》第 130 条规定的共同侵权行为的连带责任，就适用这一条文规定的规则。

关于连带债务的经典论述，可以列举以下主要的观点。史尚宽认为：数人负同一债务，对于债权人各负全部给付之责任者为连带债务。连带债务之债权人，得对于债务人中之一人或数人或全体，同时或先后请求全部或一部之给付。① 在连带债务的规则上，史尚宽认为：在连带债务，不问其给付可分与否，构成连带债务之各债务，均以全部之给付为其本来之内容，从而债权人在未受现实履行前，得依其选择对于债务人之一或数人或其全体，同时或先后请求全部或一部之给付。②《中国大百科全书·法学》认为，连带责任只存在于债权人和债务人之间的关系中，而与多数债权人或多数债务人之间的内部关系无关。不论几个连带债务人之间内部是否分担份额多少，但对债权人来说，每个连带债务人都对整个债务负责，任何一个债务人无力清偿他们所承担的债务时，他的清偿责任就落到其他债务人身上。③ 我国高等学校文科教材《民法学》认为，连带债务的主要特点在于：债权人得向债务人中的一人或者数人同时或者先后请求其履行全部或部分债务，每个债务人都负有清偿全部债务的义务，即承担连带的清偿责任。④ 21 世纪法学教材《民法》认为，连带债务人的每个债务人都负有清偿全部债务的义务，任一个债务人在全部债务清偿前都不能免除清偿的责任。也就是说，连带债务的各债务人的全部财产担保着债权人的债权，因此连带债务具有确保债权实现的目的和作用。⑤

① 史尚宽：《债法总论》，荣泰印书馆 1978 年版，第 614 页。
② 史尚宽：《债法总论》，荣泰印书馆 1978 年版，第 615 页。
③ 《中国大百科全书·法学》，中国大百科全书出版社 1985 年版，第 73 页。
④ 郑立、王作堂主编：《民法学》，北京大学出版社 1995 年版，第 274 页。
⑤ 王利明主编：《民法》，中国人民大学出版社 2000 年版，第 260 页。

侵权连带责任的规则必须遵守这些连带债务的规则，因此，侵权连带责任是指受害人有权向共同侵权人或共同危险行为人中的任何一个人或数个人请求赔偿全部损失，而任何一个共同侵权人或共同危险行为人都有义务向受害人负全部的赔偿责任；共同加害人中的一人或数人已全部赔偿了受害人的损失，则免除其他共同加害人向受害人应负的赔偿责任。共同侵权的连带责任是对受害人的整体责任；受害人有权请求共同侵权行为人或共同危险行为人中的任何一个人承担连带责任；共同侵权连带责任的各行为人内部分有责任份额；已经承担了超出自己份额责任的加害人，有权向没有承担侵权责任的加害人追偿。

实行侵权连带责任，首先是整体责任的确定。共同侵权行为发生以后，首先必须确定整体责任，无论受害人请求一人、数人或全体侵权行为人承担侵权责任，都必须确定整体责任。其次是对各行为人责任份额的确定。在共同侵权行为整体责任确定之后，应当在共同侵权行为人内部确定各自的责任份额，共同危险行为人的内部责任份额原则上平均分配。这是因为，共同危险行为人在实施共同危险行为中，致人损害的概率相等、过失相当，各人以相等份额对损害结果负责，是公正合理的。再次，所有的共同侵权行为人对外连带负责。最后，共同侵权行为人之间的追偿关系。这就是《民法通则》第 87 条规定："负有连带义务的每个债务人，都负有清偿全部债务的义务，履行了义务的人，有权要求其他负有连带义务的人偿付他应当承担的份额。"共同侵权连带责任的追偿关系即适用这一规定。

应当注意的是，共同侵权行为连带责任的确定有一个特点，就是损害赔偿的范围不是基于共同加害人的数量决定的，而是由于侵权行为所造成的损害结果的大小决定的，其举证责任在于原告，而不是在于被告。因此，共同侵权行为人作为共同被告，是不是都追加作为共同被告，并不是确定连带责任范围的必要条件。哪怕只有一个共同加害人被诉参加诉讼，只要确定了损害结果的范围，让他承担全部责任都是没有错误的，只是让他自己承担全部责任他会觉得冤，他自然会提出向其他共同侵权行为人追偿的请求。因此，共同侵权行为连带责任诉讼，并不一定非得把所有的共同侵权行为人都诉到诉讼中来，不必一定要适用必要共同诉讼规则。

3. 司法解释对侵权连带责任规则的错误改变

人身损害赔偿司法解释规定的侵权连带责任规则存在以下问题：

第一，规定赔偿权利人原告只起诉部分共同侵权人的，法院应当追加其他共同侵权行为人作为共同被告。这种做法从形式上说，并不算一个大问题。但是，这样规定的意思是“醉翁之意不在酒”，真正的含义在于否定侵权连带责任以及连带债务的权利人的请求选择权。在司法实践上，我们也主张在共同侵权行为诉讼中，最好将没有起诉的其他共同侵权行为人也追加为共同被告，理由是这种诉讼是必要的共同诉讼，且便于法院审理，能够及时审结纠纷。①

应当说，连带责任或者连带债务的基本宗旨，就是保障债权人的权利实现，连带责任或者连带债务是一个整体的责任，每一个人都负有清偿全部债务的责任。正因为如此，连带责任或者连带债务的权利人享有一个基本的权利，就是对数个连带责任人或者连带债务人履行债务的选择权。赔偿权利人选择哪一个、哪一些或者全体连带债务人承担全部责任都是可以的，这是权利人的权利。没有选择权的连带责任，还是连带责任吗？如果否定了连带责任的选择权，也就没有连带责任的存在了。

第二，规定原告不同意追加某个或者某些共同侵权行为人为被告就是放弃对该共同侵权行为人的诉讼请求，等于剥夺了共同侵权行为受害人的连带责任请求权。连带责任是整体责任，侵权连带责任当然也是整体责任。整体责任意味着每一个共同侵权行为人都应当为全部责任负责。按照《最高人民法院关于审理人身损害赔偿案件适用法律若干问题的解释》的相关规定，必须将全部共同侵权行为人作为被告起诉，才能够支持其对共同侵权行为连带责任的诉讼请求，相当于剥夺了共同侵权行为受害人的连带责任请求权，起码是剥夺了共同侵权行为受害人的部分连带责任的请求权。

---

① 参见杨立新：《侵权损害赔偿》，吉林人民出版社 1988 年版，第 114 页。

第三,其他共同侵权人对被放弃诉讼请求的被告应当承担的赔偿责任份额不承担连带责任,就是否定了连带责任的原理。如果是共同侵权行为人明确提出他对某一个或者某几个共同侵权行为人的诉讼请求权放弃的话,这样规定并没有错误。但是,应当从人身损害赔偿司法解释规定这一规则的环境进行研究。条文的前部分规定:“赔偿权利人起诉部分共同侵权人的,人民法院应当追加其他共同侵权人作为共同被告。”接下来规定:“赔偿权利人在诉讼中放弃对部分共同侵权人的诉讼请求的,其他共同侵权人对被放弃诉讼请求的被告应当承担的赔偿份额不承担连带责任。”这实际上就是说,赔偿权利人不同意追加或者不追加其他共同侵权行为人的,就是放弃对这些共同侵权行为人的诉讼请求。因此这就等于,不同意追加的就是放弃,放弃就不得再对这一部分放弃的请求权进行请求,同时也不能让其他的共同侵权行为人来承担这一部分连带责任的份额。这样的规定,完全背离了连带责任的基本规则。

我们对人身损害赔偿司法解释对侵权连带责任之所以作这样规定的理由提出三个质疑:

第一个质疑:实体法的规则与程序法的规则发生矛盾,应当让实体法服从于程序法吗?

不是!实体法规则与程序法规则的关系,是内容与形式的关系。实体法规则是内容,程序法规则是表现形式。形式应当反映实体内容,实体内容应当被程序内容所反映。如果实体法的规则与程序法的规则之间出现矛盾,程序法应当寻找更能够反映实体法规则的新规则,而不是“削足适履”,改变实体法规则,以适应于程序法的规则。现在为了适应程序法关于必要共同诉讼的规则,而改变实体法关于共同侵权行为连带责任的规则,是本末倒置,是现代版的“削足适履”。强调程序法的重要性是完全正确的,但是强调程序法的重要性因而提出只要程序正确,实体法的适用是不是正确都无关紧要,是不正确的意见。

第二个质疑:不起诉全体侵权行为人,法院就不能确定共同侵权责任吗?

不是!诚然,在共同侵权行为案件中,原告起诉最好将所有的共同侵权人一并起诉，便于审理，也减少讼累。但是，这个权利在于原告，而不在于法院。如果原告不对所有的共同侵权人一并起诉，按照现在的说法："判决既判力的主观效力也有利于防止受害人对不同的侵权人分别起诉，获得不当利益。另一方面，共同侵权未经诉讼，事实尚未确定，连带责任与否及债权人的选择权亦无从谈起，共同侵权成立与否经诉讼确定之后，方可言及是否有连带责任之承担。"事实不是这样的。一方面，如果原告不对全体共同侵权行为人一并提起诉讼，连带责任与否及选择权都无从确定的论断，并不成立。如果三个共同侵权人，其中有一个或者是两个外逃，不能到案，法院就不能审理确认是共同侵权行为以及承担连带责任吗？显然不是。在20世纪80年代讨论公安机关有些办案人员在办理治安处罚案件中，采用共同侵权人中有一个人外逃，就一定要等到外逃的侵权人到案之后，才能进行赔偿的做法，我们就指出其不符合侵权连带责任的原理。① 可是时至21世纪初的今天，这种思想还是依然存在，而且是在法院存在，并且写进了司法解释，令人疑惑。另一方面，既判力一说也没有说服力。共同侵权行为连带责任的诉讼，原告如果通过对部分共同侵权行为人的诉讼已经实现了自己的诉讼请求，其对整个共同侵权行为的诉讼请求已经实现，则该请求权已经消灭，接下来的是不同的共同侵权行为人之间的追偿关系，与原告已经没有任何关系了，谈何防止受害人对不同侵权人分别起诉获得不当利益？

第三个质疑：赔偿权利人对于连带债务的选择权，能够用执行程序解决吗？

不能！如此改变侵权连带责任规则的另一个理由是，"受害人可在执行阶段选择共同侵权人之一人、数人或全体承担责任，这与连带债务理论并无不合，只不过将其选择权的实现后置到连带债务

① 参见刘洪奎、杨立新：《试论治安处罚中损害赔偿的性质》，载《人民公安》1986年第11期。讨论的案例是，某建筑公司丁某和马某无故将赵某打伤，马某为逃避责任而出走，长期不归。治安警察认为，赔偿责任自负，既然马某外逃，责任无法落实，就只能等马某回来之后才能处理，只是该案长期得不到解决，不能依法保护受害人的合法权益，群众很不满意。

经诉讼确定后的执行阶段而已，对债权人有益无害。”这样的说法没有道理。对判决裁定的执行阶段，实际上并不是诉讼程序，而是一种行政程序或者司法行政程序。在司法改革过程中，更多的人认为执行程序应当归属于司法行政机关，而不属于法院的审判职能。不管这种设想是不是能够实现，起码说明执行程序的性质是行政程序，而不是审判程序。将共同侵权行为赔偿权利人的连带责任选择权后置到执行程序中解决，等于将需要在诉讼程序中解决的实体法适用问题改到了在执行的行政程序中解决。这样的说法是不严肃的，也是不负责任的。况且对于共同侵权行为连带责任选择权的行使不通过诉讼程序确定，而是在诉讼程序中首先确定连带责任，然后再在执行程序中进行选择，这不是徒然给诉讼当事人增加讼累吗？

因此，人身损害赔偿司法解释确定的这些规定改变了侵权连带责任的规则，损害了侵权连带责任的纯洁性。在制定《侵权责任法》时，对这个问题应当进行审慎研究，作出正确选择。

（三）造成侵权连带责任不纯洁的原因及对策

人身损害赔偿司法解释造成侵权连带责任不纯洁的主要表现，就是改变侵权连带责任的基本规则。出现这些问题有以下两个原因：

第一，片面强调民法规则与诉讼法规则的相协调，要求实体法规则必须服从于程序法规则。司法解释的起草者对于程序法规则与实体法规则的关系，过于强调程序法规则的重要性，认为实体法规则应当适应于程序法规则。这显然是颠倒了实体法与程序法的关系，导致了削足适履结果的发生。我们丝毫不怀疑和也不否定程序法的重要性，没有程序法，就没有实体法的实现。但是，程序法毕竟是为实体法服务的，而不是实体法为程序法服务的。如果这个认识不解决，就会出现这样的问题。

第二，没有分清诉讼程序和执行程序的不同性质和职能，将应当在诉讼程序中解决的的问题，放在执行程序中解决。当事人提起诉讼请求，请求法院裁决，适用的是诉讼程序，不是执行程序。而执行程序是在判决经过诉讼程序审理之后已经确定的情况下，对判决裁定的最终结果予以实现的程序,这是行政程序,不是诉讼程序。之所以出现将共同侵权行为连带责任的选择权交由执行程序解决的错误规则,完全是因为对两种程序的性质和职能的混淆。

归结起来,人身损害赔偿司法解释不适当地改变侵权连带责任规则的,最根本原因是缺乏认真论证以及司法解释的主观随意性。其后果就是造成审判实践中适用法律的混乱。

面对最高人民法院有关司法解释的上述不正确规定,我们曾经提出以下意见:第一,应当在司法实践中总结经验教训。对人身损害赔偿司法解释中的这些规定究竟是不是能够经得起司法实践的检验,应当进行总结。在经过一段司法实践的总结之后,再作定论。第二,在制定《侵权责任法》时,应当对侵权连带责任进行深入细致的考察,确定正确的规则。现在的司法实践经验和教训也正好提供给立法者借鉴,到时候会有一个很好的结论,作出一个适合中国国情的侵权连带责任规则。第三,最高司法机关在研究、解释侵权行为法的时候,应当持有严肃的科学态度,减少主观臆断的成分,更多地听取不同的意见,经过深入的论证,提出更为准确的解释。

二、《侵权责任法》规定的共同侵权的连带责任规则

立法者制定《侵权责任法》,在肯定了人身损害赔偿司法解释关于扩展部分客观的共同侵权行为做法的同时,没有被该司法解释关于侵权连带责任错误规则所误导,规定了准确的连带责任规则,这就是《侵权责任法》第 13 条和第 14 条。可以说,《侵权责任法》第 13 条和第 14 条关于连带责任的规则写得特别出彩,把人身损害赔偿司法解释第 5 条的错误规定完全纠正过来了。①

(一)侵权连带责任的概念和特征

共同侵权连带责任,是指受害人有权向共同侵权人中的任何一人或数人请求赔偿全部损失,任何一个共同侵权人都有义务向受害

---

① 杨立新:《侵权责任法条文背后的故事与难题》,法律出版社 2011 年版,第 65 页。

人负全部赔偿责任,其中一人或数人已经全部赔偿了受害人的损失,则免除其他共同加害人应负的赔偿责任的多数人侵权责任形态。连带责任具有以下法律特征:

1. 共同侵权连带责任是对受害人的整体责任

连带责任人都对受害人负连带责任,意味着他们都有义务向受害人负全部赔偿责任。无论各连带责任人在实施共同侵权行为中所起的作用和过错如何不同,都不影响连带责任的整体性。对外,每个连带责任人都对受害人的赔偿请求承担全部责任。

2. 受害人有权请求连带责任人中的任何一人或数人或全体承担全部责任

正因为侵权连带责任是对受害人的整体责任,因此,受害人有权在连带责任人中选择责任主体,既可以请求连带责任人中的一人或数人赔偿其损失,也可以请求全体连带责任人赔偿其损失。

3. 侵权连带责任的各连带责任人内部分有责任份额

共同侵权人对外承担整体责任,不分份额;对内应依其过错程度和行为的原因力不同,对自己的责任份额负责。各行为人各自承担自己的责任份额是连带责任的最终归属。一方面,在确定全体共同侵权人的连带责任时须确定各自的责任份额,对外连带负责;另一方面,当部分共同侵权人承担了超出自己责任份额以外的责任后,有权向没有承担而应承担责任份额的其他连带责任人追偿。

4. 连带责任是法定责任不得改变

侵权连带责任是法定责任,不因共同侵权人内部责任份额或内部约定而改变其连带责任性质。在共同侵权人的连带责任中,共同侵权人内部基于共同协议免除或减轻某个或某些行为人的责任,对受害人不产生效力,不影响连带责任的适用,只对其内部发生约束力。

(二)侵权连带责任的基本规则

侵权连带责任的规则渊源是连带债务规则。按照大陆法系民法的传统,侵权行为的后果也是债,共同侵权行为的连带责任就是连带债务,适用连带债务的规则。

关于连带债务的规则,《民法通则》第87条后段规定:"负有连带义务的每个债务人,都负有清偿全部债务的义务,履行了义务的人,有权要求其他负有连带义务的人偿付他应当承担的份额。”《民法通则》第130条规定的共同侵权行为的连带责任,就适用这一条文规定的规则。《侵权责任法》对此已经作了规定,应该适用该法第13条和第14条。

《侵权责任法》第13条和第14条规定的连带责任规则如下:

1. 连带责任的适用范围

过去在司法实践中有一种理解,认为只有共同侵权行为才承担连带责任。这个观点是不对的。立法机关在起草《侵权责任法》过程中特别强调,共同侵权行为当然要承担连带责任,但法律特别规定的也要承担连带责任。例如,在《侵权责任法》第四章第36条规定网络服务提供者的连带责任,第51条规定的非法转让拼装车、报废车要承担连带责任等,都是连带责任。

2. 连带责任的基本规则

《侵权责任法》第13条规定的是连带责任的对外关系,第14条规定的是连带责任的对内关系。

第13条规定连带责任的对外关系,即凡是法律规定承担连带责任的,被侵权人有权请求部分或者全体连带责任人承担责任。例如,五个共同侵权行为人承担连带责任,原告向法院起诉一个,当然行;起诉部分连带责任人,可以;起诉全部连带责任人,也可以。如果起诉全部连带责任人,那就一起确定责任。如果起诉一个或者数个连带责任人,那就判决被起诉的连带责任人承担赔偿责任。因为连带责任是一个完整的责任,每一个连带责任人都有义务承担全部赔偿责任。可以鼓励被侵权人在向法院起诉时最好起诉全部连带责任人,被侵权人不同意的不得追加全部连带责任人。如果法官强制追加被侵权人不愿意起诉的连带责任人,就是侵害了被侵权人的权利。

连带责任的对内关系是第14条规定的内容。首先,连带责任人根据各自责任大小,确定相应的赔偿数额。也就是说,尽管连带责任对外是一个整体的责任,但是对内,每个连带责任人是有责任份额的。尽管这个份额对受害人没有作用,但是对连带责任人起作用。在连带责任人的内部,要按照各自责任大小确定相应的赔偿数额。责任大小的确定,第一是过错程度,第二是原因力大小,依此确定每一个连带责任人应当承担的责任份额。如果难以确定责任大小,每一个连带责任人的责任份额就平均分配。第 14 条第 1 款是确定连带责任的每一个连带责任人责任份额的规则。第 2 款规定,如果其中一个或者数个连带责任人支付超出自己赔偿责任份额的,他有权向其他连带责任人追偿。

从另一个角度上说,可以把侵权连带责任分为中间责任和最终责任。规则是:第一,第 13 条规定的是中间责任,就是任何一个连带责任人都应当对受害人承担全部责任,请求一个、数个或者全部连带责任人承担连带责任,都是可以的,这是被侵权人的权利。第二,第 14 条第 1 款规定的是最终责任,即每一个连带责任人最终承担的,就是自己应当承担的责任份额。第三,任何一个连带责任人承担了超出自己责任份额的赔偿责任的(中间责任),可以通过追偿的方法实现最终责任,将连带责任分配给每一个连带责任人。这种学理性的理解,更有利于对侵权连带责任的把握和适用。说得通俗一点,就是在连带责任中有中间责任和最终责任之分,中间责任是每一个连带责任人承担多少责任份额先不论,被侵权人主张谁承担责任,谁就要承担责任,不是最终性的;而最终责任是落实到每一个人应当承担的份额。按照这个思路来看,第 13 条规定的是中间责任,第 14 条第 1 款规定的是最终责任,第 14 条第 2 款规定的是最终责任实现的方法,即通过追偿的方式去实现。对连带责任的规则用这种方法来理解,会把连带责任的规则理解得更清楚、更准确。

三、部分连带责任规则

前述连带责任规则是典型的侵权连带责任规则。在《侵权责任法》中,还规定了三种部分连带责任规则。

(一)对日本部分连带责任学说的借鉴

部分连带责任学说是日本学者川井健教授提出来的。他认为,鉴于加害人一方对造成损害的原因力大小不同,在各自原因力大小的共同限度内,承认提取最大公约数的部分为连带责任,剩余的部分由原因力较大的加害人负个人赔偿义务,这种就是"与原因力相应的部分连带说"。[①] 部分连带责任说尽管也是立足于共同侵权行为的客观关连共同说,但这种理论并不是各共同侵权行为人对因共同行为产生的全部损害负责,而是负有与各自行为违法性相应(范围相当)的责任,违法性大的人负有全责,而仅在违法性小的共同侵权行为人的责任范围内承担连带责任。部分连带责任对责任形态的划分标准采取的是"违法性差异说",是以行为的违法性为标准,判断各自行为的参与程度,其理论基础是一般侵权行为的归责原则。即各行为人的违法性为同程度的场合构成全部连带;违法性差异时,违法性大的行为人对损害全额负责,违法性程度小的行为人只对一部分损害负连带债务。[②] 学者评论认为,川井健教授根据《日本民法典》第719条第1项前段规定,虽然采用了客观的关连共同说作为基础,但对于其法律效果而言,允许部分加害人通过证明对共同行为的参与程度以减少赔偿,在证明成立时则适用部分连带责任。[③]

借鉴上述学说,将我国《侵权责任法》规定的一些与典型的连带责任不同的连带责任规则归并到一起,作为部分连带责任的体系,用以解释这些不同于典型的侵权连带责任的规则,是一个比较稳妥的选择。

(二)我国侵权责任法的部分连带责任概念及体系

将我国侵权责任法的部分连带责任概念定义为:部分连带责任是指在多数人侵权行为中,对于一个完整的损害,有的部分由全体行为人承担连带责任,有的部分由单独行为人承担单独责任的侵权连带责任形态。

部分连带责任的特征是:第一,承担部分连带责任的侵权行为形态,是多数人侵权行为,而不是单独侵权行为。第二,多数人侵权行为所造成的同一个完整的损害分成两个部分,一部分要承担连带

---

① [日]川井健『現代不法行為研究』(日本評論社,1978)228頁。

② 于敏:《日本侵权法》,法律出版社2005年版,第279、290页。

③ [日]川井健「共同不法行為の諸問題」『現代不法行為法研究』(日本評論社,1978)220頁以下(初出は、判タ215号58頁以下、1968年)。

责任，一部分要承担单独责任。第三，对于应当承担连带责任的部分，应当由全体连带责任人承担，对于应当单独承担赔偿责任的部分，应当由承担单独责任的行为人单独承担。正因为如此，部分连带责任与典型的连带责任的规则是不同的。

我国《侵权责任法》规定了三种类型的部分连带责任：

1. 扩大部分的连带责任

《侵权责任法》第36条第2款规定的是典型的部分连带责任，即对于造成的损害事实，被侵权人行使通知权之前的损害部分，由侵权的网络用户承担单独责任；对于被侵权人行使通知权利之后的损害，由网络用户和网络服务提供者共同承担连带责任。

2. 半叠加的分别侵权行为的连带责任

在半叠加的分别侵权行为中，对于原因力重合部分的损害，由全体分别侵权行为人承担连带责任，对于原因力不重合部分的损害，由单独行为人承担单独责任。

3. 单向连带责任

《侵权责任法》第9条第2款和第49条规定的都是单向连带责任，其特点是，部分行为人对所有的损害承担连带责任，部分行为人对部分损害承担单独责任。

在上述三种部分连带责任中，第一种和第二种比较典型，第三种不是十分典型，但也可以归纳在这里，作为非典型部分连带责任。(见表2－2)

表2－2　连带责任类型

连带责任类型		规定具体规则的法律条文
典型的连带责任		《侵权责任法》第13条、第14条
部分连带责任	扩大部分的连带责任	《侵权责任法》第36条第2款
	分别侵权行为的部分连带责任	介于《侵权责任法》第11条和第12条之间
	单向连带责任	《侵权责任法》第9条第2款、第49条

对于上述部分连带责任的规则，本书在具体论述时，再加以展开。

第五节　教唆人、帮助人责任与监护人责任

《侵权责任法》第 9 条在第 1 款规定了教唆人和帮助人的责任之后，又在第 2 款特别规定了教唆、帮助无民事行为能力人或者限制民事行为能力人实施侵权行为造成他人损害的责任，分别规定教唆人、帮助人承担侵权责任，监护人承担相应的责任（以下简称教唆人、帮助人责任与监护人责任）。对于该条第 1 款规定的教唆人、帮助人承担连带责任的规定，并无特殊性，适用第 13 条和第 14 条规定即可。对于该条第 2 款规定的规则，究竟应当如何理解，学者有不同认识。

应当看到的是，《侵权责任法》第 49 条规定的租车、借车的机动车使用人使用机动车发生交通事故的侵权责任，也是单向连带责任，其基本规则和理论与本节论述基本相同，因而本节不再作具体论述。

一、《侵权责任法》第 9 条第 2 款规定的法律背景

《侵权责任法》在第 9 条第 2 款规定教唆人、帮助人与监护人的责任并非凭空而来，而是针对《最高人民法院关于贯彻执行〈民法通则〉若干问题的意见（试行）》第 148 条规定，目的在于纠正该条司法解释存在的误差。该条司法解释分为三款，内容分别是："教唆、帮助他人实施侵权行为的人，为共同侵权人，应当承担连带民事责任。""教唆、帮助无民事行为能力人实施侵权行为的人，为侵权人，应当承担民事责任。""教唆、帮助限制民事行为能力人实施侵权行为的人，为共同侵权人，应当承担主要民事责任。"

这一条司法解释第 1 款规定的规则当然没有问题，现在已经被《侵权责任法》第 9 条第 1 款所吸收，成为法律。第 2 款和第 3 款存在一些误差。

该条司法解释的第2款和第3款分别规定了教唆、帮助无民事行为能力人实施侵权行为的人，为侵权人，应当承担侵权责任；教唆、帮助限制民事行为能力人实施侵权行为，为共同侵权人中的主要侵权人，应当承担主要的侵权责任。这个解释，乍看起来好像没有什么问题，学者在论述这个问题的时候，都是一带而过，并没有指出其中存在的问题。[①] 后来有的学者对此有所发现，说明的也不够明确。[②] 这个司法解释存在的误差表现在对教唆人和帮助人与监护人之间的利益关系分析不够清楚，责任确定不够准确。具体表现是：

第一，教唆、帮助无民事行为能力人实施侵权行为的人都作为侵权人，都一定要承担全部侵权责任吗？不是这样的。例如，一个人想要砸碎宾馆的玻璃，不想自己动手，让站在旁边的一个七八岁未成年人去干，就说："小朋友，你用石头砸碎这块玻璃，声音非常好听。"小朋友听信，捡起石头就把玻璃给砸碎了。这是教唆无民事行为能力人实施侵权行为，教唆人当然要承担全部责任。可是，一个小朋友正在砸宾馆的玻璃，但用的石头太小，砸不碎，成年人看到了，递上一块大石头，说："你用这个吧。"未成年人一砸就把玻璃给砸碎了。这是帮助行为，可是，这个帮助人要承担全部责任吗？如果令其承担全部赔偿责任，显然是不合理的，因为无民事行为能力人在实施损坏他人财产的行为，其监护人未尽监护责任，是有责任的，完全让帮助人承担全部赔偿责任，既不合理，也不公平。可见，教唆无民事行为能力人实施侵权行为，由于被教唆人无识别能力亦无责任能力，只是作为教唆人实施侵权行为的加害工具，[③]教唆人当然要承担全部赔偿责任，原因在于监护人无过错。帮助无民事行为能力人实施侵权行为，无民事行为能力人的监护人的监护过失在先，帮助人的帮助行为在后，且不是造成损害的全部原因，因此不能

---

① 张新宝：《侵权责任法》，中国人民大学出版社2006年版，第59页；王渊智：《侵权责任法学》，法律出版社2008年版，第157页。

② 张新宝、唐青林：《共同侵权责任十论——以责任承担为中心重塑共同侵权理论》，载《民事审判指导与参考》2004年第4期。

③ 参见张铁薇：《共同侵权制度研究》，法律出版社2007年版，第196页。

承担全部赔偿责任,监护人应当承担未尽监护责任的赔偿责任。

第二,教唆、帮助限制民事行为能力人实施侵权行为,一律都作为共同侵权的主要侵权人,承担主要的侵权责任,也是不适当的。限制民事行为能力人是已经具备了一定的识别能力和责任能力的人,与无民事行为能力人不同。教唆限制民事行为能力人实施侵权行为,教唆人是共同侵权人中的主要侵权人,监护人也有监护过失,但教唆人的过错是故意,监护人的过错是过失,责任轻重自然分明,教唆人承担主要的赔偿责任是毫无问题的。但是,帮助限制民事行为能力人实施侵权行为,造成他人损害,是限制民事行为能力人本来就在实施侵权行为,监护人具有重大过失,是没有尽到管教义务的重大过失。帮助人尽管帮助限制民事行为能力人实施侵权行为,具有造成损害的故意,但其帮助行为的原因力较弱,与监护人的重大过失相比较,基本相等或者略低,因此,令帮助限制民事行为能力人实施侵权行为的帮助人承担主要的侵权责任是不公平的,监护人的责任过轻,帮助人的责任过重。由此可见,认定教唆限制民事行为能力人实施侵权行为的人为共同侵权人中的主要侵权人,应当承担主要的侵权责任,是正确的;但认定帮助限制民事行为能力人实施侵权行为的人为共同侵权人中的主要侵权人,应当承担主要的侵权责任,显然不当,不符合侵权责任法矫正正义的要求。

我们历来主张,在确定教唆人和帮助人内部责任份额时,不以其身份的不同来确定责任份额的轻重,同样以过错和行为的原因力确定之。[①] 上述司法解释存在的这些问题,在侵权责任分配的利益关系上失当的根本原因,在于对教唆人和帮助人的地位、作用及责任分担的基本观念的认识出现问题,是以教唆人、帮助人的身份定责任,以教唆、帮助的对象的身份确定责任,而不是以过错的程度和行为的原因力确定责任。在侵权法理论中,对于教唆人和帮助人的地位、作用及责任分担问题有不同看法,有的认为教唆人和帮助人的基本地位和作用相同,应当承担同等责任,有的认为教唆人和帮助人的基本地位和作用应当根据具体情况判断,不能一概而论。该

① 杨立新:《侵权法论》,吉林人民出版社 1998 年版,第 312 ~ 313 页。

司法解释在 1988 年制定时，显然依据的是前者。应当看到的是，在 1988 年前后，我国的侵权法理论还不成熟，司法实践经验也不够丰富，存在这样的问题是难免的。

无民事行为能力人和限制民事行为能力人没有识别能力和判断能力，或者识别能力和判断能力不足，教唆人、帮助人教唆、帮助他们去实施侵权行为，具有恶意，是必须承担侵权责任的，以惩戒恶意利用无民事行为能力人和限制民事行为能力人实施侵权行为的教唆人、帮助人。但是，教唆人、帮助人的地位、作用及责任分担的确定必须科学、合理。如果确定教唆人、帮助人的侵权责任不科学、不合理，法律适用结果就会适得其反。最高人民法院这一司法解释在这一点上有所欠缺，认为"为充分保护受害人，规定(教唆人、帮助人——作者注)承担连带责任是很有必要的，没有必要区别对待。至于内部的追偿，主要是根据各方的过错程度分担责任的，而与具体的教唆、帮助的形态关系不大"，[①]并不妥当。

二、《侵权责任法》第 9 条第 2 款解决这一问题的基本思路

对于立法者在制定《侵权责任法》第 9 条第 2 款关于教唆人、帮助人与监护人责任关系规范时的基本思路，学者有不同看法。

有的认为，教唆、帮助无民事行为能力人或者限制民事行为能力人实施侵权行为的责任，法院在认定时，可以先认定教唆人、帮助人承担全部责任，在有证据证明监护人"未尽到监护责任"时，再认定监护人承担一定的责任。[②] 这种说法显然与《侵权责任法》第 9 条第 2 款规定的意思不同。

有的认为，《侵权责任法》的规定有所变化，即教唆、帮助无民事行为能力人和限制民事行为能力人实施侵权行为的，由教唆、帮助者承担侵权责任，如果被教唆、帮助的无民事行为能力人和限制民事行为能力人的监护人未尽到监护责任的，应当承担相应的责

---

① 王利明：《侵权责任法研究》(下册)，中国人民大学出版社 2011 年版，第 533 页。

② 奚晓明主编：《〈中华人民共和国侵权责任法〉条文理解与适用》，人民法院出版社 2010 年版，第 80 页。

任。这种相应的责任取代教唆、帮助者的责任,但可减轻其责任。[①]这个意见基本合理,但取代教唆、帮助者的责任与减轻监护人的责任的说法有些矛盾。

有的认为,教唆、帮助无民事行为能力人和限制民事行为能力人实施侵权行为,应当承担侵权责任,监护人未尽监护责任,承担相应责任,理由是,在存在教唆人和帮助人的情形下,监护人也要承担连带责任,过于严厉。[②] 这种意见我们较为赞成,但是说得不够清楚。

有的认为,教唆、帮助无民事行为能力人和限制民事行为能力人实施侵权行为,教唆人和帮助人是第一位的责任人,只有在监护人没有尽到监护责任的,才承担相应的责任。在这一范围内,监护人要与教唆人承担连带责任。如果监护人平时对被监护人严加管教,但仍然出现被监护人因他人之教唆、帮助而损害他人的情形,监护人就只需要承担部分的赔偿责任。[③] 这种意见有一定道理,但对连带责任的意见,我们持不同看法。

有的认为,在监护人承担相应责任的范围内,其与教唆人和帮助人应向受害人共同负责。但教唆人和帮助人是终局责任人,监护人承担了相应责任后,有权就其相应的责任向教唆人和帮助人行使求偿权。[④] 这个意见说得比较糊涂,一是终局责任人并非一种,在连带责任和不真正连带责任中都有,不知这里所说的是连带责任还是不真正连带责任;二是监护人向教唆人和帮助人行使追偿权,应该追偿多少?全部追偿还是部分追偿?全部追偿就是不真正连带责任,部分追偿就是连带责任。而事实是,监护人承担了相应责任之后,对教唆人或者帮助人恰恰没有追偿权。

上述各种意见尽管有所区别,但可以确定,一是《侵权责任法》第 9 条第 2 款不再采取对教唆、帮助无民事行为能力人或者限制民

---

① 张新宝:《侵权责任法》,中国人民大学出版社 2010 年版,第 51 页。

② 王胜明主编:《中华人民共和国侵权责任法释义》,法律出版社 2010 年版,第 62 页。

③ 程啸:《侵权责任法》,法律出版社 2011 年版,第 267 页。

④ 王利明:《侵权责任法研究》(下册),中国人民大学出版社 2011 年版,第 537 页。

事行为能力人实施侵权行为的人分别规定固定化责任的方法，二是根据实际情况，实事求是地确定教唆人、帮助人与监护人的责任。这种态度是特别值得赞赏的，也是保障公平确定教唆人、帮助人和监护人责任的好方法，表达了立法专家和法学专家确定这一规范的基本思路。

根据我们参加起草《侵权责任法》的亲身体会，《侵权责任法》第9条第2款规定的教唆人、帮助人和监护人责任规范的基本思路是：

第一，不再直接根据被教唆、帮助的无民事行为能力人或者限制民事行为能力人的不同身份确定不同的侵权责任。最高人民法院《关于贯彻执行〈民法通则〉若干问题的意见（试行）》第148条确定教唆人、帮助人和监护人责任规则的基本思路，是根据被教唆、帮助的无民事行为能力人和限制民事行为能力人的身份不同，确定不同的责任。教唆、帮助无民事行为能力人实施侵权行为，无论是教唆人还是帮助人，都是侵权行为人，都要承担全部的侵权责任；而教唆、帮助限制民事行为能力人实施侵权行为，都一律作为共同侵权的主要侵权人，承担主要的侵权责任。问题正是发生在这里。教唆、帮助行为在共同侵权行为中起到的作用并非完全相同，须在连带责任的基础上，根据教唆人、帮助人的不同行为，所起的不同作用，确定不同的责任。司法解释采取统一的、划一的方法，确定教唆、帮助无民事行为能力人和限制民事行为能力人实施侵权行为的人的固定化责任，没有体现实事求是的原则，缺少具体问题具体分析的态度，因而存在问题在所难免。

第二，采取实事求是的方法，强调根据实际情况确定教唆人、帮助人和监护人的责任。《侵权责任法》第9条第2款并没有说教唆人、帮助人教唆、帮助不同的被监护人的不同责任，而是采用教唆人、帮助人承担侵权责任，监护人在未尽监护责任的情况下，承担相应的责任的说法。这样的规定具有很大的灵活性，完全体现了实事求是的要求，应当根据监护人有无监护过失而确定教唆人、帮助人承担全部责任还是部分责任；根据监护人的过失程度承担相应的责任而确定教唆人或者帮助人应当承担责任份额的大小。这样，就可以实事求是地确定教唆人、帮助人以及监护人的责任，合理分配赔偿责任，实现侵权责任法的矫正正义的目的，避免出现责任区分不准确、利益关系处理失衡的问题，纠正了司法解释存在的误差。

三、《侵权责任法》第9条第2款规定的是何种侵权责任形态

（一）是连带责任还是按份责任

《侵权责任法》第9条第2款规定的教唆人、帮助人与监护人之间的责任形态，究竟是连带责任，还是按份责任，或者是其他责任形态，看法并不相同。

1. 连带责任说

这种主张认为，教唆、帮助无民事行为能力人和限制民事行为能力人实施侵权行为，教唆人和帮助人是第一位的责任人，监护人没有尽到监护责任的才承担相应的责任。在这一范围内，监护人要与教唆人承担连带责任。[①] 这种说法是将教唆人、帮助人与监护人的责任分担形式认定为连带责任。

2. 按份责任说

这种主张认为，教唆、帮助无民事行为能力人和限制民事行为能力人实施侵权行为，应当承担侵权责任，监护人未尽监护责任，承担相应责任，理由是在存在教唆人和帮助人的情形下，监护人也要承担连带责任，过于严厉。[②] 既然认为监护人承担连带责任过于严厉，那就是认为应当承担按份责任了。

3. 减轻责任说

这种主张认为，被教唆、帮助的无民事行为能力人和限制民事行为能力人的监护人未尽到监护责任的，应当承担相应的责任。这种相应的责任取代教唆、帮助者的责任，但可减轻其责任。[③] 有疑问的是，减轻责任在侵权责任分担的形态上，属于何种责任形态？不得而知。

---

① 程啸：《侵权责任法》，法律出版社2011年版，第267页。

② 王胜明主编：《中华人民共和国侵权责任法释义》，法律出版社2010年版，第62页。

③ 张新宝：《侵权责任法》，中国人民大学出版社2010年版，第51页。

4. 求偿责任说

这种主张认为，教唆人和帮助人是终局责任人，监护人承担了相应责任之后，有权就其相应的责任向教唆人和帮助人行使求偿权。[①] 这种说法似乎认为属于补充责任，但《侵权责任法》第 9 条第 2 款显然没有规定这个求偿权，这个解释超出了法律本身规定的内容。

我们的看法是，当教唆人教唆无民事行为能力人实施侵权行为时，教唆人应当承担的侵权责任就是全部责任，不存在连带责任或者按份责任的争论，是单独责任，即由教唆人自己承担责任。在其他任何场合，如教唆限制民事行为能力人实施侵权行为，帮助无民事行为能力人实施侵权行为，或者帮助限制民事行为能力人实施侵权行为，都不是单独责任，都会存在监护人承担责任的情形。在这种情形下，教唆人、帮助人与监护人都应当承担责任，因而存在是连带责任还是按份责任或者不真正连带责任的性质问题。将这种责任界定为减轻责任，尽管说的是实际情况，监护人未尽监护责任，当然减轻教唆人或者帮助人的侵权责任，但没有说清楚教唆人或者帮助人与监护人之间承担的责任究竟是何种形态。认为教唆人或者帮助人与监护人分担责任的形态是按份责任，根据"相应的责任"的表述，似乎是成立的，但是，相应的责任是监护人一方承担的责任，教唆人或者帮助人承担的责任并不因为监护人的责任为"相应的责任"而使自己的责任也成为"相应的责任"，教唆人或者帮助人的责任不是相应的责任，不是按份责任。

教唆人、帮助人与监护人承担的责任具有连带责任的性质，在总体上仍然是连带责任。有人认为，第 9 条第 2 款没有特别写明是连带责任，是有确定的含义的，就是否定这种责任形态是连带责任。理由是，《侵权责任法》第 9 条第 2 款虽然没有明确规定，但从体系解释的角度来看，显然是排斥了连带责任。[②] 这种意见并不正确。主张教唆人、帮助人与监护人之间承担的责任为连带责任的根

---

① 王利明：《侵权责任法研究》(下册)，中国人民大学出版社 2011 年版，第 537 页。

② 王利明：《侵权责任法研究》(下册)，中国人民大学出版社 2011 年版，第 536 页。

据是：

第一，共同侵权人承担的责任是连带责任，这是《侵权责任法》第8条确定的规则。这个规则是一般性规则，是不能改变的。教唆人、帮助人参加的侵权行为一定是共同侵权行为，共同侵权行为的法律后果一定是连带责任。不能想象，教唆、帮助完全民事行为能力人实施侵权行为的性质是共同侵权行为，须承担连带责任，而教唆、帮助无民事行为能力人或者限制民事行为能力人实施侵权行为，其性质仍属于共同侵权行为，但却不适用连带责任。

第二，《侵权责任法》第9条第1款本身是明确规定了教唆、帮助人的责任是连带责任，第2款尽管没有规定教唆、帮助无民事行为能力人或者限制民事行为能力人实施侵权行为的侵权责任的性质，但应当顺理成章地推论为连带责任。

第三，如果认为这种侵权行为的法律后果不是连带责任，而令教唆人、帮助人与监护人承担按份责任，对保护受害人特别不利，不符合共同侵权责任制度的旨趣，有违侵权责任法立法设置共同侵权行为和连带责任的基本精神。

（二）是典型连带责任还是单向连带责任

应当看到，《侵权责任法》第9条第2款规定的责任形态，不同于典型连带责任的一般规则。我们在《侵权责任法》刚刚通过后不久，就提出了单向连带责任的概念，[①]教唆人、帮助人与监护人的责任就是单向连带责任。具体表现是：

首先，教唆人或者帮助人一方应当承担的责任叫做"侵权责任"，包括承担全部责任和部分责任，如果承担的是部分责任，则是连带责任。教唆人如果教唆无民事行为能力人实施侵权行为，其是侵权人，构成单独侵权行为，应当承担全部责任。在教唆限制民事行为能力人实施侵权行为、帮助无民事行为能力人实施侵权行为、帮助限制民事行为能力人实施侵权行为的场合，监护人都有监护过失，教唆人或者帮助人都不会承担全部的赔偿责任，应当由教唆人

---

① 杨立新：《〈中华人民共和国侵权责任法〉条文释解与司法适用》，人民法院出版社2010年版，第57页。

或者帮助人与监护人共同承担责任，因此形成共同责任。

其次，教唆人和帮助人无论是教唆、帮助完全民事行为能力人，还是教唆、帮助无民事行为能力人或者限制民事行为能力人，都是共同侵权人，都应当承担连带责任（教唆无民事行为能力人除外）。因此，教唆、帮助无民事行为能力人和限制民事行为能力人实施侵权行为的教唆人、帮助人，即使在监护人承担相应的责任的情况下，也应当承担连带责任。如果受害人向教唆人或者帮助人请求承担连带责任，对损害予以全部赔偿，教唆人或者帮助人不得以自己不是共同侵权人而主张抗辩，不得主张自己只承担按份责任。

再次，对无民事行为能力人和限制民事行为能力人的监护人未尽监护责任承担"相应的责任"，应当如何理解，特别值得研究。相应的责任，应当是与行为人的过错程度和行为的原因力相适应，其实就是有份额的责任。[①] 事实上，教唆、帮助无民事行为能力人和限制民事行为能力人实施侵权行为，监护人有过错的，同样也是共同侵权行为，只不过特点比较突出，与教唆、帮助完全民事行为能力人实施侵权行为有所区别。这样就会出现一个问题，当教唆人和帮助人要承担侵权责任，监护人要承担相应的责任，且为连带责任的时候，按照连带责任原理，被侵权人请求教唆人、帮助人承担全部责任，教唆人、帮助人承担了全部责任后，就监护人的"相应的责任"份额向其追偿，当然没有问题。但是，监护人承担的是"相应的责任"，如果被侵权人向监护人请求承担全部赔偿责任，可以准许吗？好像不行，且责任"过于严厉"。[②] 被侵权人请求监护人承担全部赔偿的连带责任，如果监护人以法律规定自己的责任是"相应的责任"进行抗辩，主张自己不承担连带责任，法院一定会采纳监护人的抗辩意见，因为监护人的请求符合法律规定。因此，监护人的"相应的责任"一定是按份责任，而不是连带责任。

最后，在多数人侵权行为中，一方当事人承担连带责任，另一方

① 在这一点上，《侵权责任法》在使用"相应的责任"用语上，含义基本上是一致的，只有第35条后段个人劳务责任中的工伤事故责任除外。

② 王胜明主编：《中华人民共和国侵权责任法释义》，法律出版社2010年版，第62页。

当事人承担按份责任,是我国以前的侵权责任法律规范没有规定的责任形态,因此是一种新型的侵权责任形态,我们将其称为单向连带责任是比较妥当的。因此,本书将这种侵权责任形态仍然称为单向连带责任。

四、教唆人、帮助人与监护人的单向连带责任及规则

《侵权责任法》第 9 条第 2 款规定的连带责任是单向连带责任。同样,该法第 49 条规定的责任形态与第 9 条第 2 款规定的规则相同,也是单向连带责任。

单向连带责任是连带责任中的一种特殊类型,是以前的侵权法理论较少研究的一种侵权责任形态。对此应当深入研究,掌握其法律适用规则。

(一)单向连带责任的概念

单向连带责任,是指在连带责任中,被侵权人有权向承担侵权责任的责任人主张承担全部赔偿责任并由其向其他责任人追偿,不能向只承担相应的责任的责任人主张承担全部责任并向其他连带责任人追偿的特殊连带责任形态。简言之,单向连带责任就是在连带责任人中,有的责任人承担连带责任,有的责任人只承担按份责任的特殊连带责任形式。

单向连带责任形态,在大陆法系侵权法中没有提及。美国侵权法连带责任中的单独责任就是单向连带责任。美国《侵权法重述·第三次·责任的分担》第 10 节(连带责任的效力)规定:"当依据适用法律,有多人对一受害人承担连带责任时,该受害人可以起诉任何一名负连带责任者,并从中获得它可以获得的全部赔偿。"第 11 节(单独责任的效力)规定:"当依据适用法律,某人对一受害人的不可分伤害承担单独责任时,该受害人仅可以获得该负单独责任者在该受害人应得赔偿中所占的比较责任份额。"①这就是在数人侵权的连带责任中,有的责任人承担连带责任,有的责任人应当承担

① [美]肯尼斯·S. 亚伯拉罕、阿尔伯特·C. 泰特选编:《侵权法重述——纲要》,许传玺、石宏等译,法律出版社 2006 年版,第 346 页。

单独责任(按份责任),承担单独责任的单独责任人只承担受害人应得赔偿中的自己的份额,就是按份责任。这就是单向连带责任。

在单向连带责任中,两个以上的责任人都对同一个侵权行为造成的损害负赔偿责任,不过其中有的责任人承担侵权责任,有的责任人承担相应的赔偿责任,承担侵权责任一方对全部责任负责,承担相应责任一方只对自己承担的相应份额负责。因而,被侵权人可以向承担侵权责任的责任人主张连带责任,承担全部赔偿责任,在承担了全部赔偿责任之后,可以向承担相应的赔偿责任的责任人主张追偿;被侵权人不能向承担相应的责任的责任人主张承担全部连带责任,并由其向应当承担侵权责任的责任人进行追偿,而是只承担按份责任(单独责任)。《侵权责任法》第 9 条第 2 款规定符合这样的要求,这种侵权责任形态就是单向连带责任。

(二)单向连带责任的特征及与连带责任的区别

单向连带责任的特征是:

第一,单向连带责任仍然是连带责任,但是在这种连带责任中,有的责任人承担侵权责任即对全部侵权责任承担连带责任;有的责任人只承担相应的责任即仅对自己应当承担的责任份额承担赔偿责任,对超出自己的责任份额的部分不承担连带责任。

第二,这种连带责任的各个责任人也都有最终责任的赔偿份额,按照《侵权责任法》第 14 条第 1 款的规定,按照各自的责任大小承担最终责任。

第三,实行单向连带,被侵权人有权主张承担侵权责任的一方承担全部赔偿责任,但不能主张承担相应的赔偿责任的责任人对全部赔偿责任连带负责,承担相应责任的责任人不论怎样,都只对自己应当承担的赔偿份额承担责任,不对全部责任负责。

第四,承担了全部赔偿责任或者承担了超出自己应当承担的赔偿份额的连带责任的人,有权向承担相应的赔偿责任的按份责任人主张追偿,也有权向其他没有承担赔偿责任的连带责任人主张追偿。

教唆人、帮助人与监护人的责任,完全具备上述单向连带责任的法律特征。同样,《侵权责任法》第 49 条规定的租用、借用机动车的机动车使用人驾驶机动车发生交通事故造成他人损害,应当承担侵权责任;机动车所有人对于损害的发生也有过错的,应当承当相应的赔偿责任。这也构成单向连带责任。被侵权人可以向机动车使用人主张其承担全部赔偿责任,机动车使用人不能以机动车所有人也有过错而进行抗辩,应当承担全部责任。在其承担了赔偿责任之后,可以向有过错的机动车所有人追偿。被侵权人也可以同时起诉机动车使用人和机动车所有人,主张他们各自承担自己的赔偿责任份额。被侵权人如果主张机动车所有人承担连带责任时,则机动车所有人可以法律规定其承担相应的责任为由进行抗辩,只对自己的过错所应当承担的相应的责任承担按份责任,不承担连带责任。如果机动车使用人和机动车所有人具有共同故意或者构成客观的共同侵权行为的,则构成连带责任,各自都应当承担连带责任,不再是单向连带责任。

基于以上分析,教唆人、帮助人与监护人的责任是单向连带责任,属于连带责任中有的责任人承担连带责任,有的责任人不承担连带责任只对相应的责任份额按份负责的连带责任形态。

(三)单向连带责任的规则

《侵权责任法》规定了单向连带责任的规则是:

第一,构成单向连带责任,须具备承担侵权责任的一方和承担相应责任的一方对损害的发生都有过错,都具有原因力;如果一方具有过错和原因力,另一方的行为不具有过错或者原因力,则不构成单向连带责任。教唆人、帮助人与监护人对于损害的发生均具有过错和原因力,具备了构成单向连带责任的基本要求。

第二,在单向连带责任中,有的责任人应当承担侵权责任即连带责任,有的应当承担相应的责任即按份责任。承担连带责任的一方是教唆人或者帮助人,如果对损害的发生具有全部的过错和原因力的,就应当自己单独承担赔偿责任,不存在连带责任;如果承担侵权责任的教唆人或者帮助人对于损害的发生具有部分过错和原因力,在单向连带责任中也应当对全部损害负责,为连带责任人。承担相应的责任的一方为监护人,对损害的发生不具有全部的过错和原因力,承担的相应的责任是按份责任,并且只对自己的责任份额承担责任,不论是自己承担,还是承担全部赔偿责任的人通过向其追偿而承担,都是如此。这就是美国侵权法连带责任中的单独责任。[①]

第三,被侵权人在单向连带责任中,只能向承担连带责任的责任人主张承担全部赔偿责任,而不能向承担按份责任的责任人主张承担全部赔偿责任,如果向承担按份责任的责任人主张承担责任,只能是按份责任,按份责任人仅对自己的份额负责。受害人主张向教唆人、帮助人请求承担连带责任的,应当予以支持;主张向监护人承担连带责任的,应当不予支持。

第四,承担了连带责任的侵权责任人,即教唆人或者帮助人,对于超出了自己的责任份额的部分,就该部分有权向相应责任人,即监护人进行追偿。在教唆人、帮助人与监护人责任之中,绝对不会出现监护人承担了责任"向教唆人、帮助人行使求偿权"[②]的情形。

五、《侵权责任法》第 9 条第 2 款与第 32 条之间的协调

(一)第 9 条第 2 款与第 32 条之间的相互关系

研究教唆人、帮助人责任与监护人的责任问题,必须研究《侵权责任法》第 9 条第 2 款与第 32 条之间的关系问题。我们认为,《侵权责任法》第 32 条是关于监护人责任的一般性规定,而第 9 条第 2 款是监护人责任在共同侵权责任中的特别规定。两个条款的基本精神是一致的。

值得研究的是,第 9 条第 2 款规定承担责任的要件是"教唆、帮助无民事行为能力人、限制民事行为能力人实施侵权行为",第 32 条第 1 款规定的是"无民事行为能力人、限制民事行为能力人造成他人损害",两种情形是否存在区别。我们认为,这一用语的差别,并非强调两个条文规定的要件不同,而是强调在第 32 条第 1 款的情形下,无民事行为能力人或者限制民事行为能力人即使造成他人

---

① [美]肯尼斯·S. 亚伯拉罕、阿尔伯特·C. 泰特选编:《侵权法重述——纲要》,许传玺、石宏等译,法律出版社 2006 年版,第 346 页。

② 王利明:《侵权责任法研究》(下册),中国人民大学出版社 2011 年版,第 537 页。

损害,也不能认为无民事行为能力人或者限制民事行为能力人实施的行为就是侵权行为,对于监护人而言才是侵权行为。相反,教唆人、帮助人教唆帮助无民事行为能力人或者限制民事行为能力人实施的侵权行为,本身就已经是侵权行为了,因此才使用这个表述。两个用语的不同并不是说两种责任的构成要件不同,并不是否认两个条文的一致性。

《侵权责任法》第 32 条规定的监护人责任,是无民事行为能力人或者限制民事行为能力人造成他人损害,监护人承担责任的一般规则,可以明确的是,确定监护人的责任,包括过错推定原则、替代责任和公平分担损失的规则。首先,监护人责任实行过错推定原则,无民事行为能力人或者限制民事行为能力人造成他人损害,推定监护人具有未尽监护责任的过失,应当承担侵权责任。监护人承担的责任是替代责任,是监护人替代造成损害的无民事行为能力人或者限制民事行为能力人承担责任。如果监护人已经尽到监护责任的,即为无过失,不是免除责任,而是减轻侵权责任,是在适用《侵权责任法》第 24 条的公平分担损失规则,在双方当事人之间分担损失。在具体承担责任上,如果无民事行为能力人或者限制民事行为能力人是有财产的,则实行完全的补充责任,由本人的财产支付赔偿费用,不足的部分,由监护人补充赔偿,不足部分有多少,就要补充赔偿多少。

《侵权责任法》第 9 条第 2 款规定的是无民事行为能力人或者限制民事行为能力人在造成他人损害的情况下,其前提与第 32 条规定的前提是一样的,如果有教唆人或者帮助人教唆、帮助无民事行为能力人或者限制民事行为能力人教唆帮助实施侵权行为的,则成为共同侵权行为,应当适用《侵权责任法》第 9 条的规定,由于存在有监护人的特殊性,因此才规定了第 2 款的规则。

从另一个角度来看,第 9 条第 2 款规定属于总则性规定,而第 32 条规定属于分则性规定,总则性规定属于原则性规定,分则性规定属于具体规定。分则性规定与总则性规定不发生冲突的,应当优先适用分则性规定,分则性规定违反总则性规定的,应当适用总则性规定。在这个意义上观察,第 9 条第 2 款规定与第 32 条规定的关系并不发生冲突，分则性规定没有涉及共同侵权的问题，因此，在无民事行为能力人或者限制民事行为能力人造成他人损害的，如果有教唆人或者帮助人的，构成共同侵权行为，应当适用总则性的规定。

按照这两个条文的关系，在法律适用上是一致的；如果两个条文一旦发生冲突，应当优先适用第 9 条第 2 款的规定。

（二）监护人承担责任的“由”与“应当”的区别

《侵权责任法》第 9 条第 2 款规定监护人的责任，是“应当承担相应的责任”；第 32 条规定监护人的责任，是“由监护人承担侵权责任”。这里的“应当承担”和“由……承担”的表述，区别在于：第一，“应当承担”所强调的是“相应的责任”，是必须承担相应的责任，而不是全部责任。第二，“由……承担”的表述，是强调替代责任，即无民事行为能力人和限制民事行为能力人实施的侵权行为造成损害，由监护人承担替代责任，而不是由被监护人承担侵权责任。

按照这样的分析，两个条文的上述不同表述并没有冲突，所不同的是，“由监护人承担”的责任是替代责任，在第 32 条和第 9 条第 2 款的情形下，都没有变化，都是替代责任。所不同的是，第 9 条第 2 款限定监护人的责任是有限的相应的责任，为按份责任，监护人不承担超出相应的责任的按份责任，不承担连带责任。而由于第 32 条就是监护人自己承担责任，并不存在按份责任的相应的责任的问题，而是全部责任。

（三）监护人尽到监护责任的应当减轻还是免除责任

《侵权责任法》第 32 条和第 9 条第 2 款规定中，在下面这个问题上有一定的冲突，即如果监护人没有违反监护责任的，第 32 条第 1 款后段规定的是“可以减轻其侵权责任”；而按照第 9 条第 2 款规定，尽管没有明确规定监护人不承担侵权责任，但是从条文的上下文观察，监护人是不承担侵权责任的，连相应的责任也不承担。这样的理解是否正确，分析如下：

《侵权责任法》第 32 条第 1 款后段规定的减轻责任，是适用公平分担损失规则，其前提是，无民事行为能力人或者限制民事行为能力人造成他人损害，如果监护人没有未尽监护责任，即为无过错。监护人无过错，而受害人对于损害的发生更无过错，如果监护人不承担赔偿责任,则损失将由受害人全部承担。无过错的受害人承担全部损失,而损害又是无民事行为能力人或者限制民事行为能力人造成的,公平吗?肯定是不公平的。因此,按照第24条规定公平分担损失,减轻监护人的责任,就是分担损失。这样,就符合了第24条规定的条件,有了实行公平分担损失规则的必要性。

《侵权责任法》第9条第2款规定教唆、帮助无民事行为能力人或者限制民事行为能力人实施侵权行为的,已经有了承担责任的一方主体,即教唆人或者帮助人。在这样的情况下,即使监护人由于没有未尽监护责任的过失,不承担侵权责任,也不会出现损害后果由受害人自己负担的可能性,因而不再存在适用第24条关于公平分担损失规则的必要性。监护人无过失,就由教唆人或者帮助人承担全部赔偿责任(事实上只是在教唆人教唆无民事行为能力人实施侵权行为的时候,才会出现这样的情形,在其他情形不会出现这样的结果)。认为监护人如果证明自己尽了监护责任,则在最终份额决定时,进一步减轻其最终责任份额,减轻部分由教唆人、帮助人承担,也是"承担主要民事责任"的应有之义,[①]似乎不够妥当。

所以,在第9条第2款规定的情形下,如果监护人不存在未尽监护责任的过失,则与第32条第1款规定的减轻监护人的责任的规定有冲突,应当适用第9条第2款规定,不适用第32条第1款后段的规定。

(四)被监护人有财产的相应的责任应当如何承担

《侵权责任法》第32条第2款规定的是造成他人损害的无民事行为能力人或者限制民事行为能力人有财产的,则首先由本人的财产支付赔偿费用,不足部分,由监护人补充赔偿。在第9条第2款规定的情形下,是否也适用这样的规则呢?

应当看到的是,《侵权责任法》第32条第2款规定是关于履行责任的规则,不是确定责任的规则。意思是,确定监护人责任,适用第32条第1款规定,但是在履行监护人的赔偿责任时,如果无民事

---

① 王竹:《侵权责任分担论——侵权损害赔偿责任数人分担的一般理论》,中国人民大学出版社2009年版,第158~159页。

行为能力人或者限制民事行为能力人自己有财产的，按照这样的规则进行。第9条第2款没有规定这样的内容，没有说监护人承担相应的责任的，如果无民事行为能力人或者限制民事行为能力人自己有财产的，应当适用何种规则。对此，应当顺理成章地适用第32条第2款规定，如果教唆人或者帮助人应当承担侵权责任，监护人也应当承担相应的责任的，包括直接承担相应责任或者教唆人或者帮助人在承担了全部赔偿责任的中间责任后向监护人追偿的，当然应当由监护人承担赔偿责任；如果无民事行为能力人或者限制民事行为能力人自己有财产，同样应当由造成损害的无民事行为能力人或者限制民事行为能力人的财产支付赔偿费用，不足部分，由监护人补充赔偿。

应当注意的是，这个相应的责任是已经确定的责任，在此份额内，监护人承担的是完全的补充责任，因而与《侵权责任法》第34条第2款、第37条第2款和第40条规定的相应的补充责任不同，不能在相应的赔偿责任之内再承担“相应的”补充责任。

（五）教唆人、帮助人无资力的如何处理

教唆人、帮助人承担侵权责任包括连带责任，如果出现无资力的情形，应当如何处理侵权责任分担问题，《侵权责任法》第9条第2款没有规定，有人曾经提出这个问题，认为教唆限制民事行为能力人实施侵权行为的，由教唆人承担主要民事责任。但教唆者无资力承担主要责任的除外。① 这个说法语焉不详，不知道这个除外究竟何指，是否说教唆者如果无资力承担主要责任就不承担主要责任，改为次要责任，不得而知。

按照上述确定教唆人、帮助人责任的规则确定了责任，如果教唆人或者帮助人无赔偿资力，并非要重新设立一个规则重新确定责任，而是赔偿责任人无资力就是赔偿风险，并非所有的损失都能够得到赔偿，不能赔偿的，应当由受害人承担这个风险，或者以其他救济方式进行救济。

---

① 张新宝、唐青林：《共同侵权责任十论——以责任承担为中心重塑共同侵权理论》，载最高人民法院民一庭编：《民事审判指导与参考》2004年第4期。

第六节 共同危险行为及连带责任

一、《侵权责任法》制定之前对共同危险行为及责任的认识

（一）2003 年人身损害赔偿司法解释之前对共同危险行为的认识

共同危险行为又称为准共同侵权行为，《德国民法典》第一次规定了准共同侵权行为。对此，我国在以往的司法实践中没有出现过，在理论上也没有进行过讨论，1987 年《民法通则》也没有作出相应的规定。

1987 年，我们结合司法实践，写出了我国应当如何借鉴这一法律规则解决我国这类侵权纠纷的文章，①认为在理论上和实践中确立共同危险行为学说是完全必要的，主要表现在：首先，可以使受害人处于优越的地位，使其合法权利得到更好的保护。共同危险行为适用过错推定原则，而过错推定原则的适用正是为了使受害人处于有利地位。其次，可以更有效地制裁民事违法行为。侵权行为的构成须有损害事实、违法行为、因果关系、主观过错四个要件。在一般的侵权行为中，只要行为人否定其中一个要件，就可以免除其责任。在共同危险行为致人损害的场合，其中的一个或一部分行为人否认自己赔偿责任的可能性非常大。在民事审判工作中，常常碰到类似情况，数人将一人殴打致耳膜穿孔，判明此伤只系一人所为，但不能证明系谁的行为所致；数人均互相推脱，致使赔偿责任无法确定，造成制裁不力。共同危险行为理论把共同危险行为人视为一个有机的整体，赋予他们以一个加害人的身份。无论怎样，都可以对侵权的违法行为予以民事法律制裁。最后，有利于消除纷争，促进安定团结。在实践中，因共同危险行为而生的损害是较为常见的，由于没有确立共同危险行为学说，出现这类纠纷，受害人往往投诉无门，

---

① 杨立新：《试论共同危险行为》，载《法学研究》1987 年第 5 期。

司法机关相互推诿，致使纠纷久拖不决，当事人上访告状，影响社会安定。确立共同危险行为学说，可以使人民法院有理有据地对共同危险行为加以制裁，尽早消除纷争，避免对社会安定造成影响。

根据以上分析，在我国确立共同危险行为学说，不仅具有必要性，而且具有现实的可能性，目前只是缺少必要的法律根据。对此，有以下四种办法可供选择：一是补充立法，在将来制定的有关单行民事法规中，规定共同危险行为，以补充《民法通则》第130条规定的不足。二是立法解释，即由立法机关对《民法通则》第130条作出扩张解释，说明本条文可以适用于共同危险行为。三是司法解释，最高人民法院在解释《民法通则》的司法解释中对共同危险行为的处理作出规定。四是在审判实践中试行。既然共同危险行为的责任基础是共同过错，在实践中就可以依照《民法通则》第106条第2款的规定作出判决。

随后，我国司法实务采用共同危险行为理论，做出了典型的共同危险行为的判决。《中国审判案例要览》(1993年综合本)选用了两个典型的共同危险行为案例：一是"姚某富诉鲁某君、李某、刘某峰侵权损害赔偿案"。三名被告均系未成年人，1992年12月21日下午去医院楼顶平台用砖头搭屋玩，随手将砖头往楼下扔，其中一块击中姚某富之妻赵银枝头部致死，不能确认是谁扔砖头所致。二是上海市静安区人民法院审理的"马某林等诉付某吉、曹某、吴某人身损害赔偿纠纷案"。三被告均系无民事行为能力人，1992年2月22日在15层楼的居民住宅上共同向下投掷废酒瓶，其中一只酒瓶将正在一楼出门的马某林怀中抱着的二岁男童马某砸中头部，造成死亡后果，不能判明是三名无行为能力人中谁的行为所致，故判决三被告的法定代理人连带赔偿原告的损失。① 这两个判决正是应用了共同危险行为的基本原理，三名未成年行为人的行为完全符合共同危险行为的特征，依据共同危险行为理论，判决由被告的法定代

① 《中国审判案例要览》(1993年综合本)，中国人民公安大学出版社1994年版，第607页。

理人共同承担连带赔偿责任，效果令人满意。[①]

（二）人身损害赔偿司法解释对共同危险行为及责任的规定

最高人民法院总结理论研究和司法实践经验，在《最高人民法院关于审理人身损害赔偿案件适用法律若干问题的解释》第4条规定："二人以上共同实施危及他人人身安全的行为并造成损害后果，不能确定实际侵害行为人的，应当依照《民法通则》第130条规定承担连带责任。共同危险行为人能够证明损害后果不是由其行为造成的，不承担赔偿责任。"这是我国法律文件第一次正式确认共同危险行为及连带责任的规则。

上述司法解释规定共同危险行为的基本规则是正确的。存在的问题是上述规定的后段，即"共同危险行为人能够证明损害后果不是由其行为造成的，不承担赔偿责任"的规则是否可行。这就是，如果共同危险行为人之一能够证明自己的行为与损害结果没有因果关系，是否可以免责。

对此，有两种价值选择，要看立法者究竟采用哪一种。第一种价值选择，就是司法解释这样的规定，共同危险行为人之一能够证明自己的行为与损害后果之间没有因果关系的，不承担赔偿责任。这种价值选择是以对共同危险行为人的公平为基准。第二种价值选择则相反，共同危险行为人之一能够证明自己的行为与损害后果没有因果关系的，不能免除责任。这种价值选择是以对受害人损害赔偿权利的保护为基准。

采用后一种规则的理由是，在民事诉讼当中，证明标准是法律真实，而不是客观真实。如果共同危险行为人之一有足够的证据证明自己的行为与损害结果之间没有因果关系，使法官建立确信，也就是说法官能够形成心证，原告的证明就完成了，就能够认定这样的事实。既然它是这样的证明标准，那么就有可能所有参加实施共同危险行为的人都能证明自己的行为和损害结果没有因果关系；如果每一个共同危险行为人都能证明自己的行为与损害结果没有因

---

① 有关这两个案件的详细的情况，参见《中国审判案例要览》（1993年综合本），第599页和第608页。

果关系，按照这样的规则，每个人都可以免除责任。那么，就会出现一个结果：损害是客观存在的，也确确实实是共同危险行为人中间的某一个人造成的，由于共同危险行为人都证明了自己不是真正的加害人，并且都免除了侵权责任，因而受害人就没有办法得到赔偿了。但真实的情况是，加害人确实是在已经免除了责任的共同危险行为人之中。所以，司法实践才采用共同危险行为人之一能够证明自己的行为与损害结果之间没有因果关系的不能免除责任的规则，只有证明了谁是真正的加害人的才可以免除责任的规则。①

赞成第一种规则是有道理的：一是在现有的文献上，并没有发现所有的共同危险行为人都证明了自己的行为没有造成损害后果，因而受害人的损害没有得到赔偿的文献记载；二是在司法实践中，也确实没有发现这样的案例。

但是，从严格的意义上说，还是采用第二种主张更为稳妥。同时，采取这样的规则，还可以区分高空抛物致人损害侵权责任的法律后果的不同。1960 年颁布实施的《埃塞俄比亚民法典》第 2142 条规定“未查明加害人”：“(1)如果损害是由数人中的某个人造成的，并且不能查明所涉及的哪个人是加害人，法院在衡平需要时，可命令可能造成损害，并且在其中确定可找到加害人的那一群人共同赔偿损害。(2)在此等情形，法院可命令依法无疑要对损害的不确定加害人承担责任的人赔偿损害。”曾经有人认为这就是规定的共同危险行为，但是，这一规定并不是严格的共同危险行为规则，而是未能查明加害人的规则，其中既包括都实施了共同危险行为造成损害而不能查明谁是真正加害人的共同危险行为，也包括类似于高空抛物的在一群人中只有一个人实施加害行为并未能查明加害人的侵权行为。我们曾经主张，对于共同危险行为，应当采取第二种立法例，不能免除能够证明自己的行为没有造成损害的人的责任；对于单纯的未能查明加害人的高空抛物，则采用第一种立法例，能够证明自己的行为与损害发生没有因果关系的，可以免除自己的责任。如果这样规定，可能更为妥当。

---

① 杨立新：《侵权法论》，人民法院出版社 2005 年版，第 607 页。

因此,在侵权责任法中,对共同危险行为的规定,应当采用能够证明自己的行为与损害结果发生没有因果关系的,不能免除自己的责任;只有能够证明造成损害的真正加害人的,才能够免除其他共同危险行为人的责任。

二、共同危险行为的历史发展

共同危险行为理论与共同侵权行为理论有着基本相同的历史,它们都是在一般侵权行为民事责任的基础上发展起来的。在古代早期的成文法中,有关的侵权行为法规范大都是对具体侵权行为的规定,归结起来,都属于一般侵权行为。罗马法关于私犯和准私犯的规定也缺乏原则性的抽象概括。1804 年公布的具有划时代意义的《法国民法典》创造了侵权行为法的过错责任原则,但仍没有共同侵权行为和共同危险行为的规定。经过大约近百年的演化,经过一些法学家的不断探索,创造出了共同侵权行为与共同危险行为的理论。1900 年《德国民法典》第一次规定了共同侵权行为和共同危险行为的条文。该法第 850 条规定:"数人因共同侵权行为加害于他人时,各自对损害负赔偿责任。在数人中不知谁为加害者亦同。"《德国民法典》的这一规定,开创了侵权法的一个新时期,给以后的资本主义民事立法奠定了基础。我国台湾地区"民法"第 185 条规定:"数人共同不法侵害他人之权利者,负连带赔偿责任。不能知其中孰为加害人时,亦同。"这些规定中的前一句话是共同侵权行为,后一句话就是共同危险行为。这种立法例,是大陆法国家民事立法的常见模式。

普通法国家虽无成文法对共同危险行为作出规定,但在他们的判例中可以看出对共同危险行为学说的确认。1982 年加利福尼亚州上诉法院改判了辛德尔诉阿伯特化学厂一案。辛德尔是个乳腺癌患者。在她出生前,其母亲服用了当时广为采用的防止流产的乙烯雌粉。后来研究证明,服用乙烯雌粉与患乳腺癌有很大关系,辛德尔就是此药的受害者。当时,生产此药的有数家化学工厂,她没有办法证明她的母亲究竟服用哪家化学厂生产的药品。辛德尔提出损害赔偿之诉后,初审法院不予受理,上诉法院则判决当时生产此种药品的数家化学工厂的制造商对原告的损害负连带赔偿责任。[①] 这虽然是一个产品责任的判例，但它确定赔偿责任的理论依据之一就是共同危险行为学说。这是一个很有说服力的判例。

自1949年以来，我国在民事审判实践中，对于共同危险行为学说没有态度。《民法通则》也只对共同侵权行为作了规定而没有规定共同危险行为。在理论上，有人认为，既然损害不是共同危险行为人全体所致，却让全体共同危险行为人承担连带责任，这不仅有悖于过错责任原则，而且也有悖于公平原则，因而不应确立共同危险行为学说。这种看法值得商榷。

诚然，损害非全体共同危险行为人所致，对于未致害他人的行为人来说，确定他负赔偿责任确有有失公平之处。但是，如果不让全体共同危险行为人承担赔偿责任，又因为不能查明谁是加害人而不能确定具体的赔偿义务主体，受害人的损害就不可能得到补偿。如果对共同危险行为要求“公平”地确定责任，就会对受害人显失公平。公平责任原则的适用，正是为了保护受害人的权利，使他的损失得到补偿。另外，共同危险行为人在实施共同危险行为时，在主观上均有疏于注意的共同过失，据此确定其承担连带赔偿责任，也正是贯彻了过错责任原则。因此，确立共同危险行为学说并在审判实践中应用，完全符合侵权损害赔偿归责原则的要求，与确立侵权损害赔偿制度的宗旨相一致。

三、正确理解《侵权责任法》第10条规定的共同危险行为及责任规则

我国《侵权责任法》第10条规定了共同危险行为及责任规则，内容是：“二人以上实施危及他人人身、财产安全的行为，其中一人或者数人的行为造成他人损害，能够确定具体侵权人的，由侵权人承担责任；不能确定具体侵权人的，行为人承担连带责任。”对此，应当作以下正确理解。

---

① 此案最终经加州最高法院审理，确认数家化工厂承担侵权赔偿责任，但是改判确立市场份额规则，令各工厂承担按份责任。

(一)共同危险行为的概念和特征

共同危险行为是指二人或二人以上共同实施有侵害他人权利危险的行为,对所造成的损害后果不能判明谁是加害人的多数人侵权行为。例如,数人均有加害行为而致损害,如果这一损害的发生是由全体行为人的行为所致,这是共同侵权行为;如果这一损害的发生是由其中一人或一部分人的行为所致,而且已经判明谁是加害人,这是一般侵权行为或共同侵权行为,已经判明与损害没有因果关系的行为人不负赔偿责任;如果损害事实确已发生,并且可以判明损害确系数人的危险行为所致,而不能判明谁是加害人,这就是共同危险行为。

共同危险行为的特征有以下四点:

第一,行为是由数人实施的,这是共同危险行为的数量特征,也是共同危险行为成立的前提。一个人实施的行为造成损害是不能称为共同危险行为的。

第二,行为的性质具有危险性,这是共同危险行为的质量特征。这种危险性指的是侵害他人民事权益的可能性,主要表现为“虽无意,有可能,无定向”。其一,从主观上看,行为人没有致人损害的故意,在数人中,既没有共同的故意,也没有单独的故意,只存在疏于注意义务的共同过失。其二,从客观上看,数人实施的行为有致人损害的可能性。没有致人损害可能性的行为就不是危险行为。例如,数人在一起游览,这种行为没有致他人损害的可能性。数人在一起燃放烟花,就有致害他人的可能性。前者不是具有危险性的行为,后者则是具有危险性的行为。对这种可能性的分析,可以从行为本身、周围环境以及行为人对致害可能性的控制条件上加以判断。其三,行为没有特定的指向,即没有人为的侵害方向。

第三,这种具有危险性的共同行为是致人损害的原因。从具有危险性的共同行为本身来看,它的危险性虽然是一种可能性,但就共同危险行为的构成看,这种危险性已经转化为现实的、客观的损害,具有危险性的共同行为与损害事实之间具有引起与被引起的因果关系。缺乏这种客观的因果关系的特征,不构成共同危险行为。

第四,损害结果不是共同危险行为人全体所致,但不能判明其中谁是加害人。举例说明:三名少年在林中同时用气枪打鸟,其中一发子弹将树丛后一少年的眼睛击伤。三少年均不知是谁的行为致害,受害少年亦不能证明,经检验物证也不能证实。这一射击行为是三人实施,具有伤害他人的可能性;损害后果确系射击所致,但又非全体行为人所致;有因果关系;又不能证明谁是加害人,符合共同危险行为的特征,构成共同危险行为的侵权责任。

(二)共同危险行为与共同侵权行为的区别

实施共同危险行为致人损害,共同危险行为人应当承担连带赔偿责任。这种连带赔偿责任与共同侵权行为的连带赔偿责任有很多不同之处。

第一,共同危险行为的责任基础是共同过失。确定共同危险行为赔偿责任的归责原则是过错推定原则。

有人认为,共同危险行为人在实施共同危险行为时不存在意思联络,也不存在共同过失。这种观点值得商榷。可以确定,共同危险行为人在实施共同危险行为时,主观上确实没有故意(意思联络);假如存在共同故意,情节严重的构成共同犯罪,情节较轻的构成共同侵权行为。在共同危险行为中,行为人不仅不存在共同故意,也不存在单独的故意;假如存在单独的故意,就可以追究单独故意行为人的责任而不构成共同危险行为。共同危险行为人的主观过错只能表现为共同过失的形式,即共同地疏于注意义务。它表现为,共同危险行为人共同实施具有危险性行为时,应当注意避免致人损害,但或者由于疏忽大意,或者由于过于自信,致使违反了这种注意义务。这种过失存在于每一个共同危险行为人的思想中。他们参与这种具有危险性行为的本身,就证明他们具有这种疏于注意的共同过失。因此,共同危险行为适用过错责任原则。

共同危险行为不适用一般的过错责任原则,而是适用过错推定原则,这是与共同侵权行为的显著差别之一。过错推定原则是过错责任原则的一种特殊表现形式,是在特殊的情形时,由损害事实本身推定加害人的过错,而无须受害人加以证明的归责原则。在共同危险行为致人损害的情形下,受害人连谁是加害人都不能搞清,怎么能去证明加害人的过错呢?实行过错推定原则,就可以实行举证责任倒置，即从受害人的损害事实中推定共同危险行为人的共同过失。如果共同危险行为人认为他没有共同过失，可以举证证明，否则不能免责。

在无过错责任原则的场合，是不是也可以存在共同危险行为？我们认为当然存在。问题是，即使是在无过错责任原则的场合，数个行为人实施有可能危及他人安全的行为，其中一人造成损害，数个行为人也应当承担连带责任。

第二，共同危险行为的责任形式更为紧密。共同危险行为的责任与共同侵权行为一样是一个整体，但它的表现形式更为紧密，不可分割，共同侵权行为的责任对一个损害结果来说，只有一个整体的责任。“但是必须明确，我们这里所说的一个责任，指的是一个总责任，它一定要由若干份责任组成。”[①]共同危险行为责任也只有一个责任，但却不是由若干份责任组成，是不可分割的完整责任，这个完整的责任表现为：第一，对于损害结果来说，这个责任只有一个；第二，责任的主体是一个，即对于共同危险行为人来说，他们是一个整体，分开整体，这个责任就不复存在；第三，这个责任的内容不能分离。因此，共同危险行为人中的一个人或一部分人只能证明自己没有过错，那还不能免除这个人或这些人的赔偿责任；只有证明谁是加害人时，才能免除非加害人的赔偿责任，不过这已经不是共同危险行为了。[②]

（三）共同危险行为的责任承担

实施共同危险行为致人损害，共同危险行为人应当承担连带赔偿责任。这种连带赔偿责任与共同侵权行为的连带赔偿责任的规则有所不同：

第一，共同危险行为的责任基础，是共同过错；确定赔偿责任的归责原则是过错责任原则。这与共同侵权行为是一致的。有人认为，共同危险行为人在实施共同危险行为时，不存在意思联络，也不

---

① 邓大榜：《共同侵权行为的民事责任初探》，载《法学季刊》1982 年第 2 期。

② 在这个问题上，最高人民法院司法解释的规定没有采取这个规则，全国人大法工委赞赏这个规则。参见下文。

存在共同过失。这种观点值得商榷。

可以确定,共同危险行为人在实施共同危险行为时,主观上确实没有故意(意思联络),假如存在共同故意,情节严重的构成共同犯罪,情节较轻的构成共同侵权行为。在共同危险行为中,行为人不仅不存在共同故意,也不存在单独的故意;假如存在单独的故意,就可以追究单独故意行为人的责任而不构成共同危险行为。共同危险行为人的主观过错只能表现为共同过失的形式,即共同地疏于注意义务。它表现为,共同危险行为人共同实施具有危险性的行为时,应当注意避免致人损害,但由于疏忽大意或者由于过于自信,致使违反了这种注意义务。这种过失存在于每一个共同危险行为人的思想中。他们参与这种具有危险性行为的本身,就证明他们具有这种疏于注意的共同过失。因此,共同危险行为适用过错责任原则。

但是,共同危险行为不能适用一般的过错责任原则,而是适用推定的过错责任原则,这是与共同侵权行为的显著差别之一。推定过错原则是过错责任原则的一种特殊表现形式,它是在适用过错责任原则的前提下,在特殊的情形时,可以由损害事实本身推定加害人的过错,而无须受害人加以证明的归责原则。在共同危险行为致人损害的情形下,受害人连谁是加害人都不能搞清,怎么能去证明加害人的过错呢?实行过错推定原则,就可以实行举证责任倒置,即从受害人的损害事实中推定共同危险行为人的共同过失。如果共同危险行为人认为他们没有共同过失,可以举证证明,否则不能免责。

第二,共同危险行为与共同侵权行为一样,均须承担连带责任,但是,在责任份额的确定上,却有所不同。共同侵权行为人的个人责任,可以按照各自过错的程度确定,因而共同加害人所实际分担的责任份额可能并不平均。但是,由于共同危险行为人在实施共同危险行为中,致人损害的概率相等,过失相当,而且由于共同危险行为的责任的不可分割性,所以在共同危险行为人的责任划分上,一般是平均分担的,各人以相等的份额对损害结果负责,在等额的基础上实行连带责任。

第三章　分别侵权行为及连带责任与按份责任

我国侵权责任法理论和实践通常将分别侵权行为称作无过错联系的共同加害行为或者无意思联络的数人侵权行为。依照《侵权责任法》第 11 条和第 12 条规定，我们主张将其改称为分别侵权行为，并与共同侵权行为、竞合侵权行为和第三人侵权行为一道，构成多数人侵权行为体系。

第一节　分别侵权行为的类型及责任承担

一、我国侵权责任法的分别侵权行为概念的发展沿革

自 1949 年以来，我国侵权责任法关于分别侵权行为概念的发展，归纳起来，分为以下四个阶段：

（一）"无名"侵权行为阶段

1949 年至 20 世纪 80 年代，在我国的侵权责任法理论中，没有分别侵权行为的概念。由于这个概念与共同侵权行为概念紧密相关，因而在研究共同侵权行为的理论中涉及分别侵权行为的概念。

在中央政法干部学校民法教研室编著的《中华

人民共和国民法基本问题》一书中，有过对分别侵权行为的描述，即“那些不具备共同致人损害的特征的几个违法行为，它们之间虽有联系，但也不能作为共同致人损害案件处理，不能让行为人负连带赔偿责任。例如，某企业因会计员擅离职守，被小偷偷去现款二百多元。会计员的擅离职守，固然是给小偷造成了便利条件，与损害事实的发生有连系（因为联系——作者注），但会计员与小偷之间并无共同偷窃现款的意思联络，因此令会计员和小偷对企业负连带赔偿责任，显然是不合理的。会计员的擅离职守与小偷的偷窃行为应根据具体情节分别处理”。[①] 这里所述的侵权行为，显然是分别侵权行为，与共同侵权行为相异。此外，在1989年出版的《债权法》一书中也有类似的表述。[②]

20世纪80年代初，学者在讨论共同侵权的构成要件时，有些学者否定意思联络为共同侵权行为的本质要件，承认客观的“共同行为”为共同侵权行为，大大缩小了分别侵权行为的范围。[③] 另一些学者则坚持意思联络说，认为如无主体间的意思联络，则各人的行为就无法在实质上统一起来，因而也不构成共同侵权行为，行为人之间虽有联系，但不应视共同致人损害行为处理。例如，某干部出差携带差旅费300元，在所住旅社洗澡时，麻痹大意，将300元现金压于枕头下，门不闭，锁不上就出门了。结果所带300元全部被小偷偷走。在这里，某干部的麻痹大意，固然是给小偷造成了便利条件，与损害事实的发生有联系，但某干部与小偷之间并没有共同偷窃现款的意思联络。因此，某干部应对自己行为的过错负一定责任，赔偿一定的损失，但是，如令其和小偷对单位负连带赔偿责任，即全部由某干部赔偿损失，显然是不合理的。[④] 这个案件的性质不

---

① 中央政法干部学校民法教研室：《中华人民共和国民法基本问题》，法律出版社1958年版，第331页。

② 覃有土、王亘：《债权法》，光明日报出版社1989年版，第591～593页。

③ 邓大榜：《共同侵权行为的民事责任初探》，载《法学季刊》1982年第3期。

④ 伍再阳：《意思联络是共同侵权行为的必要要件》，载《法学季刊》1984年第2期。

是共同侵权行为,也不是分别侵权行为,而是与有过失。[①] 文章中的这个评论显然不当。不过,否定共同过失是共同侵权行为的本质要件,使分别侵权行为的范围大大扩大,这个意见倒是说得比较清楚。

1986 年《民法通则》颁布之后,通说认为共同过错是共同侵权行为的本质要件,共同故意构成共同侵权行为,共同过失也构成共同侵权行为,《民法原理》一书对“共同致人损害”的分析,[②]《民法教程》[③]《中国民法教程》[④]等书都对共同侵权行为(共同过错)有深入的讨论,但对分别侵权行为则基本没有论及。这样的做法,与大陆法系通行的做法相同,即从逻辑上推论,不符合共同侵权行为本质要件的数人侵权就是分别侵权行为。不过,在这一时期中,没有人这样去论述过这个问题。

(二)提出“无意思联络的数人侵权”阶段

20 世纪 90 年代初,学界提出了“无意思联络的数人侵权”这一概念,[⑤]认为“无意思联络的数人侵权,是指数人行为事先并无共同的意思联络,而致同一受害人共同损害”[⑥],对于共同侵权行为与无意思联络的数人侵权之间的区别已经开始形成初步认识。学者认为,由于数人在主观上无意思联络,只是因为偶然因素使无意识联络人的各行为偶然结合而造成同一损害结果。使各行为人的行为结合在一起的因素,不是主观因素,而是行为人所不能预见和认识的客观的、外来的、偶然的情况,[⑦]个别行为偶然聚合而成为损害的原因,每个人的行为只不过是损害产生的一个条件。对于无意思联络的数人侵权,依过错程度确定责任,意味着根据案件的具体情况

① 这个意见错误的根源在于,将干部出差所带的费用作为单位的所有权对待。须知,货币是动产,干部借公款出差,该公款的所有权已经转移为干部所有,单位对干部的权利是债权,而不是物权。

② 佟柔主编:《民法原理》,法律出版社 1986 年版。

③ 江平主编:《民法教程》,中国政法大学出版社 1988 年版。

④ 马原主编:《中国民法教程》,人民法院出版社 1989 年版。

⑤ 王利明:《侵权行为法归责原则研究》,中国政法大学出版社 1992 年版,第 293 页。

⑥ 王利明等:《侵权行为法》,法律出版社 1996 年版,第 199 页。

⑦ 王利明:《民法侵权行为法》,中国人民大学出版社 1993 年版,第 366 页。

确定各行为人在损害发生时所具有的不同程度的过错，使过错程度重的行为人承担较重的责任，过错程度轻的行为人承担较轻的责任，而没有过错的人则应被免除责任。①

（三）使用“无过错联系的共同致害”或者“无过错联系的共同加害行为”阶段

进入21世纪，学者开始普遍使用“无过错联系的共同致害”或者“无过错联系的共同加害行为”等概念，认为无过错联系的共同致害，是指数个行为人事先既没有共同的意思联络，也没有共同过失，只是由于行为的客观上的联系，而共同造成同一个损害结果。②这样，就避免了将共同侵权行为界定为意思联络的狭窄的领域，限缩无过错联系的共同加害行为概念的外延。

2003年《最高人民法院关于审理人身损害赔偿案件适用法律若干问题的解释》第3条第2款规定了既无共同故意又无共同过失、数人行为间接结合的共同加害行为，是我国在司法解释中第一次肯定了这个概念，其中使用了“分别”一词，等于承认了分别侵权行为的概念。该条款的内容是：“二人以上没有共同故意或者共同过失，但其分别实施的数个行为间接结合发生同一损害后果的，应当根据过失大小或者原因力比例各自承担相应的赔偿责任。”这是当时最权威的无过错联系的共同加害行为的规定。

2009年《侵权责任法》第11条和第12条使用“分别实施”的侵权行为这一概念，对此作出肯定的规定。在学说上，就将这种侵权行为称为无过错联系的共同侵权行为，③或者无意思联络的共同侵权行为中的原因力可分的侵权行为。④这些概念都比较冗长，使用起来不够方便，也不够简洁。

（四）提出“分别侵权行为”概念的阶段

《侵权责任法》公布实施之后，对无过错联系的共同加害行为

---

① 王利明等：《侵权行为法》，法律出版社1996年版，第201页。

② 杨立新：《侵权法论》（上册），吉林人民出版社2000年版，第325～328页。

③ 杨立新：《〈中华人民共和国侵权责任法〉条文释解与司法适用》，人民法院出版社2010年版，第66页。

④ 张新宝：《侵权责任法立法研究》，中国人民大学出版社2009年版，第245～246页。

的研究开始了新阶段。2011 年，就有学者使用“分别侵权”的概念。[①] 2012 年，我们正式使用了分别侵权行为的概念，认为“分别侵权行为就是无过错联系的共同加害行为。将《侵权责任法》第 12 条规定中的“分别实施”概念提炼出来，确定无过错联系的共同加害行为就是分别侵权行为，是非常贴切的。按照《侵权责任法》第 12 条的规定，分别侵权行为的后果是发生按份责任，每个行为人只对自己的行为后果承担侵权责任，不存在连带责任的问题。”[②]2013 年，我们再次使用了这个概念，认为分别侵权行为在表现形式上，行为人在主观上不关联，在客观上也不关联，仅仅是损害后果相关联，其后果是按份责任。[③] 在此基础上，建立多数人侵权行为与多数人侵权责任之间的对应关系，即共同侵权行为对应连带责任，分别侵权行为对应按份责任，竞合侵权行为对应不真正连带责任，第三人侵权行为对应第三人责任，形成了严密的逻辑关系体系。[④] 至此，分别侵权行为概念被推到侵权责任法理论的前台，接受理论和实践的检验。

二、分别侵权行为概念的比较法研究

为了进一步准确揭示分别侵权行为概念的内涵和外延，应当对这个概念进行比较法的研究，为确立这一概念的论证提出更为准确的法理基础。

（一）德国法

传统的德国侵权法对数人侵权行为以连带责任为基础。1887 年公布的德国民法典第一草案第 714 条规定，数个行为人通过共同行为，如教唆人、实行人、辅助人，造成一项损害的，他们作为连带债务人负责。当数个行为人造成了损害，虽然他们没有实施共同行

---

① 竺效：《论无过错联系之数人环境侵权行为的类型——兼论致害人不明数人环境侵权责任承担的司法审理》，载《中国法学》2011 年第 5 期。

② 杨立新：《多数人侵权行为及责任理论的新发展》，载《法学》2012 年第 7 期。

③ 杨立新：《论竞合侵权行为》，载《清华法学》2013 年第 1 期。

④ 杨立新：《多数人侵权行为及责任理论的新发展》，载《法学》2012 年第 7 期。

为,但是各自损害的份额无法查明的,亦同。[①] 反之,以逻辑推论,数个行为人既不是共同行为人,各自的损害份能够查明,就不认为是共同侵权行为,当然就不必承担连带责任。这种侵权行为其实就是分别侵权行为。

1900 年实施的《德国民法典》第 830 条规定了共同侵权行为。德国的学说和判例通常认为该条中的"共同",系指主观的共同,即有共同意思联络,[②]因而共同侵权行为的范围较窄,不利于救济受害人。近几十年来,德国法从扩大责任范围、及时填补受害人的损失出发,也认为数人虽无意思联络,但若各人对损害所产生的部分无法确定者,应负共同侵权的连带赔偿责任。[③] 但是值得重视的是,近年来出现了对于多家企业的经营活动造成的大规模损害案件中适用按份责任的讨论。这类产品责任、环境污染责任案件之所以不同于《德国民法典》第 830 条第 1 项第 2 句规定的对"关系人"课以连带责任的情形,是因为大规模侵权案件中的被告企业往往只是造成损害的部分侵权行为主体,出于公平原则的考虑,由其承担全部责任不利于企业成长和经济的发展。此外,《德国民法典》第 830 条第 1 项第 2 句规定的情形主要是规范复数"关系人"与单个被害人之间的关系,在大规模侵权案件中,由于侵权人和受害人均规模庞大,具有较明显的特殊性,参考美国 20 世纪 80 年代出现的"市场份额原则",德国理论界也出现了较多针对连带责任的反思。在医疗过失领域中适用按份责任的主张也引发了关注,讨论基于医生的过失责任与患者的个人体质等差异性以及医学发展水平的限制之间的关系,按照因果关系及原因力理论进行责任的划分。对于事先没有意思联络的多人同时或先后利用某一机会从事侵权行为,而各个侵

---

① Haben mehrere durch gemeinsames Handeln, sei es als Anstifter, Thäter oder Gehülfen, eien Schaden verschuldet, so haften sie als Gesammtschuldner. Das Gleiche gilt, wenn im Falle eines von mehreren verschuldeten Schadens von den mehreren nicht gemeinsam gehandelt, der Antheit des Einzelnen an dem Schaden aber nicht zu ermitteln ist.

② 参见王泽鉴:《民法学说与判例研究》(第 1 册),北京大学出版社 2009 年版,第 50 页。

③ 参见王泽鉴:《民法学说与判例研究》(第 1 册),北京大学出版社 2009 年版,第 50 页。

权行为并不能导致全部后果的，如哄抢、打砸行为，虽无法查明每个参与侵权人所造成的具体损害份额，但能够确定每个侵权人都只是造成最后损害后果的一部分，适用《德国民事诉讼法典》第287条的规定，[①]即法官通过自由裁量可以确定参与共同侵权人具体承担损害赔偿的份额。[②] 这显然与分别侵权行为有关。

共同侵权行为范围的扩大，后果是分别侵权行为范围的缩小。尽管德国侵权法并无分别侵权行为的概念，但实际情况必然如此。

（二）法国法

法国民法典在关于侵权行为和准侵权行为的规定中，没有规定共同侵权行为和不构成共同侵权行为的数人侵权。但在法院的司法实践中，认可共同责任人的整体（in solidum）债务。1970年4月29日，最高法院第二民事庭认为，同一损害的每一个责任人均应被判处赔偿全部损害，而没有必要考虑本案法官在不同的责任人之间进行的责任分割。这种责任分割仅涉及不同责任人之间的相互关系，而不涉及他们对受害当事人的债务的范围。[③] 可见法国的共同侵权行为的范围比较宽泛。同样，法国民法典也没有对分别侵权行为作出规定，依据逻辑推理，不符合共同侵权行为的数人侵权，应当就是分别侵权行为。

法国法系的其他各国民法差不多都采取法国法的这种做法，但源自法国法系的《魁北克民法典》第1478条却规定："数人引起的损害，依他们各自过错的严重程度的比例分担责任。"同样，该法第1480条规定："数人共同参与了导致损害的过错行为或分别犯有可以导致损害的过错的，在这两种情形，如不能确定损害实际上由他们中的何人或诸过错中的何过错引起，则他们就赔偿此等损害负连带责任。"按照这样的规定，在多数人侵权行为中，原则上是分别侵

① 《德国新民事诉讼法典》第287条第1款第1句规定："当事人对于是否有损害、损害的数额以及应赔偿的利益额有争论时，法院应考虑全部情况，经过自由心证，对此点作出判断。"

② 朱岩：《当代德国侵权法上因果关系理论和实务中的主要问题》，载《法学家》2004年第6期。

③ 《法国民法典》，罗结珍译，法律出版社2005年版，第1091页。

权行为,由行为人分担责任,在共同参与的共同侵权行为和共同危险行为中,才承担连带责任。从立法逻辑上观察,这样的做法与通常规定共同侵权行为,将分别侵权行为作为例外的做法相反,不仅与法国法系的做法有所区别,与德国法系的做法也不相同,值得认真研究。

(三)日本法

日本民法典对于共同侵权行为的规定基本与德国民法典一致,而学界的解释论却深受法国因果关系理论的影响。《日本民法典》第719条[①]只规定了复数原因行为人引发损害中的三种情况,即第一项前段的狭义共同侵权行为,第二项的教唆、帮助行为,以及第三项的加害人不明的情形,并没有像《德国民法典》第830条或日本旧民法第378条那样,设立一般性的复数原因行为人引发损害的规定。日本民法典虽然通过第719条规定共同侵权行为应当承担连带赔偿责任,但是对于共同侵权行为的定义并不明确。对于该条第1项前段的共同侵权行为的成立要件,立法者认为有必要存在共同的意思,但判例采纳了存在客观的关连共同性的认定标准,如山王川诉讼(最高裁判所判决昭和43年4月23日判例时报519·17)、四日市诉讼(津地四日市支判昭和47年7月24日判例时报672·30)等判决结果,认为不需要侵权行为人之间存在意思联络或共同的认识,只需要客观上共同侵害了他人权利即可。但认为山王川诉讼是单独的侵权行为的观点也不在少数,近年来学说中主张只有客观性要素并不充分,还应当存在某些主观性要素的观点,认为客观性要素和主观性要素应当并用的观点,以及应当重视共同行为人的实质性关系的观点都是较为有力的主张。[②] 可见,日本侵权法尽管没有直接规定和特别研究

① 第七百十九条数人が共同の不法行為によって他人に損害を加えたときは、各自が連帯してその損害を賠償する責任を負う。共同行為者のうちいずれの者がその損害を加えたかを知ることができないときも、同様とする。行為者を教唆した者及び幇助した者は、共同行為者とみなして、前項の規定を適用する。

② 参考塩崎勤編著:『判例にみる共同不法行為責任』、新日本法規出版、2007年3月19日、頁436—頁439。

分别侵权行为,但不符合共同侵权行为要求的数人侵权就是分别侵权行为的见解,则是一致结论。

（四）英国法

普通法国家没有共同侵权行为或分别侵权行为的概念,但通过大量的判例形成了一系列裁判规则。英国学者约翰·萨尔曼德认为,英国侵权法对此问题的观点是,"数人若没有共同实施不法行为,但造成共同的损害结果,应对此结果在法律上和事实上负责",但只应"分别对同一损害负责,而不是共同对同一损害负责"。[①] 这一意见特别鲜明地表明了分别侵权行为的存在和地位。英国法学家帕特里克·阿蒂亚则总结了英国法中两种连带责任的情形,即"协同行动的数侵权人对全部损害负责,即使可以确定每个人对最终损害的贡献,协助或鼓励他人请求的也是如此",以及"对于数人虽非协同行动,但因过错行为相结合导致损害的,全体须对全部损害负责,只要无法区分个人的贡献。"这一主张区分了协同行动致害与偶然结合致害,认为前者承担连带责任,而后者在可以区分出不同行为人导致之损害时,不承担连带责任。[②] 帕特里克·阿蒂亚的这个论述,区分了共同侵权行为与分别侵权行为的基本界限。

（五）美国法

美国侵权法上的连带责任适用范围经历了近代扩张和现代萎缩的起伏历史,近30年来,美国各州的侵权法呈现了倾向对连带责任的废除与限制的趋势。2000年美国法学会《侵权法重述·第三次·责任分担编》第11条规定了单独责任的效力,[③]第17条规定了

---

① 王利明:《侵权行为法归责原则研究》,中国政法大学出版社2004年版,第357页。

② See Patrick Atiyah, Peter Cane, *Atiyah's Accidents, Compensation and the Law*, Weidenfeld and Nicholson, London, 1980, 4th., pp. 140 – 141. 转引自叶金强:《共同侵权的类型要素及法律效果》,载《中国法学》2010年第1期。

③ 第11条:"当依据适用的法律,某人对受害人的不可分损害承担单独责任时,该受害人仅可以获得该负单独责任者在该受害人应得赔偿额中的比较责任份额。"

独立侵权行为人的连带责任或单独责任[①],第 18 条则是关于数个侵权行为人对不可分伤害的责任的规定[②]。由于损害的不可分性是适用连带责任的关键,而除了数个被告单独造成的损害,如下情况也被认为是可分损害:(1)一被告造成了全部损害,而另一被告只造成了部分损害;(2)被告造成了部分损害,而合法行为造成了其他损害;(3)数个相继造成的损害;(4)受害人自己行为造成的可分损害。[③] 如果属于可分损害,则先不考虑其侵权责任分担的问题,而是将可分损害分割为数个不可分损害后再讨论责任的分担,这在一定程度上限制了连带责任的广泛应用。单独责任的概念,就是按份责任的概念。美国侵权法关于数人侵权的单独责任的规定,就是分别侵权行为承担按份责任的规则。

值得重视的是美国侵权法提出的市场份额规则。美国加利福尼亚州上诉法院 1980 年审理的辛德尔诉阿伯特制药厂案(Sindell v. Abbort Laboratories),被告为制造安胎药之药商,该药物名为 diethylstilbestrol,简称 DES,行销多年后发现其中含有致癌物质,服用该药之孕妇日后产出之女婴,易罹患癌症。原告辛德尔的母亲曾于怀孕期间经由医师处方服用该种药物,致使原告成年后患有癌症。原告以生产该药而市场占有率共计九成以上之五家药商为共同被告(实际生产厂商约有二百家),起诉请求损害赔偿。一审事实审法院驳回原告之诉。上诉审法院判决原告胜诉,认定五家药商均有过失,每家药商须为损害之发生负全部之赔偿责任(连带责任)。阿伯特化工厂(Abbott Laboratories)上诉加州最高法院,判决原判决废弃,各个被告公司不须负全部之赔偿责任,仅须依

---

① 第 17 条:"如有两人或多人的独立侵权行为构成某一不可分损害的法律原因,将由该案司法管辖区的法律确定这些侵权人应否承担连带责任、单独责任或连带责任与单独责任的某种混合责任形态。"

② 第 18 条:"如果两个或两个以上人的独立侵权行为均构成一不可分损害的法律原因,每个人均对事实调查人分配给该人的原告损害赔偿的比较责任份额承担单独责任,适用本重述第 12 条例外规定的除外。"

③ 参见王竹:《侵权责任分担论——侵权损害赔偿责任数人分担的一般理论》,中国人民大学出版社 2009 年版,第 17 ~ 23 页。

其产品之市场占有率比例分担之(按份责任)。[①] 加州最高法院确定五家药商对同一损害须负责任,但以按份责任确定,独具新意,引发了前述德国的讨论以及我国《侵权责任法》第67条规定的确立。

(六)我国台湾地区"法"

我国台湾地区"民法"第185条第1款规定:"数人共同不法侵害他人之权利者,连带负损害赔偿责任。不能知其中孰为加害人者,亦同。"这一规定采自德国立法例,至为明显。在解释上,认为共同侵权行为者,数人共同不法侵害他人权利或利益之行为也。[②] 具体包括主观(意思联络)共同加害行为和客观行为关连共同的共同加害行为,其后果都是由各行为人承担连带责任。[③] 在实务中认为,各行为人既无意思联络,其行为又无关连共同者,非共同侵权行为,例如他人所有物而为数人个别所侵害,若各加害人并无意思上之联络,只能由各加害人各就其所加害之部分,分别负赔偿责任。[④] 所谓的非共同侵权行为,自然就是分别侵权行为;分别负赔偿责任,当然是按份责任。这个结论自属当然。

(七)比较结论

1. 立法例

通过上述比较法的研究可以看到,各国或各个地区规范分别侵权行为,主要采取以下方式进行:

一是间接承认分别侵权行为。这种作法是通过立法规定共同侵权行为,确定不符合共同侵权行为要件的数人侵权行为的数个行为人各自承担侵权责任的方式,间接承认分别侵权行为,即非共同侵权行为。台湾地区"司法"实务关于各行为人既无意思联络,其行为又无关连共同者,非共同侵权行为,分别负赔偿责任的观点,特

---

① 该案参见潘维大:《英美侵权行为法案例解析》(上),瑞兴图书股份有限公司2002年版,第270页。

② 郑玉波:《债法总论》,中国政法大学出版社2004年版,第140页。

③ 参见王泽鉴:《侵权行为》,北京大学出版社2012年版,第356、360页。

④ 台上字第1960号判决书,参见刘清景主编:《民法实务全览(上册)》,学知出版事业股份有限公司2000年版,第370页。

别具有典型性。

二是直接确认分别侵权行为。这种立法例是直接承认分别侵权行为,并将共同侵权行为的连带责任作为特例规定。对此,《魁北克民法典》第 1478 条和第 1480 条规定是最具有特色的。第 1478 条直接规定分别承担侵权责任的数人侵权即分别侵权行为,其中符合连带责任条件的,方承担连带责任。

三是判例法普遍承认单独责任的分别侵权行为。在英美法系侵权法中,对于承担单独责任的数人侵权行为,尽管没有界定其称谓,但明确认为数人若没有共同实施不法行为,但造成共同的损害结果,应对此结果在法律上和事实上负责,分别对同一损害负责,而不是共同对同一损害负责,是极为明确的。英美法上的单独责任,其实就是大陆法系侵权法的按份责任,承担按份责任的侵权行为当然就是分别侵权行为。

2. 立法发展趋向

经过比较法的分析可以看到,在立法上,英美法侵权法是确认承担单独责任的数人侵权的。在大陆法系,一方面,在更多的领域采用按份责任的方法,限制共同侵权行为的连带责任范围,例如市场份额规则的做法;另一方面,出现单独规定承担按份责任的多数人侵权的直接的立法例,对分别侵权行为的间接立法例似乎也在变化中。我国《侵权责任法》不仅规定共同侵权行为及其连带责任,而且特别规定分别侵权行为及其责任,将两者并立于多数人侵权行为的概念体系之中,完全符合世界侵权法的发展趋势,应当继续坚持和发展,并且提出完善的理论,使之汇入世界侵权法发展的潮流中来,并发挥引导作用。

三、分别侵权行为概念的内涵界定

(一)称谓的选择

对于《侵权责任法》第 11 条和第 12 条规定的、带有“分别”二字的多数人侵权行为类型,究竟应当如何称谓,我国学界有无意思联络的数人侵权责任、[1]无意思联络的数人侵权行为、[2]数人承担按份的侵权责任、[3]无过错联系的共同加害行为[4]以及分别侵权行为[5]等概念的不同主张。究竟应当用何种概念称谓这种侵权行为形态为妥,分析如下:

第一,凡是用“无意思联络”字样的概念,都不能界定这种侵权行为的特征,也不能以其与共同侵权行为相区别。所谓无意思联络,就是指数行为人之间不具有共同故意。问题是,我国《侵权责任法》第 8 条规定的共同侵权行为并非以共同故意为界限,而是包括客观的共同侵权行为。其中“共同”的含义,一是共同故意,二是共同过失,三是故意行为与过失行为相结合,而并非只包括共同故意。[6] 既然如此,将这种侵权行为形态称为“无意思联络”,就会与第 8 条规定中的共同过失、故意行为与过失行为相结合的形态相混淆,无法区分其界限,因此不宜使用。

第二,“数人承担按份的侵权责任”这种概念也有不当。一是这个概念过于冗长,不适宜使用;二是“按份的”侵权责任不能包含第 11 条规定的情形,将承担连带责任的分别侵权行为排斥在外,只能包含第 12 条规定的情形。

第三,无过错联系的共同加害行为或者无过错联系的数人侵权这两个概念都是比较准确的,与分别侵权行为概念的内涵基本相等,但其缺陷是概念称谓过于冗长,不如分别侵权行为这个概念更为简洁,更为准确。

基于以上分析,对于《侵权责任法》第 11 条和第 12 条使用“分别实施”一词规定的侵权行为形态,直接称其为分别侵权行为,既符合这两个条文的内容,又直接使用的是条文中的“分别”概念,应当

---

① 王利明:《侵权责任法研究》(上卷),中国人民大学出版社 2010 年版,第 569 页;程啸:《侵权责任法》,法律出版社 2011 年版,第 270 页。

② 王成:《侵权责任法》,北京大学出版社 2011 年版,第 117 页。

③ 张新宝:《侵权责任法》,中国人民大学出版社 2010 年版,第 47 页。

④ 杨立新:《侵权责任法》,法律出版社 2012 年版,第 123 页。

⑤ 杨立新:《多数人侵权行为及责任理论的新发展》,载《法学》2012 年第 7 期。

⑥ 王胜明主编:《〈中华人民共和国侵权责任法〉条文理解与立法背景》,人民法院出版社 2010 年版,第 47 页。

是最好的选择。

(二)分别侵权行为概念内涵的界定

对分别侵权行为概念的界定,学者的意见各不相同。有的认为,所谓无意思联络的数人侵权,指数个行为人并无共同的过错而因为行为偶然结合致受害人遭受同一损害。[①] 有的认为,数人承担按份的侵权责任,是指数个责任主体承担共同侵权责任之情形,每一个责任主体只对其应当承担的责任份额负清偿义务,不与其他责任主体发生连带关系的侵权责任。[②] 有的认为,无过错联系的共同加害行为是指数个行为人事先既没有共同的意思联络,也没有共同过失,只是由于行为在客观上的联系而共同造成同一个损害结果。[③] 有的认为,无意思联络的数人侵权是指数个行为人并无共同的过错,但由于数个行为的结合而导致同一损害后果的侵权行为。[④]

上述这些概念界定,在基本问题上是一致的,都是有道理,但应注意的是,界定分别侵权行为不能特别强调按份责任,因为《侵权责任法》第 11 条承担的责任不是按份责任而是连带责任,强调按份责任就将其排斥在分别侵权行为之外。

我们主张采用下述定义:分别侵权行为是指数个行为人分别实施侵权行为,既没有共同故意,也没有共同过失,只是由于各自行为在客观上的联系,造成同一个损害结果的多数人侵权行为。

分别侵权行为具有以下法律特征:

1. 两个以上的行为人分别实施侵权行为

分别侵权行为最基本的特征,是行为人为两人以上,因此符合多数人侵权行为的要求,属于多数人侵权行为的范畴。

两个以上的行为人实施的行为是分别进行的。所谓"分别",与《侵权责任法》第 8 条的"共同"相对应,含义是:第一,数个行为人各自进行,自己实施自己的侵权行为,客观上没有关连共同;第二,各个行为人在各自实施侵权行为时,没有主观上的联系,既没有

---

① 王利明:《侵权责任法研究》(上卷),中国人民大学出版社 2010 年版,第 569 页。

② 张新宝:《侵权责任法》,中国人民大学出版社 2010 年版,第 47 页。

③ 杨立新:《侵权责任法》,法律出版社 2012 年版,第 123 页。

④ 王成:《侵权责任法》,北京大学出版社 2011 年版,第 117 页。

共同故意，也没有共同过失。分别侵权行为人实际上对于其他各自实施造成他人损害的行为不知情，如果数个行为人有主观上的联系，就不构成分别侵权行为。

2. 数个行为人实施的行为在客观上针对同一个侵害目标

分别侵权行为的数个行为人在实施侵权行为时，尽管没有主观上的联系，但在客观上，每一个行为人实施的侵权行为实际上都针对同一个侵害目标。

所谓的"同一个侵害目标"，一是指受害人是同一主体，二是指受到损害的是同一主体的民事权利，通常是同一个权利，也有特例。在数个行为人分别实施侵权行为时，受到侵害的是同一主体的同一个权利，当然是同一个侵害目标；受到侵害的是同一主体的不同权利，例如有的行为人侵害的是同一主体的人身权利，有的行为侵害的是同一主体的财产权利，由于受到侵害的权利的性质不同，不能构成分别侵权行为，而是不同的侵权行为；但在数个行为人实施的侵权行为侵害的是同一主体且性质相同的不同权利时，例如数个行为侵害了同一受害人的姓名权、名誉权，则构成分别侵权行为。

所谓的"实际上"，是说数个行为人实施的行为在客观上现实地目标一致。数个行为人在实施行为时，针对的同一个侵害目标并非出自行为人的本意，而是每一个行为人自己的主观选择，或者客观地针对着这个侵害目标。主观选择，是行为人故意实施的侵权行为，或者过失实施的侵权行为（懈怠），对于侵害目标是有选择的，有明确的目的，或者存在侵害该目标的意向。客观地针对着该侵害目标，是实施过失行为（疏忽）或者在无过错责任原则情形下，侵权行为针对着该侵害目标。不论故意或者过失，数个行为人之间对于同一个侵害目标不是共同选择，而是分别针对，在主观上没有关联。

3. 每一个人的行为都是损害发生的共同原因或者各自原因

分别侵权行为的数个行为人的行为都作用于同一侵害目标，是损害发生的共同原因，或者是损害发生的各自原因。共同原因，是数个行为人的行为结合在一起，共同作用于受害人的权利，集中地造成了受害人的同一个损害。各自原因，是数个行为人的行为分别作用于受害人的权利，造成了受害人同一权利的损害后果。前者如,有缺陷的淋浴热水器与有缺陷的漏电保护器两件产品结合在一起,共同造成洗浴的人的死亡后果。[①] 后者如,数个行为人中有的进行诽谤,有的进行侮辱,使同一个受害人受到名誉损害。

在分别侵权行为中,就数个侵权行为对于损害发生的原因力而言,有两种情形:一是数个行为人行为的原因力相加,等于100%;二是数个行为人行为的原因力相加,超过100%。前者如淋浴器与漏电保护器的结合。后者如两个行为人先后向他人饲料中投毒,均有100%的原因力,相加为200%。在分别侵权行为中,前者的原因力比例对于分担责任具有决定性作用,原因力决定责任份额;后者的原因力将导致责任的连带承担,内部份额的确定应当按照原因力相加并处以行为人数的比例确定。

4. 造成了同一个损害结果且该结果可以分割

分别侵权行为的一个本质特点,是虽然造成了一个损害结果,但该结果可以分割。在对物的损害中,这种情形尤为明显。例如,甲用汽车运送的现金因肇事撒落,数人涌上争抢,每个人对受害人造成的损害就是可分的。如果受害人所受到的损害不能分割,就有可能属于客观关连共同的共同侵权行为,不构成分别侵权行为。

上述关于对分别侵权行为概念的法律特征的分析,都比较抽象。如果从司法实践的角度进行研究,实际上在数人实施的侵权行为中,排除了竞合侵权行为和第三人侵权行为之后,分为四个等级:(1)主观的共同侵权行为;(2)客观的共同侵权行为;(3)分别侵权行为;(4)各行为人的单独侵权行为。对于那些不符合客观的共同侵权行为要求的二人以上的行为人实施的侵权行为,又不是各个行为人单独实施的侵权行为的,就是分别侵权行为。

(三)与其他多数人侵权行为的联系与区别

1. 分别侵权行为与共同侵权行为

分别侵权行为与共同侵权行为都是多数人侵权行为,其行为主体都是复数即二人以上,都是造成同一个损害结果。分别侵权行为

---

① 王利明:《侵权责任法研究》(上卷),中国人民大学出版社2010年版,第569～570页。

与共同侵权行为的主要区别是：第一，行为人实施侵权行为的性质不同，一为分别实施，二为共同实施。分别者，为各自实施，行为人之间在主观上没有相互联系。共同者，为共同实施，数个行为人或者在主观上相联系，具有主观的意思联络，或者在客观上有联系，数个行为结合在一起，造成同一个损害结果。第二，造成的同一个损害后果是否可分。损害后果可分的，一般是分别侵权行为；损害后果不可分的，一般是共同侵权行为，通常是客观的共同侵权行为。主观的共同侵权行为不作此区分，因为主观方面已经能够将分别侵权行为和共同侵权行为相区别。

2. 分别侵权行为与竞合侵权行为

竞合侵权行为是指两个以上的民事主体作为侵权人，有的实施直接侵权行为，与损害结果具有直接因果关系，有的实施间接侵权行为，与损害结果的发生具有间接因果关系，行为人承担不真正连带责任的多数人侵权行为形态。① 分别侵权行为与竞合侵权行为尽管都是多数人侵权行为，行为人都是二人以上，也都是造成同一个损害结果，但二者的主要区别是：第一，分别侵权行为的数个行为人实施的行为都是直接侵害被侵权人权利的行为，不存在具有间接因果关系的间接行为人；而在竞合侵权行为的数个行为人中，有的行为人实施的行为是直接行为，有的实施的行为是间接行为。第二，在竞合侵权行为中，有的行为是损害发生的全部原因，具有百分之百的原因力，有的行为仅是损害发生的间接原因，属于提供必要条件或者提供机会的性质；而分别侵权行为的数个行为人的行为都是损害发生的直接原因，都具有直接的原因力。第三，竞合侵权行为造成的损害结果就是直接行为引发的，直接行为是损害发生的全部原因，造成的损害结果不存在可分不可分的问题，与分别侵权行为的同一损害结果须为可分的情形完全不同。

3. 分别侵权行为与第三人侵权行为

第三人侵权行为是指第三人由于过错，通过实际加害人的直接行为或者间接行为，造成被侵权人民事权利损害，应当由第三人承

---

① 杨立新：《论竞合侵权行为》，载《清华法学》2013 年第 1 期。

担侵权责任、实际加害人免除责任的多数人侵权行为。第三人侵权行为的最主要特点是实际加害人造成损害,第三人的过错是全部原因,造成的损害行为只有这一个,只有第三人承担责任,实际加害人不承担责任;实际加害人的行为尽管是造成损害的原因,但其对损害的发生毫无过错。而分别侵权行为中的每一个行为人都是造成实际损失的加害人,每一个行为人对于损害的发生都有过错,每一个行为人都是责任人。因此,第三人侵权行为与分别侵权行为尽管都是多数人侵权行为,但在性质上有原则区别。

四、分别侵权行为概念的外延界定

(一)分别侵权行为概念的外延

《侵权责任法》规定的分别侵权行为究竟包括哪些内容,学者的意见并不相同。

一种意见认为,分别侵权行为只包括《侵权责任法》第 12 条规定的内容,即只有承担按份责任的分别侵权行为,第 11 条规定的情形属于叠加的共同侵权行为,不属于共同侵权行为。[①] 这种意见的基础是认为凡是分别侵权行为都承担按份责任,将承担连带责任的第 11 条规定的情形放在共同侵权行为概念之中,使多数人侵权行为的类型以责任形态作为标准,划分比较整齐,逻辑更加清晰。

另一种意见认为,将《侵权责任法》第 11 条和第 12 条都作为一种类型的侵权行为形态划分,都是无意思联络的数人侵权,分别称为"累积因果关系的无意思联络数人侵权"和"聚合因果关系的无意思联络数人侵权"[②],也有学者称之为"多数人无过错联系但承担连带责任的分别侵权"与"多数人无过错联系但承担按份责任的分别侵权。"[③]

这两种不同意见的焦点在于将《侵权责任法》第 11 条规定的侵权行为认定为共同侵权行为还是分别侵权行为。依据第 11 条内容

---

① 杨立新:《侵权责任法》,法律出版社 2012 年版,第 113、第 124 页。

② 王利明:《侵权责任法研究》(上卷),中国人民大学出版社 2011 年版,第 572 页。

③ 竺效:《论无过错联系之数人环境侵权行为的类型——兼论致害人不明数人环境侵权责任承担的司法审理》,载《中国法学》2011 年第 5 期。

观察,对侵权行为的表述是"分别实施侵权行为",对后果责任的表述是"连带责任"。如果依据责任后果的规定将其界定为共同侵权行为,没有特别的错误;依据对侵权行为的表述将其界定为分别侵权行为,则更为准确。将其界定为共同侵权行为的好处是,责任后果与共同侵权行为同属于一个类型,都承担连带责任,且与规定共同侵权行为、教唆帮助行为和共同危险行为相衔接,似乎顺理成章;同时,共同侵权行为增加一个类型,分别侵权行为减少一个类型。如果将其界定为分别侵权行为,则分别侵权行为的外延比较复杂,将有两种不同的分别侵权行为,分别承担按份责任或者连带责任;同样,共同侵权行为减少一个类型,分别侵权行为增加一个类型。

经过比较分析研究,将《侵权责任法》第11条规定的侵权行为界定为共同侵权行为还是分别侵权行为的利弊相差无几。不过,有一个重要的问题促使我们下决心,那就是,既然《侵权责任法》第11条对侵权行为的表述是"分别实施侵权行为",第12条对侵权行为的表述也是"分别实施侵权行为",因而从行为形态的角度进行界定,应当认定第11条和第12条规定的侵权行为类型是同一种侵权行为形态,即分别侵权行为。因此,我们告别原来的主张,采用现在的这种主张。

《侵权责任法》第11条规定的分别侵权行为究竟应当怎样称谓,有的称为"累积的",[①]有的称为"叠加的",[②]有的称为"承担连带责任的"。[③] 我们认为,"累积的"表述只表述了行为原因重合的形式,属于定性表述,而不是定量表述。"承担连带责任"的表述则过于直白,没有将这种侵权行为固定称谓。"叠加的"表述,既有定性表述,又有定量表述,因此,称为叠加的分别侵权行为,更为明确、准确。

《侵权责任法》第12条规定的分别侵权行为,由于过去我们将分别侵权行为只界定为这一种,因此不存在命名的问题。[④] 将叠加

---

① 王利明:《侵权责任研究》(上卷),中国人民大学出版社2011年版,第534页。

② 张新宝:《侵权责任法》,中国人民大学出版社2010年版,第45页。

③ 王成:《侵权责任法》,北京大学出版社2011年版,第117页。

④ 杨立新:《多数人侵权行为与责任理论的新发展》,载《法学》2013年第1期。

的分别侵权行为归并为分别侵权行为之后，对此必须命名，以与叠加的分别侵权行为相区别。对此，有的将其称为“数人承担按份的”，①有的称为“承担按份责任的”，②有的称为“聚合的”或者“以部分因果关系表现的”。③ 这些表述都对，但是我们的意见是，称作典型的分别侵权行为可能会更好，因为在通常情况下，凡是分别侵权行为就应当承担按份责任，而叠加的分别侵权行为是分别侵权行为的非典型形态。不过，“典型的”表述与“聚合的”“承担按份责任的”或者“以部分因果关系表现的”表述都没有实质的区别。

据此，分别侵权行为概念的外延包括典型的分别侵权行为和叠加的分别侵权行为。在分别实施侵权行为的数人中，一人的侵权行为足以导致全部损害的发生，而另一人的侵权行为却仅能造成部分损害的情形，④究竟属于叠加的分别侵权行为，还是属于典型的分别侵权行为，有的归之于典型的分别侵权行为，⑤有的将其归之于叠加的分别侵权行为。⑥ 我们认为，这种情形尽管《侵权责任法》没有明确规定，应当属于两种分别侵权行为类型的中间状态，更侧重于原因力的叠加，应当属于部分叠加或者半叠加的分别侵权行为。

故分别侵权行为的外延为：典型的分别侵权行为、叠加的侵权行为和半叠加的分别侵权行为。

（二）典型的分别侵权行为

1. 典型的分别侵权行为的概念和特点

典型的分别侵权行为，是指数个行为人分别实施侵权行为，既没有共同故意，也没有共同过失，只是由于行为人各自行为在客观上的联系而造成同一个损害结果，应当承担按份责任的分别侵权行为。

典型的分别侵权行为与共同侵权行为最为相似，二者相比较，

---

① 张新宝：《侵权责任法》，中国人民大学出版社2010年版，第47页。

② 王成：《侵权责任法》，北京大学出版社2011年版，第117页。

③ 王利明：《侵权责任法研究》（上卷），中国人民大学出版社2010年版，第572、576页。

④ 程啸：《侵权责任法》，法律出版社2011年版，第274页。

⑤ 程啸：《侵权责任法》，法律出版社2011年版，第274页。

⑥ 杨立新：《侵权责任法》，法律出版社2012年版，第113页。

显著区别有以下四点：

第一，在主观上，分别侵权行为人没有共同过错，既不存在主观上的意思联络，也不可能对自己的行为会与他人的行为发生结合造成被侵权人的同一损害有事先的预见，既没有共同故意也没有共同过失。而共同侵权行为在主观方面有的是具有共同的意思联络，或者具有共同过失。

第二，在客观上，分别侵权行为的数个行为人的行为是分别实施的，尽管造成了同一个损害结果，但该损害结果是可以分割的，而不是不可分割。而客观的共同侵权行为中的数个行为人虽然也既没有共同故意或者共同过失，但是他们的行为紧密关联，构成了一个侵权行为，造成了同一个损害，而且该损害结果是不可以分割的。

第三，在行为的表现形式上，分别侵权行为的每一个行为人实施的行为，都是一个个的单独的行为，是行为人分别实施的数个侵权行为，只是由于行为在客观上造成了同一个损害结果。而共同侵权行为是一个侵权行为，即使数人实施，但该数个行为在主观上关连共同，或者在客观上关连共同，构成完整的、单独的、独立的侵权行为，在行为的数量上只是一个侵权行为。

第四，在后果上，分别侵权行为承担的法律后果是按份责任，每一个行为人只对自己的行为引起的损害后果承担按份责任，而不是对整体的行为后果承担连带责任。而共同侵权行为承担的法律后果是连带责任，每一个共同侵权人都对整体的损害后果承担全部的赔偿责任，实行对外连带对内也连带。

综合起来，认定典型的分别侵权行为的构成要件是：第一，行为人为二人以上；第二，数个行为人都分别实施了侵权行为；第三，数个行为人的行为不构成引起损害发生的同一原因，而是各个行为对损害后果的发生分别产生作用，具有原因力；[①]第四，数人的行为造成同一个损害结果，损害结果具有同一性。符合这些要件要求的，构成典型的分别侵权行为。可以得出一个结论，即在数人侵权中，行为人有共同故意的，对于损害后果不存在可分不可分的问题，都

---

① 张新宝：《侵权责任法原理》，中国人民大学出版社 2005 年版，第 82 页。

属于共同侵权行为；对于客观的共同侵权行为与典型的分别侵权行为，因无主观上的关连，因此，通常认为，同一损害后果不可分的，为客观共同侵权行为，同一损害后果可分的，[①]为典型的分别侵权行为。

2. 典型的分别侵权行为的按份责任

对于分别侵权行为的赔偿责任应当如何承担，历史上曾经有过不同主张。如认为："数人主观上无意思联络，仅因行为偶合导致损害后果发生，若各人的加害部分无法单独确定，则应以共同侵权论，各人对损害应承担连带赔偿责任。"[②]这是说，对无过错联系的数人致害，能确定各人的损害部分的，就单独承担责任；如果各人的加害部分无法单独确定，则承担连带责任。也有的认为，各人的损害部分能够单独确定行为人的，只对自己行为的后果负责；如果各行为人的加害部分无法单独确定，则应按公平原则，由法院根据案件的具体情况，令行为人分担适当的责任。[③] 这些不同意见，经过讨论和实践，后来都统一了，都认为既然构成分别侵权行为，就应当各自承担按份责任，并不实行连带责任。理由是，无过错联系的各行为人没有共同过错，不具备共同侵权行为的本质特征，因而也就不应当承担共同侵权行为的民事责任，而共同侵权行为的责任以连带责任为特点。如果令无过错联系的共同加害行为人承担连带责任，则是将其作为共同侵权行为处理了。反之，依照按份责任处理，则既考虑了这种行为与共同侵权行为的区别，也体现了这种行为本身对其责任形态的要求。《侵权责任法》第 12 条采纳了这种意见，确定典型的分别侵权行为承担按份责任。

因而，确定典型的分别侵权行为的责任，应当依照以下规则处理：第一，各个分别侵权行为人对各自的行为所造成的后果承担责任。典型的分别侵权行为属于单独侵权而非共同侵权，各行为人的行为只是单独行为，只能对其行为所造成的损害后果负责。在损害

---

① 美国侵权法关于单独责任的规则，实际上就是采用这样的标准。

② 蓝承烈：《连带侵权责任及其内部求偿权》，载《法学实践》1991 年第 1 期。

③ 王利明：《侵权行为法归责原则研究》，中国政法大学出版社 1992 年版，第 296 页。

结果单独确定的前提下,应当责令各行为人就其行为所造成的损害承担赔偿责任。这是按份责任的体现。第二,依照分别侵权行为人各自行为的原因力确定责任份额。各行为人在共同损害结果无法确定自己的行为所造成的后果时,按照各行为人所实施行为的原因力,按份额各自承担责任。分别侵权行为的多数情况是有一个共同的损害结果。因此应当将赔偿责任确定为一个整体责任,依据各行为人的行为对损害后果的原因力划分责任份额,由各行为人按照自己的份额承担责任。第三,无法区分原因力的应当平均承担责任,确定各自应当承担责任份额。第四,不实行连带责任,各个行为人只对自己的份额承担责任,不对他人的行为后果负责赔偿。

（三）叠加的分别侵权行为

1.叠加的分别侵权行为的概念和特点

叠加的分别侵权行为是指数个行为人分别实施侵权行为,既没有共同故意,也没有共同过失,每一个行为都足以引起损害结果,或者部分行为足以引起损害结果、部分行为具有部分原因力,因行为叠加而造成同一个损害结果,应当承担连带责任的分别侵权行为。

叠加的分别侵权行为与共同侵权行为相比较,最突出的特点是行为人实施的侵权行为是分别实施,是数个侵权行为的结合,而不是一个侵权行为。而共同侵权行为不论是主观的共同侵权行为,还是客观的共同侵权行为,都是由于行为人的主观意思联络,或者因共同过失,或者因客观的关连共同,而使数人实施的行为成为一个侵权行为,因此是一个完整的连带责任。例如,前一个肇事司机将行人撞成致命伤后逃逸,后一个肇事司机将被侵权人轧死,两个行为人的行为都足以造成被侵权人死亡的后果。又如,一个人将他人的内脏刺伤,另一个又刺伤其内脏,两处刺伤均为致命伤,造成死亡结果。这两种情形都构成叠加的分别侵权行为,都与共同侵权行为不同。

《侵权责任法》第11条规定的叠加的分别侵权行为,与典型的分别侵权行为的主要区别在于,典型的分别侵权行为是每一个行为人实施的侵权行为的原因力相加,刚好等于100%的原因力。而叠加的分别侵权行为的每一个行为人实施的侵权行为的原因力相加,高于 100% 的原因力，甚至 200%，或者更多。叠加的分别侵权行为，每一个行为人实施的行为对于损害的发生都具有 100% 的原因力，都足以造成全部损害。即使是半叠加的分别侵权行为，部分人的行为具有 100% 的原因力，部分人的行为不具有 100% 的原因力，但是原因力相加，仍然高于 100%，因而与典型的分别侵权行为完全不同。

2. 叠加的分别侵权行为承担连带责任

叠加的分别侵权行为中的数人承担连带责任。其基本规则是：

(1) 对外的中间责任

连带责任的对外效力，是一个侵权责任。被侵权人可以向数个行为人中的任何一个行为人请求承担全部赔偿责任，每一个分别侵权行为人都应当就全部损害承担赔偿责任。对此，应当依照《侵权责任法》第 13 条规定的规则承担中间责任。

(2) 对内的最终责任

连带责任的内部效力，是对数个连带责任人确定最终责任，应当按照份额确定。对此，应当按照《侵权责任法》第 14 条规定的规则进行。一是连带责任人根据各自责任大小确定相应的赔偿数额，难以确定责任大小的，平均承担赔偿责任。二是承担中间责任超过自己赔偿数额的连带责任人，有权向其他连带责任人追偿，实现最终责任。

在确定份额上，叠加的分别侵权行为的连带责任与共同侵权行为的连带责任的责任份额确定有所不同。构成共同侵权行为，其确定责任份额的基本方法是按照每一个共同侵权人的过错程度和行为原因力大小比例。事实上，每一个共同侵权人的过错比例和原因力比例是多少，就承担多大的份额责任。由于叠加的分别侵权行为的每一个侵权人的行为原因力相加超过 100%，因此不能依照过错比例和行为的原因力确定责任份额，只能按照每一个人的行为的原因力相加，再按照行为人的数量相除，按照原因力的平均比例，确定每一个行为人的责任份额。

全叠加的分别侵权行为，两个以上的行为人分别实施的行为，每一个行为人对于损害的发生都具有全部的即 100% 的原因力，每个人都应当承担全部赔偿责任。而每一个加害人的行为都构成侵权行为,都对被侵权人承担全部赔偿责任,被侵权人的损害只有一个,每一个侵权人都承担全部责任,将会使受害人得到超出损害的不当赔偿,这不符合大陆法系侵权法填补损害的基本规则,因此只有承担一个全部赔偿责任,就能够保证被侵权人的损害赔偿请求权得到满足。只有按照连带责任确定数个侵权人的责任最为适当。每个行为人的行为的原因力均为100%,但责任份额不能都是100%,每个人的责任份额应当为50%,在此基础上实行连带责任。

(四)半叠加分别侵权行为

半叠加的分别侵权行为,是在分别实施侵权行为的数人中,一个人的行为具有100%的原因力,另外的人只具有小于100%的原因力的分别侵权行为。其特点是,叠加的原因力为半叠加而不是全叠加,因而既与叠加的分别侵权行为不同,也与典型的分别侵权行为有异,是分别侵权行为中的一种独立类型。

对于半叠加分别侵权行为的法律后果,有两种方式可以采用:

一是采用连带责任规则。例如,一个分别侵权行为人的行为原因力是50%,另一个行为的原因力是100%,将两个原因力相加,除以行为人的人数,得到的责任份额即为33.3%和66.7%,即为各自应当承担的责任份额。

二是采用部分连带责任规则。例如,一个分别行为人的行为原因力是50%,另一个行为的原因力是100%,重合的部分是50%,就此全部分别侵权行为人承担连带责任;原因力不重合部分的损失,由单独行为人单独承担责任。故承担连带责任的一方行为人的中间责任为50%,最终责任为25%,低于适用连带责任规则的计算方法。

两种计算方法,显然后一种方法更优,更符合分别侵权行为对责任承担的本质要求。因此,我们采用部分连带责任作为半叠加分别侵权行为的法律后果。并且最高人民法院的有关司法解释也采用了部分连带责任的规则,显然这样的做法更有权威性。(见表3-1)

表 3-1　分别侵权行为类型及责任承担法律依据

分别侵权行为类型	适用法律与责任分担形态
典型的分别侵权行为	《侵权责任法》第 12 条规定,按份责任
叠加的分别侵权行为	《侵权责任法》第 11 条规定,连带责任
半叠加的分别侵权行为	介于《侵权责任法》第 11 条、第 12 条之间,部分连带责任,参照环境侵权司法解释第 3 条第 3 款规定

第二节　环境侵权司法解释对分别侵权行为规则的规定

《最高人民法院关于审理环境侵权责任纠纷案件适用法律若干问题的解释》(以下简称环境侵权司法解释)于 2015 年 2 月 9 日由最高人民法院审判委员会第 1644 次会议通过,2015 年 6 月 1 日公布,2015 年 6 月 3 日起施行。环境侵权司法解释第 3 条是对《侵权责任法》第 11 条和第 12 条规定的分别侵权行为及责任的具体解释,同时进行了创造性的发挥,不仅对于环境侵权的法律适用,而且对于侵权责任法的理论研究和司法实践,也具有重要的理论价值和实践意义。

一、环境侵权司法解释第 3 条规定分别侵权行为规则的亮点

环境侵权司法解释第 3 条分为三款,分别规定:“两个以上污染者分别实施污染行为造成同一损害,每一个污染者的污染行为都足以造成全部损害,被侵权人根据侵权责任法第 11 条规定请求污染者承担连带责任的,人民法院应予支持。”“两个以上污染者分别实施污染行为造成同一损害,每一个污染者的污染行为都不足以造成全部损害,被侵权人根据侵权责任法第 12 条规定请求污染者承担责任的,人民法院应予支持。”“两个以上污染者分别实施污染行为造成同一损害,部分污染者的污染行为足以造成全部损害,部分污染者的污染行为只造成部分损害,被侵权人根据侵权责任法第 11

条规定请求足以造成全部损害的污染者与其他污染者就共同造成的损害部分承担连带责任，并对全部损害承担责任的，人民法院应予支持。”这一司法解释，对于在环境侵权责任领域正确适用《侵权责任法》第11条和第12条规定的分别侵权行为规则，规定了正确的方法；更为重要的是，把在这两个法律条文之间隐藏的特殊的分别侵权行为形态挖掘出来，进行正确的解释，因此具有创造性，在侵权责任法的理论和实践上都具有重要意义。之所以如此确定地认为这一条司法解释具有创造性的发挥，其亮点并不在于该条司法解释的第1款和第2款，而在于第3款。

侵权责任法理论认为，《侵权责任法》第11条和第12条规定的是分别侵权行为及责任规则。其中第11条规定的是叠加的分别侵权行为（也称为累积的侵权行为），第12条规定的是典型的分别侵权行为。①

把分别侵权行为这个概念按照《侵权责任法》第11条和第12条规定，分为叠加的分别侵权行为和典型的分别侵权行为两种类型，前者指第11条，即分别侵权行为人实施的侵权行为都足以造成全部损害结果，每一个行为人实施的侵权行为对于损害后果的发生都具有100%的原因力；后者指第12条，即通常所说的无过错联系的共同加害行为，每一个行为人实施的侵权行为加到一起，构成全部损害发生的原因力。前者可以称为“100+100=100原因力的分别侵权行为”，把后者称为“50+50=100原因力的分别侵权行为”。②

环境侵权司法解释第3条第1款和第2款规定，就是对环境侵权中符合《侵权责任法》第11条和第12条规定的叠加的分别侵权行为和典型的分别侵权行为及其责任承担规则的具体解释，并没有特别之处，仅仅是对法律规定具体应用的解释而已。

问题在于，在《侵权责任法》第11条和第12条规定的两种分别侵权行为之间，存在一个特别的分别侵权行为类型，既不同于第11

① 杨立新：《多数人侵权行为及责任理论的新发展》，载《法学》2012年第7期。

② 杨立新、陶盈：《论分别侵权行为》，载《晋阳学刊》2014年第1期。

条规定的叠加的分别侵权行为,也不同于第 12 条规定的典型的分别侵权行为,而是一种半叠加的分别侵权行为。这种特殊的分别侵权行为表现为“100 + 50 = 100 原因力的分别侵权行为”,即部分人的行为具有 100% 的原因力,部分人的行为不具有 100% 的原因力,但是原因力相加,仍然高于 100%,因而与典型的分别侵权行为完全不同,与叠加的分别侵权行为也不相同。尽管法律对此没有规定,但这种分别侵权行为不论是在逻辑上,还是在客观现实中,都是存在的,是必须面对的。由于法律没有这样规定,以往的司法解释也没有作过明确解释,因而尽管学者提出这样的见解,也不过是学说而已,性质属于学理解释,并没有在司法实践中进行实际操作的参照价值。

环境侵权司法解释第 3 条第 3 款,恰好就是对半叠加分别侵权行为及责任规则具体应用的解释。其中关于“两个以上污染者分别实施污染行为造成同一损害,部分污染者的污染行为足以造成全部损害,部分污染者的污染行为只造成部分损害”的表述,说的正是半叠加的分别侵权行为在环境污染责任中的实际表现;而关于“被侵权人根据侵权责任法第 11 条规定请求足以造成全部损害的污染者与其他污染者就共同造成的损害部分承担连带责任,并对全部损害承担责任的,人民法院应予支持”的规定,则将半叠加的分别侵权行为承担责任的规则规定得非常清楚、具体、准确。这样,依照该司法解释的规定,半叠加的分别侵权行为及其责任,就不再是一般的学理解释,而成为具有实际适用价值的有效司法解释。尽管该司法解释是在解释环境污染责任的法律适用问题,但其理论价值和司法实践意义,绝不局限在环境侵权领域之中,而是对整个侵权责任法领域都具有重要的价值和意义。该司法解释将隐藏在《侵权责任法》第 11 条和第 12 条规定之间的半叠加的分别侵权行为挖掘出来,并且以司法解释的形式固定下来,就使其具有了司法实际操作的法律依据,在司法实践中法官不仅对于环境污染责任这类侵权行为有了裁判的依据,而且可以推而广之,在其他侵权责任领域,对于所有的半叠加的分别侵权行为,都可以比照这一司法解释,在司法判决中予以引用和参照。这就是我们所说的该司法解释具有创造性发挥的亮点。应当将这一理论价值和实践意义充分加以阐释，借以影响我国侵权责任法的理论与实践。

二、半叠加分别侵权行为的主要特点及责任构成

（一）半叠加的分别侵权行为概念及主要特点

何为半叠加的分别侵权行为？我们曾经给其定义为："半叠加的分别侵权行为是在分别实施侵权行为的数人中，部分行为人的行为足以造成全部损害，其他行为人的行为不足以造成全部损害，应当承担部分连带责任的分别侵权行为。"[①]环境侵权司法解释第3条第3款关于"两个以上污染者分别实施污染行为造成同一损害，部分污染者的污染行为足以造成全部损害，部分污染者的污染行为只造成部分损害"的规定，表述的就是这种分别侵权行为。如果按照这一司法解释的表述，将半叠加的分别侵权行为可以界定为：半叠加的分别侵权行为是指两个以上行为人分别实施侵权行为，造成同一损害，部分行为人的侵权行为足以造成全部损害，部分行为人的侵权行为只造成部分损害，应当承担部分连带责任的分别侵权行为。这样的定义更为准确，也更加贴近司法实践。

分别侵权行为分为三种类型：一是典型的分别侵权行为，二是叠加的分别侵权行为，三是半叠加的分别侵权行为。与其他两种分别侵权行为相比较，以及与其他多数人侵权行为即共同侵权行为和竞合侵权行为相比较，半叠加的分别侵权行为具有如下主要特点：

第一，半叠加的分别侵权行为的行为人实施的行为，都单独构成侵权行为。这是分别侵权行为的最主要特点，三种分别侵权行为都是如此。在认定分别侵权行为的时候，必须把握好《侵权责任法》第11条和第12条规定的"二人以上分别实施侵权行为"的主要特点，按照侵权责任构成的要求，分别侵权行为在主观的过错方面，在客观的违法行为方面，都必须符合侵权责任构成的要求；即使在因果关系和损害事实方面，也必须符合侵权责任构成的要求，只不

① 杨立新：《侵权责任法》，法律出版社2015年版，第152页。

过具有自己的特点而已。[1]

第二,每一个行为人实施的侵权行为具有独立性,既不具有主观的关连共同,也不具有客观的关连共同。这一点主要是说分别侵权行为与共同侵权行为之间的区别。共同侵权行为的本质,是数人实施的行为是一个侵权行为。之所以数人实施的行为构成一个侵权行为,有的是靠行为人的主观意思联络,有的是靠行为人行为的客观关连共同,是主观的关连共同或者客观的关连共同将数人的行为结合在一起,构成了一个侵权行为。而分别侵权行为既不具有主观的关连共同,也不具有客观的关连共同,而仅仅是数人的侵权行为所造成的损害后果为"同一损害"。

第三,每一个行为人实施的侵权行为独立存在,相互之间并不发生竞合。这一点是就分别侵权行为与竞合侵权行为的区别而言的。竞合侵权行为是指两个以上的民事主体作为侵权人,有的实施直接侵权行为,与损害结果具有直接因果关系,有的实施间接侵权行为,与损害结果的发生具有间接因果关系,行为人承担不真正连带责任的侵权行为形态。[2] 竞合侵权行为的主要特点,是在两个以上的行为中,有的行为直接造成损害后果,有的行为间接造成损害后果,发生竞合后,造成同一个结果,因而承担不真正连带责任。在分别侵权行为中,不同行为人实施的行为并不发生竞合,对于损害的发生都属于直接原因,只是原因力有所不同而已,不存在直接原因与间接原因的区别。

第四,每一个行为人实施的侵权行为与损害结果发生的原因力不同,有的足以造成全部损害,有的只造成部分损害。这一点是半叠加的分别侵权行为与叠加的分别侵权行为以及典型的分别侵权行为的基本区别。首先,典型的分别侵权行为的原因力是平列的,并不叠加,每一个行为的原因力相加等于100%。其次,叠加的分别侵权行为的原因力,每一个行为都是100%,全部叠加在一起,在原因力的程度上没有区别。而半叠加的分别侵权行为的原因力,既有

---

① 对于分别侵权行为的损害事实和因果关系的特点,参见下文。

② 杨立新:《侵权责任法》,法律出版社2015年版,第152页。

叠加的部分,也有不叠加的部分,因此,每一个行为的原因力,有的是100%,有的不足100%,因而形成原因力的半叠加。符合后者的要求,就是半叠加的分别侵权行为。

(二)半叠加的分别侵权行为的责任构成

半叠加的分别侵权行为的责任构成,与其他分别侵权行为的责任构成有所区别,但主要内容是一致的。由于在这里要专门研究半叠加的分别侵权行为,因此进行全面说明。

1. 半叠加的分别侵权行为的行为人为二人以上

分别侵权行为的性质是多数人侵权行为,因而半叠加的分别侵权行为的行为人也须为二人以上。在半叠加的分别侵权行为中,每一个行为人都实施了侵权行为。

2. 每一个行为人的行为都具有违法性

半叠加的分别侵权行为的每一个行为人实施的行为,都须具有违法性。具体的违法性内容,可以是违反法定义务,可以是违反保护他人的法律,也可以是违反公序良俗加害于他人。每一个行为人的违法性是否需要完全一样,则不必,因为每一个行为人实施的行为都是单独行为,只要每一个人的行为都具有违法性即可。因此,在考察半叠加的分别侵权行为的责任构成时,应当对每一个行为人的行为进行考察,每一个行为都具有违法性。至于每一个行为人的行为是作为或者不作为,是何种性质的违法性,均不论。

3. 每一个行为人实施的行为都针对同一个损害目标造成同一个损害结果

构成半叠加的分别侵权行为,损害后果的要件须为"一个损害。"[①]换言之,每一个行为人实施的行为,针对的都是同一个损害目标,造成了同一个损害事实。这个损害事实,可以表现为一个权利的同一个损害,也可以是同一个权利的不同损害。如造成一个人的死亡后果,可以是伤害了该受害人的不同部位造成不同的致命伤而致;一个物的灭失,或者一批钱款的被侵夺,都是"一个损害"的

---

① 《最高人民法院关于审理环境侵权责任纠纷案件适用法律若干问题的解释》第3条第2款。

事实。在传统侵权法理论中,对于共同侵权行为与分别侵权行为的区分,通常考察损害后果的可分或者不可分,可分的损害构成分别侵权行为,不可分的损害应当是客观的共同侵权行为。但是,按照《侵权责任法》第 11 条和第 12 条的规定,这样区分没有特别的实际价值。如第 12 条规定的是典型的分别侵权行为与按份责任,损害后果多数是可分的;但第 11 条规定的是叠加的分别侵权行为与连带责任,其损害后果主要是不可分的。半叠加的分别侵权行为的损害后果,原则上与叠加的分别侵权行为是一样的,损害后果基本上是不可分的。

4. 每一个行为人的行为对损害后果的发生都有原因力但各不相同

构成半叠加的分别侵权行为,每一个行为人的行为对损害后果的发生(包括扩大),都须具有原因力,并且须有的行为人的行为的原因力为 100%,有的行为人的行为不足 100%,因为只有这样才能构成原因力的半叠加。如果每一个行为人的行为的原因力都不足 100% 的,就不构成半叠加的分别侵权行为,也不构成叠加的分别侵权行为。

5. 每一个行为人在主观上具有故意或者过失

构成半叠加的分别侵权行为,每一个行为人的主观心态,应当具有故意或者过失。属于过错责任原则调整的侵权行为,应当证明每一个行为人具有故意或者过失;属于过错推定原则调整的侵权行为,应当符合过错推定原则的要求,即实行过错推定之后,行为人不能证明自己没有过错,因而认定行为人具有过失。

如果属于无过错责任原则调整的特殊侵权责任,例如环境污染责任、高度危险责任、动物损害责任等,则每一个行为人在主观上不必具有故意或者过失,但须符合该种特殊侵权责任其他要件的要求。

符合上述五个要件的要求,就构成半叠加的分别侵权行为。典型案例是:某公司负责人马某与其生意合作伙伴郝某达成一项油品购买协议,按照郝某提供的账户,先后分三笔向用户名为“中海西北能源有限公司”、开户行为某商业银行支行的账户,支付了 1500 万元。后来,马某发现该款被郝某诈骗,理由是付款后并未收到油品;

“中海西北能源有限公司”公司名称不存在,付款账号的真实户名为“某某旗中海西北能源有限公司”,在收款户名与真实的收款人户名不符的情况下,该银行未按照规定向付款人核对账户信息,而是向收款人核对信息,造成货款被骗。公安局立案侦查,郝某承认收到该款,确未交货,愿意归还剩余款项。该公司向法院起诉,请求该银行和郝某承担连带责任。法院判决适用《侵权责任法》第 11 条规定,认为银行与郝某分别实施的侵权行为,都足以造成全部货款损失,因而判决银行与郝某承担连带责任。

在这个案例中,银行与郝某实施的行为都构成侵权行为,郝某具有故意,银行具有过失,行为都具有违法性,造成了同一个损害结果的发生,且为二人以上,构成分别侵权行为的这些主要要件。但是,银行和郝某的行为是否构成叠加的分别侵权行为,则须特别考察每一个行为人的行为的原因力状况。法院判决的认为,银行和郝某的行为都足以造成该汇款全部损失,因而适用《侵权责任法》第 11 条。这样认定的理由并不充分。郝某的行为确实构成损害的全部原因,具有 100% 的原因力;但是,银行的行为并非如此,用一个检验的方法即可确定:如果没有郝某的诈骗行为,银行即使违规解付汇款,也不能造成汇款损失的损害后果发生。由此可见,银行违规解付汇款的行为,是造成该损害的部分原因,而不是全部原因,不具有 100% 的原因力,因而属于半叠加的分别侵权行为,而不是叠加的分别侵权行为。法院判决适用《侵权责任法》第 11 条规定,构成叠加的分别侵权行为,适用法律错误。

三、半叠加分别侵权行为的部分连带责任及承担规则

对于半叠加的分别侵权行为的责任承担,环境侵权司法解释第 3 条第 3 款规定的是“足以造成全部损害的污染者与其他污染者就共同造成的损害部分承担连带责任,并对全部损害承担责任”。这种责任承担规则叫作部分连带责任。①

---

① 参见杨立新:《网络平台提供者的附条件不真正连带责任与部分连带责任》,载《法律科学》2015 年第 1 期。

(一)环境侵权司法解释采用部分连带责任的合理性

部分连带责任学说是日本学者川井健教授提出来的,原本并非是应用于半叠加的分别侵权行为这种侵权领域,而是针对共同侵权行为"客观说"的缓和。当对共同侵权行为采取"客观说"立场时,共同侵权行为的成立不以行为人的主观共同为必要,只要具有客观关连共同性即可,随着关连共同性的范围不断扩大,有可能会导致有的行为人承担过于严苛的连带责任。川井健的"部分连带责任说"认为,对于损害发生的原因力较小的行为人,却承担全部损害的连带责任,显然过于严苛,而仅就共同行为人的原因力重合的部分承担连带责任,则更为适当,可以避免这种无限扩大适用连带责任的危险性。例如 A 和 B 基于客观共同侵权行为产生了 80 万元的损害,A 占了 1/8 的原因,B 占了 7/8 的原因,则 A 和 B 对原因力重合的损害即 10 万元承担连带责任,只有 B 对原因力不重合的 70 万元损失承担个人责任。①

对于客观的共同侵权行为适用部分连带责任,须共同行为人的行为对于损害发生的原因力差距过大。我国司法实践是否适用这种规则,尚需进行探讨。即使是在日本,这种理论也是处在探讨之中,并非通说,在实践中是否应当采用亦未有定论。②

但是,将部分连带责任的规则适用于半叠加的分别侵权行为,则非常恰当。"足以造成全部损害的污染者与其他污染者就共同造成的损害部分承担连带责任,并对全部损害承担责任"的规定,体现的就是部分连带责任的基本规则。

1. 半叠加的分别侵权行为不能适用按份责任

首先应当确定,对于半叠加的分别侵权行为,不能适用《侵权责任法》第 12 条规定的按份责任。原因是,适用按份责任,必须符合分别侵权行为的每一个行为人的行为原因力都不是 100%,且每一个行为人的行为的原因力相加等于 100%,因而按照每一个行为人

---

① [日]川井健「共同不法行為の成立範囲の限定——全部連帯か一部連帯か」『現代不法行為研究』日本評論社、1978(初出は1968 年)、頁 228。

② [日]淡路剛久「共同不法行為」ジュリスト898 号、1987、頁 86。

行为的原因力确定责任比例,按份承担。叠加的分别侵权行为正因为每一个行为人的行为对于损害的发生都具有100%的原因力,且有数个100%原因力的重合,因而须承担连带责任。在半叠加的分别侵权行为中,尽管不属于100%的原因力的重合,但是仍有部分原因力重合,既然有重合的原因力,就与连带责任发生联系,而不属于按份责任的范畴。

2. 部分连带责任规则是分别侵权行为数个原因力部分重合部分不重合的必然结果

按照《侵权责任法》第11条和第12条规定的逻辑延伸,既然原因力全部重合的结果为连带责任,原因力不重合的结果为按份责任,那么,在分别侵权行为中,数个行为人的行为的原因力部分重合部分不重合,其必然的逻辑结论就是,重合的部分实行连带责任,不重合的部分实行按份责任。这样的逻辑推理是完全成立的。

3. 对半叠加的分别侵权行为适用全部连带责任的不合理性

对于半叠加的分别侵权行为确定侵权责任,适用部分连带责任规则,或者适用全部连带责任规则,结果并不相同。

按照部分连带责任规则确定半叠加的分别侵权行为责任,计算的结果是:一个行为的原因力是50%,另一个行为的原因力是100%,确定原因力重合的部分为连带责任,非重合的部分为按份责任,即重合的50%的损害部分,由两个行为人承担连带责任,最终份额为各自25%;非叠加的50%的损害部分,由行为原因力不重合的行为人承担按份责任。因此最终结果是,具有100%原因力的行为人承担的中间责任为100%(按份责任50%,连带责任的中间责任50%),最终责任为75%(按份责任50%,连带责任的最终责任25%);具有50%原因力的行为人应当承担的中间责任为50%,最终责任为25%。

按照全部连带责任规则即《侵权责任法》第13条和第14条规定的连带责任规则,计算的结果是:中间责任为100%,每一个行为人都须为此负责;最终责任为,将半叠加的分别侵权行为的行为人的行为原因力相加,除以行为人的人数,得到的最终责任的份额即为66.7%和33.3%,原因力为100%的行为人的最终责任为

66.7%；原因力为50%的行为人的最终责任为33.3%。

将上述两种计算方法的计算结果相比较，得出的结论是：

在连带责任的中间责任上，100%原因力的行为人按照部分连带责任规则计算，应当承担的连带责任为50%，按份责任为50%，按照全部连带责任规则计算，应当承担的是100%，区别不大。但是，对于50%原因力的行为人，按照全部连带责任规则计算，应当承担的中间责任为100%，而按照部分连带责任规则计算，应当承担的中间责任为50%，相差一倍。

在连带责任的最终责任上，按照部分连带责任规则计算，100%原因力的行为人承担的连带责任为25%，按份责任为50%，合计为75%；50%原因力的行为人承担的连带责任为25%。而按照全部连带责任规则计算，100%原因力的行为人承担最终责任为66.7%，50%原因力的行为人的最终责任为33.3%。

两种计算方法的计算结果，100%原因力的行为人中间责任加上按份责任相差25%，最终责任相差8.3%，50%原因力的行为人的中间责任相差50%，最终责任相差8.3%。对于不足以造成全部损害结果的分别侵权行为人而言，适用部分连带责任的规则，无论是中间责任还是最终责任，显然更加有利，并且更加合理；而适用全部连带责任规则，对其显然不利，也不具有合理性。同样，对于具有100%原因力的行为人，按照部分连带责任规则，主要是将自己的行为原因力造成的损害，确定为自己的责任，而仅仅对原因力重合的部分，承担连带责任，按份责任为50%，连带责任的最终责任为25%，尽管对其不利，但却是合情合理的。

因此可以确定，环境侵权司法解释第3条第3款规定半叠加的分别侵权行为承担责任适用部分连带责任规则，不仅具有合逻辑性，而且是合理的、正确的。在我国环境侵权法领域，借鉴日本最新的部分连带责任规则，作为我国半叠加的分别侵权行为的责任承担规则，具有创造性，是非常大胆又完全符合法理和情理的正确解释。

（二）半叠加的分别侵权行为承担部分连带责任的具体方法

无论是在环境侵权责任领域，还是在侵权法的其他领域，确认数人实施的行为构成半叠加的分别侵权行为，应当依照或者参照环境侵权司法解释第 3 条第 3 款规定的规则，确定分别侵权行为人承担部分连带责任。具体方法是：

首先，确定半叠加的分别侵权行为的每一个行为人实施的侵权行为原因力的大小。其中须有具有 100% 原因力的行为人，须有不足 100% 原因力的人。如前述案例，银行对损害的发生具有 30% 的原因力，郝某对损害的发生具有 100% 的原因力，因而构成原因力的半叠加。

其次，确定“共同造成的损害部分”，即行为人的行为原因力重合的部分。如上例，郝某的行为对于造成诈骗损失 1500 万元的损害后果具有 100% 的原因力，而银行的违章解付汇款的过失行为是造成损害的次要原因，原因力约为 30% 。因此，共同造成的损害部分就是 30% 。

再次，对于共同造成的损害部分，各个行为人承担连带责任。即无论是具有全部原因力的行为人还是具有部分原因力的行为人，都只对重合的部分即共同造成的损害部分承担连带责任。如上案，在中间责任，银行和郝某都应当对 30% 的损害承担中间责任，但最终责任均为 15% 。对于自己承担了超过上述比例的赔偿部分，对对方有追偿权。

最后，对于不属于共同造成的损害的部分，即原因力不重合的损害，由具有 100% 原因力的行为人单独承担责任，即承担按份责任。如上例，对于其他 70% 的损失，郝某自己承担，银行对此不承担责任。

四、应当补充说明的问题

对于环境侵权司法解释规定分别侵权行为及责任规则，还有几个问题需要说明：

第一，我国《侵权责任法》第 11 条和第 12 条规定，只规定了原因力全部竞合的分别侵权行为与原因力不竞合的分别侵权行为，分别对应的是连带责任和按份责任。对于现实存在的原因力部分竞合的分别侵权行为及责任形态，尚有缺漏，需要补充。环境侵权司法解释第 3 条规定，审视立法的缺漏和司法的急需，补充规定了原因力部分竞合的分别侵权行为，完善了分别侵权行为及责任的逻辑体系，既补充了立法的不足，也适应了司法实践的需要，是司法解释的典范。

第二，对此，也可以进一步认识到司法解释之于立法补充和司法实践需求的重要性。我们一直主张，应当借鉴德国法的做法，将法官法与制定法对应起来，构成完整的法律体系。即使在最为严格的成文法国家中，也不可能完全限制法官造法，原因在于立法滞后于实践应属常态，实践必须对立法进行补充。如果过于强调成文法环境中的司法机关不可以造法，就会使立法与司法的差距永远存在下去，使很多法律没有规定的社会现象无法得到法律调整。有效率的法官法就会缩小立法与司法的差距，进而实现法治的现代化。环境侵权司法解释第 3 条规定的实践，正好说明了这个问题。

第三，无论是立法还是司法，无论是制定法和法官法的制定，都需要科学的法学理论作为基础，只有这样才能够保证法律规范社会生活的准确性和正确性。环境侵权司法解释第 3 条规定的成功，借鉴了侵权责任法理论的部分连带责任理论，准确地规定了原因力部分竞合的分别侵权行为对责任形态的需求，使原因力部分竞合的分别侵权行为与部分连带责任规则实现科学的对接，也使市民社会的现实需要与法学理论发展实现了准确的对接。可以想象，日本学者川井健教授在创立部分连带责任学说时，仅仅是想在连带责任的分担上能够更好地实现分配正义，并没有想象到在中国会被适用于原因力部分竞合的分别侵权行为的责任承担问题上。或许可以说，这是新理论获得的一次"歪打正着"的收获。最新法学理论与我国的侵权责任法的具体实践结合起来，不仅丰满了我国的侵权责任法律理论体系，而且更适应了我国司法实践的需要。这就是理论与实践结合的力量。

第三节　环境污染分别侵权行为的法律适用

近年来，环境侵权纠纷频繁出现，环境法制建设任务也愈加任重而道远。现实亟待解决的环境侵权纠纷中较为常见的是各排污者之间没有共同的过错联系，分别实施侵权行为造成同一环境污染或者破坏的损害后果。以备受关注的雾霾污染为例，其污染主体表现出复杂性的特点，即存在数个可归责的污染源，例如煤炭企业、汽车生产企业、石油供应企业、餐饮企业等。这些环境侵权行为人分别实施侵权行为，相互之间既没有共同故意，也没有共同过失，只是由于各自行为在客观上的联系，造成同一环境污染的损害后果。这种环境侵权领域发生的无过错联系的数个侵权行为人承担连带责任或者按份责任的分别侵权行为属于环境分别侵权行为。本书在研究了最高人民法院环境侵权责任司法解释对环境污染分别侵权行为的规定之后，再具体研究环境污染分别侵权行为的具体法律适用问题。

一、环境分别侵权行为之法律范畴

目前我国学者对环境侵权行为的定义是，由于行为人从事污染环境的行为，导致他人人身、财产、人格及环境等权益遭受损害的特殊侵权行为。通说认为其侵犯的客体包括财产权、人格权以及环境权，[①]从事的侵权行为主要体现为对环境的污染，广义的环境侵权行为还包括对环境的破坏行为。[②] 而关于分别侵权行为，有学者以是否共同实施侵权行为为标准区分共同侵权行为与分别侵权行为，认为分别侵权行为既包括数人造成不同损害的情形，也包括造成同一损害的情形。[③] 参考以上界定，分别侵权行为是指《侵权责任法》第11条和第12条规定的侵权行为形态，与共同侵权行为、竞合侵权行为、第三人侵权行为一道构成多数人侵权行为体系。2015年6月颁布实施的环境侵权司法解释第3条正是针对这类侵权行为的法律适用进行了创造性解释。第3条三款规定分别对应了分别侵权行

---

① 参见马骧聪：《环境保护法》，四川人民出版社1998年版，第141页；曹明德：《环境侵权法》，法律出版社2000年版，第18页。

② 参见吕忠梅：《沟通与协调之途——论公民环境权的民法保护》，中国人民大学出版社2005年版，第262页；汪劲：《环境法学》，北京大学出版社2006年版，第557页；雏雄：《环境侵权救济研究》，中国环境科学出版社2004年版，第21页。

③ 参见阳雪雅：《论〈侵权责任法〉中连带责任的限制适用》，载《求索》2012年第1期。

为的三种类型,即全叠加的分别侵权行为(《侵权责任法》第11条规定的侵权行为形态)、典型的分别侵权行为(《侵权责任法》第12条规定的侵权行为形态)与半叠加的分别侵权行为(介于《侵权责任法》第11条、第12条之间的侵权行为形态)。①

事实上,分别侵权行为的概念最初出现在环境侵权领域。对于这种侵权行为类型,有学者将其区分为"多数人无过错联系但承担连带责任的分别侵权行为"和"多数人无过错联系承担按份责任的分别侵权行为",均"承担环境侵权共同责任"。② 有学者认为是指无意思联络的数人排污或开发环境行为导致相同受害人的同一损害的现象。③ 也有学者认为是指数个环境侵权行为人事先并没有意思联络,其数个行为相互结合而致同一受害人受有同一损害的情形。④ 还有学者认为是指数人基于无意思联络(无事先共谋),但由其加害行为之偶然性结合造成环境受污染、破坏,间接导致相同受害人同一财产或人身遭受损害之环境侵权行为。⑤ 此外,还存在无意思联络的分别侵权、分别环境侵权等概念,认为《侵权责任法》第67条规定的环境侵权行为既包括共同侵权行为的情形,也包括成立分别侵权行为的情形。成立共同侵权行为并适用连带责任的,是发生在数个环境侵权人的行为存在关连共同导致同一损害的情形下。此时,各个侵权行为人内部的责任划分需要综合考虑污染物质种类以及排放数量等要素。成立分别侵权行为并适用相应的按份责任的,是行为人分别实施污染行为或损害可分时,应当依据污染

---

① 参见杨立新、陶盈:《论分别侵权行为》,载《晋阳学刊》2014年第1期;杨立新:《环境侵权司法解释对分别侵权行为规则的创造性发挥》,载《法律适用》2015年第10期;陶盈:《分别侵权行为研究》,中国人民大学2014年博士学位论文。

② 竺效:《论无过错联系之数人环境侵权行为的类型——兼论致害人不明数人环境侵权责任承担的司法审理》,载《中国法学》2011年第5期。

③ 参见伊媛媛:《略论无意思联络的数人环境侵权及其责任》,载《法学评论》2007年第1期。

④ 参见焦艳红:《无意思联络的数人侵权——以类型化研究为目的》,载《安徽大学法学评论》2007年第1期。

⑤ 参见王洪宇:《无意思联络数人环境侵权行为研究》。转引自唐先锋等:《特殊领域侵权行为专题研究》,法律出版社2008年版,第93~131页。

物种类以及排放数量等分担责任份额的情形。① 综上,结合对环境侵权行为和分别侵权行为的定义,环境分别侵权行为是指数个行为人之间不存在过错联系,对自然环境分别实施了污染或者破坏行为,导致他人的财产权、人格权、环境权益等遭受损失的特殊的多数人侵权行为。构成环境分别侵权行为的案件主要包括城市复合原因造成的水污染、大气污染、固体废物污染、噪音污染、放射性污染等环境侵权类案件。

关于环境分别侵权行为的类型可以区分以下三种不同类型。第一种情形符合环境侵权司法解释第 3 条第 1 款之规定,每个企业排放的污染物质都足以导致损害后果的发生,相互叠加后造成损害的扩大,行为与损害后果之间具有累积因果关系。以水污染的侵权行为为例,数家化工企业排放的污水中的有害物质的浓度均足以导致下游河流中全部鱼类的死亡,此时数个侵权行为人的行为均是全部损害发生的 100% 的原因力,符合《侵权责任法》第 11 条规定的情形,称为全叠加的环境分别侵权行为。

第二种情形符合环境侵权司法解释第 3 条第 2 款之规定,每个企业排放的物质本身不足以导致损害后果的发生,但由于发生了物理、化学或者生化反应,造成损害后果的发生,行为与损害后果之间具有部分因果关系。以水污染的侵权行为为例,数家化工企业排放的污水中的有害物质的浓度均不足以导致下游河流中全部鱼类的死亡,此时数个侵权行为人的行为均不是全部损害发生的 100% 的原因力,发生原因力的叠加后造成受害人的全部损失,符合《侵权责任法》第 12 条规定的情形,称为典型的环境分别侵权行为。

第三种情形符合环境侵权司法解释第 3 条第 3 款之规定,部分污染行为足以导致损害后果的发生,其余部分污染行为单独发生不足以导致全部损害后果的发生,各行为结合起来造成最终损害,行为与损害后果之间具有混合因果关系。以水污染的侵权行为为例,仅有一家化工企业排放的污水中的有害物质的浓度就足以导致下

① 参见孙佑海、唐忠辉:《论数人环境侵权的责任形态——〈侵权责任法〉第 67 条评析》,载《法学评论》2011 年第 6 期。

游河流中全部鱼类的死亡，此时该侵权行为人的行为是全部损害发生的100%原因力，其他侵权行为人的行为不足以单独导致全部损害的发生，这种情形是介于《侵权责任法》第11条和第12条规定之间的情形，称为半叠加的环境分别侵权行为。

二、环境分别侵权行为之成立要件

成立环境分别侵权行为需要具备以下要件：第一，两个以上的环境侵权行为主体从事了环境侵权行为，属于多数人侵权行为的一种。环境侵权行为的主体可能是两个以上的自然人、法人或者其他组织，数个侵权行为主体均实施了环境侵权行为，最终导致了损害结果的发生。同时，由于环境侵权案件受害人一方往往人数众多，甚至是不特定的多数人，所以多数情况下也构成大规模侵权行为。构成环境分别侵权行为，需要各个侵害环境的行为都具有违法性。有学者将环境侵权行为分为三种类型：一是合法行为且未对环境造成损害，二是合法行为但对环境造成损害，三是违法行为且对环境造成损害。对于前两种类型，由于仅在发生特殊的物理或化学反应时导致损害，有学者称之为偶合环境侵害行为，并认为在这种偶合环境侵害行为中，数个行为人实施的行为不具有违法性，因此不构成侵权行为。① 但《侵权责任法》第65条中并未对“违法”作出要求，是否可以理解为合法排污造成损害的亦应当承担侵权责任存在一定争议。我们认为，违法性是侵权责任构成的一般要件，环境污染行为具备违法性要件也是必然的，第65条的规定并不是否定违法性的要件。陈聪富教授认为，环境污染侵权责任仍应具备违法性要件，但非以行为人符合环境保护法规作为违法性存否之基础，而是必须在纠正正义与功利主义之间寻求调和，将加害人不得严重侵害他人权益，而受害人亦有一定的容忍义务作为标准。② 对环境分别侵权行为的认定应当坚持违法性要件，违法行为既可以是作为的

---

① 参见唐永忠、邵培樟：《试论耦合环境侵权的民事责任科技进步与对策》，载《科技进步与对策》2004年第6期。

② 参见陈聪富：《环境污染责任之违法性判断》，载《中国法学》2006年第5期。

行为,也可以是不作为的行为,需要对生活和生态环境造成损害,且违反国家环境保护法律的禁止性规范。

第二,数个环境侵权行为主体分别排放的污染物质发生物理、化学或者生化反应,共同造成了同一损害后果。造成的损害后果是指环境污染后果,可能包括大气污染、水污染、噪音污染、固体废物污染、海洋环境污染、放射性污染等。环境侵权行为直接作用于环境,产生的环境污染后果又间接作用于受害人,造成受害人的人身损害或者财产损失。由于环境污染行为普遍存在潜伏性和长期性的特点,对于这种潜在性危害应当视为虽未发生但可以预见的损害事实。

对于分别侵权行为造成"同一损害",有学者认为,"同一损害是指数个侵权行为所造成的损害的性质是相同的,都是身体伤害或者财产损失,并且损害内容具有关连性"。[①] 也有学者认为,"所谓造成同一损害是指数个行为仅仅造成一个损害结果,而不是造成数个独立的损害结果"。[②]《侵权责任法》第 11 条、第 12 条前半段均使用"同一损害"的表述,应当做出同一种解释,即包括"能够确定责任大小"的可分的损害后果以及不可分的损害后果。因此,分别侵权行为导致"同一损害"是指,在数个加害人明确的前提下,单个侵权行为主体均为损害后果产生的原因力,数个行为偶然结合造成的同一个可分或者不可分的损害后果。此时,为了确定数个行为与损害之间的因果关系,而将该损害结果视为同一整体。

第三,数个主体分别实施环境侵权行为,不存在过错联系,也就是不存在共同故意或共同过失,也不存在客观上的关连共同。这是数个分别实施的环境侵权行为不构成共同侵权行为的重要原因。

在对各个行为过错要件进行具体考察时,需要考察行为人的原因力大小和过错程度不明时的责任认定问题。此种情形下,由于前提是几个侵权行为的竞合,加害人存在过错,只是加害人的过错程度无法进行事实上的判明,有必要进行法律推定。基于法律政策的

---

① 王胜明主编:《中华人民共和国侵权责任法释义》,法律出版社 2010 年版,第 67 页。

② 王利明、周友军、高圣平:《中国侵权责任法教程》,人民法院出版社 2010 年版,第 397 页。

考量,出于救济受害人之目的,规定由加害人承担无法证明自身过错程度大小时的不利后果。即便如此,也不能以救济受害人为唯一标准,法律推定过错程度的大小应当基于事实考量,具有合理的正当性,基于显失公平的推定做出一边倒的判决是违背法律公平正义的基本原则的。

第四,环境侵权行为与损害后果之间呈现复杂的因果关系。判断数人分别实施的环境侵权行为与损害后果之间的因果关系,应当考虑到环境侵权案件具有长期性、广泛性、复杂性、潜伏性等特点,尤其对于复合原因造成的环境侵权行为,在判断复杂因果关系时,可以借助优势证据说、比例责任说、盖然性说、部分连带责任说、疫学因果说等理论工具进行综合判断。此类案件中如果按照传统的因果关系理论将很可能陷入科学争论,无法及时救济受害人,也不能及时制止和防范环境侵权行为的发生,所以在处理过程中应当注意避免法律过度服从于技术的倾向。

根据分别侵权行为形态的差异,因果关系可以区分以下三种类型:一是全叠加的环境分别侵权行为中,数个环境侵权行为与损害后果之间具有累积因果关系。对于这种多因一果的形态,王利明教授称之为"以累积因果关系表现的无意思联络数人侵权"①,并将这一条概括为"分别实施、足以造成"②。王泽鉴教授和陈聪富教授也采用了"累积因果关系"的概念③,梁慧星教授称其为"行为关连"的共同侵权行为④,张新宝教授等称其为"聚合因果关系"⑤。此种情

---

① 参见王利明:《侵权责任法研究》(上册),中国人民大学出版社 2011 年版,第 535 页。

② 参见王利明:《论共同危险行为中的加害人不明》,载《政治与法律》2010 年第 4 期。

③ 王泽鉴教授将此种情形称为聚合因果关系或累积性的因果关系,参见王泽鉴:《侵权行为法》,北京大学出版社 2012 年版,第 188 页;陈聪富:《因果关系与损害赔偿》,北京大学出版社 2006 年版,第 60 页。

④ 参见梁慧星:《共同危险行为与原因竞合——侵权责任法第 10 条、第 12 条解读》,载《法学论坛》2010 年第 2 期。

⑤ 参见张新宝:《侵权责任构成要件研究》,法律出版社 2007 年版,第 330 页;王泽鉴:《侵权行为法·基本理论·一般侵权行为》(第 1 册),中国政法大学出版社 2003 年版,第 245 页。

形下，每个环境侵权行为都足以导致全部损害后果的发生，都是结果发生的必要且充分条件，符合“无此则无彼”的因果关系公式，即便各个原因混合在一起后，无法查明事实上每个具体行为人所造成的实际损害的具体份额，各自也均应当承担全额连带责任。

二是典型的环境分别侵权行为中，数个环境侵权行为与损害后果之间具有部分因果关系。对于这种多因一果的形态，王利明教授称其为“以部分因果关系表现的无意思联络数人侵权”[①]，并将这一条概括为“分别实施、结合造成”[②]。梁慧星教授称其为“原因竞合”的侵权行为[③]，张新宝教授称其为“叠加因果关系”[④]，王泽鉴教授采用了“共同的因果关系”的概念[⑤]，朱岩教授则是从原因力角度解释这一条文[⑥]。此种情形下，数个不足100%原因力的行为相加等于100%原因力。能够确定各行为人责任大小的，可以根据过错和原因力确定责任比例；无法根据过错和原因力确定责任比例的，推定承担均等责任。

三是半叠加的环境分别侵权行为中，数个环境侵权行为与损害后果之间具有混合因果关系。各个行为人的行为均与损害后果之间存在因果关系，都是损害发生的原因力，相互聚合叠加形成同一个损害后果，其中部分行为是损害发生100%的原因力，而仅有其他行为并不能单独导致损害的发生。这种混合因果关系在《侵权责任法》的多数人侵权行为部分并未得到体现，但在环境侵权领域广泛存在，由于存在数个可归责的排污企业，呈现了污染主体复杂性、责任方式多样性的特点，具有极大的研究价值和探讨空间。

---

① 参见王利明：《侵权责任法研究》（上册），中国人民大学出版社2011年版，第535页。

② 参见王利明：《论共同危险行为中的加害人不明》，载《政治与法律》2010年第4期。

③ 参见梁慧星：《共同危险行为与原因竞合——侵权责任法第10条、第12条解读》，载《法学论坛》2010年第2期。

④ 参见张新宝：《侵权责任构成要件研究》，法律出版社2007年版，第331页。

⑤ 参见王泽鉴：《侵权行为法·基本理论·一般侵权行为》（第1册），中国政法大学出版社2003年版，第245页。

⑥ 参见朱岩：《侵权责任法通论·总论·责任成立法》（上册），法律出版社2011年版，第222～224页。

数个主体分别实施的环境侵权行为中,较难证明各行为与损害后果之间存在客观必然的因果关系。因为侵权行为往往先作用于一个载体——环境,然后由环境作用于受害人的人身或者财产,这就让因果关系链条变得更加复杂。再加上现阶段的科学水平和鉴定水平有限,多数情况下无法明确污染物对损害后果发生作用的原因力大小,甚至对一些污染物的性质、毒害作用、变化规律、累积过程都无法探明。对污染物认识的滞后性、个体抵御污染物质的差异性、较长的发病潜伏期、污染物发生反应的复杂性以及证据收集的困难性等都为因果关系的解析带来很大困难,有必要借鉴域外环境司法领域的理论和实践经验进一步研究。

三、环境分别侵权行为之域外司法适用

我国《侵权责任法》第 67 条作为处理环境分别侵权行为的基本法律依据,借鉴的是美国 1980 年加利福尼亚州上诉法院审理的辛德尔诉阿伯特制药厂案(Sindell v. Abbort Laboratories)中确立的市场比例原则,在认定多数人环境侵权行为产生的责任时,结合污染物种类及排放量等要素分配比例责任。该案中加州最高法院判决生产有害药品的五家药商须对受害人的损害负责,但仅须依其产品的市场占有率比例承担按份责任,由此为此类案件的责任分担确立了新的裁判规则。[①] 然而数个主体分别实施的环境侵权行为的情形与产品责任适用市场份额规则的条件并不完全相同,其重要区别就在于在此类产品责任问题中,不存在能够证明其中一家企业生产的危险产品是全部损害后果产生的百分之百原因力的情形,即不存在构成全叠加或者半叠加的分别侵权行为的可能性。但在环境污染问题中,存在仅有其中一个污染源就足以导致全部损害后果的情形,当能够证明该污染源就是损害发生的100%原因力时,有可能构成全叠加或者半叠加的环境分别侵权行为。目前,在我国的环境司法实践中,对于全部环境分别侵权行为类型均由各责任人承担按份

① 参见潘维大:《英美侵权行为法案例解析》(上),瑞兴图书股份有限公司 2002 年版,第 270 页。

责任，能够确定具体份额的，按照份额划分相应责任比例，不能确定具体份额的，认定承担平均份额的责任，这种做法并不利于实现环境保护、经济发展和个案公正的有效平衡。

英美法上对多家企业分别排污造成环境污染或破坏的案件，通过提供个案保护的系列判例，建立了相应的民事责任分担制度，其基本立场是各人对自己行为造成的损害负责，以该损害在全部损害中的比例为限。① 美国的判例中曾出现 A、B 各自排放无害的药品，化合后形成有毒物质造成损害的案件。该案确立了侵扰行为(Nusance)案件的裁判规则，即各个无害行为相结合造成损害的，也认为构成侵权行为承担比例责任。② 不过美国的判例和解释中也有观点认为，仅有数个行为人各人的行为不足以构成侵权行为，只有在其知道或者可能知道因为这些行为的竞合会引发损害的情况下，才构成侵权行为。③ 英国对于环境分别侵权行为多适用按份责任，例如两个乐器演奏的声音混合在一起发生竞合形成噪音的案例中，认定两个被告的行为构成侵权，根据两个乐器各自音量的比例，承担相应的按份责任。④ 再如 A、B、C 三个企业的下水及工厂废水造成了水流污染，由于影响了水温造成该流域的鱼类大量死亡，A 虽然是最大的污染源，但是 B、C 也是造成污染的部分原因，法院最终判令 A、B、C 按照 2∶1∶1 的比例分别承担赔偿责任。⑤

大陆法系国家并没有单独规定分别侵权行为的相关立法，德国侵权法理论中并不存在分别侵权行为类型，相关的问题都在因果关系部分加以探讨，个别情况下可能还会在损害赔偿的计算中加以讨论。对于环境分别侵权行为，德国法上使用“Immission”(干扰侵害)的概念，基本法理是不认为成立共同侵权行为，而是就损害分割

---

① American Jurisprudence, 1957, Vol. 39, Nuisances 38, American Law Institute's Restatement of the Law of Torts, Vol. Ⅳ 1939, p. 881; Williams, op. cit, p. 21, Street, op. cit, p. 490.

② Blair v. Deakin, (1887) 57 L. T., N. S., 322.

③ American Jurisprudence, Restatement of the Law of Torts, Vol. Ⅳ 1939 § 881.

④ Lambton v. Mellish (1894) 3Ch. 163.

⑤ Pride of Derby and Derbyhire Ansling Association, Ltd. v. British Celanese Ltd. and Others (1953) Ch. 149.

按份责任。日本法上的环境分别侵权行为虽然一直被纳入共同侵权行为理论体系，但其处理规则却发生着显著变化，从20世纪六七十年代普遍适用连带责任（以山王川案件、四日市公害事件等为代表），到九十年代以后有条件地适用按份责任（以西淀川第二次至第四次诉讼判决为代表），反映着法律规范与社会矛盾变迁的互动关系。

以半叠加的环境分别侵权行为为例，这种案件在日本20世纪六七十年代频繁发生，掀起了对共同侵权行为研究的热潮，影响极为深远的是最高法院关于"山王川案件"的判决。该判决认为即便只有大工厂排出的废水，其含氮量也足以造成原告损害，故认定大工厂废水的排出与损害的发生之间有相当因果关系，其应当承担全部责任。判决明确了加害人对于自己工厂排出的污水导致的损害，无论是否还存在其他侵权责任人，都应负全部赔偿责任的规则。① 但当时也有日本学者根据"山王川事件"的判决②及津地裁四日市支部"四日市公害事件"的判决③等，提出了假定污染物质的容许浓度（损害发生的最低标准）理论，并主张根据各排污者的参与程度确定责任比例的比例责任说。这种观点认为仅有各排污者自己排出的物质并不能导致损害发生，但是发生量的或质的结合之后造成损害时，承担按份的比例责任是合理的。各原因人应当根据原因力大小划分比例责任，没有理由对全部损害承担责任。④

20世纪八九十年代，日本确立了对数个企业参与的复杂原因造成的环境污染案件的裁判规则，其基本思路是承认全体企业作为一个共同原因在造成污染的数个原因中根据原因力大小承担比例责任，但是各个企业之间成立共同侵权行为的应承担连带责任。如果可以确定全体企业排污所占的原因力为80%，则在这部分责任范围内各企业共同承担全部赔偿责任。1991年发生的西淀川公害

---

① 参见日本最高裁判所第三小法庭判决：最三小判昭43年（1968年）4月23日民集22卷4号964頁。

② 参见品川孝次「山王川事件判例評釈」判評120号（判時538号）139頁。

③ 参见日本津地方裁判所判决：津地四日市支判昭和47・7・24判時672号30頁［四日市大気汚染訴訟第1審判決］。

④ 参见品川孝次「山王川事件判例評釈」判評120号（判時538号）139頁、野村好弘「山王川事件判例評釈」判タ224号53頁。

案件的系列判决对此后的司法实践产生了重要影响。该案第一审判决中,法院认为各个污染源单独并不可能引发全部损害后果,而是全部或者几个行为累积起来结合成共同行为后引发全部损害后果,构成共同侵权行为。[①] 但此后在西淀川第二次至第四次诉讼判决中,法院不但承认了分割责任的可能性,并且对于此类情形下部分参与人的责任,区分了共同侵权行为和重叠的竞合。认为对于本案这种都市型复合大气污染的情形,行为人数量极多构成重叠的竞合,无法直接适用共同侵权行为的规定,但完全不救济这种受害也是不符合侵权法理念的。提出此类案件有适用比例责任的可能性,而类推适用关于共同侵权行为的规定需要符合一定的条件。

从上述域外理论研究成果和环境司法经验来看,学理上正在逐步区分环境分别侵权行为与共同侵权行为之间的区别,处理此类案件的责任分担规则,也从普遍认定数个侵权行为主体之间成立共同侵权行为并适用连带责任的单一模式,向着根据各侵权行为人的过错程度和原因力大小划分责任比例,有条件地适用按份责任、连带责任或者部分连带责任的混合责任模式发展。

四、环境分别侵权行为责任分担之法律规则适用

围绕数个主体分别实施的环境侵权行为,是由全体侵权行为人承担按份责任还是连带责任一直存在争议。长期以来我国的司法实践中采用的是由各个侵权行为人按照排污量等承担按份责任的分配方式,并通过立法将这一规则成文化。《侵权责任法》第 67 条确立了我国在认定多数人环境侵权行为产生的责任时,应当结合污染物质种类以及排放数量等要素分配比例责任的规则。对此,有学者提出反对意见,认为第 67 条对按份责任的适用忽视了我国当前环境污染的严峻事态,脱离了现阶段缺乏环境责任保险的社会现实,亟待立法做出改善。为了更好地保护受害人和自然环境,需要改变目前将第 67 条解释为无意思联络的数人分别侵权行为并承担

---

① 参见日本大阪地方裁判所判決:大阪地判平成 3・3・29 判時 1383 号 22 頁[西淀川大気汚染公害事件第 1 次訴訟第 1 審判決]。

按份责任的现状,而应当按共同侵权行为由数个侵权行为人承担连带责任,将第 67 条理解为加害人之间内部责任的划分规则。[①] 这种理解有一定道理,但过度适用连带责任也可能导致大企业面临过高的市场风险,司法者应当谨慎地权衡利弊。

面对我国日益严峻的环境问题,建立侵权人与受害者之间的公平关系,平衡强势主体与弱势主体之间的利益,是保证经济稳定和可持续发展的基础。《侵权责任法》第 67 条首次对实践中的法律适用问题做出了统一且明确的规定。根据立法者的解释,该条应当理解为按份责任。[②] 对此,有学者指出在我国推行"效率优先,兼顾公平"的分配政策符合我国的现实国情,倾斜保护原则并未将"得利"以强者的"失利"作为一般前提,[③]是立足现有国情对过往的司法经验做出的深刻总结,也符合国际通行做法。[④] 但也有学者认为该条只是规定了污染者内部责任的分摊问题。[⑤] 王利明教授主张第 67 条的规范并没有囊括全部复数主体环境侵权案件类型,某些情况下还是应当参照其他相关法律法规确立的规范,不能一概而论地适用按份责任。[⑥] 事实上,数人分别实施的环境侵权行为的责任形态具有多样性,责任后果要依据共同侵权行为、共同危险行为、无意思联络的数人侵权行为等制度分别认定,责任后果也存在按份责任、连带责任、部分连带责任等多种形式。

环境分别侵权行为中存在构成典型的环境分别侵权行为、全叠加的环境分别侵权行为和半叠加的环境分别侵权行为的情形。其中,根据《侵权责任法》第 11 条和第 12 条的规定,对于全叠加的环

---

① 参见孙佑海、唐忠辉:《论数人环境侵权的责任形态——〈侵权责任法〉第 67 条评析》,载《法学评论》2011 年第 6 期。

② 王胜明主编:《中华人民共和国侵权责任法释义》,法律出版社 2010 年版,第 67 页。

③ 参见莫诺·卡佩莱蒂:《福利国家与接近正义》,刘俊祥译,法律出版社 2000 年版,第 146 页。

④ 参见奚晓明主编:《〈中华人民共和国侵权责任法〉条文理解与适用》,人民法院出版社 2010 年版,第 467 页。

⑤ 参见程啸:《侵权责任法》,法律出版社 2011 年版,第 464 页。

⑥ 参见王利明:《侵权责任法研究》(下册),中国人民大学出版社 2011 年版,第 477 页。

境分别侵权行为,数个行为人对外应该承担连带责任,对内最终责任份额的确定应该直接适用第67条的规定。对于典型的环境分别侵权行为,数个行为人应该承担按份责任,各自责任份额的确定应该直接适用第67条的规定。而对于半叠加的环境分别侵权行为,由于缺乏法律的明确规定,可以考虑让数个行为人对外承担部分连带责任,对内最终责任份额的确定仍然适用第67条的规定。

有日本学者提出与原因力相应的"部分连带责任说",主张鉴于加害方对造成损害的原因力不同,在各自原因力大小的共同限度内,承认提取最大公约数的部分连带责任,其余部分由原因力较大的加害人承担个人赔偿义务。① 虽然这种理论的适用基础仍然是以成立共同侵权行为为前提的,但是并非由各个共同侵权行为人对因共同行为而产生的全部损害承担责任,而是承担与各自行为违法性相当(范围相当)的责任,违法性大的加害人负有全责,仅在违法性小的行为人的责任范围内进行连带,目的是为了适当减轻部分原因力显著轻微的共同侵权行为人的责任。也有学者称之为"片面连带责任说",即在对外责任上,一责任人只需对自己的比较责任份额负责,而另一责任人则须承担连带责任:除了对自己的比较责任份额负责外,在前一责任人不能清偿时,还须对其份额承担补充责任。②对半叠加的分别侵权行为可以适用部分连带责任,因为这种分配方式符合自己责任原则,较之单一采用连带责任或按份责任的做法更加公平合理。

对于构成半叠加的环境分别侵权行为的,其中部分行为的原因力是百分之百,而部分行为的原因力不足100%,对其适用部分连带责任的具体方法是:首先,根据各自的过错程度和原因力大小划分各个行为人的责任比例。其次,以原因力最小的行为人为标准,设立连带责任限额。最后,明确在连带责任限额的范围内各个行为人承担连带责任,超出此限额的责任由对损害有100%原因力的人负

---

① 参见[日]川井健『現代不法行為研究』日本評論社、1978年、228頁。

② 参见李中原:《多数人侵权责任分担机制研究》,北京大学出版社2014年版,第212页。

个人责任。对半叠加的分别侵权行为适用部分连带责任的考虑是，此种行为中必定存在100%原因力的行为人和不足100%原因力的行为人，在二者原因力大小差距明显时，如果让各行为人承担全部连带责任，对原因力明显较小的一方过于严苛，一旦其他侵权行为人无力承担赔偿责任，原因力明显较小的一方有承担全部赔偿责任的风险，显然有失公平。

对半叠加的分别侵权行为适用部分连带责任的构想还体现在我国《侵权责任法》中第36条第2款的规定中，该条文明确了网络服务提供者需要与利用网络服务实施侵权行为的网络用户承担连带责任的情形，仅限于其未对被侵权人通知的内容及时采取删除、屏蔽、断开链接等必要措施造成损害扩大的情形。此时，网络用户实施的作为的侵权行为与网络服务提供者实施的不作为的侵权行为，共同造成了同一损害后果，网络用户的行为是该损害产生的100%原因力，而网络服务提供者的行为并不足以导致全部损害发生，只是损害发生的部分原因力，构成的是半叠加的分别侵权行为。根据本条规定，网络服务提供者只对损害的扩大部分，也就是其采取必要或合理措施后，客观上或技术上能够避免的损害后果承担连带责任，对于侵权行为本身造成的损害部分，仍由网络用户承担个人责任。

具体到环境侵权的案例中，如果排放较少污染物质的侵权行为人无赔偿能力，由排放量大的一方承担全部赔偿责任，会将风险过多地转嫁给大企业，不利于国民经济的快速发展。但如果此类案件中不追究原因力较小一方的责任，也有违公平正义理念，难以体现侵权法的惩戒预防功能，不能更有力地保护环境资源。出于法律政策的考量，为平衡充分救济受害人和保护加害人行为自由之间的关系，可以对半叠加的环境分别侵权行为适用部分连带责任的规则，由对污染后果发生原因力明显较小的一方在有限的范围内承担连带责任。

第四节　机动车交通事故多重碾压的性质与责任分担

在我国的机动车交通事故中，多重碾压行为较为多见，但是在立法和司法解释中都没有涉及，因而导致在司法实践中，对此类案件的法律适用并不统一。我们对能够搜集到的40起典型案件进行分析，结合我国立法和司法经验，借鉴日本司法经验，提出对多重碾压行为的性质为分别侵权行为，并以此统一法律适用的见解。

一、我国司法实践对多重碾压案件的法律适用情况分析

通过整理中国裁判文书网上公布的近五年来的40起典型的多重碾压案件的审理结果可知，目前在司法实践中，此类案件究竟构成共同侵权还是分别侵权，适用按份责任还是连带责任，依据何种法律法规进行裁判，存在明显分歧，同案不同判现象比较突出。（见表3－2）

表3－2　近五年来40起多重碾压案件的判决结果分析①

<table>
<tr><th>多重碾压案件性质认定</th><th>适用法律</th><th>案件数/起</th><th>比例/%</th><th>责任形态</th></tr>
<tr><td rowspan="3">共同侵权行为</td><td>《侵权责任法》第8条</td><td>2</td><td rowspan="3">10</td><td rowspan="5">连带责任（32.5%）</td></tr>
<tr><td>《民法通则》第130条及人身损害赔偿司法解释第3条第1款</td><td>1</td></tr>
<tr><td>《侵权责任法》第10条</td><td>1</td></tr>
<tr><td rowspan="2">全叠加的分别侵权行为</td><td>《侵权责任法》第11条</td><td>8</td><td rowspan="2">22.5</td></tr>
<tr><td>其他</td><td>1</td></tr>
</table>

① 通过在中国裁判文书网上进行关键词搜索，共收集整理了近五年来发生的40起典型的多重碾压案件，载http://wenshu.court.gov.cn/，各判决书名称详见后文。

续表

多重碾压案件性质认定	适用法律	案件数/起	比例/%	责任形态
典型的分别侵权行为	《侵权责任法》第 12 条前半段	3	47.5	按份责任(47.5%)
	《侵权责任法》第 12 条后半段	3		
	其他	13		
仅前车承担责任	其他	8	20	单独责任(20%)

(一)各加害人承担连带责任

1. 构成共同侵权行为适用《侵权责任法》第 8 条等

在 40 起案例中,有 3 起认定多重碾压成立狭义的共同侵权行为,其中两个案例适用《侵权责任法》第 8 条,[①]一个案例适用《最高人民法院关于审理人身损害赔偿案件适用法律若干问题的解释》(以下简称人身损害赔偿司法解释)第 3 条第 1 款和《民法通则》第 130 条。[②] 此外,有两个案例虽然适用《侵权责任法》第 11 条进行裁判,但法院认为数个行为人构成了共同侵权。[③]

典型案例见广东省博罗县人民法院(2014)惠博法杨民初字第 405 号民事判决书。在该案中,受害人驾驶无号牌摩托车与对向被告一驾驶的无号牌摩托车发生碰撞,受害人倒在路中,遇被告三驾驶拖拉机经过时,碾压受害人后,受害人当场死亡。交通事故责任认定书认为死者负事故主要责任,被告一、被告三负次要责任。法院据此作出裁判,认为原告方损失系由被告一、被告三共同侵权所致,依据《侵权责任法》第 8 条规定,判决被告一、被告三对原告 30% 的损失承担连带责任。

2. 构成共同危险行为适用《侵权责任法》第 10 条

在对多重碾压案件适用连带责任的判决中,仅有个别法院是依

---

① 参见广东省博罗县人民法院(2014)惠博法杨民初字第 405 号民事判决书、湖北省南漳县人民法院(2015)鄂南漳民一初字第 297 号民事判决书。

② 参见河南省新乡市中级人民法院(2014)新中民金终字第 369 号民事判决书。

③ 参见四川省成都市中级人民法院(2015)成民终字第 1446 号民事判决书、山西省大同市中级人民法院(2014)同民终字第 600 号民事判决书。

据《侵权责任法》第10条规定的共同危险行为规则进行裁判的。典型案例见吉林省四平市中级人民法院(2015)四民一终字第357号民事判决书。2014年12月22日晚,王某某因交通事故遭多辆车碾压致死。交警部门查明,朱某某驾驶的货车经过现场对王某某碾压,其他肇事车辆均逃逸。法院依照《侵权责任法》第10条进行裁判,认为朱某某的行为足以导致损害后果的发生,但由于有多台车辆对受害人进行碾压,不能确认具体的侵权人,所以被告应对受害人的死亡承担连带责任。

3. 构成全叠加的分别侵权行为[①]适用《侵权责任法》第11条

对于多重碾压案件适用《侵权责任法》第11条进行裁判的典型案例,可见四川省成都市龙泉驿区人民法院(2012)龙泉民初字第1857号民事判决书。2011年10月10日晚,被告彭某某驾车对已倒在靠近道路中心双实线车道内的曾某某造成碾压后,停车报警,受害人经抢救无效死亡,而在彭某某之前碾压曾某某的其余车辆均已逃逸。法院根据《侵权责任法》第11条的规定,认定本案肇事逃逸车辆的侵权人,与被告彭某某分别对曾某某实施侵权行为,每个人的侵权行为都足以造成曾某死亡,故应承担连带赔偿责任。该案一经公布受到舆论广泛关注,公众表达了对于裁判可能引发道德风险的担忧。[②]

在上述40例多重碾压案件中,依照《侵权责任法》第11条对多重碾压案件中的数个加害人适用连带责任的判决共8例,占20%。[③] 其中,四川省成都市中级人民法院(2015)成民终字第1446

---

① 关于全叠加的分别侵权行为的定义和分别侵权行为的分类,参见杨立新、陶盈:《论分别侵权行为》,载《晋阳学刊》2014年第1期。

② 参见《多车碾压老人后逃逸最后一辆车停车报警被判赔40万》,载《四川新闻—华西都市报》2013年7月16日,http://sichuan. scol. com. cn/ttxw/content/2013 - 07/16/content_5642869. htm? node = 888,最后访问日期:2016年7月11日。

③ 参见浙江省金华市中级人民法院(2015)浙金民终字第1447号民事判决书、辽宁省大连市中级人民法院(2014)大民一终字第1362号民事判决书、江苏省扬州市中级人民法院(2015)扬民终字第1651号民事判决书(该案判决书中根据《侵权责任法》第12条规定作出了连带责任的判决应属笔误,实际应当是依照第11条作出的判决)、山东省烟台市中级人民法院(2014)烟民四终字第1088号民事判决书、福建省高级人民法院(2015)闽民申字第580号民事裁定书,以及四川省成都市中级人民法院(2015)成民终字第1446号、山西省大同市中级人民法院(2014)同民终字第600号民事判决书。

号、山西省大同市中级人民法院（2014）同民终字第600号民事判决书虽然引用《侵权责任法》第11条作出裁判，但法官认为数个加害人之间成立共同侵权行为，反映出不同的多数人侵权行为界限的理论认识对司法实践造成的影响。还有一例案件，虽然确认了各侵权行为人之间的连带责任，但是依据《道路交通安全法》第76条进行裁判，[①]而在该条文中并没有连带责任的规定。

（二）各加害人承担按份责任

1. 构成分别侵权行为适用《侵权责任法》第12条前段

在40起案件中，适用《侵权责任法》第12条前半段进行裁判的有3例，[②]典型案例见湖南省新晃侗族自治县人民法院（2014）晃民一初字第342号民事判决书。2014年2月17日23时10分许，杨某某未取得机动车驾驶证、饮酒后驾驶摩托车与受害人相刮撞，造成受害人受伤；后李某某未取得机动车驾驶证驾驶轿车与摩托车相刮撞，并碾压受伤倒在地上的受害人，造成受害人经抢救无效死亡的机动车交通事故。事故发生后，杨某某、李某某均逃离了现场。法院根据交警作出的责任认定和双方各自的过错，依照《侵权责任法》第12条规定，判决被告杨某某对受害人的损害承担30%的赔偿责任，被告李某某对受害人的损害承担70%的赔偿责任。

2. 构成分别侵权行为适用《侵权责任法》第12条后段

在40起案件中，适用《侵权责任法》第12条前段进行裁判的有3例。[③] 典型案例见山东省泰安市中级人民法院（2014）泰民三终字第130号民事判决书。2013年11月5日18时许，被告周某某驾车与高某及其燃油助力摩托车相撞，被告李某某驾车至事发地点时，碾压躺在地上的高某，现场另有其他车辆对高某碾压后逃逸，无法确定高某及其摩托车倒地原因，无法确认高某是由哪辆车撞击碾压

---

① 河北省新乐市人民法院（2015）新民一初字第75号。

② 湖南省新晃侗族自治县人民法院（2014）晃民一初字第342号民事判决书、广西壮族自治区河池市金城江区人民法院（2013）金民初字第220号民事判决书、广西壮族自治区浦北县人民法院（2015）浦民初字第1647号民事判决书。

③ 山东省泰安市中级人民法院（2014）泰民三终字第130号民事判决书、广西壮族自治区河池市中级人民法院（2013）河市民一终字第144号民事判决书、江苏省扬州市中级人民法院（2015）扬民终字第1073号民事判决书。

致死。法院依据《侵权责任法》第12条的规定，判令两被告周某某、李某某各承担50%的责任。

3. 其他适用按份责任的情形

在40起多重碾压案件中，有13起案件虽然没有适用《侵权责任法》第12条进行裁判，但依据其他法律法规[①]判决当事人承担按份责任。其中有10起是判决各侵权行为人根据责任程度大小承担相应比例的责任，[②]有3起因无法区分各侵权行为人责任大小，判决其平均承担责任。[③] 虽然这13起案件并没有明确适用《侵权责任法》第12条进行裁判，但从判决内容来看，确认了此类行为属于典型的分别侵权行为，适用按份责任。从现有案例来看，各地法院对多重碾压案件适用按份责任的判决较为普遍，对于责任比例的划分主要是依据相关证据、鉴定结论和交警部门的事故责任认定书等综合判定。

（三）不构成多数人侵权行为仅前车承担全部责任

在40起多重碾压案件中，有8起案件认定不成立多数人侵权行为，仅由前车承担责任，占案件总数的20%。[④] 在此类案件中，能

---

① 其他法律法规主要是指《中华人民共和国道路交通安全法》《最高人民法院关于审理机动车交通事故损害赔偿案件适用法律若干问题的解释》《最高人民法院关于审理人身损害赔偿案件适用法律若干问题的解释》《最高人民法院关于审理精神损害赔偿案件适用法律若干问题的解释》《机动车交通事故处理程序规定》等。

② 河北省卢龙县人民法院（2016）冀0324民初288号、广西壮族自治区横县人民法院（2013）横民一初字第354号、河南省许昌县人民法院（2014）许县五民初字第158号民事判决书、江苏省射阳县人民法院（2013）射兴民初字第0673号、江苏省宿迁市中级人民法院（2015）宿中民再终字第22号、昭平县人民法院（2015）昭民一初字第205号、广西壮族自治区巴马瑶族自治县人民法院（2015）巴民初字第523号、山东省利津县人民法院（2012）利民初字第402号民事判决书、铁岭市银州区人民法院（2013）铁银民一初字第548号、海南省第二中级人民法院（2014）海南二中民一终字第324号民事判决书。

③ 江苏省苏州市中级人民法院（2016）苏05民终2096号、广东省深圳市中级人民法院（2013）深中法民终字第2560号民事判决书、广西壮族自治区田林县人民法院（2015）田民一初字第805号民事判决书。

④ 山西省泽州县人民法院（2014）泽民初字第930号民事判决书、山东省汶上县人民法院（2015）汶民一初字第671号民事判决书（此案中前车赔偿责任扣除了另一事故车辆在无责限额内应承担的责任11,100元）、广西壮族自治区河池市金城江区人民法院（2014）金民初字第823号民事判决书、河南省内黄县人民法院（2015）内民一初字第235号民事判决书、山东省青岛市黄岛区人民法院（2014）黄民初字第3105号民事判决书、山西省朔州市中级人民法院（2016）晋06民终22号民事判决书、浙江省绍兴市越城区人民法院（2010）绍越民初字第1093号民事判决书、广西壮族自治区贺州市中级人民法院（2013）贺民一终字第225号民事判决书。

够证明前车的碰撞碾压行为,已经导致或者必然导致受害人死亡后果的发生,后车仅仅碾压了受害人尸体,或者加剧了损害后果的发生。典型案例见山西省泽州县人民法院(2014)泽民初字第 930 号民事判决书。2014 年 1 月 24 日凌晨,宋某驾车与行人焦某某相撞,造成焦某某死亡,之后宋某驾车逃离现场,后甲、乙、丙、丁、戊、己六名被告依次驾驶车辆驶过,碾压了焦某某。交警作出的事故责任书认定,受害人被宋某驾驶的货车第一次撞击后便已死亡。宋某对受害人的死亡承担民事和刑事责任,其余六车司机只是碾压了受害人的尸体组织。法院酌情确认其余六车司机各自承担精神抚慰金 2 万元。

二、我国对多重碾压裁判的法律适用与日本司法实践经验

(一)我国对多重碾压裁判的法律适用总结

结合对中国裁判文书网上公布的 40 起多重碾压案件裁判结果的分析统计可知,目前在我国司法实践中,对于多重碾压案件在法律法规适用、法律性质认定、赔偿责任划分等问题上,都存在较大差别,同案不同判现象比较突出。

各级人民法院在审理相似案件时,依据《道路交通安全法》《侵权责任法》《最高人民法院关于审理机动车交通事故损害赔偿案件适用法律若干问题的解释》《最高人民法院关于审理人身损害赔偿案件适用法律若干问题的解释》《最高人民法院关于审理精神损害赔偿案件适用法律若干问题的解释》《机动车交通事故处理程序规定》以及地方性法规进行裁判的都有。而适用频率最高的法条,包括《侵权责任法》第 6 条、第 8 条、第 10 条、第 11 条、第 12 条,《道路交通安全法》第 76 条,《最高人民法院关于审理机动车交通事故损害赔偿案件适用法律若干问题的解释》第 16 条、第 21 条。其中,《侵权责任法》诸条文是解决案件性质和过错责任认定的,《道路交通安全法》第 76 条和《最高人民法院关于审理机动车交通事故损害赔偿案件适用法律若干问题的解释》第 16 条、第 21 条则是解决机动车和保险公司责任承担的问题。也有部分判决在案件性质和过错责任认定不清晰的基础上,直接依据交警的机动车交通事故责任

认定书划分责任比例，表现出法官对于此类案件性质认知的现状。

总结当下的判决结果，关于多重碾压行为的法律性质认定，主要存在以下三种意见：

第一，前车后车的碾压行为成立共同侵权行为或者共同危险行为，依据《侵权责任法》第 8 条（也有适用人身损害赔偿司法解释第 3 条第 1 款以及《民法通则》第 130 条的情形）或者第 10 条适用连带责任。但从目前的裁判情况来看，认为多重碾压行为构成客观关连共同的共同侵权行为，判决前车和后车承担连带责任的案例并不多见。

第二，多数案件认定前车和后车的碾压行为成立分别侵权，[①]其中约三分之一依据《侵权责任法》第 11 条适用连带责任或者依据《侵权责任法》第 12 条适用按份责任，[②]约三分之二适用其他法律进行裁判，而判决各行为人承担按份责任的比例远远大于适用连带责任的比例。[③] 具体认定标准是，当能够确定前车和后车的碾压行为都足以导致全部损害后果时，才适用连带责任；否则，能够区分各自原因力大小的，各自承担相应比例的责任，不能区分各自原因力大小的，平均承担责任，此时对于前车和后车责任大小的判断，多依据交警作出的交通事故责任认定书确定的原因力认定。

第三，前车和后车的碾压行为不构成多数人侵权行为，前车的行为阻断后车与损害之间的因果关系，仅由前车单独承担责任。[④]此种法律适用是考虑到后车卷入事件当中是因为前车的原因，如果能够证明前车碾压之后受害人已经死亡或者必然会死亡，后车仅碾压尸体或者加剧死亡后果的发生，则后车与损害结果之间因前车行为的介入造成因果关系中断，不应当承担侵权责任，但这种结论的作出需要依据充足的证据，并能使法官形成相当程度的内心确信。

---

① 40 起案件中有 28 起认定成立分别侵权行为，占全体的 70%。

② 40 起案件中有 14 起适用《侵权责任法》第 11 条或者第 12 条进行裁判，占全体的 35%。

③ 40 起案件中有 19 起案件适用按份责任，占 47.5%，有 9 起案件适用连带责任，占 22.5%。

④ 40 起案件中有 8 起认定仅由前车承担责任，占全体的 20%。

从现有判决结果来看,第二种观点反映了目前我国司法审判实践中的主流意见,在多数案件中,法官认定多重碾压属于多数人侵权,前车和后车的碾压行为是分别实施的,不存在共同故意或者过失,成立分别侵权行为,应当结合行为与损害后果之间的关系、行为人的过错程度,以及对于损害后果的原因力大小,适用连带责任或者按份责任。

(二)日本司法对多重碾压的法律适用经验

日本在司法实践中,对于多重碾压案件的传统做法,是认定成立共同侵权行为,只是在适用民法第719条第1项[①]前段(狭义的共同侵权行为)还是该项后段(共同危险行为)的问题上存在分歧。[②]

1. 成立狭义的共同侵权行为承担连带责任

认定多重碾压行为的性质为共同侵权行为的依据,在于学理上存在客观关连共同的共同侵权行为学说。这种观点在日本司法实践中较为普遍,日本法院对多重碾压案件认定构成客观关连共同的依据,是两个行为人的加害行为在时间、地点上都非常接近,因而成立客观关连共同性,构成共同侵权行为。[③] 如,大阪地方法院审理的一起案例,搭乘轻型二轮摩托车的A在路口被甲车撞击头部后,身体飞向道路左前方,受到乙车的冲撞再次受伤。法院认定,在事故中,甲车、乙车的驾驶人"过失结合导致A受伤",判定成立共同侵权行为。[④] 再如,新泻地方法院的一起案件中,正在通过人行横道的A被甲车碰撞摔倒后,被随后驶来的乙车拖行了约50米。法院认定甲乙两车的加害人都对事故有过失,对受害人的损失成立客观的

---

① 日本民法第719条规定:(一)因数人共同实施侵权行为加害于他人时,各加害人负连带赔偿责任。不知共同行为人中何人为加害人时,亦同。(二)教唆人及帮助人,视为共同行为人。

② 参见松原哲:「二重轢過と共同不法行為責任(民法研究会-97-)」(『ジュリスト』有斐閣962号、1990年)頁146—頁149。

③ 这种学说类似于人身损害赔偿司法解释第3条规定的,二人以上既没有共同故意也没有共同过失,行为直接结合造成同一个损害结果的,也认定为共同侵权行为的做法。

④ 参见大阪地判昭和40·12·10判時431号3頁。

关连共同。[①]

2. 成立共同危险行为承担连带责任[②]

在前车和后车的重复碾压中,如果由于两次事故发生的时间空间极为接近,不能证明损害是由前车还是后车造成的,被认为是加害人不明,成立共同危险行为,承担连带责任。典型案例见日本大阪地方法院审理的一起多重碾压案件。正在过马路的A被超速行驶的甲驾驶的摩托车撞倒,又被超速行驶的乙驾驶的两轮机动车碾压后死亡。法院认为:甲、乙的加害行为在时间、地点上都非常接近,不能区分损害的真正加害人,构成共同危险行为,甲、乙对本案中A产生的损害承担连带赔偿责任。[③] 2005年日本千叶地方法院也作出类似判决,认定根据现有证据不能证明损害究竟是前车还是后车造成的,属于加害人不明,并且先后两次事故几乎发生在同一地点和极短的时间内,造成受害人死亡这一不可分的损害,符合民法第719条第一项后段的规定,成立共同危险行为。[④]

3. 成立共同侵权行为适用部分连带责任

日本东京地方裁判所1989年裁判的一起多重碾压案件中,尝试了对各侵权行为人适用部分连带责任的做法。该案中A酩酊大醉坐在路上,被甲车碰撞造成致命伤。约四秒钟后,紧随其后的乙车又碾压了A,造成A当场死亡。法官认为,"共同侵权行为人之

---

① 参见新潟地長岡支判昭和46・1・29交民集4卷1号149頁。

② 类似判决参见大阪地判平成10・6・18(交民31卷3号877頁)、千葉地判平成17・6・23平成11年(ワ)第2860号、札幌地判昭和58・2・8交民集16卷1号136頁、東京地判昭和41・2・15判タ189号184頁、名古屋地判昭和47・12・6交民集5卷6号1683頁、東京地判昭和41・5・17判タ193号170頁、東京地判昭和42・11・20判時499号28頁、福岡地小倉支判昭和43・12・26判時551号77頁、鳥取地米子支判昭和50・10・3交民集8卷5号1424頁、京都地判昭和51・9・16判タ351号318頁、広島地判昭和58・9・29交民集16卷5号1295頁、名古屋地判昭和62・2・27交民集20卷1号301頁。

③ 参见日本大阪地方裁判所判决:大阪地判平成10・6・18(交民31卷3号877頁)。

④ 案件来源:千葉地方裁判所平成17年6月23日判決言渡平成11年(ワ)第2860号,载 http://www. courts. go. jp/app/files/hanrei_jp/155/006155_hanrei. pdf#search=%27%E5%B9%B3%E6%88%9011%E5%B9%B4+%28%E3%83%AF%29%E7%AC%AC2860%E5%8F%B7%27,最后访问日期:2016年6月29日。

间在没有共谋等主观的关连共同性，只有客观的关连共同性时，在能够区分出该共同侵权行为产生的损害是由一部分共同侵权行为人的侵权行为产生的情况下，应当只对前者的损害适用民法第 719 条第 1 项前段，对于后者的损害应当由该侵权行为人自己承担赔偿责任”。该案中，“甲车驾驶人应当对 A 死亡造成的全部损害承担赔偿责任，自不待言，但乙车和碾压 A 之间存在因果关系，只是将受甲车冲撞濒死重伤的 A 的状态进一步恶化，造成死亡，故其只限于承担加重的损害后果，区别于该损害产生之前的损害”。[①] 这一判决在日本引发争议，也引发了关于对共同侵权行为适用部分连带责任的讨论，但由于对损害的认定带来了混乱，这种尝试更多地局限于理论探讨当中。

4. 不成立共同侵权行为

认定实施多重碾压的行为应当承担连带责任，是由于在第二次事故发生时，受害人是否已经死亡在本案中缺乏明显证据，也不能否定第二次事故造成致命伤害的可能性，故不能否定后车对结果的赔偿义务。但也有学者认为此时并不能成立共同侵权行为，因为依据以下内容难以认定其成立关连共同性：(1)并不能只是认为前车驾驶人是全体损害发生的条件；(2)后车驾驶人的行为与全体损害之间难以成立因果关系；(3)部分判例中的损害是可以区分的；(4)后车驾驶人没有抑制前车驾驶人行为的注意义务。[②]

(三)比较小结

比较汇总中日两国在司法实践中对多重碾压案件的裁判经验，可以发现以下特点：(1)我国司法实践中倾向于将多重碾压案件认定为分别侵权行为，而日本司法实践中多认定为存在客观关连共同的共同侵权行为。(2)我国法院多根据数个侵权行为对损害后果的原因力大小，适用连带责任或者按份责任，而日本法院多数适用连带责任，也有个别案例尝试适用部分连带责任。(3)现实中我国

---

① 東京地裁平成元年 11 月 21 日判決、昭和 63 年(ワ)第 560 号、判例時報 1332 号 96 頁、判例タイムズ717 号 180 頁。

② 松原哲「二重轢過と共同不法行為責任(民法研究会 -97 -)」(『ジュリスト』有斐閣 962 号、1990 年)180 頁。

有大量案件是依据交警部门的事故责任认定书及其他相关证据划分责任比例,对数个侵权行为人适用按份责任的,这种裁判方式一方面会扩大法官的自由裁量权,增加同案不同判的风险;另一方面具有一定的灵活性,不局限于日本法上对此类案件适用连带责任的做法,而是具体案件具体分析。这些都值得在理论上进一步借鉴、研究,提出更为准确的理论分析和方法,统一我国对多重碾压案件的法律适用。

三、多重碾压行为的概念及侵权法上的基本属性

(一)多重碾压行为的概念界定

机动车交通事故中的多重碾压事故,是指前方车辆(前车)碰撞碾压行人造成伤害驶离后,后方车辆(后车)未发现压伤倒地的行人,或者虽然发现却来不及采取措施,再次碰撞碾压该行人,造成受害人伤亡的机动车交通事故。此类案件的特点是:第一,前车和后车的驾驶人之间并无意思联络;第二,后车多是被牵连到由前车引起的交通事故之中;第三,两次交通事故发生的时间、空间十分接近;第四,前后车辆造成的损害后果集中在一个受害人身上,往往难以区分各自的损害后果。在侵权责任法多数人侵权行为及责任的理论和实务中,围绕多重碾压案件的因果关系认定和损害责任分担等问题,存在较大争议,亟待分类梳理研究,统一裁判标准。

在机动车交通事故责任中还存在与此较为相似的反复碾压案件,这类案件中的加害人,多构成交通肇事罪或者故意杀人罪,典型案例见河南省高级人民法院(2015)豫法刑三终字第 116 号刑事裁定书。[1] 2014 年 12 月 8 日晚,被告人胡某驾车,在与被害人李某行驶过程中因夫妻感情矛盾一直争吵。后发生交通事故,但二人仍在争吵,胡某遂产生撞死李某的念头,其驾车将李某撞倒在地,后又驾车在李某身上反复碾压,致李某当场死亡。

多重碾压与反复碾压存在以下原则性的区别:第一,多重碾压是多个人的多个行为,反复碾压是一个人的前后几个行为;第二,多

---

① 参见河南省高级人民法院(2015)豫法刑三终字第 116 号刑事裁定书。

重碾压的行为人在主观上是过失行为，反复碾压的行为人在主观上是故意行为，最起码是放任损害后果发生的间接故意；第三，多重碾压是民法上的违法行为，而反复碾压是触犯刑法的危害社会的犯罪行为。因此，在多重碾压和反复碾压的概念界定和性质划分上，必须严加区别。

（二）多重碾压行为的法律性质为分别侵权行为

首先，多重碾压行为构成多数人侵权行为。前车和后车先后发生的交通事故在时间、空间上紧密相连，造成受害人最终损害后果的，不是单个行为，而是两个以上的复数行为结合所致，前车造成损害，后车引起损害后果在质或者量上的变化，并非一人所致，因而应当认定多重碾压事故属于多数人侵权行为。即便前车行为足以造成甚至已经造成受害人死亡的后果，后车的碾压行为只是加速了这种后果的发生或者加剧了事故损害的严重程度，后车也应当对自己未能预见和避免第二次交通事故的过错承担一定责任。

其次，将多重碾压行为认定为共同侵权行为的依据并不充分。尽管我国侵权责任法理论也认可客观关连共同的立场，认可构成客观关连共同即构成共同侵权行为，概括在《侵权责任法》第 8 条规定的共同侵权行为条款之中，[①]但如果前后两个或者三个行为之间，每一个行为人的行为都是独立的侵权行为，他们的行为除了在造成同一个损害后果的要件上符合共同侵权行为的要求之外，其他的行为要件都不符合共同侵权行为的特征，最主要的是不符合《侵权责任法》第 8 条规定的“共同实施”要件的要求，而是“分别实施”，故不能成立共同侵权行为。

再次，多重碾压行为也不构成共同危险行为。前述吉林省四平市中级人民法院（2015）四民一终字第 357 号民事判决书认定，王某某因交通事故遭多辆车碾压致死，朱某某驾驶的货车经过现场对王某某碾压，其他肇事车辆均逃逸，故朱某某的行为足以导致损害后果的发生，但由于有多台车辆对受害人进行碾压，不能确认具体的侵权人，所以认定为共同危险行为，被告应对受害人的死亡承担连

① 参见杨立新：《侵权责任法》，法律出版社 2015 年版，第 139 页。

带责任。共同危险行为的基本特征，是二人以上中的一人或者数人的行为造成损害，不能确具体侵权人。换言之，数个行为人中，必定有人没有加害受害人。在有多台车辆对受害人进行碾压的案件中，每一个人都对损害发生具有原因力，不符合数个行为人中只有一人造成损害，不知谁为具体侵权人的特征，也不存在必定有人没有造成该损害的事实，对此认定为共同危险行为，适用《侵权责任法》第10条规定，属于适用法律错误。

最后，多重碾压行为的基本特征，符合我国《侵权责任法》第11条和第12条规定的"分别实施"侵权行为的要求。上述两个条文规定的要件，都明确表述为"二人以上分别实施侵权行为，造成同一损害结果的"。因此，分别侵权行为与共同侵权行为之间的根本区别表现在，共同侵权行为是数人实施的一个侵权行为，分别侵权行为是数人分别实施的数个行为，在行为的数量上，二者是完全不同的。各个独立的侵权行为既没有共同故意，也没有共同过失，还没有构成客观关连共同，因而属于分别侵权行为，而不是共同侵权行为。这也符合我国司法实践中的惯常做法，例如人身损害赔偿司法解释第3条规定，二人以上共同故意或者共同过失致人损害，或者虽无共同故意、共同过失，但其侵害行为直接结合发生同一损害后果的，构成共同侵权；二人以上没有共同故意或者共同过失，但其分别实施的数个行为间接结合发生同一损害后果的，是分别侵权行为，应当根据过失大小或者原因力比例各自承担相应的赔偿责任。

不过，仅仅对多重碾压行为的法律性质界定为分别侵权行为，还不能确定对多重碾压行为究竟应当适用何种侵权责任形态，因为分别侵权行为存在多种类型，多重碾压究竟属于何种分别侵权行为形态，还需要进一步深入研究。

（三）分别侵权行为的类型及其不同的责任承担规则

分别侵权行为是指数个行为人分别实施侵权行为，既没有共同故意，也没有共同过失，只是由于各自行为在客观上的联系，造成同一个损害结果的多数人侵权行为。分别侵权行为与共同侵权行为的本质区别在于，行为人实施侵权行为的性质不同，一为分别实施，二为共同实施。分别者，为各自实施，行为人之间在主观上没有相互联系。共同者,为一起实施,数个行为人或者在主观上相联系,具有主观的意思联络,或者在客观上有联系,数个行为结合在一起,造成同一个损害结果。①

关于分别侵权行为的类型,依照《侵权责任法》第 11 条和第 12 条的规定,可以分为典型的分别侵权行为(第 12 条)和全叠加的分别侵权行为(第 11 条)。事实上,在上述两种分别侵权行为类型之间,还存在第三种类型,即半叠加的分别侵权行为。鉴于典型的分别侵权行为可以视作原因力为“$N_1\% + N_2\% = 100\%, N_1 < 100, N_2 < 100$”的分别侵权行为,全叠加的分别侵权行为可以视作原因力为“$100\% + 100\% = 100\%$”的分别侵权行为,那么,在二者之间还应当存在“$100\% + N\% = 100\%, 0 < N < 100$”的分别侵权行为类型。因此,我们把分别侵权行为分为上述三种类型,即典型的分别侵权行为、全叠加的分别侵权行为和半叠加的分别侵权行为。② 在《侵权责任法》第 11 条和第 12 条之间存在没有明确规定的半叠加的分别侵权行为,此点得到了最高人民法院司法解释的确认。③

关于分别侵权行为的责任承担规则,《侵权责任法》第 11 条规定,对于全叠加的分别侵权行为“行为人承担连带责任”;第 12 条规定,对于典型的分别侵权行为“能够确定责任大小的,各自承担相应的责任;难以确定责任大小的,平均承担赔偿责任”。这两种分别侵权责任类型承担责任的规则至为清楚。

而对于《侵权责任法》并没有明确规定的半叠加的分别侵权行为,究竟应当怎样承担责任,立法上和学理上均有待探讨。我们提出过两种意见,以原因力为“100% + 50% = 100%”的情形为例,一是按照连带责任规则承担责任,即一个行为的原因力是 50%,另一个行为的原因力是 100%,将两个原因力相加,除以行为人的人数,得到的责任份额即为 33.3% 和 66.7%,即为各自应当承担的责任

① 参见杨立新、陶盈:《论分别侵权行为》,载《晋阳学刊》2014 年第 1 期。

② 杨立新:《多数人侵权行为与责任理论的新发展》,载《法学》2012 年第 7 期。

③ 参见《最高人民法院关于审理环境侵权责任纠纷案件适用法律若干问题的解释》第 3 条第 3 款的规定。

份额；[①]二是按照部分连带责任规则承担责任，即将原因力叠加的部分作为连带责任，非重合的部分为按份责任，对于叠加的50%部分，由两个行为人承担连带责任，最终份额为各自25%；非叠加的50%由不叠加的行为人承担按份责任。[②]

《最高人民法院关于审理环境侵权责任纠纷案件适用法律若干问题的解释》第3条第3款对此作了规定，采纳了部分连带责任的规则，即"两个以上污染者分别实施污染行为造成同一损害，部分污染者的污染行为足以造成全部损害，部分污染者的污染行为只造成部分损害，被侵权人根据侵权责任法第十一条规定请求足以造成全部损害的污染者与其他污染者就共同造成的损害部分承担连带责任，并对全部损害承担责任的，人民法院应予支持"。这一规定，不仅承认了半叠加的分别侵权行为的存在，而且还确定了半叠加的分别侵权行为的法律适用规则，用部分连带责任规则，确定其责任形态，补充了《侵权责任法》第11条和第12条规定的空白。[③]

（四）关于多重碾压行为的分别侵权行为类型的讨论

在研究多重碾压行为的法律性质时，最为困难的是确定其属于分别侵权行为的哪一类型。因为这不仅涉及侵权行为人的责任承担问题，而且涉及对该行为的受害人的救济是否全面、妥善的问题。

1. 多重碾压行为不能构成全叠加的分别侵权行为

全叠加的分别侵权行为，是指二人以上分别实施侵权行为，每一个人的行为都足以造成全部损害，即每一个行为人的行为对于损害的发生，都具有100%的原因力。其中任何一个行为人实施的行为对于损害的发生不具有100%的原因力，就不能构成全叠加的分别侵权行为。在多重碾压行为中，不会存在两个以上的机动车驾驶人发生交通事故，每一个人的行为都是造成受害人损害的100%的原因。例如交通事故造成受害人的死亡后果，能是死亡两次或者以

---

① 参见杨立新、陶盈：《论分别侵权行为》，载《晋阳学刊》2014年第1期。

② 参见杨立新：《侵权责任法》，法律出版社2015年版，第152页。

③ 参见杨立新：《环境侵权司法解释对分别侵权行为规则的创造性发挥》，载《法律适用》2015年第10期。

上吗？前述四川省成都市龙泉驿区人民法院(2012)龙泉民初字第1857号民事判决书,认定本案肇事逃逸车辆的侵权人,与被告彭某某分别对受害人曾某某实施侵权行为,每个人的侵权行为都足以造成曾某某死亡,构成《侵权责任法》第11条规定的全叠加的分别侵权行为,应承担连带赔偿责任,就缺乏这样的事实基础。

2. 多重碾压不能构成后车原因力为100%的半叠加的分别侵权行为

所谓的半叠加的分别侵权行为,是在分别侵权行为中,有的行为人行为的原因力为100%,有的小于100%,两个行为共同造成他人损害。按照一般理论分析,多重碾压行为是分别侵权行为,在半叠加的情形下,前车和后车都有可能是100%的原因力。但是在实践中,不存在仅有后车的碾压行为足以造成全部损害的情形,即后车不可能是损害发生的100%原因力。其原因是,第二次交通事故的发生,是由第一次交通事故引起,后车往往是被动卷入多重碾压案件中的,其对前车造成的损害发生没有抑制义务,其过错在于没有保持适当的行驶间距,对于第二次交通事故的发生有预见和避免的可能性,故仅应当对第二次交通事故造成的损害负责,而不应当为前车的过错承担责任。所以此类案件中不存在构成后车原因力为100%的半叠加的分别侵权行为的可能性。

3. 多重碾压行为可以构成典型的分别侵权行为

在多重碾压行为中,前车和后车对受害人损害的发生都具有原因力,前车的行为恰好是后车行为造成损害的原因力的构成因素,使前车行为与后车行为结合在一起,造成同一个损害,构成损害的全部原因。此种多重碾压行为,就是典型的分别侵权行为,如果能够划分原因力比例,则各侵权行为人承担相应比例的责任,如果不能划分原因力比例,则平均承担责任。根据交通事故责任认定书和相关证据划分原因力比例和责任大小,是司法实践中最为常见的做法,这恰好是认定多重碾压行为责任比例的最好办法。

4. 多重碾压行为可以构成前车原因力为100%的半叠加的分别侵权行为

在实践中,虽然最终损害是后车的碾压行为直接导致的,而且在事实上可以确认,在有些情况下,仅有前车的行为不能导致全部损害后果的发生,但是前车必然是最终后果发生的原因之一。后车对于前车行为造成的损害没有抑制义务,但前车对于后车行为造成的损害多存在抑制义务。如果没有前车行为造成的损害作为基础,后车不可能造成全部损害后果。司法实践中存在仅有前车行为就足以造成全部损害后果的半叠加的分别侵权行为,此时后车仅对损害的扩大部分承担部分连带责任。如,前车碾压受害人的头颅足以造成受害人的死亡,后车仅仅碾压了受害人的肢体,造成了受害人加速死亡的损害后果,也构成半叠加的分别侵权行为,应当由前车和后车按照半叠加的分别侵权行为的责任承担规则,实行部分连带责任,就原因力重合的部分实行连带责任,不重合的部分,由前车单独承担责任。

如果前车已经造成了受害人死亡的结果,后车仅仅是碾压尸体,对于死亡的后果并没有原因力,对此应当认定单独侵权行为,不成立半叠加的分别侵权行为,应由前车承担赔偿责任,后车无责任。

四、多重碾压行为之侵权责任的具体分担

(一)多重碾压行为之侵权责任分担的利益衡量

在研究多重碾压行为的侵权责任性质时,由于涉及不同加害人的责任分担以及对受害人的救济问题,因此,有两个重要的问题需要认真考量。

第一,在处理多重碾压行为的侵权责任分担时,应当考量侵权人的主观过错程度,体现法律的教育、警示和预防功能。多重碾压行为中至少要有两个侵权人,在通常情况下,前车驾驶人肇事后已经逃逸,或者在肇事后未发现而离开现场,前者最为常见,后者比较少见;后车驾驶人通常是在肇事后主动报案并开展抢救,其表现是诚信的,且自觉承担责任。在这种情况下,如果过度适用连带责任,是对诚信者予以不适当的责任制裁,不但有违公平原则,也会引发不良的社会引导作用。因此,应当依照《侵权责任法》的规定,妥善认定责任性质,正确适用责任分担规则,对后车驾

驶人罚当其错。

第二，在处理多重碾压行为的责任分担时，还要特别考量对被侵权人救济的需要，妥善处理救济被侵权人和保护侵权人行为自由之间的关系。对于被侵权人的损害进行救济，是侵权责任法的目的。在多重碾压行为中，如果找不到前车驾驶人，再不让后车驾驶人承担连带责任，被侵权人的损害就无法得到全部救济。这样的后果也值得认真考虑。不过，任何对损害的救济都须有正当性，如果仅仅是考虑对需要救济的被侵权人进行救济，而不考虑保护侵权人的行为自由，破坏侵权责任承担的正当性、适法性，将会造成法律适用的错误，其结果也是不公平的。

（二）适用过失相抵规则确定侵权人与被侵权人之间的责任分担

在本书调查的40起多重碾压案件中，有18起案件被侵权人存在过错行为。[①] 过错原因包括行人横穿马路，行人进入高速道路，非机动车发生侧翻，无证驾驶机动车，驾驶无牌机动车，驾驶摩托车违规搭载乘客且未佩戴安全帽，驾驶报废车辆上路等。其中多数案件由被侵权人承担不足30%的责任，但也有承担50%（3起）[②]、70%

---

① 江苏省苏州市中级人民法院(2016)苏05民终2096号、江苏省射阳县人民法院(2013)射兴民初字第0673号、辽宁省大连市中级人民法院(2014)大民一终字第1362号、江苏省扬州市中级人民法院(2015)扬民终字第1651号、山东省烟台市中级人民法院(2014)烟民四终字第1088号、江苏省宿迁市中级人民法院(2015)宿中民再终字第22号、广西壮族自治区昭平县人民法院(2015)昭民一初字第205号、广西壮族自治区河池市金城江区人民法院(2013)金民初字第220号、四川省成都市龙泉驿区人民法院(2012)龙泉民初字第1857号、山东省青岛市黄岛区人民法院(2014)黄民初字第3105号、山西省大同市中级人民法院(2014)同民终字第600号、吉林省四平市中级人民法院(2015)四民一终字第357号、广西壮族自治区巴马瑶族自治县人民法院(2015)巴民初字第523号、山东省利津县人民法院(2012)利民初字第402号、浙江省绍兴市越城区人民法院(2010)绍越民初字第1093号、海南省第二中级人民法院(2014)海南二中民一终字第324号、广西壮族自治区贺州市中级人民法院(2013)贺民一终字第225号、广东省博罗县人民法院(2014)惠博法杨民初字第405号民事判决书。

② 广西壮族自治区巴马瑶族自治县人民法院(2015)巴民初字第523号、浙江省绍兴市越城区人民法院(2010)绍越民初字第1093号、广西壮族自治区贺州市中级人民法院(2013)贺民一终字第225号民事判决书。

(3起)[①]甚至90%(1起)[②]责任的情形。由此可见,在多重碾压案件中构成与有过失,即对于损害的发生,侵权人与被侵权人都存在过失的情形,较为常见。对于这种情形应当引起重视。

美国侵权法认为,责任分担并不仅仅是多数人侵权行为人在承担责任时的规则,也是共同过失(大陆法系侵权法的与有过失)的加害人与受害人之间的责任承担规则。我国《侵权责任法》第26条关于"被侵权人对损害的发生也有过错的,可以减轻侵权人的责任"的规定,采用的是大陆法系侵权法的规则,构成与有过失的后果是发生过失相抵。过失相抵是法官职权主义,可不待当事人主张,法官直接进行过失相抵,减轻加害人的赔偿责任。[③]

构成与有过失的怎样进行过失相抵,学理上存在不同意见。有的认为先比较过失程度,再比较原因力;[④]有的认为先比较原因力,再比较过失程度;[⑤]也有的认为应当过错程度和原因力进行综合比较。[⑥] 事实上,既然是过失相抵,当然应当首先比较过错程度。在比较过错程度的基础上,再进行原因力比较,就可以确定过失相抵所应当减轻侵权人一方的责任。在多重碾压行为中,在确定了前车与后车驾驶人的侵权责任之后,应当确定被侵权人对于造成损害的过失程度和原因力,二者进行比较后,确定被侵权人应当分担的责任比例。在多重碾压行为中,存在一般过失或者轻过失的被侵权人的分担责任份额,一般不应超过30%,除非存在受害人重大过失的情形可以分担50%,否则应当在这个限额之下确定其分担责任的份额,减轻侵权行为人的责任比例。在多重碾压案件中,如果存在受害人过失,应当先进行过失相抵,之后在前车与后车应当共同承担

---

① 广西壮族自治区河池市金城江区人民法院(2013)金民初字第220号、山西省大同市中级人民法院(2014)同民终字第600号、广东省博罗县人民法院(2014)惠博法杨民初字第405号民事判决书。

② 山东省青岛市黄岛区人民法院(2014)黄民初字第3105号民事判决书。

③ 杨立新:《侵权责任法》,法律出版社2015年版,第192页。

④ 杨立新:《侵权法论》(下卷),人民法院出版社2013年版,第888页。

⑤ 陈现杰主编:《中华人民共和国侵权责任法条文精义与案例解析》,中国法制出版社2010年版,第88页。

⑥ 周友军:《侵权法学》,中国人民大学出版社2011年版,第72页。

的赔偿责任中，再由前车和后果按照责任比例分担。

（三）依据原因力规则确定多重碾压行为的责任分担

通过上述分析可知，多重碾压行为不属于《侵权责任法》第11条规定的全叠加的分别侵权行为，因为不可能出现前车驾驶人和后车驾驶人的交通肇事行为都是损害发生的全部原因的情形，故不存在适用该条规定，责令多重碾压行为人都承担连带责任的条件。因此，对多重碾压案件适用《侵权责任法》第11条规定，存在法律适用不当的问题。而要判断多重碾压行为究竟属于半叠加的分别侵权行为还是典型的分别侵权行为，应当依据多重碾压行为人的行为对损害后果发生的原因力，确定究竟是何种分别侵权行为类型。

如果在多重碾压行为中，前车的行为对于损害发生具有100%的原因力，后车的行为对损害发生的原因力不足100%的时候，属于半叠加的分别侵权行为。如果在多重碾压行为中，没有任何一个人的行为对于损害发生具有100%的原因力，都仅具有部分原因力的，就不能构成半叠加的分别侵权行为，而构成典型的分别侵权行为，行为人各自承担按份责任。因此，根据多重碾压行为的不同原因力，可以确定将其界定为半叠加的分别侵权行为或者典型的分别侵权行为。

如果能够确定多重碾压行为构成典型的分别侵权行为，应当由侵权行为人承担与其过错程度和原因力大小相适应的按份责任。此时应当依据《侵权责任法》第12条的规定，能够确定前后车辆驾驶人各自责任比例的，按照该比例确定每个人的按份责任份额。不能确定各自责任比例的，平均承担责任。各行为人之间不适用连带责任，也不存在相互追偿的问题。例如，当机动车交通事故责任鉴定能确定前后车辆驾驶人的行为对于损害的具体原因力时，应当依照《侵权责任法》第12条的规定进行裁判。假设前车驾驶人的原因力是70%，后车驾驶人的原因力是30%，则由前后车辆驾驶人各自承担70%和30%的责任。如果机动车交通事故责任鉴定不能确定前后车辆驾驶人的行为对于损害的具体原因力，但可以确定各行为单独存在并不能导致受害人全部损害时，前后车辆驾驶人各自承担50%责任。

如果能够确定多重碾压行为构成半叠加的分别侵权行为，则应当按照部分连带责任的规则确定赔偿责任。部分连带责任的基本规则，是就数人之间行为的原因力重合部分的损害，实行连带责任，不重合的部分实行按份责任。① 如，根据机动车交通事故责任鉴定能确定前车驾驶人的原因力是100%，后车驾驶人的原因力是60%，则重合部分的原因力为60%，这一部分由原因力重合的前车和后车驾驶人承担连带责任；不重合的原因力部分是40%，由原因力不重合的前车驾驶人单独承担。后车驾驶人应当承担的连带责任，仅限于60%的部分，对于其余40%的责任不承担赔偿责任。前车驾驶人应当就全部损害承担责任，其中40%的责任是自己的责任，其余60%的责任为连带责任。前车驾驶人在承担了100%的责任后，对后车驾驶人在30%（60% ÷2 =30%）的责任限额内享有追偿权。

在司法实践中如何确定多重碾压行为的原因力呢？我们认为，对于各侵权行为人的责任比例的划分，多参考事故起因、经过及后果，综合证人证言、尸体检验报告、现场勘查笔录等证据综合判断，尤其是交警部门出具的机动车交通事故认定书是划分责任比例的重要依据。由此存在两个问题：第一，法官在审理案件中，是否可以对专业的鉴定意见进行审查？尽管机动车交通事故责任的原因力是由专家认定，但是通过逻辑判断和经验判断，法官可以做出专家鉴定意见是否正确的判断，因此这一做法应当予以肯定。第二，如果发现交通事故鉴定意见存在错误，法官可以组织新的专家鉴定，或者依据经验法则做出自己的判断，但需说明自己的理由。由于机动车交通事故鉴定意见并非纯粹技术性的鉴定意见，依据社会经验和逻辑判断也是可以做出判断的，因此，法官可以依据自己的经验做出自己的认定结论。

五、结论

通过梳理我国目前司法实践中对机动车交通事故中的多重碾

---

① 杨立新、陶盈：《论分别侵权行为》，载《晋阳学刊》2014年第1期。

压案件的审理情况可以发现，围绕案件性质和责任划分存在适用法律混乱和同案不同判的现象，由于此类案件往往造成严重的法律后果和巨大的社会影响，在审理过程中应当愈加重视司法裁判对社会的引导作用，平衡各方当事人利益，明确责任分担规则，统一裁判标准。

分析可见，对于多重碾压行为，认定为共同侵权行为或者共同危险行为均有不当，认定为全叠加的分别侵权行为适用《侵权责任法》第 11 条规定承担连带责任，也有不当。多重碾压行为应当属于典型的分别侵权行为承担按份责任，或者属于半叠加的分别侵权行为承担部分连带责任，按照《侵权责任法》第 12 条规定，或者参照《最高人民法院关于审理环境侵权责任纠纷案件适用法律若干问题的解释》第 3 条第 3 款规定，在前车和后车的驾驶人之间分担侵权责任。

第四章 竞合侵权行为及不真正连带责任体系

在多数人侵权行为中,竞合侵权行为是我国侵权法学研究还尚未过多涉及的一个概念,虽立法上有存在较多的法律规范,在司法实践中也有大量的侵权责任纠纷案件,但缺少必要的法理研究和概括。本章从理论上对此进行研究,提出竞合侵权行为的概念,研究其法律适用规则,并说明其在多数人侵权行为形态体系中的地位以及与侵权责任形态体系的关系。

第一节 竞合侵权行为的概念及类型

一、竞合侵权行为概念的提出及意义

(一)我国侵权法理论侵权行为形态与侵权责任形态对接中的空白

多数人侵权行为发生共同责任。共同责任所表述的,就是在侵权人是多人的情况下,侵权责任在不同的当事人之间进行分担的不同形态。这个概

念,与大陆法系侵权法中的多数人之债概念,①以及英美侵权法特别是美国侵权法的责任分担概念,②是基本相同的。

共同责任分为按份责任、连带责任、不真正连带责任和第三人责任。按照现行的侵权法理论构造,多数人侵权行为与共同责任的对应关系是:分别侵权行为(无过错联系的共同加害行为)对应按份责任,共同侵权行为对应连带责任;第三人侵权行为对应第三人责任;而不真正连带责任所对应的侵权行为形态类型没有理论上的概括。这就形成了侵权行为形态与侵权责任形态对接中的一个空白。一个不能否认的事实是,如果一种侵权责任形态类型没有一种可以对接的侵权行为形态类型,是不符合逻辑要求的,一定是在侵权法理论的构造上存在错误。

研究结果表明,不真正连带责任是一个相当复杂的体系,我国《侵权责任法》规定了大量的以前没有规定的责任形态,实际上都属于不真正连带责任的特殊表现形式。如,在第 34 条第 2 款、第 37 条第 2 款和第 40 条规定的补充责任,在第 44 条和第 85 条、第 86 条第 2 款规定的先付责任,与第 41 条至第 43 条和第 68 条、第 83 条规定的典型的不真正连带责任的规则均不相同,③但又在本质上基本相同,这属于不真正连带责任的特殊类型。因此我们提出,不真正连带责任表现为四种类型,即典型的不真正连带责任、先付责任、补充责任和并合责任,构成一个完整的不真正连带责任体系。④

依照侵权法的逻辑要求,不同的侵权责任形态应当与不同的侵权行为形态相对应。具有四种不同类型的不真正连带责任,它究竟与何种侵权行为形态相对应呢?我国目前的侵权法理论还没有很好地回答这个问题。这表明我国目前侵权法理论对侵权行为形态类型的概括是不完善的,还不能对应所有的侵权责任形态类型,存

---

① 参见邱聪智:《新订民法债编通则》(下),中国人民大学出版社 2004 年版,第 389 页以下。

② 美国法律研究院:《侵权法重述——纲要》,许传玺译,法律出版社 2006 年版,第 321 页。

③ 《物权法》第 21 条规定的不动产物权登记错误的损害赔偿责任形态属于典型的不真正连带责任。

④ 杨立新:《侵权责任法》,法律出版社 2011 年版,第 158 ~ 159 页。

在新的侵权行为形态类型没有被传统侵权法理论所发现，或者说还缺少必要的理论概括。

对此，必须进行深入研究，提出新的多数人侵权行为形态的类型，以填补侵权法理论上的这个逻辑空白。

（二）知识产权间接侵权行为概念指引的思路

间接侵权行为是知识产权法中经常使用的概念，有专门研究知识产权间接侵权行为的专著。[①] 这个概念分别用于专利权间接侵权、商标权间接侵权和著作权间接侵权。学者认为，为了加强对知识产权的保护，许多国家的立法或判例确立了知识产权间接侵权规则：第三人即使没有直接实施受知识产权专有权利控制的行为，但只要其引诱、教唆或有意帮助他人进行直接侵权，其行为也被认为构成间接侵权，应当与直接侵权者承担连带责任。这就使权利人能够通过起诉更具经济实力和在法院管辖范围内的间接侵权者及时获得救济，这对于保护权利人的合法利益十分有利。[②] 在立法上，《著作权法》《商标法》和《专利法》都没有规定间接侵权，只规定直接侵权，追究直接侵权人的侵权责任。近年来，随着知识产权侵权责任理论的发展，我国的知识产权立法规定了版权的间接侵权规则，这是出于应对网络著作权侵权的挑战而最先得到确认的间接侵权。在著作权法领域，《最高人民法院关于审理涉及计算机网络著作权纠纷案件适用法律若干问题的解释》第 4 条和第 5 条关于“网络服务提供者通过网络参与他人侵犯著作权行为，或者通过网络教唆、帮助他人实施侵犯著作权行为的，人民法院应当根据民法通则第 130 条的规定，追究其与其他行为人或者直接实施侵权人的共同侵权责任”“提供内容服务的网络服务提供者，明知网络用户通过网络实施侵犯他人著作权的行为，或者经著作权人提出确有证据的警告，但仍不采取移除侵权内容等措施以消除侵权后果的，人民法院应当根据民法通则第 130 条的规定，追究其与该网络用户的共同侵权责任”的规定，就是对著作权间接侵权的规定。《信息网络传

---

① 王迁等：《知识产权间接侵权研究》，中国人民大学出版社 2009 年版。

② 王迁：《商标间接侵权研究》，载《知识产权年刊》2006 年号。

播权保护条例》有关网络服务提供者的避风港原则的规定，也是针对著作权间接侵权行为的规则。在专利法领域，专利间接侵权的内容也已被列入下一次修订《专利法》的计划中。在商标权法领域，《商标法实施条例》有关“故意为侵犯他人注册商标专用权行为提供仓储、运输、邮寄、隐匿等便利条件”的规定，也认为是对间接侵权的规定。

知识产权间接侵权行为为研究侵权行为形态与侵权责任形态对接中存在的逻辑空白指引了一个有益的思路。与不真正连带责任对接的侵权行为形态肯定与间接侵权行为有关。

（三）侵权法广泛使用的“间接”概念与间接侵权行为的关系

与知识产权法领域相反，在传统侵权法的立法、司法以及理论研究中，并不使用间接侵权行为的概念。侵权法理论使用“间接”概念主要有以下几种情况：

1. 直接受害人和间接受害人

直接受害人是侵权行为损害后果的直接承受者，是因侵权行为而使民事权利受到侵害的人。[①] 侵权人实施的侵权行为直接作用在受害人身上，造成了受害人的权利损害和利益损失，这就是直接受害人。

侵权行为由于造成直接受害人的损害，进而影响到与直接受害人有密切关系的人，使其权利受到损害、利益受到损失。尽管侵权人的侵权行为没有直接造成该人的损害，但使其间接地受到损害，因而是间接受害人。[②] 例如，侵权行为造成直接受害人死亡或者丧失劳动能力，其被扶养人的扶养来源受到损害的人，就是间接受害人。侵权行为造成夫妻一方的性功能损害，对方配偶的配偶利益受到侵害的，构成间接侵害夫妻关系，没有直接受到损害的配偶一方是间接受害人。[③] 对此，有学者专门著述阐释间接受害人，对间接受

---

① 杨立新：《侵权法论》，人民法院出版社 2011 年版，第 230 页。

② 参见杨立新：《侵权法论》（第四版），人民法院出版社 2011 年版，第 231 页。

③ 美国法学会：《美国法律整编·侵权行为法》（美国侵权法重述第二次）第 693 条，刘兴善译，司法周刊杂志社 1986 年版，第 588～589 页。

害人的广义概念和狭义概念都作出界定。[①]

2. 直接损失和间接损失

在财产损失的场合，财产损失的类型分为直接损失和间接损失。直接损失是现有财产的减少，间接损失是可得利益的丧失。[②]

3. 直接行为和间接行为

我们在侵权法的著述中使用直接行为和间接行为的概念，[③]其他学者的著述则不常使用。直接行为是行为人自己实施的损害他人民事权益的行为，构成侵权责任的，应当承担自己责任。间接行为是为他人的行为负责或者为物的损害没有尽到监督、管领的义务的行为，例如被监护人实施的行为造成他人损害监护人未尽监护义务的行为；对自己管领下的物没有尽到管领义务致使该物造成他人损害的行为，都是间接行为。间接行为发生的侵权责任形态是替代责任。自己责任与替代责任相对应。

4. 直接因果关系和间接因果关系

在侵权责任构成要件的因果关系理论中，曾经区分必然因果关系和偶然因果关系，[④]使用直接因果关系和间接因果关系概念。这种说法受到批评，[⑤]代之而起的是，相当因果关系理论和规则成为我国侵权法因果关系判断的核心规则。[⑥] 不过，直接因果关系和间接因果关系的区分在某些侵权行为中仍然具有意义，如在违反安全保障义务的侵权责任中，第三人的侵权行为是损害发生的直接原因，而违反安全保障义务人的不作为行为则是损害发生的间接原因。[⑦]在产品责任等适用不真正连带责任的侵权行为形态类型中，最终责任人的行为与损害之间的因果关系是直接因果关系，中间责任人的

---

① 姚宝华：《间接受害人研究》，法律出版社 2011 年版，第 15 页。

② 张新宝：《侵权责任法》，中国人民大学出版社 2010 年版，第 105 页。

③ 杨立新：《侵权责任法》，法律出版社 2011 年版，第 111 ~ 112 页。

④ 刘信平：《侵权法因果关系理论之研究》，法律出版社 2008 年版，第 123 ~ 124 页。

⑤ 梁慧星：《雇主承包厂房拆除工程违章施工致雇工受伤感染死亡案评释》，载《法学研究》1989 年第 4 期。

⑥ 朱岩：《侵权责任法通论 · 总论》，法律出版社 2011 年版，第 202 页。

⑦ 杨立新：《侵权责任法》，法律出版社 2011 年版，第 251 页。

行为与损害之间的因果关系则为间接因果关系。

在侵权法理论这些使用间接概念的场合，多数不涉及间接侵权问题。如，间接受害人说的是受到损害的人的类型，并不是说侵权行为是间接侵权行为。间接损失说的是财产损害的类型，也不是说间接侵权行为。我们在著述中使用的间接行为概念，也不是间接侵权行为所要研究的问题，与间接侵权行为无关，而与替代责任相对应。①

在间接因果关系的概念中包含间接侵权行为，因为间接侵权行为就是一个具有直接因果关系的侵权行为在实施中，另有一个具有间接因果关系的侵权行为加入其中，对具有直接因果关系的侵权行为的实施和造成损害起到了一种间接的作用。在这种情形下，具有间接因果关系的那个侵权行为，其实就是间接侵权行为。

传统侵权法没有重视对间接侵权行为概念的研究，均视间接侵权行为是知识产权侵权行为的概念，因而轻视乃至于排斥对间接侵权行为的研究和借鉴。

（四）承担不真正连带责任的侵权行为中包含间接侵权行为

侵权法理论在研究侵权责任形态时，分有自己责任和替代责任、单方责任和双方责任、单独责任和共同责任。② 自己责任和替代责任的划分，自罗马法起至《法国民法典》颁布实施是一脉相承的，与间接侵权行为基本上无关。单方责任和双方责任是说在分配侵权责任时，分为一方当事人承担责任还是双方当事人承担责任，主要是研究过失相抵和公平分担损失规则的适用，这些也与间接侵权行为无关。

研究侵权行为形态与侵权责任形态对应关系中存在的逻辑空白，当应用知识产权间接侵权行为概念和理论来观察时，就会发现，对应不真正连带责任的侵权行为类型中，一定会存在一个间接侵权行为。在这种侵权行为中，行为人都是两个以上，但既不构成共同侵权行为，也不构成分别侵权行为。在两个以上的行为人中，一个

---

① 杨立新：《侵权责任法》，法律出版社 2011 年版，第 111 ~ 112 页。

② 杨立新：《侵权法论》，法律出版社 2011 年版，第 640 页。

行为人实施的是直接侵权行为，与其他侵权人没有任何区别，完全是自己独立实施侵权行为造成了受害人的损害。但在直接侵权人实施侵权行为时，另一个侵权人的行为对直接侵权人实施侵权行为起到了间接的作用，如果没有间接侵权人的这个作用，直接侵权人实施侵权行为就不具备条件，或者不会那么容易实现。如，在产品责任中，生产者制造出了缺陷产品，销售者将其出售给使用者，造成了使用人的损害。生产者是直接侵权人，承担最终责任，而销售者仅仅是一个中间的商品流转的媒介，但如果没有销售者的行为，生产者的行为就不会造成使用人的损害结果，因而销售者的行为与损害之间具有间接因果关系，是造成损害的间接侵权行为。可见，间接侵权人所实施的侵权行为就是间接侵权行为，与专利权、商标权、著作权的间接侵权行为原理大致相同。

（五）竞合侵权行为对解决侵权行为形态与侵权责任形态对接空白的重要意义

但是应当看到，间接侵权行为这个概念界定的只是适用不真正连带责任的侵权行为形态中的一个行为，也就是间接侵权人所实施的侵权行为，如果只有这样一个侵权行为，并不能造成受害人的损害，必须将这个间接侵权行为与直接侵权人实施的直接侵权行为结合在一起，造成同一个损害结果，才能够成为与不真正连带责任相对接的侵权行为形态。对这个直接侵权行为与间接侵权行为结合在一起，并与不真正连带责任对接的这种侵权行为形态的概念究竟应当怎样确定，是我国传统侵权法理论没有解决的问题。解决这个问题仅仅靠间接侵权行为的概念是不够的，必须还要建立一个侵权行为形态类型的概念，这个概念就是竞合侵权行为。使用竞合侵权行为这个概念，能够弥补多数人侵权行为中，共同侵权行为、分别侵权行为以及第三人侵权行为这三种侵权行为形态划分的不足，形成共同侵权行为对接连带责任、分别侵权行为对接按份责任、竞合侵权行为对接不真正连带责任以及第三人侵权行为对接第三人责任，使侵权行为形态在对接侵权责任形态上，构成完整、完美的体系。因此，我们主张，将竞合侵权行为作为侵权行为形态的类型之一，成为侵权法的基本概念，与共同侵权行为、分别侵权行为和第三人侵权行为概念一起,构成完整的多数人侵权行为形态体系,并实现与侵权责任形态体系的完美对接。

二、竞合侵权行为的概念界定与类型

(一)知识产权法界定间接侵权行为概念的启发

知识产权法对间接侵权行为概念的界定,对界定竞合侵权行为概念有一定的借鉴意义。

无论英美法系抑或大陆法系国家,知识产权领域的间接侵权行为的概念及规则均主要来源于一般侵权行为法上的一项基本原则:在明知某种行为构成侵权,而仍然教唆、引诱他人去实施这种行为,或者对他人的这种侵权行为提供实质性帮助的,应当对侵权后果承担责任。显然,在明知特定行为构成侵权的情况下对这种行为实施教唆、引诱或予以帮助,行为人主观上的过错是明显的,而且其行为与损害结果之间存在因果关系,要求行为人承担责任是合理的。①

知识产权法学界对间接侵权行为的界定,诸如,间接侵权行为是第三者未经专利权人同意向无权利用该项专利的人提供或供应其中关键部分的中间产品而故意怂恿和唆使其实施该项专利;②或者间接侵权行为是第三者未经专利权人同意向无权利用该项专利的人提供或供应其中关键部分的中间产品而故意怂恿和唆使其实施该项专利。③

按照知识产权法对间接侵权行为的界定,知识产权间接侵权行为中的绝大部分都不是间接侵权行为,而是共同侵权行为。如,其中故意教唆、帮助他人实施侵权行为,完全符合《侵权责任法》第9条第1款规定的教唆、帮助行为的共同侵权行为,应当适用连带责任规则确定赔偿责任。而引诱他人实施侵权行为不构成共同侵权行为,具有间接侵权行为的特点。应当看到的是,教唆、帮助实施侵权行为的人,在知识产权法领域被叫作间接侵权行为。在传统侵权

---

① 王迁:《商标间接侵权研究》,载《知识产权年刊》2006年号。

② 吴观乐:《浅议间接侵权》,载《专利的理论研究与实践探索》,专利文献出版社1996年版,第45页。

③ 尹新天:《专利权的保护》,专利文献出版社1998年版,第111~112页。

法理论中，教唆或者帮助行为并不是间接侵权行为，而是共同侵权行为。原因在于，教唆人和帮助人实施的行为，是与实行人的行为结合在一起的，共同引起了损害结果的发生，因此，教唆人和帮助人实施的行为是共同行为，认其为直接行为而不是间接行为。在研究间接侵权行为和竞合侵权行为中，不应当将教唆行为和帮助行为作为间接侵权行为，而是仍然作为共同侵权行为，教唆、帮助行为与间接侵权行为无关。

（二）侵权法理论对竞合侵权行为概念的界定

在侵权法中，究竟是采用知识产权间接侵权行为的概念，还是对传统侵权法的侵权行为类型进行整合，创立新的竞合侵权行为的概念，颇值得认真研究。

如上所述，依靠知识产权法界定间接侵权行为概念的方法，创立竞合侵权行为概念是做不到的，因为知识产权法认可的间接侵权行为的绝大部分都由侵权责任法的共同侵权行为规则调整，要承担的责任也不是由间接侵权人直接承担，而是发生连带责任。解决侵权行为形态与侵权责任形态对接之间的逻辑空白只有一条途径，就是创立侵权法的竞合侵权行为概念。

日本侵权法将这种侵权行为称为竞合的不法行为即竞合侵权行为。潮见佳男教授认为，竞合侵权行为是指产生同一损害的数个侵权行为出现竞合时，不作共同侵权行为处理的情况。竞合侵权行为分为两种情形，分别是要件相同的数个侵权行为的竞合以及要件不同的数个侵权行为的竞合。日本民法第 709 条意义上的侵权行为[①]出现竞合的属于前种情形，而第 709 条的侵权行为与第 717 条规定的建筑物责任的竞合则属于后种情形。日本侵权法认为，对竞合侵权行为可以进行以下几种判断：一是根据对每个行为人责任要件充足与否的判断，对谁成立什么样的损害赔偿请求权（对个别行为的归责）；二是如何判断被认定成立的数个损害赔偿请求权之间是否存在竞合关系；三是在竞合关系得到确认的情况下，应当如何看待对各行为人的损害赔偿请求权的关系；四是是否应当承认关于

---

① 即一般侵权行为，在日本也叫作“基本型侵权行为”。

侵权行为的个别的成立要件的请求、举证责任的转换。学者指出，竞合侵权行为的特征是：(1)被指向相同的权利、法益的侵害的存在；(2)对于个别行为的侵权责任的成立要件的补充；(3)与贡献度相应的责任(分割责任"比例性责任")。[①]

日本学者对竞合侵权行为的界定值得借鉴。在这样的基础上，我们认为，竞合侵权行为，是指两个以上的民事主体作为侵权人，有的实施直接侵权行为，与损害结果具有直接因果关系，有的实施间接侵权行为，与损害结果的发生具有间接因果关系，行为人承担不真正连带责任的侵权行为形态。

竞合侵权行为的主要法律特征有以下四点：

1. 行为的主体为二人以上

竞合侵权行为的行为主体必须是二人以上，既可以是两个以上的自然人，也可以是两个以上的法人，还可能是两个以上的自然人和法人。在通常情况下，竞合侵权行为的主体是两人。在这一点上，竞合侵权行为与分别侵权行为和共同侵权行为是一样的，其行为主体均为复数，即多数人侵权，而非单独一人侵权，以此与单独侵权行为相区别。

2. 行为人实施的侵权行为的性质不同

竞合侵权行为与共同侵权行为、分别侵权行为均不同，两个以上的行为主体对受害人实施的侵权行为的性质并不相同，换言之，竞合侵权行为的两个以上的行为人，有的对受害人实施直接侵权行为(也叫作主行为)，有的是对直接侵权行为的实施提供了条件或者方便，但并不构成教唆、帮助行为的间接侵权行为(也叫作从行为)。而共同侵权行为的每一个行为人都是共同加害人，都是直接侵权人，即使教唆、帮助行为，也是对损害的发生起到了直接作用，具有直接的原因力。至于分别侵权行为，每一个行为人的行为均为损害发生的直接原因，不存在提供条件和创造机会的问题，不存在间接侵权行为。

---

① [日]潮见佳男：《不法行为法Ⅱ》，信山社出版株式会社2011年版，第196~197页。贡献度的概念与我国侵权法的原因力概念相同。

3. 对发生竞合的两个以上的行为通常视为一个行为

在竞合侵权行为中，尽管是两个以上的行为人实施的行为竞合在一起，但通常的观念认可其为一个行为，而不是像共同侵权行为那样就是一个行为，也不像分别侵权行为那样就是两个行为。因此，竞合侵权行为介于共同侵权行为和分别侵权行为之间，是一种两个以上的侵权行为竞合在一起的侵权行为形态。竞合侵权行为不是单指间接侵权行为，而是指直接侵权行为和间接侵权行为的竞合，因而才属于多数人侵权行为，才发生共同责任。这是竞合侵权行为与知识产权间接侵权行为概念的根本区别。

4. 不同的行为人对受害人承担不真正连带责任

竞合侵权行为的行为人对受害人承担共同责任而不是单独责任。与共同侵权行为和分别侵权行为不同的是，竞合侵权行为的行为人承担的是不真正连带责任，而不是连带责任或者按份责任。在竞合的侵权人之间，承担侵权责任应当根据行为人对受害人实施的侵权行为的性质不同，对受害人实施直接侵权行为的行为人承担的责任是最终责任，而对受害人实施间接侵权行为的行为人承担的责任是中间责任，双方责任的联系是形式上连带而实质上不连带，即在形式上，受害人可以直接起诉其中的任何一个行为人承担侵权责任，是具有连带性质的责任；在实质上，最终责任是落在直接侵权人的身上，由直接侵权人承担全部的最终责任，间接侵权人不承担或者只承担较少的最终责任。

（三）竞合侵权行为的性质和地位

竞合侵权行为的性质是侵权行为形态的一种类型。侵权行为形态分为单独侵权行为和多数人侵权行为，多数人侵权行为分为共同侵权行为、分别侵权行为、竞合侵权行为和第三人侵权行为。竞合侵权行为是多数人侵权行为中的一种类型。

在侵权行为形态中，单独侵权行为与多数人侵权行为相对应。单独侵权行为，是侵权行为的行为人为一人的侵权行为，该人应当承担侵权责任，即单独责任。多数人侵权行为是由数个行为人实施行为，对同一损害后果承担责任的侵权行为，其行为主体为二人或者二人以上，数人对同一损害后果承担侵权责任，数人承担侵权责任的方式即数个责任主体与被侵权人一方的请求权之间的联系具有多样性。①

在多数人侵权行为中,竞合侵权行为占有重要地位。

在多数人侵权行为中,根据行为人之间的主观关联、客观关联和后果关联等情形,分为以下情形:

1. 共同侵权行为

行为人的主观关联或者客观关联,造成同一损害后果形成后果关联,是构成共同侵权行为的基础。行为人在主观上有关联,或者在客观上有关联,符合共同侵权行为要件的,构成共同侵权行为。某些不构成共同侵权行为,但法律也视为共同侵权行为的,为准共同侵权行为,包括共同危险行为(《侵权责任法》第10条规定)、叠加的共同侵权行为(《侵权责任法》第11条规定)和规定为连带责任但并不具有共同侵权行为特征的侵权行为(如《侵权责任法》第51条、第74条、第75条规定等)。

行为人在主观上有关联,在客观上没有关联的,构成交叉的共同侵权行为,发生的后果是单向连带责任。在单向连带责任中,由于存在一个侵权人承担连带责任、另一个侵权人承担按份责任的区别,尽管仍然将其叫作连带责任,但其实是从一个角度上观察是共同侵权行为,从另一个角度观察时不过是按份责任。这种情况的典型形式是《侵权责任法》第9条第2款规定的教唆、帮助无民事行为能力人或者限制民事行为能力人实施侵权行为,教唆人或者帮助人应当承担连带责任,但无民事行为能力人或者限制民事行为能力人的监护人未尽监护职责,应当承担相应责任即按份责任。从行为的结合上构成共同侵权行为,仍然是连带责任。这种行为不是竞合侵权行为,而是共同侵权行为和分别侵权行为的结合,其主要特征是共同侵权行为,应当将其归于共同侵权行为当中。

2. 分别侵权行为

分别侵权行为也叫作无过错联系的共同加害行为。在表现形式上,行为人在主观上不关联,在客观上也不关联,仅仅是损害后果

① 参见张新宝:《侵权责任法》,中国人民大学出版社2010年版,第44页。

相关联,其后果是按份责任。

3. 第三人侵权行为

第三人侵权行为是指《侵权责任法》第 28 条规定的第三人过错,是指除受害人和加害人之外的第三人,对受害人损害的发生具有过错的情形。第三人过错的主要特征是主体上的特殊性,即第三人的过错原因致使加害人造成了受害人的损害。其中造成损害的一方也是数人,属于多数人侵权行为,基本特点是承担责任的是第三人而不是加害人。

4. 竞合侵权行为

竞合侵权行为的数个行为人在主观上没有关联,在客观的行为和损害后果有关联,发生不真正连带责任的侵权责任形态,与上述三种侵权行为形态类型均不相同。

可见,竞合侵权行为不属于单独侵权行为,而属于多数人侵权行为。在多数人侵权行为中,是共同侵权行为、分别侵权行为以及第三人侵权行为之外的另一种侵权行为形态类型。其构成的特点是:直接侵权人对于所造成的他人损害构成侵权责任,但间接侵权人实施的行为对于直接侵权人实施的行为在客观上起到了间接作用,使直接侵权人便于实施侵权行为,或者为直接侵权人实施侵权行为提供了方便等,使直接侵权行为造成了受害人的损害。这两种行为即直接侵权行为和间接侵权行为竞合到一起,作为侵权行为类型的一种,就是竞合侵权行为。如,饭店对住店客人负有安全保障义务,未尽该安全保障义务,给实施侵权行为的行为人实施侵权行为提供了方便,侵害了受害人的合法权益。该侵权行为对损害的发生具有 100% 的原因力,承担全部责任理所当然。但是,饭店未尽安全保障义务也构成侵权责任,对于侵权后果的发生具有间接因果关系。在这种情况下,《侵权责任法》第 37 条第 2 款规定,实施侵权行为的人为侵权人,应当承担侵权责任;未尽安全保障义务的行为由于与该损害结果具有间接因果关系,因而行为人应当承担相应的补充责任。这就是典型的竞合侵权行为。

这样,就能够为《侵权责任法》规定的不真正连带责任形态类型找到所对应的侵权行为形态类型,就是竞合侵权行为。将共同侵权行为、分别侵权行为、竞合侵权行为以及第三人侵权行为分为这样四种类型,实现了对侵权行为类型的完全划分。四种侵权行为形态类型对应的是连带责任、按份责任、不真正连带责任和第三人责任,构成了侵权行为形态体系和侵权责任形态体系的完美的逻辑关系。

(四)竞合侵权行为的类型

1. 法律规定的竞合侵权行为

《侵权责任法》《物权法》和最高人民法院有关司法解释等对竞合侵权行为作出以下规定:

(1)承担典型的不真正连带责任的侵权行为

《侵权责任法》第41条至第43条规定的产品责任,第59条规定的医疗产品损害责任,第68条规定的第三人过错的环境污染责任,第83条规定的第三人过错致使动物损害责任,都是竞合侵权行为,间接侵权人实施的侵权行为是直接侵权行为造成损害的必要条件。《物权法》第21条规定的物权错误登记的赔偿责任是典型的不真正连带责任。这些承担典型不真正连带责任的侵权行为类型,都是竞合侵权行为。

(2)承担先付责任的侵权行为

《侵权责任法》第44条规定的产品责任中的第三人责任,第85条规定的其他责任人的建筑物等损害责任,第86条第1款规定的建筑物倒塌中其他责任人的侵权责任,都是承担先付责任的竞合侵权行为。

(3)承担相应的补充责任的侵权行为

《侵权责任法》第34条第2款规定的劳务派遣的侵权责任,第37条第2款规定违反安全保障义务的侵权行为,第40条规定的第三人造成学生伤害的学校责任,都是承担相应的补充责任的竞合侵权行为。①

① 《侵权责任法》第32条第2款还规定了一种完全的补充责任,即有财产的无民事行为能力人、限制民事行为能力人造成他人损害的,从本人财产中支付赔偿费用;不足部分,由监护人赔偿。监护人赔偿的部分,就是完全的补充责任。不过这种责任形态只此一例,且不典型,故本书不作论述。

2. 竞合侵权行为的类型划分

潮见佳男教授把竞合侵权行为分为要件相同的数个侵权行为的竞合和要件不同的数个侵权行为的竞合这两种类型，[①]有一定道理，但不符合我国《侵权责任法》对这种侵权行为的规定，无法借鉴这种方法划分我国竞合侵权行为的类型。

《侵权责任法》和其他法律以及最高人民法院有关司法解释中规定的上述承担各种不同的不真正连带责任的侵权行为，针对的都是竞合侵权行为。既然都是竞合侵权行为，为什么还要规定如此繁多的不真正连带责任的各种形态，原因在于这些不同的竞合侵权行为的行为竞合方式各不相同，政策考量因素也不相同。我们认为，可以用发生竞合的不同原因为标准，将这些不同的竞合侵权行为做以下分类：

（1）必要条件的竞合侵权行为

必要条件的竞合侵权行为，是指两个行为中的从行为（间接侵权行为）与主行为（直接侵权行为）竞合的方式，是从行为为主行为的实施提供了必要条件，没有从行为的实施，主行为不能造成损害后果的竞合侵权行为。换言之，间接侵权人的从行为是直接侵权人的主行为完成的必要条件，这种竞合侵权行为就是必要条件的竞合侵权行为。

《侵权责任法》第 41 条至第 43 条规定的产品责任，第 68 条规定的第三人过错的环境污染责任，第 83 条规定的第三人过错致使动物损害责任，以及《物权法》第 21 条规定的物权错误登记的赔偿责任等，都是必要条件的竞合侵权行为。在这些竞合侵权行为中，主行为是生产者的生产行为、第三人的过错行为或者有过错的登记申请人的行为，他们的行为是造成损害的直接原因；而销售者的行为、污染者的行为、动物饲养人管理人的行为以及物权登记机构的登记行为，都是为直接侵权行为的实施提供了必要条件，符合“but for test”规则的要求。

---

① ［日］潮见佳男：《不法行为法Ⅱ》，信山社出版株式会社 2011 年版，第 196 页。

(2)“必要条件+政策考量”的竞合侵权行为

“必要条件+政策考量”的竞合侵权行为,是指符合必要条件的竞合侵权行为的要求,但是基于政策考量,规定间接侵权人先承担中间责任,之后向直接侵权人追偿以实现最终责任的竞合侵权行为。《侵权责任法》第44条规定的第三人过错造成产品缺陷致人损害的,由本无最终责任的生产者、销售者先承担侵权责任,之后向有过错的第三人追偿,第85条和第86条第1款规定的建筑物等所有人、管理人或者使用人先承担赔偿责任,建设单位、施工单位先承担赔偿责任,承担了赔偿责任之后,再向其他责任人请求追偿,都是间接侵权人先承担责任,之后再向直接侵权人追偿的竞合侵权行为。这些侵权行为的竞合,原本与必要条件的竞合侵权行为并无二致,但是立法者基于保护受害人的需要,规定应当承担中间责任的间接侵权人先承担责任,以保障受害人的权利尽早得到实现。间接侵权人的从行为是直接侵权人的主行为造成损害后果的必要条件,但出于政策考量,法律规定令间接侵权人承担先付责任,而直接侵权人作为受追偿的最终责任人,并不直接对受害人承担赔偿责任。

(3)提供机会的竞合侵权行为

提供机会的竞合侵权行为,是指两个竞合的行为,从行为为主行为的实施提供了机会,使主行为的实施能够顺利完成的竞合侵权行为。从发挥的作用上考察,提供机会的竞合侵权行为与必要条件的竞合侵权行为有所不同,即,间接侵权人的从行为给直接侵权人的主行为造成损害结果提供了机会,但并不是必要条件。《侵权责任法》第34条第2款规定的劳务派遣的侵权行为,第37条第2款规定的违反安全保障义务的侵权行为,第40条规定的第三人造成学生伤害的侵权行为,都是这种竞合侵权行为。

(4)提供平台的竞合侵权行为

《消费者权益保护法》第43条和第44条规定的侵权行为类型,就是提供平台的竞合侵权行为。无论是传统交易平台还是网络交易平台,平台的提供者为交易双方当事人提供交易平台,销售者销售商品或者服务者提供服务,造成消费者损害的,本无交易平台提供者的责任,但是如果符合法律规定的或者当事人约定的条件的,就要承担附条件的不真正连带责任。这种提供平台所造成的侵权行为,也属于多数人侵权行为,即为提供平台的竞合侵权行为。(见表4-1)

表4-1　竞合侵权行为类型

竞合侵权行为类型	提供条件的竞合侵权行为	例:《侵权责任法》第43条规定的产品责任
	提供条件+政策考量的竞合侵权行为	例:《侵权责任法》第44条
	提供机会的竞合侵权行为	例:《侵权责任法》第37条第2款
	提供平台的竞合侵权行为	例:《消费者权益保护法》第44条第1款

三、竞合侵权行为的法律规则

(一)两个行为竞合

竞合侵权行为的基本特点,是两个以上的行为发生竞合。在传统侵权法理论中,竞合的概念通常用在责任上即责任竞合,而不是用在行为上。而竞合侵权行为是两个以上的行为发生竞合,造成同一个损害结果,竞合的两个以上的行为对损害的发生都有因果关系。

在竞合侵权行为中,两个竞合的行为的地位是否一致?我们的看法是,两个竞合的行为必然存在一主一从的关系。主行为是直接侵权行为,从行为是间接侵权行为。如果两个行为都起主要作用,那就不是竞合侵权行为,而是共同侵权行为或者分别侵权行为,有关连共同的是共同侵权行为,不存在关连共同的是分别侵权行为。例如,二人以上既没有共同故意,也没有共同过失,行为间接结合造成同一个损害结果的,两个行为是结合而不是竞合,没有主从关系,因此是分别侵权行为。二人以上共同实施侵权行为,即使教唆人教唆、帮助人帮助人实行侵权行为,也因为具有共同故意,两个行为结合成为一个行为而构成共同侵权行为。竞合侵权行为则是两个没有主观关联,也不构成客观关连共同的行为发生竞合,是从行为竞合于主行为。

竞合侵权行为的主从关系主要表现在行为与损害结果之间的因果关系上。竞合侵权行为中的主行为是对损害发生具有完全原因力的侵权行为;从行为也构成侵权行为,但其对损害的发生所起的作用仅仅是提供条件、创造机会,而不是提供直接原因。因此可以说,从行为对于损害发生的直接原因力几乎等于零。在潮见佳男教授看来,在竞合侵权行为中,存在行为的参与度的问题,并且依据行为的参与度而确定责任的比例。[①] 我们对此有不同看法。略举数例:在产品责任中,生产者生产缺陷产品造成他人损害,销售者所起的作用仅仅是将缺陷产品转让给使用人,生产行为与销售行为发生竞合,但缺陷产品造成使用人损害具有100%的原因力,销售者的销售行为仅仅是提供了损害发生的条件,不具有直接的原因力。在这种情况下,从行为对于损害发生的直接原因力几乎不存在,因此才存在中间责任和最终责任的区别,销售者承担了赔偿责任之后,对生产者可以请求全额追偿,而不是部分追偿。同样,《侵权责任法》第86条第1款规定的建筑物等倒塌损害责任,建设单位和施工单位承担连带责任,如果损害的原因不是建设单位和施工单位的责任,而是另有设计单位、勘测单位、监理单位、有关机关等其他责任人,是他们的过错造成的损害结果,规则是先由建设单位和施工单位承担赔偿责任(中间责任人先付),然后再向其他责任人追偿。这种情形更为明显,即其他责任人是直接责任人,行为的原因力是100%,而建设单位和施工单位并没有责任,原因力几乎是零。对于上述情形,法律认可他们的行为发生竞合,构成竞合侵权行为。即使在违反安全保障义务的补充责任场合,违反安全保障义务的人未尽安全保护义务的不作为行为,并未直接作用到受害人身上,而是第三人的行为造成了受害人的全部损害,尽管违反安全保障义务的人应当承担相应的补充责任,其行为对损害的发生也不具有直接的

---

① [日]潮见佳男:《不法行为法Ⅱ》,信山社出版株式会社2011年版,第212页。

原因力,因而仍然是竞合关系而不是结合关系。

(二)归责原则

竞合侵权行为本身并不决定适用何种归责原则。这是因为竞合侵权行为仅仅是从多数人作为侵权责任主体的不同情形作为标准划分的侵权行为类型,而不是依据归责原则确定的侵权行为类型。在竞合侵权行为中,适用何种归责原则取决于法律对不同侵权责任的规定,既有适用过错责任原则的竞合侵权行为,也有适用过错推定原则或者无过错责任原则的侵权行为类型。如,违反安全保障义务的侵权行为适用过错责任原则,产品责任适用无过错责任原则,建筑物构筑物以及其他设施脱落坠落倒塌致人损害责任适用过错推定原则。甚至对同一种竞合侵权行为的不同行为人确定责任的归责原则都不相同,例如,产品责任中的生产者承担最终责任的归责原则是无过错责任原则,销售者承担最终责任的归责原则是过错责任原则,只有在特别情形下才适用无过错责任原则。

尽管如此,对于适用不同的归责原则的竞合侵权行为,归责原则对竞合侵权行为的后果具有决定性的影响。例如,在环境污染责任和饲养动物损害责任中,第三人过错引起的损害,本应是第三人侵权行为,应当适用《侵权责任法》第 28 条规定免除污染者和饲养人的赔偿责任,但由于这两种侵权行为类型适用无过错责任原则,因而使其成为竞合侵权行为,适用不真正连带责任。

(三)构成要件

1. 最主要的是因果关系要件的确定

竞合侵权行为的因果关系要件的表现特殊,主要是竞合的行为与损害结果之间具有两个因果关系,一个是直接因果关系,另一个是间接因果关系。直接侵权人实施的主行为与损害结果之间具有直接因果关系,间接侵权人实施的从行为与损害结果之间具有间接因果关系。

对于直接因果关系的认定适用相当因果关系规则。具有直接因果关系的行为是直接侵权人实施的侵权行为即主行为。该行为引起损害的发生,只要存在相当因果关系,即成立直接侵权人的因果关系要件。

对于间接因果关系的认定适用“条件说”，①竞合侵权行为构成损害发生的条件，即认为存在构成竞合侵权行为的因果关系要件。英美侵权法中的“but for test”规则即“若无法则”，以及《欧洲侵权法原则》第3:101条规定的“若无此行为或活动，损失就不会发生，则该行为（作为或者不作为）被认为是造成损失的原因”规则，都可以作为认定间接因果关系的规则。在竞合侵权行为中，从行为与损害之间的关系是，从行为是主行为造成损害的条件，应用“but for test”规则测试：若无产品销售者的行为，就不会使缺陷产品造成受害人的损害，既然缺陷产品通过销售者的行为造成了受害人的损害，那么，销售者的行为就构成行为竞合。同样，如果没有违反安全保障义务人的不作为行为，第三人造成的受害人损害就不会发生。不过，作为损害发生条件的从行为可能对损害的发生要求不会这样高，只要若无此行为，损害就可能不会发生，就可以认定具有间接因果关系。

应当区分行为结合的因果关系和行为竞合的因果关系的区别。行为结合的因果关系，公式是“甲行为＋乙行为＝全部原因力”。行为竞合的因果关系，公式为“甲行为＝全部原因力→乙行为”。换言之，在行为结合的因果关系中，每一个行为结合在一起，构成一个损害结果，各个行为具有不同的原因力，加在一起等于100%的原因力。在行为竞合的因果关系中，主行为对损害的发生具有100%的原因力，从行为从直接因果关系上观察并不具有原因力，但从间接因果关系上观察却也具有100%的原因力，因为违反安全保障义务人如果尽到了安全保障义务，损害就不会发生，起码不会在安全保障义务人保障的范围内发生。如果从行为对损害的发生具有直接原因力，那就肯定不是竞合侵权行为，而是共同侵权行为或者分别侵权行为了。

2. 其他侵权责任构成要件

竞合侵权行为的违法行为要件已经提到过了，是两个违法行为而不是一个行为，两个违法行为发生竞合，造成了同一个损害。两

---

① 朱岩：《侵权责任法通论·总论》，法律出版社2011年版，第343页。

个违法行为必然存在一主一辅的关系，而不是两个并列的行为。

竞合侵权行为的损害事实是同一个损害事实，而不是两个损害事实。也就是说，两个竞合侵权行为只造成了一个侵权损害后果。如果两个侵权行为造成了两个损害结果，那就不构成侵权行为的竞合，而是两个独立的侵权行为。

竞合侵权行为的过错要件，必须是两个侵权人各自具有过错。一是直接侵权人具有过错，或者是故意或者是过失，或者是依照无过错责任原则不问过错。对此的判断应当依照法律规定，确定过错要件的存在，或者构成无过错责任。二是间接侵权人的过错必须依照《侵权责任法》以及其他法律或者司法解释的特别规定要求，具备特别的主观要件。所谓"特别规定的要求"，如在第三人的过错造成产品缺陷致人损害责任中，生产者、销售者作为间接侵权人承担先付责任，须第三人具有过错且是造成损害的直接原因。在提供条件的竞合侵权行为中，间接侵权人承担补充责任的条件是自己存在过失。

（四）抗辩事由

由于竞合侵权行为是一种侵权行为的竞合，因而其抗辩事由分为共同的抗辩事由和各自的抗辩事由。

共同的抗辩事由是竞合侵权行为所有的行为人都可以主张的抗辩事由。这个抗辩事由是对抗所有的侵权责任请求权的抗辩。如产品责任中的产品不存在缺陷或者发展风险的抗辩成立，则各个行为人均不承担侵权责任。

直接侵权人的抗辩事由应当依照法律规定确定，凡是法律规定的抗辩事由均可以对抗当事人的侵权诉讼请求。例如第三人故意、不可抗力等，但法律有特别规定的则不得以《侵权责任法》第 28 条规定的第三人责任作为抗辩，而应当以法律对第三人责任的特别规定确定侵权责任。

间接侵权人的抗辩事由主要针对直接侵权人的责任进行。最主要的抗辩是行为人的行为不构成竞合。如果间接侵权人的行为不构成侵权行为竞合，则间接侵权人的行为与直接侵权人的行为没有关联，因而不能依照法律规定承担不真正连带责任。在补充责任场合，间接侵权人以检索抗辩权对抗直接侵权人，或者受害人要求其承担责任时，如果直接侵权人并不具有不能赔偿或者不能全部赔偿的情形，则可以主张抗辩，由直接侵权人承担侵权责任。但是，在下列情形下，间接侵权人不得对直接侵权人进行抗辩：(1)按照《侵权责任法》第44条、第85条和第86条第2款规定承担先付责任的间接侵权人，不得主张作为最终责任人的直接侵权人应当先承担侵权责任。(2)在并合责任情形下，无论是直接侵权人还是间接侵权人，都不得主张相对人先承担侵权责任为由进行抗辩。(3)在典型的不真正连带责任情形下，中间责任人不得主张由最终责任人承担侵权责任而拒绝履行赔偿责任。

（五）竞合侵权行为向共同侵权行为的转化

竞合侵权行为有可能向共同侵权行为转化。转化的条件是，数个行为人所实施的行为不再是主从关系，且数个行为人在主观上均具有过错，构成主观的关连共同或者客观的关连共同，就转化成了共同侵权行为。如，在产品责任中，生产者生产的产品有缺陷，销售者对该产品缺陷的形成也有过错，双方对造成使用人的损害构成共同侵权行为；医疗产品的生产者生产的医疗产品有缺陷，医疗机构在使用中有过错，造成患者损害的，也由竞合侵权行为转化为共同侵权行为。

竞合侵权行为转化为共同侵权行为，其法律后果就由不真正连带责任转化为连带责任，数个行为人承担的责任不仅在形式上连带，而且在实质上也须连带。

四、多数人侵权行为形态与侵权责任形态的对接

在讨论了竞合侵权行为之后，对侵权行为形态与侵权责任形态的对应关系进行整理，就构成了完整的对应关系。可以说，确立了竞合侵权行为的形态之后，单独侵权和多数人侵权的侵权行为形态体系就与侵权责任形态体系构成了严密的对接。这就是：

单独侵权行为对应的是单独责任，这是最为简单的对应关系。

多数人侵权行为对应的共同责任分别是：

1. 共同侵权行为对应的是连带责任形态。由于共同侵权行为

体系比较庞杂，并非仅仅是《侵权责任法》第8条规定的一种，还应当包括：(1)共同危险行为；(2)法律没有规定为共同侵权行为但规定承担连带责任的侵权行为，可以叫做准共同侵权行为；(3)第11条规定的叠加的共同侵权行为；(4)第9条第2款和第49条规定的交叉的共同侵权行为。相对应的侵权责任形态是连带责任，但区分为典型的连带责任和单向连带责任，交叉的共同侵权行为适用单向连带责任。

2. 分别侵权行为的责任形态是按份责任，亦简单明了。

3. 竞合侵权行为对应不真正连带责任。四种不同的竞合侵权行为类型，分别对应不同的不真正连带责任类型：(1)必要条件的竞合侵权行为→典型的不真正连带责任；(2)"必要条件＋政策考量"的竞合侵权行为→先付责任；(3)提供机会的竞合侵权行为→补充责任；(4)定有保险关系的竞合侵权行为→并合责任。

4. 第三人侵权行为对应第三人责任，加害人不承担责任。

第二节　不真正连带责任类型体系及规则

不真正连带责任是一种比较常见的侵权责任形态，《侵权责任法》和其他法律以及司法解释经常对其做出规定。在学理研究中，究竟什么是不真正连带责任，不真正连带责任究竟有哪些类型，见仁见智，众说纷纭，并无让人信服的学说。特别是《侵权责任法》第34条第2款、第37条第2款、第40条规定了补充责任以及第44条、第85条后段和第86条第1款后段规定了先付责任以后，不真正连带责任的类型出现了复杂局面；同时，《最高人民法院关于审理人身损害赔偿案件适用法律若干问题的解释》第12条规定的责任，也与不真正连带责任相关。我们认为，将这些具有共同特征的不同侵权责任形态归纳在一起，确认为不真正连带责任的不同类型，构成不真正连带责任的完整体系，将对侵权责任形态理论是一个重大发展，便于准确理解和正确适用这些不同的侵权责任的规定。就此观点，我们做以下说明。

一、不真正连带责任概述

（一）适用不真正连带责任的侵权行为

在侵权责任法中，有一种特殊的侵权责任形态，是与竞合的侵权行为相对应的，由两个以上的主体对同一个民事主体负有法定义务，当他们实施的侵权行为侵害了这个法律所特殊保护的民事主体的民事权益时，该被侵权的民事主体就产生了两个以上的损害赔偿请求权，分别针对负有不同法律义务的侵权人。对于这种侵权行为，法律规定采用不真正连带责任的侵权责任形态予以保护。在侵权责任法中，凡是符合这样要求的侵权行为，都适用不真正连带责任形态，以更好地保护受害人的民事权利，救济损害造成的后果。如《侵权责任法》第41条至第43条规定的产品责任中生产者和销售者的不真正连带责任、《物权法》第20条规定的不动产登记错误，登记机构与错误登记人的不真正连带责任，以及本文引言中提到的不真正连带责任，都是这种侵权责任形态，即竞合侵权行为。

（二）不真正连带责任的概念

不真正连带责任也称为不真正连带债务，是民法债法中的一种重要的债务形式，[①]在侵权责任法领域则叫作不真正连带责任。

不真正连带债务是指多数债务人就基于不同发生原因而偶然产生的同一内容的给付，各负全部履行之义务，并因债务人之一的履行而使全体债务人的债务均归于消灭的债务。[②] 不真正连带债务不履行的后果，就是不真正连带责任。如在连带责任保证中，主债务人和保证人承担的债务形态，就是不真正连带债务，而非连带债务或者连带责任。

侵权法上的不真正连带责任，是指多数行为人违反法定义务，对同一个受害人实施加害行为，或者不同的行为人基于不同的行为而致使同一个受害人的民事权益受到损害，各个行为人产生的同一

---

① ［日］我妻荣：《我妻荣民法讲义·新订债权总论》，中国法制出版社2008年版，第393页。

② 王利明主编：《中国民法案例与学理研究》（债权篇修订本），法律出版社2003年版，第3页。

内容的侵权责任，各负全部赔偿责任，并因行为人之一的责任履行而使全体责任人的责任归于消灭，或者依照特别规定多数责任人均应当承担部分或者全部责任的侵权责任形态。

在上述对侵权连带责任概念的界定中，我们特别指出了后面这段话，即“或者依照特别规定多数责任人均应当承担部分或者全部责任”。原本界定不真正连带责任概念，只有前面的那些话就比较准确了，加上后面这段话，就是为了能够将其他类似不真正连带责任的责任形态概括在一起，扩大不真正连带责任的体系。

（三）不真正连带责任的法律特征

按照这样的界定，不真正连带责任是一个比较庞大的体系，具有多种类型。但是概括起来，它们都具有相同的法律特征，这是将它们概括成为不真正连带责任形态体系的基础。

1. 不真正连带责任的责任主体是违反对同一个民事主体负有法定义务的数个行为人

不真正连带责任是侵权责任形态中的共同责任，①因而必须由两个以上的民事主体作为责任人。其责任产生的基础，是该数个行为人对同一个民事主体的民事权益负有法定义务，该法定义务不履行，造成了受害人的损害，发生侵权责任。例如，产品生产者和销售者都对产品使用者负有义务，生产的或者销售的产品有缺陷，造成使用者损害，两个义务主体都违反了法定义务，都负有侵权责任。因此，两个以上的违法行为造成同一个人的民事权益损害，实际上构成了两个以上的侵权行为。而连带责任则不同，数个行为人基于关连共同实施侵权行为，构成一个侵权行为，而不是数个侵权行为。②

2. 不真正连带责任是基于同一损害事实发生的侵权责任

不真正连带责任的责任人虽然为两个以上，构成两个以上侵权行为，但是两个以上的侵权行为造成的损害结果却是同一个共同损害。正是这一个共同损害结果才将两个行为人实施的侵权行为结

---

① 共同责任概念是杨立新教授创造的一种侵权责任形态类型，即两个以上的责任人对同一个侵权行为负有侵权责任。参见杨立新：《侵权行为法专论》，高等教育出版社2005年版，第282页。

② 参见《侵权责任法》第8条规定。

合起来,构成共同责任,发生了不真正连带责任的法律后果。如果没有共同的损害结果,各个行为人实施的侵权行为都是单个的侵权行为,则不可能构成共同责任,无从发生不真正连带责任。所以,不真正连带责任的数人行为对于损害的发生都具有 100% 的原因力。而无过错联系的共同加害行为,行为人虽然是各自实施的侵权行为,但是每一个行为人实施的行为结合在一起才造成了一个损害,所有的行为各具不同的原因力,因此与不真正连带责任不同。共同侵权行为虽然是一个行为,但是每一个共同加害人的行为对于损害的发生各具原因力,而不是各具 100% 的原因。

3. 不同的行为人就同一损害事实发生的侵权责任相互重合

正因为数个行为人实施的是各自独立的侵权行为,而造成的却是一个共同的、同一的损害结果,因而每个侵权人所发生的侵权责任内容是相同的,无论是责任性质、责任方式和责任范围都是重合的。因此,不真正连带责任与连带责任和按份责任都不相同。连带责任是一个责任,所有的共同加害人都只对这一个损害承担责任,而在内部却分为不同的责任份额。按份责任则也是一个责任,不同的行为人仅对自己的那一份额承担责任。

4. 在相互重合的侵权责任中通常承担一个侵权责任即可保护受害人的权利

正因为不真正连带责任是数个相同的侵权责任的重合,因此,在通常情况下,只要数个重合的侵权责任履行了一个,受害人的损害就得到了救济,其受到损害的权利就得到了恢复。[①] 因此,不真正连带责任的受害人只能选择相互重合的请求权中的一个行使,该请求权行使之后,其他的请求权即行消灭。补充责任虽然具有上述不真正连带责任中的前三个特征,但是受害人在行使一个请求权的时候,其他请求权并不消灭,而是处于"备用"状态,在第一个请求权没有得到满足的情况下,还可以继续行使第二个请求权。并合责任是两个请求权均可分别行使,因而是不真正连带责任的特殊形式。

① 但是在并合责任除外。

（四）不真正连带责任的类型

通常认为，不真正连带责任只有一种，即典型的不真正连带责任，这是通说。[①] 根据《侵权责任法》和最高人民法院的司法解释，不真正连带责任有四种类型：一是典型的不真正连带责任，也是狭义的不真正连带责任；二是《侵权责任法》第 44 条、第 85 条后段、第 86 条第 1 款后段规定的先付责任；三是《侵权责任法》第 32 条第 1 款后段、第 34 条第 2 款后段、第 37 条第 2 款和第 40 条规定的补充责任；四是《消费者权益保护法》第 43 条、第 44 条规定的附条件不真正连带责任。

与此相对应，竞合侵权行为也有四种类型，即必要条件的竞合侵权行为、"必要条件 + 政策考量"的竞合侵权行为、提供机会的竞合侵权行为和提供平台的竞合侵权行为，分别与典型的不真正连带责任、先付责任、补充责任和附条件不真正连带责任相对应，即必要条件的竞合侵权行为→典型的不真正连带责任；"必要条件 + 政策考量"的竞合侵权行为→先付责任；提供机会的竞合侵权行为→补充责任；提供平台的竞合侵权行为→附条件不真正连带责任。

除了典型的不真正连带责任类型之外，对于其他三种不真正连带责任的特殊类型还需要做以下说明：

第一，先付责任以《侵权责任法》第 44 条为代表："因运输者、仓储者等第三人的过错使产品存在缺陷，造成他人损害的，产品的生产者、销售者赔偿后，有权向第三人追偿。"生产者把产品生产出来，销售者将产品销售给产品使用人，由于第三人的过错使产品存在缺陷，造成产品使用人的损害的，生产者和销售者作为责任人一方应当承担中间责任，第三人作为责任人一方应当承担最终责任，都对受害人负有责任。这本来是典型的不真正连带责任，但法律不是规定由受害人选择谁先承担中间责任，而是直接规定生产者、销售者一方先承担中间责任，在承担了中间责任之后再向第三人追

---

① 通常所说的不真正连带责任，就是典型的不真正连带责任，在一般的著述中所说的不真正连带责任就是这种不真正连带责任。

偿。由此可见,因第三人的过错造成产品缺陷,同样构成产品责任,法律基于公共政策考量,为了更好地保护受害人的赔偿权利,确定由中间责任人先承担责任,他们承担了赔偿责任之后再向最终责任人追偿。这样的责任形态其实就是不真正连带责任的特殊形式,只不过法律确定由中间责任人"先付"赔偿责任,而不是受害人根据自己的利益选择谁先承担赔偿责任。因此,将这种责任形态称为"先付责任",是有道理的;并且将其确定为不真正连带责任的特殊表现形式,也是有道理的。这是在不真正连带责任中,受害人享有的两个赔偿请求权有先后顺序,中间责任人先付,之后再向最终责任人追偿的特殊形态。

第二,补充责任实际上就是不真正连带责任。我们就曾经将其叫做不真正连带责任的特殊类型。[①] 以《侵权责任法》第 37 条第 2 款规定的补充责任为例说明。当第三人对受害人实施侵权行为时,负有安全保障义务的人未尽防范制止侵权行为的安全保障义务,造成受害人的损害,第三人是直接责任人,应当承担最终责任;违反安全保障义务的人为补充责任人,也都应当对受害人的损害负责。法律对此既不规定为由受害人根据自己的利益选择应当由谁作为中间责任人,也不规定谁应当首先承担中间责任,而是直接规定直接侵权人承担侵权责任,补充责任人在直接责任人赔偿不能或者赔偿不足时承担补充责任,使受害人的损害得到全部救济,也是基于公共政策考量,使受害人的合法权益损害能够得到尽可能全面的赔偿。这与不真正连带责任的发生是完全一样的,只是法律规定,最终责任人先承担责任,中间责任人承担补充责任。这是不真正连带责任中,两个赔偿请求权具有先后顺序,一个为主,另一个补充而已。

第三,附条件不真正连带责任,是在具备法律规定或者当事人约定的条件的时候,要承担不真正连带责任。目前,《消费者权益保护法》第 43 条规定的是传统交易平台提供者承担的附条件不真正连带责任,法律规定的条件是展销会结束或者租赁柜台期满,

---

① 杨立新:《论侵权责任的补充责任》,载《法律适用》2003 年第 6 期。

受害人可以向展销会的举办者、柜台的出租者请求赔偿,其赔偿后,可以向销售者或者服务者追偿。该法第 44 条规定的是网络交易平台提供者承担的附条件不真正连带责任,所附条件有两种,一是附约定条件,即网络交易平台提供者事先承诺先行赔付,二是附法定条件,即网络交易平台提供者不能提供销售者或者服务者的真实名称、地址和有效联系方式。如果符合这样的条件,那么网络交易平台提供者要承担赔偿责任,赔偿后可以向销售者或者服务者进行追偿。

经过以上分析,可以说,不真正连带责任的四种类型,构成了全部不真正连带责任体系,是侵权责任形态中最为复杂的责任形态。其中一种是典型的不真正连带责任,三种是特殊的不真正连带责任。换言之,典型的不真正连带责任是狭义的不真正连带责任,四种类型的不真正连带责任为广义的不真正连带责任。

(五)不真正连带责任与连带责任的区别

不真正连带与连带责任都是侵权责任形态,有很多相似之处:一是行为人均为多数;二是每一个行为人都对整体责任负责,均负全部赔偿的责任;三是因一个行为人的给付而使全体责任归于消灭;四是多数行为人中有中间责任人和最终责任人之分。

但是,不真正连带责任与连带责任有以下显著区别:

1. 产生的原因不同

侵权连带责任基于共同侵权行为或者法律规定而产生,其损害后果的发生是基于一个侵权行为,数个共同侵权行为人的行为是一个行为。而不真正连带责任的产生必须具有损害后果的不同发生原因,即数个行为人与受害人造成损害的原因是不同的法律事实,并不是一个行为而是几个行为,他们之间的责任关系必须基于不同的侵权行为而产生。

2. 行为人的主观状态或行为形态不同

连带责任的产生,共同行为人必须具有关连共同,各行为人在主观上互相关联,或者有客观的关联性,因而将他们每一个人的行为连接在一起。而不真正连带责任的数个行为人没有这种关连共同性,[①]行为人各自具有单一的主观状态,没有任何意思上的联系,责任相同纯属于相关的法律关系发生重合,使责任竞合在一起。在实践中考察连带责任和不真正连带责任的区别,最重要的就是考察不同的行为人之间是否具有关连共同。只有数个行为人具有关连共同才能成为共同侵权行为人,承担连带责任。加害人具有主观上的联系,有关连共同的,不能成为不真正连带责任的行为人。产生不真正连带责任的损害结果的发生为纯属偶然,各行为人侵权责任的产生相互并无关连共同,虽然发生责任竞合,但并不是不同的行为人之间具有主观上的联系。[②]

3. 行为人之间的关系不同

连带责任的行为人尽管承担连带责任,但是共同加害人之间有当然的潜在的内部责任份额关系,依据这种关系,共同加害人之间存在内部求偿权,因此是实质的连带责任。在一个或者数个共同加害人承担了全部责任之后,对其他没有承担侵权责任的共同加害人,有权请求其赔偿为承担全部责任而损失的不属于自己份额的那些损失。不真正连带责任的行为人之间不存在这种内部分担关系,[③]不同的请求权,要么是选择关系,要么是先付关系,要么是补充关系等,都不是责任份额的关系,也不是共同侵权人之间的内部求偿关系。

4. 实质连带还是形式连带

连带责任既有形式上的连带,也有实质性的连带。形式上的连带是在起诉中,原告可以起诉任何连带责任人,是程序上的连带;实质性的连带是将最终责任分配给每一个连带责任人,都须承担自己的责任份额。不真正连带责任只有形式的连带,没有实质性连带,即只有在程序上,受害人可以选择或者按照法律请求某一个责任承担全部责任,但在实质上,在最终责任上,其实只有一个责任人,当然在补充责任和并合责任上有特殊性,那是法律的强制性规定

---

① [日]我妻荣:《我妻荣民法讲义·新订债权总论》,中国法制出版社 2008 年版,第 394 页。

② 郑玉波:《民法债编总论》,中国政法大学出版社 2004 年版,第 425 页。

③ 郑玉波:《民法债编总论》,中国政法大学出版社 2004 年版,第 425 页。

而已。

二、典型的不真正连带责任

(一)典型的不真正连带责任的概念和效力

典型的不真正连带责任,是《侵权责任法》第41条至第42条规定的产品责任及其他类似的责任分担形态,是指多数行为人违反法定义务,对一个受害人实施加害行为,或者不同的行为人的基于不同的行为而致使受害人的权利受到损害,各个行为人产生的同一内容的侵权责任,各负全部赔偿责任,并因行为人之一的履行而使全体责任人的责任归于消灭的侵权共同责任形态。[①]

承担典型的不真正连带责任的侵权行为类型是必要条件的竞合侵权行为。必要条件的竞合侵权行为,是指两个行为中的从行为(间接侵权行为)与主行为(直接侵权行为)竞合的方式,是从行为为主行为的实施提供了必要条件,没有从行为的实施,主行为不能造成损害后果的竞合侵权行为。构成必要条件的竞合侵权行为的法律后果是典型的不真正连带责任。

不真正连带责任的效力分为对外效力和对内效力两个方面。不真正连带责任的对外效力是指对责任人之一发生的事项其效力是否及于其他行为人;对内效力是指承担了全部侵权责任的人可否以及怎样向最终责任人追偿。

1. 不真正连带责任的对外效力

由于不真正连带责任是各个独立的责任,各个责任基于不同的发生违法行为的原因而分别存在,因此,对于行为人之一发生的事项原则上对于其他行为人发生影响,即其效力及于其他行为人。

不真正连带责任的基本结构是:各个侵权人对于所造成的损害都应当承担责任,而且每一个人承担的责任都是全部责任。他们之间对外的关系就是不真正连带责任的对外效力。在下述情况下所发生的对外效力,是不真正连带责任的基本效力:

第一,按照不真正连带责任的原理,发生不真正连带责任的侵

---

① 郑玉波:《民法债编总论》,中国政法大学出版社2004年版,第425页。

权案件中的各个责任人对于受害人都发生全部承担满足其权利请求的效力。受害人即赔偿权利人对于各个责任人都享有请求权，都可以单独向其行使请求权。任何人对于受害人的请求权都有义务承担全部的赔偿责任。这种责任是中间责任，不是最终责任。

第二，任何一个责任人承担了自己的责任之后，其他责任人的责任归于消灭。这是因为，不真正连带责任的损害赔偿数额是一个竞合的数额，救济的是同一个损害。当一个责任人承担了赔偿责任之后，受害人的损害就已经得到了完全救济，不能够再行使另外的请求权，因此，另外的请求权因为损害已经得到救济而予以消灭。

2. 不真正连带责任的对内效力

不真正连带责任的对内效力，是指在一个责任人承担了赔偿责任之后，对其他责任人的求偿关系，即有权向没有承担责任的最终责任人请求赔偿。①

不真正连带责任的各个责任人之间可以求偿，各国立法和学说见解不一。一种主张认为求偿关系基于让与请求权，让与请求权指履行了债务的债务人可以请求债权人让与其对最终责任人的请求权。另一种主张认为求偿关系基于赔偿代位，赔偿代位则指法律直接规定履行了债务的债务人当然地取得债权人对最终责任人的请求权，不需经当事人的意思表示。德国及我国的《民国民法》基本上采取让与请求权的立法例，如仿德国立法例的《民国民法》第228条规定："关于物或权利之丧失或损害，负赔偿责任之人，得向损害赔偿请求权人请求让与基于其物之所有权或基于其权利对于第三人之请求权。"日本等国家采取赔偿代位的立法例，如《日本民法典》第422条规定："债权人因损害赔偿而受领其债权标的之物或权利价额之全部时，债务人就该物或权利，当然代位债权人。"

我国《侵权责任法》对此没有规定，应当采取请求权让与立场，以首先充分保护受害人的权利的实现。

采用让与请求权说，其让与请求权应当具有以下要件：第一，受让与权利者为对受害人履行了责任的不真正连带责任人，即成为中

① 郑玉波：《民法债编总论》，中国政法大学出版社2004年版，第428页。

间责任人;第二,让与权利者为不真正连带责任的权利人,即受到损害的受害人;第三,让与请求权的客体为受害人对于发生不真正连带责任的最终责任人的请求权。符合以上条件,承担了中间责任的不真正连带责任人取得让与的请求权,有权请求最终责任人承担追偿责任。

最终责任人,是指对于数个责任的发生应最终负责的人。尽管各责任人的责任是基于不同的法律事实而独立产生的,但却是由于最终可归责于一人的事由而引起一系列责任的发生,这种可最终归责的责任人就是最终责任人。如,在产品责任中的缺陷制造者就是最终责任人。如果生产者是最终责任人,在销售者承担了损害赔偿的中间责任之后,有权向最终责任人即生产者追偿。

(二)不真正连带责任的实行

不真正连带责任的具体实行规则是:

第一,数个行为人基于不同的行为造成同一个受害人的同一个损害。例如,《最高人民法院关于审理人身损害赔偿案件适用法律若干问题的解释》第11条规定,雇佣关系以外的第三人造成雇员人身损害的,第三人的行为确实是造成受害人损害的原因,形成赔偿法律关系;但在雇主由于与雇员之间的雇佣关系中,雇主没有尽到应有的注意义务,对雇员造成的损害也负有赔偿责任。因此,雇员可以基于劳动关系请求工伤事故的损害赔偿,也可以基于侵权行为请求第三人承担侵权损害赔偿责任。

第二,数个行为人的行为产生各自独立的侵权责任,各个责任就救济受害人损害而言,具有同一救济目的。雇主的工伤事故赔偿责任和第三人的侵权赔偿责任,都是救济受害人同一个损害赔偿,都是一个救济目的,尽管分别产生了不同的侵权责任,但责任的目的都是救济该同一损害,而不是救济各个不同的损害。

第三,受害人享有的不同的损害赔偿请求权,只能"择一"行使。雇员即受害人或者向雇主请求承担赔偿责任,或者向第三人请求承担赔偿责任,而不是分别行使各个请求权。受害人选择的一个请求权实现之后,其他请求权消灭。这是不真正连带责任的"最近规则",就是受害人可以选择距离自己最近的法律关系当事人作为被告,起诉其承担中间责任。

第四,损害赔偿责任最终归属于造成损害发生的最终责任人。如果受害人选择的侵权责任人就是最终责任人,则该责任人就应当最终地承担侵权责任。如果选择的责任人并不是最终责任人而是中间责任人,则承担了中间责任的责任人可以向最终责任人请求赔偿,最终责任人应当向中间责任人承担最终责任。

三、先付责任

(一)先付责任的概念

《侵权责任法》第44条规定的因运输者、仓储者等第三人的过错使产品存在缺陷造成他人损害的赔偿责任,第85条规定的建筑物、构筑物或者其他设施及其搁置物、悬挂物发生脱落、坠落造成他人损害的责任,以及第86条第1款规定的建筑物、构筑物或者其他设施倒塌造成他人损害的赔偿责任,也属于不真正连带责任,但与典型的不真正连带责任不同。在学说上,没有人对此提出相应的概念,我们曾经将其叫做替代性不真正连带责任,[①]这种叫法没有揭示出这种责任形态的本质特征。这种侵权责任形态是不真正连带责任的一种特殊形式,典型特征是应当承担中间责任的不真正连带责任人先承担责任,随后再向最终责任人进行追偿。因此,把它界定为先付责任更为准确、鲜明,比较名副其实。

先付责任是指在不真正连带责任中,中间责任人首先承担直接责任,请求权人只能向中间责任人请求赔偿,中间责任人在承担了中间责任之后,有权向承担最终责任人追偿的不真正连带责任的特殊形态。

承担先付责任的侵权行为形态是"必要条件+政策考量"的竞合侵权行为,这种侵权行为类型是指符合必要条件的竞合侵权行为的要求,但是基于政策考量,规定间接侵权人先承担中间责任,之后向直接侵权人追偿以实现最终责任的竞合侵权行为。

这种规定其实在《民法通则》第122条后段就有规定:"因产品

---

① 杨立新:《侵权责任法》,高等教育出版社2010年版,第229页。

质量不合格造成他人财产、人身损害的,产品制造者、销售者应当依法承担民事责任。运输者、仓储者对此负有责任的,产品制造者、销售者有权要求赔偿损失。”不过这种特殊的不真正连带责任一直没有被重视。

在《侵权责任法》第44条规定的责任形态中,运输者、仓储者等第三人的过错使产品存在缺陷造成他人损害,第三人是最终责任人;而产品的生产者、销售者并没有责任,仅仅是中间责任人。但是,为了更好地保护受害人的民事权益,法律规定被侵权人直接向生产者、销售者请求赔偿,在生产者、销售者承担了赔偿责任之后,由他们向运输者、仓储者等第三人追偿,而不是直接向运输者、仓储者等第三人请求赔偿。由此可见,在这种不真正连带责任中,有一方承担直接责任,有一方承担间接责任,但承担直接责任的一方是中间责任人,承担间接责任的一方才是最终责任人。被侵权人只可以向直接责任人请求赔偿,不能向间接责任人主张赔偿责任。这种规则与典型的不真正连带责任的规则不同。同样,在建筑物、构筑物或者其他设施及其悬挂物、搁置物脱落、坠落致人损害,以及建筑物、构筑物或者其他设施因设置缺陷倒塌致人损害,也都是由所有人、管理人或者使用人以及建设单位、施工单位先承担中间责任,其后,再由承担了责任的人向最终责任人追偿。

(二)先付责任的规则

依照《侵权责任法》第44条、第85条后段和第86条第1款后段规定,实行先付责任的基本规则是:

第一,侵权行为符合不真正连带责任的基本要求。不真正连带责任的基本构成要求是两个以上的行为人的行为对损害的发生都应当承担责任,但一方承担的责任是中间责任,最终承担责任的最终责任人是另一方。例如,在第三人的过错致使产品存在缺陷造成损害的产品责任中,如果将生产者和销售者作为一方,第三人作为另一方,他们都有责任对受害人的损害负责,只要有一方承担了赔偿责任,被侵权人的赔偿权利就得到满足,其他请求权就归于消灭。这种情形符合不真正连带责任的基本要求。

第二,基于公共政策的考量,确定不真正连带责任的责任人有的承担直接责任(先付),有的承担间接责任(追偿)。既然生产者和销售者以及第三人都有责任对缺陷产品造成的损害承担赔偿责任,那么就应当适用《侵权责任法》第43条规定由受害人选择责任人,但是第44条却采取了特殊规则,其原因是基于公共政策考量,为了保障被侵权人的损害能够得到及时救济,赔偿权利能够及时实现,因而确定由更具有赔偿能力、对被侵权人来说距离更近、更容易行使权利的生产者、销售者承担直接责任。而应当承担最终责任的第三人却隐藏在中间责任人的背后,不承担直接的责任而承担间接责任。

第三,承担直接责任的不真正连带责任人(中间责任人),应当向被侵权人直接负责,被侵权人直接向他们行使赔偿请求权,而不是由被侵权人向距离较远、索赔不易的第三人(最终责任人)主张赔偿权利。只有在承担直接责任的责任人承担了赔偿责任之后,再由他们向间接责任人进行追偿,将中间责任转嫁给最终责任人,实现最终责任。

《侵权责任法》第85条后段和第86条第1款后段规定的责任形态,也都符合先付责任的基本特点,都适用上述规则。

(三)先付责任的索赔僵局及破解方法

法律规定运输者、仓储者等第三人的过错导致产品存在缺陷,造成他人人身、财产损失,生产者、销售者承担赔偿责任,之后由生产者、销售者向第三人追偿的先付责任规则,其目的在于保护受害人的合法权益,使其损失能够尽早得到救济。同样,规定建筑物等脱落坠落、倒塌的损害赔偿责任也都是先由中间责任人承担直接赔偿责任,而后对最终责任人追偿,其目的也是如此。立法的这个出发点无疑是好的。受害人直接向生产者、销售者请求赔偿,向所有人、管理人或者使用人请求赔偿,向建设单位、施工单位请求赔偿,而不是向第三人或者其他责任人①请求赔偿,对于被侵权人赔偿请求权的实现更为方便和快捷。但是,这种规则存在一个不可解决的索赔僵局,即当生产者、销售者以及所有人管理人或者使用人以及建

① 这两个条文规定的"其他责任人"的概念,其实就是第三人的概念。

设单位、施工单位不能承担赔偿责任的时候，它们就不能向第三人追偿，法律又没有规定受害人可以直接向第三人请求赔偿。这样一来，受害人的合法权益反而得不到有效保障，不能使其受到的损害得到及时救济。这个索赔僵局是立法者没有看到也不愿意看到的。

解决这个索赔僵局的办法是：运输者、仓储者等第三人的过错导致产品存在缺陷，造成他人人身、财产损失，生产者、销售者不能承担赔偿责任，因而无法向第三人追偿的，被侵权人可以直接起诉第三人，要求第三人承担侵权赔偿责任。建筑物等脱落、坠落、倒塌的责任同样如此。[①] 用这个办法就可以解决这个索赔僵局。建议最高人民法院应当制定相应的司法解释，规定这个规则。在现实生活中，如果出现这样的问题，人民法院可以适用这个办法解决先付责任中的这个索赔僵局。

四、相应的补充责任

（一）适用相应的补充责任的侵权行为

1. 适用相应的补充责任的侵权行为

补充责任的概念最早出现在《最高人民法院关于审理人身损害赔偿案件适用法律若干问题的解释》第 6 条第 2 款，在违反安全保障义务的防范制止侵权行为的责任中适用。[②] 之后，学者对补充责任进行了充分的研究，最后《侵权责任法》采纳了补充责任的概念。《侵权责任法》规定了四种补充责任：一是第 32 条第 2 款规定："有财产的无民事行为能力人、限制民事行为能力人造成他人损害的，从本人财产中支付赔偿费用。不足部分，由监护人赔偿。"这是完全的补充责任。二是第 34 条第 2 款规定："劳务派遣期间，被派遣的工作人员因执行工作任务造成他人损害的，由接受劳务派遣的用工

---

① 参见杨立新等：《中华人民共和国侵权责任法司法解释草案建议稿》，载《河北法学》2010 年第 11 期。

② 该条款的内容是："因第三人侵权导致损害结果发生的，由实施侵权行为的第三人承担赔偿责任。安全保障义务人有过错的，应当在其能够防止或者制止损害的范围内承担相应的补充赔偿责任。安全保障义务人承担责任后，可以向第三人追偿。赔偿权利人起诉安全保障义务人的，应当将第三人作为共同被告，但第三人不能确定的除外。"

单位承担侵权责任；劳务派遣单位有过错的，承担相应的补充责任。”三是第37条第2款规定：“因第三人的行为造成他人损害的，由第三人承担侵权责任；管理人或者组织者未尽到安全保障义务的，承担相应的补充责任。”四是第40条规定：“无民事行为能力人或者限制民事行为能力人在幼儿园、学校或者其他教育机构学习、生活期间，受到幼儿园、学校或者其他教育机构以外的人员人身损害的，由侵权人承担侵权责任；幼儿园、学校或者其他教育机构未尽到管理职责的，承担相应的补充责任。”可以概括为：四种补充责任分为两种类型，一种是完全的补充责任，只有一种；另一种是有限的补充责任，为三种。概括起来，适用补充责任的侵权行为类型就是提供机会的竞合侵权行为。

2. 适用补充责任侵权行为的特点

提供机会的竞合侵权行为是指两个竞合的行为，从行为为主行为的实施提供了机会，使主行为的实施能够顺利完成的竞合侵权行为。从发挥的作用上考察，提供机会的竞合侵权行为与必要条件的竞合侵权行为有所不同，即间接侵权人的从行为给直接侵权人的主行为造成损害结果提供了机会，但并不是必要条件。这种侵权行为基本上具有不真正连带责任侵权行为的同样特点，就是两个以上的主体对同一个民事主体负有法定义务，当一个侵权行为侵害了这个法律所特殊保护的民事主体的民事权益时，该民事主体就产生了两个以上的损害赔偿请求权，分别针对负有不同法律义务的人。

既然适用补充责任的侵权行为与适用不真正连带责任的侵权行为是一样的，之所以在责任形态上要有区别，主要有两个理由：第一，在适用补充责任的场合，实施侵权行为的数个行为人的法定义务有轻有重，有主有从，因而应当承担的侵权责任也就有轻有重，有主有从。如防范制止侵权行为未尽安全保障义务的侵权行为，直接侵权人违反的法定义务是对绝对权的不可侵义务，实施的侵权行为侵害了绝对权，因而是应当首先承担责任的人。而公共场所管理人或者群众性活动组织者违反的义务是安全保障义务，并不是直接侵权人，是未尽安全保障义务的行为给直接侵权人提供了条件而间接地侵害了受害人的权利。因此,在两个侵权责任中,直接侵权人的责任是最终责任,而公共场所管理人或者群众性活动组织者的责任是从属的责任,是第二位的责任。为了体现这种责任性质和关系的不同,立法者采取补充责任的形态加以区别。第二,立法者出于公共政策考量,认为受害人的权益需要更为周到的保护,因此,在顺序在先的请求权行使之后不能得到满足,再规定受害人可以行使第二顺序的请求权保护未完全得到救济的权利。因此可以说,补充责任是不真正连带责任的一种特殊形式,其基本性质仍然是不真正连带责任,只不过两个请求权的关系变为顺位关系而不是选择关系。

(二)补充责任概述

1. 补充责任的概念

侵权法的补充责任,是指两个以上的行为人违反法定义务,对一个受害人实施加害行为,或者不同的行为人基于不同的行为而致使受害人的权利受到同一损害,各个行为人产生同一内容的赔偿责任,受害人分别享有的数个请求权有顺序的区别,首先行使顺序在先的请求权,不能实现或者不能完全实现时,再行使另外的请求权予以补充的侵权责任形态。[1]

2. 侵权补充责任与不真正连带责任的区别

补充责任与不真正连带责任相比较,补充责任的唯一区别是产生的数个请求权存在顺序的区别,权利人必须首先行使顺序在先的请求权,在顺序在先的请求权行使中,第一顺序的责任人不能赔偿、赔偿不足或者下落不明而使请求权不能满足时,再行使其他的请求权,以保障自己的损害赔偿请求权能够完满实现。如,顾客住进宾馆遭受犯罪行为人杀害,犯罪行为人负有人身损害赔偿的侵权责任,宾馆负有违反安全保障义务的侵权责任。这两个责任发生竞合。犯罪行为人应当首先承担直接责任,宾馆的责任消灭;宾馆在犯罪行为人无力赔偿或者赔偿不足或者逃逸、被判极刑无法赔偿时,应当承担补充责任。

---

① 杨立新:《侵权法论》,人民法院出版社 2005 年版,第 643 页。

(三)补充责任的类型及规则

1. 完全的补充责任

完全的补充责任,是指直接责任人不能承担赔偿责任或者不能承担全部赔偿责任,由补充责任人承担全部的赔偿不足部分赔偿责任的补充责任形态。

这种完全的补充责任在《侵权责任法》中只规定了一种,即第32条第2款:"有财产的无民事行为能力人、限制民事行为能力人造成他人损害的,从本人财产中支付赔偿费用。不足部分,由监护人赔偿。"这个条文后段规定的就是完全的补充责任。

完全的补充责任的基本规则是:第一,责任人分为直接责任人和补充责任人,有顺序的区别,被侵权人只能按照顺序行使赔偿请求权。第二,直接责任人承担的赔偿责任不足部分,完全由补充责任人承担。[①] 第三,补充责任人承担了补充责任之后,不享有追偿权,不能向直接责任人进行追偿。

2. 有限的补充责任

有限的补充责任,是指直接责任人不能承担赔偿责任或者完全不能承担赔偿责任,补充责任人按照其过错程度或者行为的原因力,承担相应责任的补充责任形态。这种补充责任不是全部补充而是有限补充。[②]《侵权责任法》把这种有限的补充责任叫作相应的补充责任。《侵权责任法》规定三种相应的补充责任,都是有限的补充责任。

有限的补充责任的规则是:

第一,在有限的补充责任中,构成直接责任与补充责任的竞合,受害人应当首先向直接责任人请求赔偿,直接责任人应当承担侵权责任。直接责任人承担了全部赔偿责任后,补充责任人的赔偿责任终局消灭,受害人不得向补充责任人请求赔偿,直接责任人也不得向补充责任人追偿。

---

① 王胜明主编:《中华人民共和国侵权责任法释义》,法律出版社2010年版,第162页。

② 王胜明主编:《中华人民共和国侵权责任法释义》,法律出版社2010年版,第174页。

第二,受害人在直接责任人不能赔偿、赔偿不足或者下落不明,无法行使第一顺序的赔偿请求权或者不能满足请求权的要求时,可以向补充责任人请求赔偿。补充责任人承担补充责任的范围是相应的,即与其过错程度和行为的原因力相适应的范围内。因此,这就不是对直接责任人所有的不能赔偿的范围都予以补充赔偿,而仅仅是就其相应的部分进行补充赔偿。

第三,补充责任人承担的相应的补充责任大于未承担的赔偿责任的,只以未承担的赔偿责任为限;补充责任小于未承担的赔偿责任的,只以相应的责任为限,不得超出相应的责任的范围进行补充赔偿。例如,未承担的赔偿责任为 3 万元,相应的补充责任为 5 万元,补充责任人只赔偿 3 万元,因为总的赔偿范围不能超出损失范围;未承担的赔偿责任为 5 万元,相应的责任为 3 万元,补充责任人只赔偿 3 万元,因为补充责任人只承担相应的责任。

第四,补充责任人在承担了有限的补充赔偿责任之后,不产生对直接责任人的追偿权,因为既然补充责任人承担的责任是与其过错程度和行为的原因力相适应的责任,那么,就应当自己负责,不得追偿。《侵权责任法》的这个规则改变了《最高人民法院关于审理人身损害赔偿案件适用法律若干问题的解释》第 6 条第 2 款和第 7 条第 2 款规定的补充责任追偿权的规定,应当特别注意。

(四)补充责任的含义

补充责任的含义包括以下两个要点:第一,补充责任的顺序是第二位的责任。直接责任人承担的赔偿责任是第一顺序的责任,补充责任人承担的赔偿责任是第二顺序的责任。因此,补充责任是补充直接责任的侵权责任。第二,补充责任的赔偿范围是补充性的。完全的补充责任,是补充责任人对直接责任人赔偿不足的部分全部补充赔偿,其赔偿范围的大小取决于直接责任人承担的赔偿责任的大小,补充责任人承担的赔偿责任就是其不足部分;有限的补充责任,则无论直接责任人不能赔偿的部分是多少,补充责任人承担的赔偿责任范围是自己的过错程度和行为原因力相应的部分,并且以直接责任人承担赔偿责任不足部分的范围为限,而非全部补充。

五、附条件不真正连带责任

适用附条件不真正连带责任的竞合侵权行为是提供平台的竞合侵权行为。《消费者权益保护法》第43条、第44条规定了两种。

一是传统交易平台提供者的提供平台的竞合侵权行为。该法第43条规定："消费者在展销会、租赁柜台购买商品或者接受服务，其合法权益受到损害的，可以向销售者或者服务者要求赔偿。展销会结束或者柜台租赁期满后，也可以向展销会的举办者、柜台的出租者要求赔偿。展销会的举办者、柜台的出租者赔偿后，有权向销售者或者服务者追偿。"

二是网络交易平台提供者的提供平台的竞合侵权行为。该法第44条第1款规定："消费者通过网络交易平台购买商品或者接受服务，其合法权益受到损害的，可以向销售者或者服务者要求赔偿。网络交易平台提供者不能提供销售者或者服务者的真实名称、地址和有效联系方式的，消费者也可以向网络交易平台提供者要求赔偿；网络交易平台提供者作出更有利于消费者的承诺的，应当履行承诺。网络交易平台提供者赔偿后，有权向销售者或者服务者追偿。"

附条件不真正连带责任的关键问题，是承担不真正连带责任须有法定或者约定的条件，符合这样的条件的，平台提供者就承担不真正连带责任；不符合这样的条件的，平台提供者就不承担这种责任。因此，关键的还是平台提供者是否成就所附条件。

传统交易平台提供者承担不真正连带责任的条件是，展销会结束，或者租赁柜台期满。这时候，销售者销售的商品或者服务者提供的服务造成消费者损害，消费者不能找到致害的销售者或者服务者的，就构成这样的条件。

网络交易平台提供者承担不真正连带责任的条件是：第一，约定条件，即网络交易平台提供者做出更有利于消费者的承诺的，即实现承诺先行赔付；第二，法律规定网络交易平台提供者不能提供销售者或者服务者的真实名称、地址、有效联系方式。在前者，先行赔付后，网络交易平台提供者必有保证金作为赔付的基础，事后可以追偿;在后者,受到损害的消费者无法找到致害的销售者或者服务者,网络交易平台提供者有责任提供法律规定的信息,如果不能提供这样的信息,具备承担不真正连带责任的条件,应当承担赔偿责任,当然可以事后追偿。

至于附条件后承担的不真正连带责任,与典型的不真正连带责任的规则没有区别,规则完全相同。(见表4－2)。

表4－2　竞合侵权行为类型与责任分担形态

竞合侵权行为类型	必要条件的竞合侵权行为	典型的不真正连带责任
	"必要条件＋政策考量"的竞合侵权行为	先付责任
	提供机会的竞合侵权行为	相应的补充责任(有限补充)
	提供平台的竞合侵权行为	附条件不真正连带责任

第五章　第三人侵权行为及其责任承担

我国《侵权责任法》在很多条文中使用了"第三人"的概念,还有数处使用"其他责任人"的概念实际上也是第三人的概念。这些概念究竟是一种侵权行为形态,还是不同的侵权行为形态,立法没有明确说法,司法没有确定的解释,学理也没有进行深入讨论,颇值得研究。我们认为,第三人侵权行为也是多数人侵权行为的一种非典型类型,因为它也符合多数人侵权行为的一般特征,只是在责任分担上有所区别而已。

不过,依照我国《侵权责任法》的规定,既有对第三人侵权行为的一般性规定,即该法第 28 条,也有对第三人侵权行为的分担责任的具体规定,即该法第 68 条、第 83 条,还有第 44 条、第 85 条后段和第 86 条第 1 款后段的规定,分别依照典型的不真正连带责任和先付责任的规则分担责任。

本章第一节主要研究《侵权责任法》第 26 条规定的第三人侵权行为的免责规则,也提及适用无过错责任原则等不真正连带责任、先付责任的有关规则。第二节专门研究环境侵权中的第三人侵权行为及责任,即对《侵权责任法》第 68 条和《最高人民法院关于审理环境侵权责任纠纷案件适用法律若干问题的解释》第5条的规定进行评释。

第一节　第三人侵权行为及责任

一、《侵权责任法》有关第三人的规定

（一）《侵权责任法》有关第三人侵权行为的一般性规定

我国《侵权责任法》有关第三人侵权的一般规定是第28条，内容是："损害是因第三人造成的，第三人应当承担侵权责任。"

学者对该条规定的基本内容是什么，有不同认识。全国人大法工委王胜明副主任在解释这一条文时，认为这是规定第三人过错，是指原告（受害人）起诉被告以后，被告提出的该损害完全或者部分由于第三人的过错造成，从而提出免除或者减轻自己责任的抗辩事由。① 王利明教授认为这是规定第三人原因，是指除原告和被告之外的第三人，对原告损害的发生或扩大具有过错，此种过错包括故意和过失。因第三人的原因造成损害的发生和扩大，既可能导致因果关系中断，使行为人被免除责任，也可能因为第三人的原因导致损害的发生或扩大，而使行为人被减轻责任。② 张新宝教授认为这是第三人原因，且只有损害完全是由于第三人的过错行为造成的，第三人承担全部侵权责任，行为人不承担侵权责任。③ 程啸同样采纳第三人原因的观点。④ 最高人民法院法官编著的侵权责任法释义认为这是第三人造成损害。⑤ 这些观点尽管有所区别，但有一点是肯定的，这一条文是对第三人侵权行为的一般性规定。

---

① 王胜明主编：《中华人民共和国侵权责任法释义》，法律出版社2010年版，第143页。

② 王利明：《侵权责任法研究》，中国人民大学出版社2011年版，第433页。

③ 张新宝：《侵权责任法》，中国人民大学出版社2010年版，第78页。

④ 程啸：《侵权责任法》，法律出版社2011年版，第229页。

⑤ 奚晓明主编：《〈中华人民共和国侵权责任法〉条文理解与适用》，人民法院出版社2010年版，第213页。

（二）《侵权责任法》有关第三人的其他规定

《侵权责任法》在第28条之外，还在第37条第2款、第44条、第68条、第83条分别使用了“第三人”的概念，在第85条、第86条第1款使用了“其他责任人”的概念，这个“其他责任人”的概念与第三人的概念相同，但第86条第2款规定的“其他责任人”与第1款规定的同一概念不同，不是指第三人，而是另有所指。[①] 第40条规定的“以外的人员”与第三人的概念相同。

《侵权责任法》第37条第2款规定的是第三人在公共场所或者群众性活动中实施侵权行为造成他人损害，管理人或者组织者未尽安全保障义务的，承担相应的补充责任。这里规定的第三人是直接侵权人，是他的行为造成被侵权人损害，管理人或者组织者未尽安全保障义务的不作为行为为直接侵权行为的实施提供了机会。这种第三人与《侵权责任法》第28条规定的第三人概念有所区别，不是一个概念。

《侵权责任法》第44条规定的是产品责任的第三人责任。运输者、仓储者等第三人由于过错使产品存在缺陷造成他人损害的，产品的生产者、销售者在承担了赔偿责任后，向第三人追偿。这里的第三人与第28条规定的第三人概念比较接近，但承担责任的规则有重大差别。

《侵权责任法》第68条和第83条规定，因第三人过错污染环境造成损害、因第三人过错致使动物造成他人损害的，被侵权人可以向污染者或者动物饲养人、管理人请求赔偿，也可以向第三人请求赔偿。污染者或者动物饲养人、管理人赔偿后，有权向第三人追偿。这两个条文规定的第三人原本与第28条规定的第三人概念是一样的，但因为政策的考量和无过错责任原则的适用，改为不真正连带责任规则，是法律对这种第三人另外规定了不同的规则。

《侵权责任法》在以下条文中使用的“其他责任人”或者“以外

---

① 《侵权责任法》第86条第2款规定的“其他责任人”的概念是指建筑物、构筑物以及其他设施的所有人、管理人或者使用人。参见杨立新：《侵权责任法》，法律出版社2011年版，第357页。

的人员”的概念，也属于第三人的概念。这样的规定有三处：

一是第40条规定，无民事行为能力人或者限制民事行为能力人在幼儿园、学校或者其他教育机构学习、生活期间，受到幼儿园、学校或者其他教育机构“以外的人员”人身损害的，由侵权人承担侵权责任；幼儿园、学校或者其他教育机构未尽到管理职责的，承担相应的补充责任。“以外的人员”被直接称为“侵权人”，与第37条第2款规定的第三人概念完全一致，承担的责任形态也完全一致。

二是第85条规定，建筑物、构筑物或者其他设施及搁置物、悬挂物发生脱落、坠落造成他人损害，所有人、管理人或者使用人不能证明自己没有过错的，应当承担侵权责任。所有人、管理人或者使用人赔偿后，有“其他责任人”的，有权向“其他责任人”追偿。这个其他责任人的概念，与第44条规定的第三人的含义完全相同。

三是第86条第1款规定，建筑物、构筑物或者其他设施倒塌造成他人损害的，由建设单位与施工单位承担连带责任。建设单位、施工单位赔偿后，有“其他责任人”的，有权向“其他责任人”追偿。这个概念与第44条规定的第三人的含义也完全相同。有的学者将第86条第1款规定的其他责任人的规则理解为免责事由的第三人原因，[①]其中解释为第三人是对的，而解释为免除第三人的责任则不正确，因为这个条文规定的其他责任人不是免责，而是被建设单位和施工单位追偿权追偿的对象，是要承担侵权责任的。

（三）《侵权责任法》关于第三人侵权行为规定的基本规律

《侵权责任法》为什么在第28条规定了第三人侵权行为的一般规则之外，还规定了大量的第三人特殊责任的规则，这是由于侵权行为形态中多数人侵权行为的复杂性决定的。

在侵权行为中，除了单独侵权行为（一个侵权人对被侵权人实施的侵权行为）之外，还存在多种形式的多数人侵权行为形态。相对于单独侵权行为，凡是在侵权人一方存在两个以上的主体，或者作为侵权人，或者作为对该侵权行为有特定关系的人，应当对被侵

---

① 程啸：《侵权责任法》，法律出版社2011年版，第231页。

权人承担不同责任形态的侵权行为,都叫作多数人侵权行为。如,共同侵权行为和分别侵权行为[①]都是多数人侵权行为,多数行为人无论是连带责任人还是按份责任人,都是侵权人,因此,不把这些侵权人中的一部分人叫作第三人或者其他责任人,而是叫作共同侵权人或者分别侵权人。在这两种多数人侵权行为中,不存在使用第三人概念的可能。

但是,在多数人侵权行为中的竞合侵权行为中,存在主要的侵权人即直接侵权人之外,还存在起到辅助作用的间接侵权人,其中起到主要作用的直接侵权人的地位和作用与第三人的概念极为相似,因此,《侵权责任法》也将这两种侵权人中的一种叫作第三人或者其他责任人。

相对而言,第三人侵权行为也是多数人侵权行为中的一种,由于第三人侵权行为中的第三人所起的作用是直接的、主要的作用,而实际造成损害的没有过错的实际加害人所起到的作用却是间接的、辅助的作用,因此,才做出了对第三人侵权行为中的实际加害人免责的规定。不过,第三人侵权行为中第三人的行为与竞合侵权行为中直接侵权人的行为并非截然不同,不存在根本的界限,因此,立法有时会通过政策考量而确定实际加害人应当免责的第三人侵权行为的双方当事人承担不真正连带责任,将其认定为竞合侵权行为。这也是《侵权责任法》在使用第三人和其他责任人概念上不够严谨的原因。

即便如此,《侵权责任法》在使用第三人概念仍然有较为明确的规律可循:

第一,当实际加害人的行为是间接原因,对损害结果的发生仅起到辅助作用,且没有过错,而第三人的行为是直接原因,对损害结果的发生起到直接作用时,法律认为是第三人侵权行为,适用第三人侵权行为的一般规则,免除实际加害人的侵权责任。

第二,当实际加害人的行为是间接原因,对损害结果的发生或者扩大尽管起到辅助作用,但具有过错,而第三人的行为是直接原

---

① 即无过错联系的共同加害行为,我们将其称为分别侵权行为。

因，对损害的发生所起到的作用是直接作用的时候，法律规定适用特别规则，认定为竞合侵权行为，承担不真正连带责任，不适用第三人侵权行为的一般规则。

第三，在第一种情形下，有些本应当认定为第三人侵权行为，但有特别原因，如实际加害人没有过错，但因适用无过错责任原则以及基于政策考量，法律将其规定为竞合侵权行为，由不同的侵权人承担不真正连带责任，不适用第三人侵权行为的一般规则而适用特别规则。

二、第三人侵权行为的历史发展

(一)国外侵权法对第三人侵权行为的规定

1. 两种不同时期的第三人侵权行为立法

检索了近 20 部外国民法典关于侵权法的规定，较多的民法典没有对第三人侵权行为做出特别规定。经过整理，发现各国侵权法(包括草案和欧洲侵权法基本原则)规定第三人侵权行为的基本情况如下：

(1)早期民法规定第三人侵权行为的三种立法例

在早期的民法典关于侵权行为的规定中，有三种第三人侵权行为的立法例。

第一种立法例是《法国民法典》，对第三人侵权行为没有明确规定，在具体的司法实践中，对于第三人侵权行为，实际加害人可以主张自己没有过错而免除责任。

第二种立法例是《德国民法典》，该法第 840 条第 2 款规定：“第三人与依照第 833 条至第 838 条负有损害赔偿义务的人一起，就损害负责任的，在他们的相互关系中，该第三人单独负有义务。”第 833 条至第 838 条分别规定的是动物饲养人的责任、动物看管人的责任、土地占有人的责任、建筑物占有人的责任和建筑物维护义务人的责任。在上述这些情形下，第三人负有责任，免除行为人的责任。这是典型的第三人侵权行为，但有特定的适用范围，而不是一般性规定。

第三种立法例是规定第三人侵权行为，但其法律后果不是免除实际加害人的侵权责任,而是实行不真正连带责任,实际加害人承担侵权责任之后,向第三人进行追偿。《日本民法典》第 717 条第 3 款规定:“于前两款情形,就损害发生另有责任者时,占有人或所有人可以对其行使求偿权。”前两款规定的是土地工作物损害责任。这种规定显然是针对第三人的行为,但不是免除实际加害人的责任,而是承担不真正连带责任。《韩国民法典》第 758 条第 3 款关于“前两款规定的情形,占有人或所有人可向对发生损害有责任的人行使求偿权”的规定,与《日本民法典》的上述规定相同。

(2)新兴民法典多数规定第三人侵权行为的免责条款

与早期民法典规定第三人侵权行为的做法不同,新兴民法典基本上都规定第三人侵权行为为免责条款。这种做法是随着民法典规定侵权行为的类型化、系统化而逐渐改变的。在这些新兴民法典中,基本上都规定了侵权责任的抗辩事由或免责事由,在其中规定第三人侵权行为。如,1994 年 1 月 1 日实施的《加拿大魁北克民法典》第 1481 条规定:“如损害由数人引起,他们中的一人根据特别法令的明示规定免除所有责任,该人应承担的责任份额由其他损害责任人平均分担。”这个条文包含第三人侵权行为的适用。1995 年 10 月 28 日通过的《越南社会主义共和国民法典》第 629 条第 2 款规定:“若完全由于第三人的过错引起牲畜造成他人损害,则第三人必须赔偿损害;若第三人与牲畜的所有人都有过错,则双方必须承担连带赔偿责任。”这一条文的前段规定的是动物损害责任中的第三人侵权行为,免除实际加害人的侵权责任;后段规定的是第三人和动物所有人的共同侵权行为。2002 年 4 月 15 日生效的《荷兰民法典》第 6:178 条 e 款规定“损害完全是由于第三人故意致害之作为或不作为造成的,而且不影响第 170 条和第 171 条之规定的适用”,不依第 175 条、第 176 条和第 177 条承担责任。第 170 条和第 171 条是雇主责任中造成第三人损害的责任,第 175 是危险物责任,第 176 条是废弃物污染责任,第 177 条是采矿致使矿物质外泄造成损害责任,这些都是第三人应当承担责任的情形,因此,第三人造成损害,除了上述情形之外,免除实际加害人的责任。

规定最为明确的是以下两部法律:一是《阿尔及利亚民法典》

第127条:“除非法律另有规定,行为人如能证明损害系由受害人或者第三人的过错以及意外事件或不可抗力等不可归咎于自己的原因造成的,不承担损害赔偿责任。”其中第三人过错造成损害,行为人不承担侵权责任,规定十分明确,而且是一般性规定。二是《欧洲侵权法基本原则》第7:102条第1款:“如损害是由以下不可预见和不可抗拒的原因引起的,则可减免严格责任:(a)自然力(不可抗力);或(b)第三者的责任。”这一规定明确了第三人侵权行为的后果是减免责任。

值得注意的是欧洲国家的侵权法改革法草案的一些规定,对第三人侵权行为的规定更为明确。《瑞士债法典》改革草案第47a条第2款规定:“因不可归责于某人的事实,即不可抗力、第三人或者受害人本人的行为或者应归责于第三人或受害人本人的典型风险,以明显高度可能的方式导致损害出现或者扩大的,其不承担各种责任义务。”[①]《法国民法典2005年Avant债法改革草案》第1349条第2款规定:“外界原因可能来源于偶然事件、受害人或第三人的行为,而被告无须承担责任。”[②]这样的建议表达了侵权法普遍规定第三人侵权行为的趋势。

2. 第三人侵权行为立法的发展

归纳起来,各国侵权法规定第三人侵权行为的历史可以分为三个阶段:

(1)不作具体规定时期

这个时期以《法国民法典》为代表,以不规定第三人侵权行为为基本特点。在这个时期,由于侵权法采取抽象性、一般性规定的立法特点,内容比较简洁,通常没有规定免责事由或者抗辩事由。1857年1月1日生效的《智利民法典》也采纳这种立法例,没有规定第三人侵权行为。其原因主要是大陆法系侵权法一般不规定免责事由或者抗辩事由。

---

① [德]布吕格迈耶尔、朱岩:《中国侵权责任法学者建议稿及其立法理由》,北京大学出版社2009年版,第302页。

② [德]布吕格迈耶尔、朱岩:《中国侵权责任法学者建议稿及其立法理由》,北京大学出版社2009年版,第311页。

(2)规定为特定的免责事由时期

这个时期以《德国民法典》为代表,对第三人侵权行为规定在特殊侵权责任中,而不是规定为一般的免责事由。如《日本民法典》《韩国民法典》以及《越南社会主义民法典》等。在原来没有规定第三人侵权行为条款的某些民法典中,通过修订法律,也增加了部分特殊侵权责任适用第三人侵权行为免责的条款。在这个时期,民法规定第三人侵权行为条款的责任形态分为两种,一是免除责任,二是承担不真正连带责任。

(3)普遍规定为一般免责事由时期

在20世纪后期至21世纪初,新兴民法典开始重视对侵权责任抗辩事由的规定,普遍规定了第三人侵权行为条款。如《加拿大魁北克民法典》《荷兰民法典》《阿尔及利亚民法典》以及《欧洲侵权法基本原则》。

3. 各国侵权法规定第三人侵权行为的基本规律

各国第三人侵权行为立法发展的基本规律是,随着社会的不断发展,侵权法现代化的程度越来越高,对侵权责任免责事由或者抗辩事由的规定越来越重视,第三人侵权行为作为侵权责任的基本抗辩事由越来越受到高度关注,因此在20世纪转向21世纪的前后,侵权法规定第三人侵权行为条款已经成为通例。这有利于坚持过错责任原则,准确确定侵权责任,体现公平、科学的侵权责任确定原则,体现侵权法的矫正正义,保障行为人的行为自由。因此,规定第三人侵权行为免责条款标志着侵权法的现代化,代表了人类社会的文明和进步。

(二)我国近现代侵权法对第三人侵权行为的规定

在近现代中国民事立法(包括《大清民律草案》《民国民律草案》《中华民国民法》和"伪满洲国民法")中,侵权法使用的"第三人"概念包括两种含义:一是行为人中的第三人,与本文研究的第三人侵权行为的概念相同;二是受害人中的第三人,多数是指替代责任中的责任人与行为人之外的受害人、承揽人与定作人之外的受害人或者扶养损害赔偿中的间接受害人。

《大清民律草案》使用的"第三人"和"别有任责人"两个概念,

都是第三人的概念。《大清民律草案》第 973 条第 2 款规定:“依第 954 条至第 956 条之规定负损害赔偿之义务者,于第三人亦负损害赔偿之义务时,其相互间之关系,仅第三人负义务。”这种立法对第三人侵权行为采用免责规则。

《民国民律草案》侵权法使用“第三人”的是第 258 条:“以前三条之规定,应负损害赔偿责任之人,于第三人亦应负其责任时,其相互间之关系,仅第三人负其责任。”前三条分别是动物加损害于他人、土地工作物损害责任、土地工作物损害责任的前后相续者的责任,当有第三人应负损害赔偿责任时,第三人承担责任,行为人免除责任。这是典型的第三人侵权行为免责条款。

《中华民国民法》规定第三人责任的条文有两个,一是第 190 条第 2 款:“动物系由第三人或他动物之挑动,致加损害于他人者,其占有人对于该第三人或该他动物之占有人,有求偿权”;二是第 191 条第 2 款:“前项损害之发生,如别有应负责任之人时,赔偿损害之所有人,对于该应负责者,有求偿权”。这两个条文都用求偿权的规定,而不是免责的规定,借鉴的是《日本民法典》的做法。

“伪满洲国民法”只有一个条文与第三人侵权行为有关,即第 738 条第 3 款:“与前两项之情形而就损害之原因另有应任其责之人者,占有人或所有人得对之行使求偿权。”这里说的是土地工作物损害责任,另有任其责之人就是第三人。这种做法也是借鉴《日本民法典》的做法。

归纳起来,上述四部民法或者草案规定第三人的概念,集中在动物损害责任和工作物损害责任中。《大清民律草案》和《民国民律草案》采第三人侵权行为为免责事由的做法,而《中华民国民法》和“伪满洲国民法”则采不真正连带责任规则。

(三)中国当代侵权法对第三人侵权行为的规定

1. 不规范时期

自 1949 年至 1985 年,我国只有《婚姻法》而无其他民法规范,立法上当然没有第三人侵权行为的规定。司法解释在这个时期也没有关于第三人侵权行为的规定。

2. 初步规范时期

1986 年 4 月 12 日通过的《民法通则》没有规定第三人侵权行为的一般规则，但是在两个条文中提到了相关概念：一是第 122 条：产品责任的“运输者、仓储者对此负有责任的，产品制造者、销售者有权要求赔偿损失”，其中运输者、仓储者的概念类似于第三人的概念，在《侵权责任法》中将其规定为第三人。二是第 127 条：“由于第三人的过错造成损害的，第三人应当承担民事责任。”这是对第三人责任的明确规定，限于饲养动物损害责任中的第三人，动物饲养人或者管理人免责。

在以下法律中都规定了第三人侵权行为条款。1984 年制定、2009 年修订的《水污染防治法》第 55 条第 3 款：“水污染损失由第三者故意或者过失所引起的，第三者应当承担责任。”1999 年《海洋环境保护法》第 90 条第 1 款：“完全由于第三者的故意或者过失，造成海洋环境污染损害的，由第三者排除危害，并承担赔偿责任。”1995 年《电力法》第 60 条第 3 款：“因用户或者第三人的过错给电力企业或者其他用户造成损害的，该用户或者第三人应当依法承担赔偿责任。”

这些关于第三人侵权行为的规定都是针对具体的特殊侵权责任做出的，集中在产品责任、动物损害责任、水污染责任、海洋环境污染责任和电力损害责任。后果主要是免除实际加害人的责任，由第三人承担责任，也有少数适用不真正连带责任的规定。

在这个时期中，最高人民法院的司法解释规定了较多的第三人规范，但多数规定为不真正连带责任。2003 年《最高人民法院关于审理人身损害赔偿案件适用法律若干问题的解释》多处使用了第三人的概念。该司法解释第 6 条第 2 款规定：“因第三人侵权导致损害结果发生的，由实施侵权行为的第三人承担赔偿责任。安全保障义务人有过错的，应当在其能够防止或制止损害的范围内承担相应的补充赔偿责任。安全保障义务人承担责任后，可以向第三人追偿。”这个规定的前段好像是一般性规则，但其实是对违反安全保障义务的第三人责任的规定。第 7 条第 2 款规定的第三人也是相应的补充责任。在第 11 条和第 12 条分别规定了工伤事故责任中的第三人适用不真正连带责任和并合责任。第 14 条规定帮工人因第三人侵权遭受人身损害的，由第三人承担赔偿责任。

3. 完善时期

在制定《侵权责任法》的过程中，专家建议稿基本上都提出了第三人行为的立法建议。王利明教授的建议稿第 1853 条："因第三人的过错造成损害的，应当由该第三人承担民事责任。但法律另有规定的除外。"①杨立新教授的建议稿第 31 条："因第三人的过错和原因造成损害的，应当由该第三人承担责任，但法律另有规定的除外。"②梁慧星和张新宝教授的建议稿第 1562 条："损害是由于第三人的过错行为造成的，由该第三人承担民事责任。第三人的过错行为与加害人的行为竞合导致损害发生的，适用本法第 1550 条规定。"③第 1550 条是关于按份责任的规定。被称为"西南立场"的侯国跃教授的建议稿第 21 条规定："损害是由于第三人的原因造成的，由第三人承担民事责任，法律另有规定的除外。""第三人的行为与加害人的行为都是损害发生的原因的，适用本法关于原因竞合的规定。"④

《侵权责任法》的第一次审议稿和第二次审议稿都没有规定第三人侵权行为的条文，从第三次审议稿开始加进了第 28 条，直至最后通过成为法律，成为我国对第三人侵权行为的法律规范，我国第三人侵权行为立法进入完善时期。

三、第三人侵权行为的概念、性质和地位

（一）第三人的概念

1. 第三人用法的不同含义

各国法律和我国侵权法对第三人的概念通常在四个方面使用：（1）是本文使用的范围，是指侵权人与被侵权人之外的第三人，如

---

① 王利明主编：《中国民法典学者建议稿及立法理由·侵权行为编》，法律出版社 2005 年版，第 56～57 页。

② 杨立新主编：《中华人民共和国侵权责任法草案建议稿及说明》，法律出版社 2007 年版，第 10 页。

③ 梁慧星主编：《中国民法典草案建议稿附理由：侵权行为编·继承编》，法律出版社 2004 年版，第 30 页。

④ 侯国跃：《中国侵权法立法建议稿及理由》，法律出版社 2009 年版，第 52 页。

我国《侵权责任法》第28条规定的第三人。(2)是指替代责任中行为人和责任人之外的受害人即被侵权人。如《大清民律草案》第951条“因未成年或因精神、身体之状况需人监督者,加损害于第三人时,其法定监督人负赔偿之义务”中的第三人,就是被侵权人。(3)是指侵权行为的间接受害人。如侵害生命权直接受害人生前所扶养的人,因扶养丧失而造成的损害。《大清民律草案》第968条第1款:“被害人于其生命被害时,于法律规定,对第三人负扶养义务,或有应负扶养义务之关系并因其被害,至第三人失扶养请求权者。”(4)是指本人与非法侵害人之外的第三人。如“伪满洲国民法”第741条:“对于他人之不法行为,为防卫自己或第三人之权利不得已而为加害行为之人,不任损害赔偿之责,但不妨被害人对于为不法行为之人请求损害赔偿。”

在第三人的各种不同含义中,本文使用的是第一种含义,即侵权人和被侵权人之外的人。在具体称谓上使用与第三人相似的概念有其他责任人、别有任责人、另有责任者、别有应负责任之人,都属于第三人的概念。

2. 对第三人概念的界定

通过以上分析可以看到,第三人的概念泛指两个当事人之外的其他人。在侵权法立法和理论中,第三人概念有多重含义,在多种场合中使用。界定第三人概念,应当分清以下三种不同含义:

(1)最宽泛的第三人概念

最宽泛的第三人概念,是侵权法广泛使用的,泛指侵权双方当事人之外的其他人。包括:①侵权人与被侵权人之外的第三人;②有的是指替代责任中行为人和责任人之外的受害人;③正当防卫中本人与非法侵害人之外的第三人即受益人;④间接受害人。

(2)广义的第三人概念

广义的第三人的概念,是指侵权人与被侵权人之外的,作为侵权人一方有关联的其他人。包括:①竞合侵权行为的第三人;②第三人侵权行为的第三人。

(3)狭义的第三人概念

狭义的第三人概念就是本文所要研究的第三人,是指在侵权法律关系中，在实际加害人和被侵权人之外的，因自己的过错，通过实际加害人造成被侵权人权利损害，应当由该人承担侵权责任的侵权人。

（二）第三人侵权行为的概念和法律特征

第三人侵权行为是指第三人由于过错，通过实际加害人的直接行为或者间接行为，造成被侵权人民事权利损害，应当由第三人承担侵权责任、实际加害人免除责任的多数人侵权行为。

第三人侵权行为具有以下法律特征：

1. 造成损害的是实际加害人的行为，但造成损害的过错在第三人

在第三人侵权行为中，实际加害人和第三人既有区别也有关联。区别在于，第三人与实际加害人不存在主观上的意思联络，也没有共同过失，双方在主观上没有任何关联。关联在于，第三人的行为通过实际加害人而造成被侵权人的权利损害。如，某甲驾车缓慢通过行人较多的路口，某乙驾车高速驶来，刹车不及，撞上某甲车辆，导致某甲车辆突然向前冲出，撞伤前面正常穿越马路的行人某丙。虽然某丙的伤害是某甲的车辆直接造成的，但在整个事件中，某甲只是某乙侵权行为的媒介，某丙所受损害的真正原因是某乙实施的过错侵权行为。[①] 在这里使用媒介这一概念比较形象，完全说明了第三人行为与实际加害人行为之间的关系。只有实际加害人的行为是损害发生的媒介，实际加害人才对自己造成的损害不承担赔偿责任。

2. 造成被侵权人损害的全部原因是第三人的过错

构成第三人侵权行为，第三人的过错必须是造成损害的全部原因，而不是部分原因。有的学者主张，《侵权责任法》第 28 条规定的“第三人造成的”，既包括损害完全是由第三人造成的，也包括第三人行为是造成损害的部分原因。[②] 这种看法是不正确的，原因在于：

---

① 奚晓明主编：《〈中华人民共和国侵权责任法〉条文理解与适用》，人民法院出版社 2010 年版，第 213 页。

② 王利明：《侵权责任法研究》（上卷），中国人民大学出版社 2010 年版，第 438、439 页。

一是第三人侵权行为的后果是免除实际加害人的侵权责任，由第三人承担侵权责任；二是如果第三人和实际加害人对于损害的发生或者扩大都有过错，就形成了不同于第三人侵权行为的共同侵权行为或者分别侵权行为，也可能构成竞合侵权行为，都不会是第三人侵权责任。只有第三人的行为是损害发生的全部原因（或者称为“唯一原因”）[①]，或者“只有损害完全是由于第三人的过错行为造成的”[②]，才能成立第三人侵权行为。

3. 第三人承担侵权责任而实际加害人免责

在多数人侵权行为中，共同侵权行为承担连带责任，分别侵权行为承担按份责任，竞合侵权行为承担不真正连带责任，数个行为人都须直接或者间接地承担责任。但在第三人侵权行为中，第三人是侵权人，自己承担侵权责任；造成损害的实际加害人并不是侵权人，后果是免除侵权责任。这是第三人侵权行为与多数人侵权行为的其他三种类型都不相同的特点。

4. 被侵权人的侵权请求权直接针对第三人

在第三人侵权行为中，被侵权人的请求权只针对第三人，第三人是侵权法律关系的责任主体，被侵权人应当直接向第三人请求赔偿。在通常情况下，被侵权人可能会向实际加害人请求赔偿，实际加害人主张以第三人侵权行为进行抗辩并成立的，法院判决免除实际加害人的侵权责任，驳回被侵权人的诉讼请求，另诉第三人；或者直接追加第三人为被告，判决免除实际加害人的侵权责任，直接判决第三人承担侵权责任。

（三）第三人侵权行为的法律地位

第三人侵权行为属于侵权行为形态的范畴，其性质是多数人侵权行为。

多数人侵权行为与单独侵权行为相对应。单独侵权行为是单独一个人实施的侵权行为，包括单独一个自然人、法人或者非法人

---

① 王胜明主编：《中华人民共和国侵权责任法释义》，法律出版社2010年版，第143页。

② 张新宝：《侵权责任法》，中国人民大学出版社2010年版，第78页。

团体。两个以上的行为人实施的侵权行为是多数人侵权行为，即“数个独立的责任主体对同一损害后果承担不同类型的共同责任”①的侵权行为形态。

多数人侵权行为分为两种基本类型：一是多数行为人都应当承担共同责任的多数人侵权行为，包括多数人应当承担连带责任、按份责任或者不真正连带责任，这样的多数人侵权行为分别是共同侵权行为、分别侵权行为和竞合侵权行为三种类型。二是多数行为人有的承担侵权责任，有的不承担侵权责任，这种多数人侵权行为只有一种，就是第三人侵权行为。

（四）第三人侵权行为的范围

第三人侵权行为的范围包括以下两个方面：

1. 适用过错责任原则和过错推定原则的第三人侵权行为

在适用过错责任原则和过错推定原则的侵权行为类型中，第三人侵权行为具有重要意义。原因是，适用过错责任原则和过错推定原则的侵权行为类型，构成侵权责任须具备过错要件，换言之，在过错责任原则和过错推定原则适用的场合，谁有过错，谁就要承担侵权责任。实际加害人对损害的发生没有过错，而第三人对损害的发生具有全部过错，当然就要由第三人承担侵权责任，实际加害人没有责任。同样，在过错推定原则适用的场合，尽管首先推定实际加害人具有过错，但加害人能够证明损害是由第三人的过错造成的，自己没有过错，就构成第三人侵权行为，免除实际加害人的责任。

这种类型的第三人侵权行为的基本要求是，损害是由第三人的过错引起的，并且是损害发生的全部原因，实际加害人对损害的发生没有过错。

2. 适用无过错责任原则的第三人侵权行为

在适用无过错责任原则的情形下，第三人侵权行为具有特别的要求。原因是，在适用无过错责任原则的侵权行为类型中，法律将有些第三人侵权规定为不真正连带责任：（1）环境污染责任中的第三人侵权适用不真正连带责任（《侵权责任法》第 68 条）；（2）饲养

① 张新宝：《侵权责任法》，中国人民大学出版社 2010 年版，第 44 页。

动物损害责任中的第三人侵权适用不真正连带责任(《侵权责任法》第 83 条);(3)工伤事故责任中的第三人侵权也实行不真正连带责任,法律依据是《最高人民法院关于审理人身损害赔偿案件适用法律若干问题的解释》第 11 条。

在适用无过错责任原则的其他场合,对于《侵权责任法》没有明确规定第三人侵权行为是否适用免责条款,应当进行探讨:

在产品责任中,第三人的过错引起产品缺陷造成损害的,不适用《侵权责任法》第 28 条,而适用第 44 条,责任形态为先付责任。[①]有的学者将第 44 条归纳为免责事由的第三人原因,[②]理解明显错误。这种情形不属于第三人侵权行为。在高度危险责任中,《侵权责任法》对第三人侵权行为没有规定,在第三人故意引起高度危险责任损害的,或者对于一般危险活动的行为人,如果其能够证明受害人所遭受的损害完全是由第三人的过错行为造成的,[③]有可能存在第三人侵权行为。有的学者提出,“根据危险程度的不同,对于一些超常危险的活动,即使受害人的损害完全是由第三人的过错行为造成的,法律规定必须首先由危险活动的行为人或者高度危险物的持有人承担责任”[④]。我们认为,对高度危险责任中的第三人侵权行为适用类似于《侵权责任法》第 68 条和第 83 条的规则,缺少法律依据,因为《侵权责任法》第九章并没有做出这样的规定。

我们认为,以下三种情形应当是无过错责任原则下的第三人侵权行为:

(1)没有缺陷的产品致害因第三人过错所引起

受害人使用没有缺陷的产品,第三人因过错致使产品造成受害人损害的,属于产品责任的第三人侵权行为,应当适用《侵权责任法》第 28 条规定,免除产品生产者、销售者的赔偿责任。如产品存

---

① 杨立新:《论不真正连带责任的体系与规则》,载《现代法学》2012 年第 3 期。

② 程啸:《侵权责任法》,法律出版社 2011 年版,第 231 页。

③ 王胜明主编:《中华人民共和国侵权责任法释义》,法律出版社 2010 年版,第 144 页。

④ 王胜明主编:《中华人民共和国侵权责任法释义》,法律出版社 2010 年版,第 144 页。

在合理危险,已经充分警示说明,但第三人错误指令使用人不按照产品警示说明的要求,使用错误方法造成受害人损害的,构成第三人侵权行为,主张生产者、销售者承担侵权责任的,应当判令被告无责任,由第三人承担赔偿责任。

(2)第三人故意或者过失引起损害的高度危险责任

在环境污染责任和饲养动物损害责任中,第三人无论是故意或者过失,都应当认定为竞合侵权行为,后果是不真正连带责任。推而论之,《侵权责任法》第九章没有规定高度危险责任的第三人侵权行为,可以参照适用第68条和第83条规定吗?如果是这样,为何《侵权责任法》不作此规定呢?我们认为,根据《侵权责任法》第九章的规定精神,对此应当区别具体情况确定:

第一,凡是规定受害人故意可以免除责任,高度危险活动和高度危险物造成他人损害是由第三人故意造成的,高度危险活动和高度危险物的占有人不承担赔偿责任。理由是,如果第三人故意利用高度危险物和高度危险活动造成他人损害,其实高度危险活动和高度危险物就成了第三人的侵权工具,在这种情况下,让高度危险活动或者高度危险物的占有人承担责任是不公平的。

第二,凡是规定被侵权人对损害的发生具有重大过失或者过失可以减轻责任的,第三人因重大过失或者过失行为造成被侵权人损害的,认定为第三人侵权行为,免除侵权责任。如,《侵权责任法》第72条规定的占有、使用易燃、易爆、剧毒、放射性等高度危险物造成被侵权人损害第三人具有重大过失的,或者第73条规定的高空、高压、地下挖掘活动和使用高速轨道运输工具造成被侵权人损害第三人具有过失的,如果第三人的行为是损害发生的全部原因的,免除加害人的侵权责任。

(3)法律有特别规定的

《电力法》第60条第3款规定:"因用户或者第三人的过错给电力企业或者其他用户造成损害的,该用户或者第三人应当依法承担赔偿责任。"《侵权责任法》第九章没有对第三人的责任作出特别规定,《电力法》与《侵权责任法》第九章关于高度危险责任的规定没有冲突,与第28条规定相合,被告可以"第三人过错"造成损害为由，对原告（受害人）进行抗辩。[①] 这样的解释与前文的主张相一致。

（五）第三人侵权行为的类型

第三人侵权行为究竟应当分为何种类型，提出意见者不多。目前看到的是王利明教授的分法，一是根据第三人的过错程度分为三种不同类型：（1）第三人具有故意的第三人侵权；（2）第三人具有重大过失而被告没有过错的第三人侵权；（3）第三人引起险情的第三人侵权。[②] 从另一个角度而言，他又将第三人侵权分为第三人造成全部损害的类型和第三人的行为是造成损害的部分原因的第三人侵权。[③]

后一种分类方法是不正确的，因为第三人的行为如果是损害发生的部分原因的，一定不是《侵权责任法》第 28 条规定的第三人侵权行为，而可能是共同侵权行为、分别侵权行为或者竞合侵权行为，其法律后果分别是连带责任、按份责任或者不真正连带责任，不会是免除实际加害人责任的后果。

在前一种分类方法中，第三种类型其实不是第三人侵权行为，因为"若第三人引起某种危险，被告为避免危险可能引起的损害而实行紧急避险，造成了对原告的损害，则应根据《侵权责任法》第 31 条规定"[④]处理，已经构成紧急避险，法律有专门的紧急避险规则进行处置，当然不是第三人侵权行为，何必将其作为第三人侵权的类型呢？将第三人侵权行为分为第三人故意或者第三人重大过失两个类型，不是没有道理，而是没有意义，原因在于，确定是否构成第三人侵权行为的关键问题是第三人的过错是否为损害发生的全部原因。至于第三人故意、重大过失抑或一般过失，都不重要，只要第三人的过错是造成损害的全部原因，就构成第三人侵权行为；不属

① 王胜明主编：《中华人民共和国侵权责任法释义》，法律出版社 2010 年版，第 145 页。

② 王利明：《侵权责任法研究》（上卷），中国人民大学出版社 2010 年版，第 437 页。

③ 王利明：《侵权责任法研究》（上卷），中国人民大学出版社 2010 年版，第 435、438 页。

④ 王利明：《侵权责任法研究》（上卷），中国人民大学出版社 2010 年版，第 437 页。

于全部原因的，不构成第三人侵权行为。

依我们所见，根据实际加害人和第三人的行为之间关系的不同，将第三人侵权行为分为介入型第三人侵权行为和借用型第三人侵权行为，对适用法律具有价值。

1. 介入型第三人侵权行为

介入型第三人侵权行为是指在实际加害人的行为的实施过程中，加入了第三人的行为，造成被侵权人损害的第三人侵权行为。如，被告违法在路上挖掘了一个洞，第三人故意将原告推入该洞中而遭受人身损害。[①] 被告在路上挖掘属于违法，但未直接造成损害。第三人故意伤害被侵权人，是损害发生的全部原因。在这种第三人侵权行为类型中，实际加害人的行为虽然违法，但仅仅是为第三人实施侵权行为提供了条件，实际加害人的行为并不构成侵权，第三人的行为构成侵权行为。

行为人实施侵权行为将受害人致伤，医院在受害人住院期间失火，将受害人烧死。这种情形是否属于介入型第三人侵权行为呢？我们认为，行为人致伤他人，构成侵权行为；医院失火，亦构成侵权行为。这是两个侵权行为，而不是一个侵权行为，更不是第三人侵权行为。其中因果关系中断至为明显，受害人的近亲属起诉造成伤害的行为人，只能请求承担造成伤害的赔偿责任，请求赔偿死亡的损害赔偿只能起诉医院。这是两个侵权行为，不属于多数人侵权行为。

2. 借用型第三人侵权行为

借用型第三人侵权行为是指第三人借用实际加害人的物件实施侵权行为，造成被侵权人权利损害的第三人侵权行为。如，被告在菜园中的灌水井已经关闭，第三人未经同意擅自打开该水井，不仅将被告的菜园淹没，而且也将相邻原告的菜园淹没，造成财产损失。这种情形，实际加害人不具有违法性，第三人借用实际加害人的物件实施侵权行为，造成受害人的权利损害，故第三人应当承担侵权责任，尽管实际加害人的物件造成受害人损害，但实际加害人对于损害的发生没有任何过错，因此应当免责。

---

① 朱岩：《侵权责任法通论·总论》，法律出版社2011年版，第225页。

四、第三人侵权行为的法律适用规则

(一)对当事人的称谓

目前对第三人侵权行为当事人的称谓并不一致,在学说、立法及司法上需要统一起来。

对第三人的称谓是明确的,就叫作第三人。应当注意的是,这个第三人是狭义第三人。

对受害人的称谓不一致,统一称为被侵权人比较合适,与《侵权责任法》的称谓相一致,也不会有争议。

对实际加害人,《侵权责任法》第28条没有明确规定。将其叫作被告[①]不准确,因为被告并不是实体法的概念,而是程序法的概念;将其称为加害人[②]有一定道理,但容易与一般情形下的加害人相混淆,因为一般的加害人就是指被侵权人;使用行为人的概念[③]也有一定道理,但由于在有些第三人侵权行为中加害人并没有实施侵权行为,称行为人有可能不周延。比较起来,使用实际加害人的概念比较稳妥。在加害人之前加上"实际"的修饰语,能够区别不是侵权人的加害人与作为侵权人的加害人的界限。

(二)第三人侵权行为的归责原则

在第三人侵权行为中考虑归责原则的适用分为两个方面,一是确定第三人侵权行为类型的不同,二是确定第三人侵权行为是否构成。

1. 确定第三人侵权行为类型考虑归责原则

如前所述,第三人侵权行为的范围可以根据适用不同归责原则的侵权责任类型确定。凡是在适用过错责任原则和过错推定原则的侵权责任类型中,第三人过错是损害发生的全部原因的,都构成第三人侵权行为;在适用无过错责任原则的侵权责任类型中,《侵权

---

① 王胜明主编:《中华人民共和国侵权责任法释义》,法律出版社2010年版,第143页;奚晓明主编:《〈中华人民共和国侵权责任法〉条文理解与适用》,人民法院出版社2010年版,第213页。

② 高圣平主编:《中华人民共和国侵权责任法立法争点、立法例及经典案例》,北京大学出版社2010年版,第355页;程啸:《侵权责任法》,法律出版社2011年版,第229页。

③ 张新宝:《侵权责任法》,中国人民大学出版社2010年版,第78页。

责任法》第44条、第68条和第83条除外，只有少数第三人的过错是损害发生的全部原因的，才构成第三人侵权行为。

2. 确定第三人侵权行为构成适用归责原则

确定第三人侵权行为的构成适用过错责任原则，既不适用过错推定原则，也不适用无过错责任原则。是否存在第三人实施适用无过错责任原则的侵权行为，致使实际加害人的行为造成被侵权人损害呢？例如，饲养动物的所有人或管理人、污染环境的污染者、高度危险责任的占有人等作为第三人，致使他人的行为造成被侵权人损害。在这种情形下，通常会形成紧急避险或者正当防卫，并不存在无过错责任的第三人侵权行为。

确定第三人侵权行为应当采取以下规则：

第一，对于造成的损害，如果第三人没有过错，第三人就不承担责任。这是因为，第三人有过错是实际加害人主张抗辩的基础，如果不能证明第三人对于损害的发生具有过错，则不能主张这一抗辩事由。[①] 这种意见为通说，几乎没有反对的意见。

第二，第三人过错的证明责任，并非由第三人证明，而应由实际加害人或者被侵权人证明。在通常情况下，被侵权人主张实际加害人承担侵权责任，实际加害人主张损害是由第三人的过错引起的，实际加害人不仅要证明自己不具有过错，有时还要证明第三人的过错和因果关系，能够证明的，免除实际加害人的赔偿责任，由第三人承担赔偿责任；实际加害人不能证明或者证明不足的，不能免除实际加害人的赔偿责任。如果实际加害人只能证明自己没有过错的而不承担责任，并不能证明第三人有过错，被侵权人主张第三人承担侵权责任的，则应当由被侵权人证明第三人的过错和因果关系，采用侵权责任的一般证明方法予以证明。

（三）第三人侵权行为的构成要件

1. 违法行为

在第三人侵权行为中，违法行为要件的特殊性是，在造成损害

---

① 高圣平主编：《中华人民共和国侵权责任法立法争点、立法例及经典案例》，北京大学出版社2010年版，第353页。

的行为中，既有第三人的行为，也有实际加害人的行为。

实际加害人的行为是直接造成被侵权人损害的行为，第三人的行为对造成损害具有过错，两个行为相互结合，或者是前后相续，或者是第三人的行为作用于实际加害人的行为之上，造成被侵权人的损害。在两个行为中，第三人的行为应当具有违法性，实际加害人的行为可以是有违法性的行为，也可以是不具有违法性的行为。在前节的两个案例中，前一个案例的实际加害人的行为具有违法性，后一个案例的实际加害人的行为没有违法性。判断实际加害人的行为是否具有违法性，对于确定第三人侵权行为并无特别重要意义，关键在于实际加害人能够证明自己的行为没有违法性，就可以免除自己的责任。如果只能证明第三人的行为具有违法性，不能证明自己的行为不具有违法性，也不能证明自己的行为存在因果关系中断的事由，而被侵权人能够证明实际加害人的行为具有违法性，则可能不会成立第三人侵权责任，而构成共同侵权行为、分别侵权行为或者竞合侵权行为。

2. 损害事实

第三人侵权行为的损害事实要件没有特别要求，应当符合侵权责任构成的损害事实要件的基本要求即可。唯一的要求是损害事实只有一个，即被侵权人的民事权益受到损害，符合《侵权责任法》第 2 条第 2 款规定的范围。如果造成了两个以上的损害，则需要研究是一个侵权行为还是两个侵权行为。

一个损害事实的要求是侵权行为所造成的直接后果，也可能是一个单独的人身损害、财产损害或者精神损害，也可能是一个包括人身损害、财产损害和精神损害的损害事实。

3. 因果关系

判断构成第三人侵权行为的关键要件是因果关系要件。确定第三人侵权行为的因果关系要件，应当明确两个问题：

(1)第三人行为与损害事实之间的因果关系性质

确定第三人行为与损害结果之间因果关系的标准是相当因果关系。第三人的行为是损害发生的适当条件的，即可认定有因果关系。如果第三人的行为是损害发生的原因，即高于相当因果关系的适当条件标准的，当然更符合因果关系要件的要求。故判断因果关系的标准为，第三人的行为按照一般社会智识经验，能够引起该损害结果的发生，而事实上该行为确实引起了该损害结果的发生。

(2)第三人的行为是否构成因果关系中断

诚然，在第三人侵权行为中，实际加害人的行为与损害后果之间必然存在因果关系。问题在于，构成第三人侵权行为必须有第三人的行为介入实际加害人与被侵权人之间的因果关系链条，构成因果关系中断。只有符合这个要求，才能构成第三人侵权行为。

因果关系中断，是指在特定原因将会引发特定结果的正常锁链中，因其他因素的介入而改变了此种因果关系的正常锁链，改变了原本应当出现的结果。[①] 如果被告实施某种侵权行为以后，第三人的行为独立造成了损害结果的发生，从而切断了被告的行为与原告的损害之间的因果联系，使被告的行为不能发挥原因力，则应由第三人对损害结果负责。[②] 符合这样的要求的，就构成第三人侵权行为的因果关系要件。

但是，这只是介入型第三人侵权行为的因果关系的要求，即实际加害人的行为加入了第三人的行为，造成受害人损害的第三人侵权行为。如果第三人借用实际加害人的物件而加损害于被侵权人(借用型第三人侵权行为)的，则通常不是因果关系中断，而是实际加害人的物件在形式上是损害的发生的全部原因，第三人的行为是实质上的损害发生的全部原因，例如第三人放水浇园的行为。在这种情况下，实际加害人主张第三人侵权行为作为抗辩事由，更重要的是证明自己无过错、自己的行为没有因果关系，以及第三人的行为是损害发生的实质性原因。

4. 过错

第三人侵权行为构成要件中的过错要件应当符合两个要求，一是实际加害人自己无过错，二是过错在于第三人。实际加害人主张

---

① 朱岩：《侵权责任法通论 · 总论》，法律出版社 2011 年版，第 224 页。

② 王利明：《侵权责任法研究》(上卷)，中国人民大学出版社 2010 年版，第 435 ~ 436 页。

自己无过错而无责任的,证明应当符合前一个要求;实际加害人主张第三人承担责任的,证明应当符合后一个要求。

实际加害人无过错,事实上并不要实际加害人证明。但是,如果被侵权人在起诉中已经证明实际加害人有过错,或者适用过错推定原则推定实际加害人有过错,实际加害人在主张第三人侵权行为为抗辩事由时,应当证明自己没有过错,能够证明自己没有过错的,就能够免除自己的责任。

实际加害人可以证明第三人有过错。第三人的过错可以是故意,也可以是过失。有的学者主张第三人故意或者重大过失才构成第三人侵权行为并予以免责,[①]并不准确。如果第三人虽然具有过失,但不具有故意或者重大过失,但该过失行为是损害发生的全部原因的,就构成第三人侵权行为,实际加害人就免除责任。

(四)实际加害人不得主张免责的情形

在以下情形,实际加害人属于第三人侵权行为以外的行为人的,不得主张构成第三人侵权行为而免除自己的责任。这种情形在一些学者的著述中都有说明,因而简要说明如下:

实际加害人是共同侵权人的,不得以第三人侵权行为作为抗辩而主张免除责任。只要实际加害人是共同侵权行为人、共同危险行为人或者教唆人、帮助人,就不得主张第三人侵权行为而免除自己的责任。

实际加害人是分别侵权行为人即无过错联系的共同加害行为的行为人的,应当依照《侵权责任法》第 12 条规定承担按份责任,不得主张第三人侵权行为而免责。

竞合侵权行为,是指两个以上的民事主体作为侵权人,有的实施直接侵权行为,与损害结果具有直接因果关系,有的实施间接侵权行为,与损害结果的发生具有间接因果关系,行为人承担不真正连带责任的侵权行为形态。在竞合侵权行为中,立法和司法解释直接使用“第三人”的概念,如《侵权责任法》第 37 条第 2 款、第 44 条、

① 参见王利明:《侵权责任法研究》(上卷),中国人民大学出版社 2010 年版,第 437 页。

第68条、第83条等。事实上,竞合侵权行为与第三人侵权行为之间的界限很难界分,原因在于立法在政策考量上,经常把第三人侵权行为认定为竞合侵权行为而使当事人承担不真正连带责任。对此,有一个最简洁的方法就是,凡是立法或者司法解释规定使用“第三人”概念,且规定了与《侵权责任法》第28条不同规则的,就是竞合侵权行为;凡是《侵权责任法》对第三人没有特别规定责任形态的,就直接适用《侵权责任法》第28条认定为第三人侵权行为。就实际加害人而言,如果《侵权责任法》或者其他法律或者司法解释对此没有作出特别规定的,就可以主张第三人侵权行为而免责;如果对于第三人侵权行为及责任有特别规定的,则不得主张以第三人侵权行为予以抗辩。

实际加害人是替代责任中的行为人的,不能以责任人是第三人而主张第三人侵权行为免除自己的责任,而应当追加责任人承担替代责任。在替代责任(为他人的行为负责的侵权行为)中,造成实际损害的是行为人,承担责任的是责任人,被侵权人起诉行为人为被告,被告不能主张第三人侵权行为免责,而应当主张替代责任由责任人承担侵权责任。

(五)第三人侵权行为的责任承担

构成第三人侵权行为,其法律后果就是第三人侵权责任,免除实际加害人的赔偿责任。至于第三人承担侵权责任的规则,适用侵权损害赔偿的一般规则即可,并无特别之处。

在一些学者的论述中,将第三人侵权责任的承担规则搞得比较复杂,原因是将第三人侵权行为与竞合侵权行为混在一起,或者与共同侵权行为甚至与分别侵权行为混在一起。这样的做法是不妥的。必须分清第三人侵权行为与共同侵权行为、分别侵权行为和竞合侵权行为的界限,分清第三人侵权责任与连带责任、按份责任和不真正连带责任的界限。凡是第三人的行为不是损害发生的全部原因的,就不是第三人侵权行为,就不适用第三人承担侵权责任、实际加害人免责的规则,而应当分别按照不同的责任形态承担不同的责任具体。(见表5-1)

表 5－1　第三人侵权行为及责任承担形态

侵权行为类型	分担责任形态	
典型的第三人侵权行为	第三人单独责任，实际加害人免责	《侵权责任法》第 28 条
特殊的第三人侵权行为	不真正连带责任责任的第三人侵权行为	《侵权责任法》第 68 条、第 83 条
	先付责任的第三人侵权行为	《侵权责任法》第 44 条、第 86 条前段、第 86 条第 1 款
	补充责任的第三人侵权行为	《侵权责任法》第 40 条

第二节　第三人过错造成环境污染损害的责任承担

《最高人民法院关于审理环境侵权责任纠纷案件适用法律若干问题的解释》（以下简称环境侵权司法解释）是一部重要的有关环境侵权责任的司法解释，无论是对正确适用《侵权责任法》第八章关于“环境污染责任”的规定，还是对丰富侵权责任法的理论与实践，都具有重要的价值。该司法解释对适用《侵权责任法》第 68 条所做的第 5 条规定，对于认定环境侵权中的第三人侵权行为及责任具有重要意义，本节阐释其正确意见，同时对其存在的不足也实事求是提出，进行讨论。

一、对《侵权责任法》第 68 条规定要旨的正确解读

《侵权责任法》第 68 条在环境侵权责任法中，是一条很重要的规定，它不仅特别规定了在环境侵权责任领域不适用该法第 28 条关于第三人原因免责的规定，而且与以往环境保护单行法的有关规定也不相同，采取了环境侵权第三人责任的新规则。

《侵权责任法》第 68 条规定：“因第三人的过错污染环境造成损害的，被侵权人可以向污染者请求赔偿，也可以向第三人请求赔

偿。污染者赔偿后,有权向第三人追偿。”这一规定的要旨是用不真正连带责任规则确定第三人过错造成环境损害责任的责任承担,而不适用该法第 28 条规定的第三人侵权责任的一般性规则。

对于这种情形,在《侵权责任法》颁布实施之前的环境保护单行法中,有不同的规定。如,《海洋环境保护法》第 90 条规定:“造成海洋环境污染损害责任者,应当排除危害,并赔偿损失。完全由于第三者的故意或者过失,造成海洋环境污染损害的,由第三者排除危害,并承担赔偿责任。”《水污染防治法》第 85 条规定:“水污染是由第三人造成的,排污方承担赔偿责任后,有权向第三人追偿。”这些规定,都与《侵权责任法》第 68 条规定的规则不同。前者与《侵权责任法》第 28 条关于第三人原因造成损害免除行为人责任,由第三人承担赔偿责任的规则相同。后者则不适用《侵权责任法》第 28 条规定的第三人原因免责规则,直接由排污者承担责任,之后进行追偿,类似于《侵权责任法》第 44 条、第 86 条第 1 款后段规定的先付责任。[①] 而《侵权责任法》第 68 条规定的责任,则适用不真正连带责任规则。

立法机关的官员在解释《侵权责任法》第 68 条规定时,认为以不真正连带责任规则处理因第三人过错造成污染环境的责任,主要原因在于,一般情况下污染者的赔偿能力比第三人强,规定污染者先替第三人承担责任再追偿的本意,是对被侵权人的保护,但在第三人的赔偿能力比污染者强的情况下,应当赋予被侵权人赔偿对象的选择权,被侵权人可以向污染者请求赔偿,也可以向第三人请求赔偿。污染者赔偿后,有权向第三人追偿。[②]

事实上,《侵权责任法》第 68 条规定用不真正连带责任规则处理第三人过错造成环境污染损害的责任承担问题,考虑污染者和第三人赔偿能力的强弱只是原因之一,更重要的原因是环境污染责任适用无过错责任原则,即无论污染者是否有过错,都应当对自己的

---

① 先付责任是指中间责任先承担责任,之后再向最终责任人追偿的侵权责任形态。参见杨立新:《多数人侵权行为及责任理论的新发展》,载《法学》2012 年第 7 期。

② 王胜明主编:《中华人民共和国侵权责任法释义》,法律出版社 2013 年版,第 382 页。

污染行为造成的损害承担赔偿责任，因而即使第三人的过错造成了环境污染损害，污染者也可以依据无过错责任原则先承担赔偿责任，而后再向有过错的第三人进行追偿。这就使对环境污染责任中第三人过错造成损害适用不真正连带责任，具有了充分的正当性和合理性。

根据以上情况分析，如何处理环境污染责任中的第三人过错的责任承担问题，有三种模式：一是第三人承担责任，污染者免除责任；二是污染者承担责任，之后向第三人追偿；三是被侵权人选择污染者或者第三人承担责任，污染者承担赔偿责任后，向第三人追偿权，将最终责任归于有过错的第三人。

在比较法上，对于第三人过错造成环境污染损害如何承担责任，多数采用第一种方法。如《荷兰民法典》第 6:178 条规定：损害仅因具有故意的第三人的作为或不作为所致，但以不违背本编第 170 条或者第 171 条的规定为限，不承担第 175 条、第 176 条或者第 177 条规定的责任。该法第 6:170 条规定的是雇员的侵权责任，第 6:171 条规定的是非儿童致第三人损害；第 6:175 条规定的是危险物的责任，第 6:176 条规定的是垃圾场，第 6:177 条规定的是采矿作业。第 6:178 条规定的含义，是第三人有损害故意的污染环境损害，污染者不承担赔偿责任。[①]《加拿大环境保护法》第 205 条第 2 款规定："环境事件完全是由故意引起损害的第三方的作为或不作为引起的，免除侵害人的赔偿责任。"《美国综合环境反应、赔偿和责任法》第七部分(a)款规定，污染损害仅因第三方的过失引起，并且第三方同该人之间不存在雇佣或者代理关系，不存在任何直接或者间接的合同关系，同时被告必须能够证明他不仅对于该有害物质的性质以及所有相关的因素都已尽到谨慎的注意义务，并且对能够合理预见到的第三方过失都已采取谨慎的预防措施，则不承担赔偿责任。另外，《国际油污损害民事责任公约》第 3 条第 2 款规定，完

① 上述规定参见王卫国主译：《荷兰民法典》(第 3、5、6 编)，中国政法大学出版社 2006 年版，第 205～210 页。需要指出的是，前述王胜明主编的该书，其中提到的《荷兰民法典》第 177 条应为第 171 条。

全由于第三者有意造成损害的行为或者怠慢所引起的损害，造成油污的行为人不承担油污损害责任。《关于危险废弃物越境转移及其处置所造成损害的责任和赔偿问题议定书》第4条第5款规定，完全由于第三者的蓄意不当行为，包括遭受损害者的不当行为，行为人不应对之负任何赔偿责任。[①]

根据立法者所参考的这些比较法资料，可以看出，有些国家立法和国际公约、议定书等，对于第三人造成环境污染损害的责任，通常是第三人承担责任，而行为人免责，不过，多数立法对第三人承担责任的要求比较高，即第三人需故意或者蓄意造成损害，不包括第三人的过失；同时，该第三人需与污染者之间不存在任何雇佣之类的关系。

综合比较起来，我国《侵权责任法》第68条规定的第三人过错实行不真正连带责任，起码在第三人故意引起的环境污染损害都不免责，都可以由污染者先承担中间责任，因而对于污染者比较严苛，对被侵权人的保护更为有利。

对《侵权责任法》第68条作出以上解读，是确定对该条规定如何在司法实践中适用的基础，当然也是对适用该条文进行司法解释的基础。

顺便应当指出的是，在《侵权责任法》第68条规定之下，对于前述《水污染防治法》第85条、《海洋环境保护法》第90条规定的第三人污染环境责任的规定，究竟属于特别法规定，依据《侵权责任法》第5条规定而排斥该法第68条规定的适用，还是这两部环境保护单行法规定的规则因与该法第68条相冲突而优先适用第68条规定，有不同见解，多数人采纳后者立场。[②] 按照修订后的2015年《环境保护法》第64条关于“因污染环境和破坏生态造成损害的，应当依照《侵权责任法》的有关规定承担侵权责任”的规定，理解为

---

① 以上比较法资料参见王胜明主编：《中华人民共和国侵权责任法释义》，法律出版社2013年版，第382～383页。

② 王利明等：《中国侵权责任法教程》，人民法院出版社2010年版，第665页；张新宝：《侵权责任法》，中国人民大学出版社2010年版，第290页；程啸：《侵权责任法》，法律出版社2011年版，第464～465页。

统一适用《侵权责任法》第68条的规定，是有法律根据的。

二、对环境侵权司法解释第5条规定基本内容的评价

环境侵权司法解释第5条规定的内容是："被侵权人根据侵权责任法第68条规定分别或者同时起诉污染者、第三人的，人民法院应予受理。""被侵权人请求第三人承担赔偿责任的，人民法院应当根据第三人的过错程度确定其相应赔偿责任。""污染者以第三人的过错污染环境造成损害为由主张不承担责任或者减轻责任的，人民法院不予支持。"

上述司法解释规定的内容分为三部分，我们分别对这三部分进行评论。

（一）关于污染者与第三人的关系问题

环境侵权司法解释第5条第1款规定的内容，是污染者和第三人的关系问题，即"被侵权人依据侵权责任法第68条规定分别或者同时起诉污染者、第三人的，人民法院应予受理"。

从总体原则上说，这样规定并没有明显的错误，但仔细分析会发现其中存在明显的不足。

《侵权责任法》第68条规定的责任形态是不真正连带责任，对于发生行为竞合的两个侵权人，给被侵权人以选择权，可以选择污染者，也可以选择第三人作为赔偿责任主体，请求其承担侵权责任。这是因为，不真正连责任由于是竞合侵权行为的法律后果，因而存在两个责任主体，一是直接行为的责任主体即第三人，二是间接行为的责任主体即污染者。被侵权人对于两个责任主体享有的请求权，内容相同，都是为了救济同一个损害。对于这两个请求权，原则上只能行使一个，在一个请求权行使并获得满足后，另一个请求权就必然地消灭。[①] 因此，被侵权人对于污染者或者第三人行使请求权，原则上只能行使一次，因为其只享有一个可以行使的请求权，而不能将两个请求权分别或者同时行使。

---

① 关于竞合侵权行为的概念，参见杨立新：《论竞合侵权行为》，载《清华法学》2013年第1期。

在这样的理论基础上，环境污染损害的被侵权人对污染者或者第三人行使请求权，司法解释规定为“分别或者同时起诉污染者、第三人”，与不真正连带责任的基本理论和规则不符。同时，将污染者与第三人之间的关系表述为“分别”和“同时”，也存在不妥之处。

将“分别”作为副词使用，有两层含义：一是按不同方式，有区别地；二是分头，各自。[①] 该司法解释中使用“分别”这个词，可以理解为，被侵权人对于污染者或者第三人，按不同方式或者有区别地行使请求权，或者被侵权人对于污染者或者第三人，分头或者各自地行使请求权。在这四种选择中，两个请求权不存在“不同方式”的问题，不能“有区别地”行使，不能有也不会有其他“区别”。如果对于两个不同的请求权，采取“分头”地行使，或者“各自”地行使，则完全违背不真正连带责任的规则，是完全不正确的。故使用“分别”这个词，来规定环境污染责任的被侵权人行使不真正连带责任的两个竞合的请求权的关系，是不适当的。

“同时”，最基本的词义是“同一个时候”。[②] 被侵权人同时起诉污染者和第三人，在诉讼法上属于共同被告，等于被侵权人同时行使了两个内容完全相同的请求权。这在原则上是不允许的，因为一旦碰上糊涂法官，判决两个请求权都予以支持，污染者和第三人都承担赔偿责任，则构成了重复赔偿。这样糊涂的法官并不多见。当然，对于不真正连带责任的两个请求权同时行使的，法院也有同时受理的，但在判决上，或者在判决的执行上，确定两个请求权的关系，明确被侵权人只能行使其中一个请求权，只能获得其中的一份赔偿。[③] 因此，我们比较反对被侵权人可以同时行使不真正连带责任中的两个请求权的做法。

---

① 中国社会科学院语言研究所词典编辑室：《现代汉语词典》，2005 年第 5 版，第 398 页。

② 中国社会科学院语言研究所词典编辑室：《现代汉语词典》，2005 年第 5 版，第 1368 页。

③ 最高人民法院侵权责任法研究小组编著：《〈中华人民共和国侵权责任法〉条文理解与适用》，人民法院出版社 2010 年版，第 471 页。

因而可以说,环境侵权司法解释第 5 条第 1 款的规定,虽然没有大错,但却有所不当,主要是不符合不真正连带责任中请求权的行使规则,在司法实践中可能会发生一定的偏差,需要特别加以注意。

(二)关于第三人的“过错程度”问题

环境侵权司法解释第 5 条第 2 款规定内容,是被侵权人请求第三人承担赔偿责任的,人民法院应当根据第三人的过错程度确定其相应赔偿责任。

这一规定从表面上看起来,也看不出明显错误,因为既然《侵权责任法》第 68 条规定的是第三人过错,那就可能存在第三人的过错程度的问题,因而发生责任承担的不同。如果是这样理解,这样的规定就没有错误。

但是,事实并不是这样。无论是《侵权责任法》第 28 条规定的第三人过错,还是该法第 68 条规定的第三人过错,以及该法第 83 条规定的第三人过错,都是指第三人的过错是损害发生的全部原因,并不存在第三人的过错程度问题。这就是问题的关键。

事实上,对第三人的过错程度这个概念可以有两种理解:一是第三人的过错虽然是损害发生的全部原因,但却存在故意、重大过失和一般过失的区别。这样的过错程度在确定赔偿责任时并没有意义。二是第三人的过错程度与污染者的过错程度以及受害人的过错程度相比较,构成共同过错或者过失相抵的过错程度问题。所谓共同过错,并非传统意义上讲的共同侵权行为的过错,而是说污染者与第三人的过错的竞合,可能构成共同侵权行为,也可能构成分别侵权行为。环境侵权司法解释在这里使用“过错程度”的含义,肯定不是第一种含义,而是第二种含义,但是,只要出现第二种意义上的第三人过错程度问题,就不再是《侵权责任法》第 68 条规定的范围,而是第 26 条、第 8 条或者第 12 条的调整范围。

因此,对于环境侵权司法解释第 5 条第 2 款规定,如果理解为是对适用《侵权责任法》第 68 条规定的解释,这样的解释就是错误的。因为依照第 68 条规定,被侵权人向法院起诉第三人,根本不存在第三人的过错程度问题,而是全部损失都是第三人的过错造成的，第三人应当承担全部责任。如果第三人抗辩，主张自己的过错并不是造成污染损害的全部原因，污染者或者被侵权人也有部分原因力的，就不再是《侵权责任法》第 68 条规定的范围。构成分别侵权行为的，应当依照《侵权责任法》第 12 条规定，被侵权人同时起诉污染者和第三人的，应当按照过错程度和原因力比例承担按份责任. 无论是单独起诉污染者或者起诉第三人的，亦应当依照第 12 条规定，仅对各自应当承担的责任份额负责；构成共同侵权行为的，应当依照《侵权责任法》第 8 条规定，承担连带责任。只有这样理解，才符合《侵权责任法》第 68 条以及第 8 条和第 12 条的规定。如果第三人主张自己有过错，受害人也有过错的，则应当依照《侵权责任法》第 26 条规定确定赔偿责任，实行过失相抵。

因为可以说，环境侵权司法解释第 5 条第 2 款存在解释不正确的问题，需要进一步说明和解释，才能符合《侵权责任法》第 68 条的要旨。

（三）关于污染者以第三人过错作为抗辩依据的问题

环境污染司法解释第 5 条第 3 款规定的内容，是污染者以第三人的过错污染环境造成损害为抗辩事由，主张不承担责任或者减轻责任的，人民法院不予支持。这一规定针对的是被侵权人向法院起诉污染者承担环境污染责任的情形，污染者在诉讼中提出了第三人过错的抗辩，主张自己不承担责任或者减轻责任。

这样解释也存在不准确的问题。这里包括两个问题：一是污染者主张因第三人的过错而不承担赔偿责任，这属于《侵权责任法》第 68 条的范围。二是污染者主张因第三人的过错而减轻责任，这不再是该法第 68 条的适用问题，而是关乎该法第 8 条或者第 12 条的适用。

在前一种情况下，被侵权人起诉污染者承担全部赔偿责任，污染者以第三人的过错是造成损害全部原因予以抗辩的，由于不真正连带责任存在两个并列的请求权，二者之间是选择关系，选择权在被侵权人，被侵权人行使了对污染者的请求权，污染者就没有理由予以拒绝，必须承担赔偿责任，至于自己不是最终责任人，则只能通过追偿权向第三人追偿以补偿自己的损失，而不能据此进行不承担责任的抗辩。在这种情况下,司法解释规定对污染者的抗辩请求不予支持,是正确的。

在后一种情况下,被侵权人行使了对污染者的请求权,主张污染者承担全部赔偿责任,而污染者以第三人有部分过错而减轻自己的责任,就不再是《侵权责任法》第68条而是第8条或者第12条的适用问题。如果查证属实确实如此,污染者与第三人有共同意思联络的,构成共同侵权行为,应当承担连带责任;不构成共同侵权行为,而属于分别侵权行为的,则应当承担按份责任。无论哪种情形,都简单地对污染者的这种抗辩请求不予支持,是不正确的。

据此可以说,环境侵权司法解释第5条第3款规定,有一半是正确的,有一半是错误的,对此要在理论上予以说明,纠正不正确的解释。

三、司法实践正确适用《侵权责任法》第68条规定的规则

依照《侵权责任法》第68条规定,第三人因过错污染环境是造成损害的全部原因的,才会出现适用该法第28条关于第三人过错造成损害免除行为人责任的规定,而由污染者和第三人承担不真正连带责任的后果。一旦存在第三人的过错不是造成环境污染损害的全部原因的,就不存在适用本条规定的条件。在司法实践中正确适用《侵权责任法》第68条规定的规则是:

(一)被侵权人起诉污染者或者第三人的处理方法

《侵权责任法》第68条规定的侵权责任形态是不真正连带责任。我们对不真正连带责任概念的定义是,一个损害是由两个行为人的行为造成的,其中一个人的行为是直接原因,另一个人的行为是间接原因,受害人同时产生两个请求权,其中一个请求权满足后,另一个请求权予以消灭的侵权责任形态。[①] 有人否认我国侵权责任法中存在不真正连带责任,[②]这种意见是不对的。在罗马法中,连带

① 杨立新:《论不真正连带责任类型体系及规则》,载《现代法学》2012年第3期。

② 章正璋:《我国〈侵权责任法〉中没有规定不真正连带责任——与杨立新等诸先生商榷》,载《学术界》2011年第4期。

债务可分为共同连带债务和单纯连带债务两种,其中,共同连带债务以合同为发生原因,属于具有多数主体的一个债的关系,因而债权人或债务人中一人所生事项,对其他债权人或债务人也生效力;单纯连带债务则以法律规定为发生原因,系因同一给付或同一目的的数个债的关系,就债权人或债务人中一人所生事项,除足以满足同一目的者外,对其他债权人或债务人不产生效力。不真正连带债务系由德国学者艾泽勒(Eisele)在《共同连带和单纯连带》一文中首先提出,是在德国普通法时期"连带债务二分论"的基础上,由连带债务中的单纯连带债务逐步演化而来的。① 在我国民法学界,绝大多数人都承认不真正连带责任的概念,是通说。

不真正连带责任的基本特点,是一个损害事实产生两个请求权,两个请求权的内容相同,对于两个请求权相对应的两个行为人的责任,构成形式上的连带而实质上的不连带。形式上的连带,是两个责任人的责任对被侵权人而言是连带的,即被侵权人可以对两个责任人进行选择,请求其中一个责任人承担中间责任,该人承担了中间责任后,被侵权人的请求权消灭;实质上的不连带,是承担中间责任的责任人承担赔偿责任之后,承受了该请求权,有权向最终责任人进行追偿,将不真正连带责任的最终责任全部转移给最终责任人,自己不承担最终责任。故不真正连带责任与连带责任,在形式上的连带是共同特点,只有最终责任是共同承担还是单独承担,才是二者的根本区别。

正因如此,环境侵权司法解释第 5 条第 1 款规定"被侵权人依据侵权责任法第 68 条规定,分别或者同时起诉污染者、第三人的,人民法院应予受理",才有所不妥。应当采取的办法是:

第一,被侵权人依据《侵权责任法》第 68 条向法院起诉,原则上应当选择污染者或者第三人为被告,不存在"分别"起诉污染者、第三人的可能。这是不真正连带责任请求权的基本特点,也是立法者

---

① 高圣平:《产品责任中生产者和销售者之间的不真正连带责任——以〈侵权责任法〉第五章为分析对象》,载《法学论坛》2012 年第 3 期。

赋予被侵权人选择权的根据。[①] 这个选择权属于被侵权人。被侵权人选择谁起诉,谁就是被告。

第二,被侵权人向法院同时起诉污染者、第三人的,应当尽量减少,法官得行使释明权,说明不真正连带责任的规则,被侵权人坚持同时起诉的,当然也应当准许,但必须在法律适用时,正确按照不真正连带责任的规则确定责任承担方法,而不能将其改变为连带责任或者按份责任。具体办法是,尊重被侵权人的意愿,尽量保证其受偿的途径,直接判决由污染者与第三人对其承担责任,但同时判决认定最终责任人。[②]

第三,被侵权人向法院同时起诉污染者、第三人,并要求污染者和第三人共同承担赔偿责任的,应当予以说明,不能依据《侵权责任法》第 68 条规定请求污染者和第三人共同承担责任,因为一旦如此,势必要确定各自的份额,那就一定成为共同侵权行为的连带责任或者分别侵权行为的按份责任,都违反《侵权责任法》第 68 条规定的要求。

第四,能否准许被侵权人在确定了污染者或者第三人承担赔偿责任之后,由于其中一方不能承担全部赔偿责任时,又向法院起诉另一方承担赔偿责任的做法,在理论上有争论,一般认为不真正连带责任的两个请求权,被侵权人有选择权,一经选择,就只能行使该请求权,即使赔偿不足,也不得行使另外一个请求权,否则将变成补充责任。这种意见过于呆板,不利于保护被侵权人的索赔请求权。我们认为,如果被侵权人行使一个请求权赔偿不足,可以行使另一个请求权予以补充,理由是,既然两个请求权供被侵权人选择,以保障被侵权人的权利,为什么在一个请求权行使后救济不足,而不能行使另一个请求权予以补充呢?

---

① 王胜明主编:《中华人民共和国侵权责任法释义》,法律出版社 2013 年版,第 382 页。

② 对于这个问题,有的专家提出了有操作性的做法,可以参考。参见最高人民法院侵权责任法研究小组编著:《〈中华人民共和国侵权责任法〉条文理解与适用》,人民法院出版社 2010 年版,第 471 页。

（二）被侵权人请求污染者承担的赔偿责任是中间责任

不真正连带责任有两部分构成，即中间责任和最终责任。中间责任是形式上的连带责任，即被侵权人请求承担责任的责任人并不是直接侵权人，而是间接侵权人，因而其并不承担最终责任；只是由于实行形式的连带，因而中间责任人也应当承担侵权责任，且不得推脱。在《侵权责任法》第68条中，污染者是中间责任人，最终责任人是第三人。

不真正连带责任的中间责任的突出特点，是附有承担了赔偿责任之后的追偿权，换言之，中间责任都附有追偿权，在没有承担赔偿责任之前，该追偿权只是期待权，只有在承担了赔偿责任之后，该追偿权才成为既得权，有权向最终责任人进行追偿，以弥补自己承担中间责任的损失。《侵权责任法》第68条规定"污染者赔偿后，有权向第三人追偿"规则的法理基础，就是这个道理。

按照这样的理论基础和法律规则，被侵权人向法院起诉污染者承担中间责任的，应当采取的办法是：

第一，污染者应当承担中间责任。被侵权人请求污染者承担赔偿责任的，人民法院应当确定其承担赔偿责任，这个赔偿责任是中间责任，而不是最终责任。由于不真正连带责任中的两个请求权的内容相同，因而确定污染者承担中间责任，与确定其他侵权责任的规则相同，实行全部赔偿原则。

第二，污染者承担了中间责任后，对第三人享有追偿权。这个追偿权包括两部分：一是损害赔偿请求权的全部内容，即污染者向被侵权人承担了多少赔偿责任，就应当向第三人追偿多少，以弥补污染者承担中间责任的全部损失。这是因为被侵权人的损害赔偿请求权由于污染者承担中间责任而消灭，对第三人的请求权则转移给了污染者。二是污染者承担中间责任时，造成的其他财产损失，例如支付的诉讼费用、律师代理费用等，是否可以向第三人进行追偿，法院的做法不统一，有的支持，有的不支持。我们支持污染者向第三人就上述费用索赔的主张，因为这是为了代替第三人承担中间责任而造成的损失，是第三人必须承担的责任。

第三，污染者以第三人过错造成损害为由主张不承担责任的，人民法院不予支持。原因在于,《侵权责任法》第 68 条规定污染者承担环境污染损害责任的中间责任,目的就是保障被侵权人的权利,如果准许污染者以第三人过错是损害发生的全部原因而进行抗辩,则这一条文就没有存在的必要了。对此抗辩主张应当予以驳回。

(三)被侵权人请求第三人承担的赔偿责任是最终责任

在环境污染责任诉讼中,被侵权人向法院起诉第三人承担赔偿责任,由于第三人是该不真正连带责任的最终责任人,因此,确定该第三人承担赔偿责任完全没有问题。

要特别强调的是,环境侵权司法解释第 5 条第 2 款关于"被侵权人请求第三人承担赔偿责任的,人民法院应当根据第三人的过错程度确定其相应赔偿责任"的规定,在《侵权责任法》第 68 条的情形下,是没有道理的。如果在这样的情形下,法院还坚持根据第三人的过错程度确定其相应赔偿责任,就离开了《侵权责任法》第 68 条规定的范围,不属于第三人过错致环境污染损害的不真正连带责任。

因此,被侵权人依照《侵权责任法》第 68 条规定请求第三人承担赔偿责任的,人民法院应当依照该规定,确定由第三人承担赔偿责任。在一般情况下,被侵权人只请求第三人承担第 68 条规定的赔偿责任的比较少见,因为在通常情况下,污染者的行为具有对损害结果发生的直接性,并且污染者的赔偿能力较强,而第三人的赔偿能力多数较弱。如果第三人的赔偿能力比污染者强,应当赋予被侵权人赔偿对象的选择权,[①]确定第三人承担全部赔偿责任,完全没有问题。

(四)严格区分第三人过错与过失相抵、共同侵权行为、分别侵权行为的界限

在《侵权责任法》第 68 条规定的范围内,不存在第三人的过错程度问题。如果一旦出现了第三人的过错不是环境污染损害的全

---

① 王胜明主编:《中华人民共和国侵权责任法释义》,法律出版社 2013 年版,第 382 页。

部原因时,就会发生第三人过错与过失相抵、共同侵权行为与分别侵权行为的界限问题。在审判实践中必须严格掌握。

1. 第三人过错与过失相抵的界限

当被侵权人起诉第三人,第三人主张自己的过错不是损害发生的全部原因,被侵权人的过错也是损害发生的原因,查证属实的,发生过失相抵的后果。对此,最基本的判断标准是,第三人的过错与受害人的过错加在一起,是造成损害的全部原因,只有第三人的过错并不会发生这样的损害。对此应当适用《侵权责任法》第 26 条规定,进行过错比较,适用过失相抵规则。第三人只对自己的过错造成的损害部分承担赔偿责任,其余部分由被侵权人自己承担。

2. 第三人过错与共同侵权行为

当被侵权人起诉第三人,第三人认为自己的过错并不是损害发生的全部原因,污染者的行为也是损害发生原因,且第三人与污染者具有意思联络的,查证属实后,第三人与污染者构成共同侵权行为,应当承担连带责任,不属于《侵权责任法》第 68 条规范范围。[①]对此,不适用《侵权责任法》第 68 条,而适用该法第 8 条规定和第 13 条、第 14 条规定,承担连带责任。

3. 第三人过错与分别侵权行为

当被侵权人起诉第三人,第三人认为自己的过错不是污染损害发生的全部原因而是部分原因,污染者也有过失,查证属实不构成共同侵权行为的,应当依照《侵权责任法》第 12 条规定,追加污染者为共同被告,确定双方承担按份责任;被侵权人不同意追加污染者,或者被侵权人只起诉污染者不追加第三人的,也不能适用该法第 68 条规定,应当依照《侵权责任法》第 12 条规定,只判决被起诉的被告承担自己应当承担的那一部分按份责任。

---

① 王胜明主编:《中华人民共和国侵权责任法释义》,法律出版社 2013 年版,第 383 页。

第六章　多数人侵权责任的特殊问题

《侵权责任法》在规定多数人侵权行为及责任时,还规定了一些特殊的问题。这些特殊问题,有的是有意而为,有的是无意而为,但是都形成了现行法律的规定。在本章中,首先研究《侵权责任法》规定的不确定并列责任主体的确定问题,其次研究侵权责任并合与营销参与者的规则,最后研究一个具体问题,就是虚假广告责任的问题,是对营销参与者与侵权责任并合规则的具体解读。

第一节　侵权责任法的不确定并列责任主体

在侵权法中,不确定并列责任主体是一个较少为人关注的问题,至今未有专门进行研究的著述,只是在有些学者的文章和专著中简单提及。而我国《侵权责任法》第四章至第十一章规定了较多不确定并列责任主体,却未对不确定并列责任主体实施的侵权行为性质,如何承担侵权责任等作出明确规定。国外侵权法也有类似情形。本书对此进行分析,研究我国侵权责任法的不确定并列责任主体及实施的侵权行为的性质与责任承担规则。

一、《侵权责任法》规定不确定并列责任主体的内容及立法比较

(一)确定的并列责任主体与不确定并列责任主体

侵权法中的并列责任主体,是某个法律条文对某种特殊侵权行为的责任主体规定为数人的立法现象。由于侵权法存在多数人侵权行为及责任,且特殊侵权行为具有复杂性,因而在侵权法的条文中经常出现需要承担连带责任等的并列责任主体。如我国《侵权责任法》第51条关于"以买卖等方式转让拼装或者已达到报废标准的机动车,发生交通事故造成损害的,由转让人和受让人承担连带责任"规定中的"转让人和受让人",以及《日本民法典》第719条第2款关于"教唆或帮助侵权行为人的人视为共同行为人,适用前项规定"中的"教唆人或帮助人",都是并列责任主体。

侵权法在规定并列责任主体时,对于并列责任主体实施的侵权行为及责任是确定的,即对并列责任主体实施的侵权行为属于何种性质,并列的责任主体应当怎样承担侵权责任,都是明确的、确定的,如前述我国《侵权责任法》第51条及《日本民法典》第719条第2款的规定。但是也有一些法律条文对并列责任主体实施的侵权行为的性质与责任形态没有作出明确规定,如我国《侵权责任法》第89条规定的妨害通行物损害责任的责任主体为"有关单位或者个人";《越南民法典》第631条规定,房屋、其他建筑物因发生倒塌、损坏或陷落造成他人损害的,责任主体是"房屋、其他建筑物的所有人、管理人或使用人"。这种并列规定的数个责任主体实施的侵权行为属于何种性质,应当怎样承担责任,都不明确、不确定。据此,前者可以称为确定的并列责任主体,后者称为不确定并列责任主体。

由于确定的并列责任主体实施的侵权行为及责任是确定的,并无特别进行研究的价值与必要;不确定并列责任主体实施的侵权行为及责任不明确、不确定,因而必须进行专门研究,属于本文研究的对象。

中外侵权法都存在不确定并列责任主体的规定,但国外侵权法较为少见,我国《侵权责任法》规定了较多的不确定并列责任主体,因而更需要进行专门研究,揭示其实施的侵权行为的性质及承担责任的形态。

(二)我国《侵权责任法》规定不确定并列责任主体的内容

《侵权责任法》第四章至第十一章共有11个条文规定了不确定并列责任主体,占全部92个条文的11.1%,在60个规定特殊侵权责任的条文中占18.3%,占13种特殊侵权责任的84.6%,所占比例很大。这11个条文的内容是:

《侵权责任法》第44条规定产品责任的第三人责任为先付责任,生产者、销售者先承担赔偿责任,之后有权向第三人追偿。[①] 其中规定先承担赔偿责任的主体即“生产者、销售者”究竟应当怎样承担责任,不能确定其性质和具体规则。权威解释认为,“运输者、仓储者等应当承担赔偿责任,首先承担产品责任的产品生产者、销售者,有权向负有赔偿责任的运输者、仓储者等追偿”,[②]并没有解释“生产者、销售者”之间怎样承担责任,对此语焉不详。

《侵权责任法》第75条后段规定:“所有人、管理人不能证明对防止他人非法占有尽到高度注意义务的,与非法占有人承担连带责任。”其中关于“所有人、管理人”的表述,无法确定究竟是共同与非法占有人承担连带责任,还是其中一人与非法占有人承担连带责任;且该连带责任中是否还包括不真正连带责任,也不确定。权威解释认为,“所有人、管理人与非法占有人承担连带责任”[③],但对上述疑问没有解释。

《侵权责任法》第78条、第79条、第80条、第82条这四个条文,都规定饲养动物损害责任的责任主体为“动物饲养人[④]或者管

---

① 关于先付责任的概念及责任,参见杨立新:《多数人侵权行为与责任理论的新发展》,载《法学》2013年第7期。

② 此处称“权威解释”,是指我国立法机关官员对法律的解释,下同。参见王胜明主编:《中华人民共和国侵权责任法释义》,法律出版社2010年版,第236~237页。

③ 王胜明主编:《中华人民共和国侵权责任法释义》,法律出版社2010年版,第376页。

④ 其中第82条规定的是“原动物饲养人”。

理人”，但都没有明确规定动物饲养人或者管理人承担的究竟是连带责任、不真正连带责任抑或个人责任。权威解释认为，“当动物的饲养人与管理人为不同人时，管束动物的义务由饲养人转移给管理人，这时的赔偿主体应为管理人”①。可是，如果被侵权人直接起诉动物饲养人，动物饲养人是否应当承担责任，也没有解释。

《侵权责任法》第 85 条规定的建筑物、构筑物或者其他设施损害责任的责任主体为“所有人、管理人或者使用人”，三个并列责任主体之间用“或者”连接，含义似乎为或者为所有人，或者为管理人，或者为使用人。但在被侵权人索赔时，究竟起诉所有人还是管理人抑或使用人，法院怎样确定责任主体，也不确定。权威解释认为，所有人应当承担责任，管理人是管理维护义务的人，包括国有资产管理；使用人承担责任的情形，一是有管理维护义务，二是管理维护不当，②但没有明确的解释。

《侵权责任法》第 86 条第 1 款规定建筑物、构筑物或者其他设施倒塌损害责任的责任主体为“建设单位与施工单位”，承担的是“连带责任”。在建设单位与施工单位对于损害的发生都有过错的情况下，双方承担的责任当然是连带责任；但如果建设单位或者施工单位只有一方有过错，就不能承担连带责任，而是不真正连带责任。权威解释认为，“建设单位和施工单位应当承担连带责任”，③显然没有注意到存在不真正连带责任的可能性。

《侵权责任法》第 89 条规定的妨害通行物损害责任的责任主体为“有关单位或者个人”。这个概念很复杂，既包括公共道路管理人，也包括堆放人、倾倒人、遗撒人，前者为直接责任人，后者为间接责任人。他们之间究竟应当怎样承担责任，法律规定不明确，④权威解释对此没有说明。

---

① 王胜明主编：《中华人民共和国侵权责任法释义》，法律出版社 2010 年版，第 392 页。

② 王胜明主编：《中华人民共和国侵权责任法释义》，法律出版社 2010 年版，第 415～416 页。

③ 王胜明主编：《中华人民共和国侵权责任法释义》，法律出版社 2010 年版，第 419 页。

④ 参见杨立新：《侵权责任法》，法律出版社 2015 年版，第 364 页。

《侵权责任法》第 90 条规定的林木损害责任的责任主体是“林木的所有人或者管理人”。林木所有人和管理人之间怎样承担侵权责任，亦不确定，似为或者为林木所有人，或者为管理人。[①] 这与第 85 条相同，在被侵权人索赔时，究竟起诉所有人还是管理人，法院怎样确定责任主体，权威解释没有说明。

《侵权责任法》第 91 条第 2 款规定的窨井等地下设施损害责任的责任主体为管理人，没有并列规定数个责任主体，但存在多个责任主体的可能，如管理人就有授权管理国家资产的人，以及实际担任管理维护职责的人。权威解释认为，“由相关的管理人承担赔偿责任”，[②]对可能出现的不确定并列责任主体没有预测和解释。

正是由于不确定并列责任主体的不确定性，因而学者在对其进行解释时，意见也不相同。下面列举的是部分学者的主要观点。

对于《侵权责任法》第 85 条规定的“所有人、管理人或者使用人”，王利明教授认为，受害人可以选择上述三个责任人中的一人或者数人承担责任。在实践中，所有人、管理人或者使用人并非总是同时承担责任，他们承担责任的前提是对于建筑物等负有管理义务，在特殊情况下，所有人、管理人或使用人也可能存在两人或两人以上的同时负责，此时，数人之间究竟是连带责任，还是按份责任？原则上应当属于按份责任。[③] 对于第 89 条规定的“有关单位和个人”，认为“堆放人、倾倒人、遗撒人承担完全赔偿责任”，“公共道路的所有人或管理人承担补充责任”。[④]

对于《侵权责任法》第 89 条规定的“有关单位和个人”，张新宝教授认为：“此时，行为人与管理人之间属于不真正的连带责任，管理人承担责任后，有权向行为人追偿。”[⑤]

程啸教授认为，《侵权责任法》第 85 条规定的所有人、管理人或

---

① 杨立新：《侵权责任法》，法律出版社 2015 年版，第 366 页。

② 王胜明主编：《中华人民共和国侵权责任法释义》，法律出版社 2010 年版，第 439 页。

③ 王利明：《侵权责任法研究》（下卷），中国人民大学出版社 2011 年版，第 689、690 页。

④ 王利明：《侵权责任法研究》（下卷），中国人民大学出版社 2011 年版，第 748 页。

⑤ 张新宝：《侵权责任法》，中国人民大学出版社 2010 年版，第 343 页。

者使用人,“如果建筑物、构筑物或者其他设施上有使用人或者管理人的,则应由使用人或管理人承担侵权责任。没有使用人或管理人的,应由所有人承担侵权责任。他们之间并不发生连带责任的问题”。第 89 条规定的妨碍通行物损害责任的“有关单位或者个人”,“如果是堆放在公共道路上的物品导致他人损害,责任人通常就是堆放人,包括该物品的所有人和管理人。但如果对公共道路负有管理和维护义务的民事主体没有尽到管理维护职责的,就会发生多数人侵权的问题,即依据《侵权责任法》第 12 条,堆放人与道路的管理者分别向受害人承担侵权赔偿责任”。① 这种意见认为承担的责任是按份责任。

对于《侵权责任法》第 85 条规定的并列责任主体,周友军教授认为:“所有人和管理人是不可能并存的。如果所有人与使用人并存,或者管理人与使用人并存时,应当通过前述建造义务和维护义务的分配来认定责任主体。因为使用人只可能在工作物建造完毕以后才开始使用,所以,他只负有维护义务。如果工作物的倒塌或者脱落是因为维护义务的违反而造成的,应当由使用人负责。”②

通过以上列举可以看出,我国学界对不确定并列责任主体的解释可谓“百花齐放”,意见分歧,无法确定通说指导审判实践。

(三)外国侵权法规定不确定并列责任主体的情形

在其他成文法国家中,由于侵权法在债法中规定,因而篇幅较小,列举的特殊侵权责任种类不多,因而规定不确定并列责任主体的情形不多。下列 3 个国家的侵权法分别两种形式,规定了不确定并列责任主体。

1. 间接规定不确定并列责任主体

《日本民法典》第 715 条第 1 项规定用人者的使用人为责任主体,第 2 项代使用人监督事业执行的人亦负前项责任;第 718 条第 1 项规定动物占有人责任,第 2 项规定代替占有人管理动物的人亦负前项责任。这两个条文用第 2 项规定的责任主体“亦负前项责任”

---

① 程啸:《侵权责任法》,法律出版社 2011 年版,第 516、527 页。

② 周友军:《侵权法学》,中国人民大学出版社 2011 年版,第 237 页。

的表述，实际上规定了两个并列责任主体，即使用人与代使用人监督事业执行人、动物占有人与动物管理人，且双方如何承担责任也不明确，构成不确定并列责任主体。

《韩国民法典》第759条第1项规定动物占有人的责任，第2款规定代替占有人看管动物者亦负前款责任。这一规定与《日本民法典》前述两个条文的规定相同，也属于不确定并列责任主体。

2. 直接规定不确定并列责任主体

《越南民法典》第631条规定与我国《侵权责任法》第85条基本相同："房屋、其他建筑物因发生倒塌、损坏或陷落造成他人损害的，房屋、其他建筑物的所有人、管理人或使用人必须赔偿损害。"其中所有人、管理人或使用人与我国《侵权责任法》第85条存在同样的问题，属于不确定并列责任主体。

其他国家和地区的民法典，凡是并列规定责任主体的，都明确规定数个责任主体如何承担责任。如《德国民法典》规定动物损害责任，并列规定动物饲养人的责任（第833条）和动物看管人的责任（第834条）；规定建筑物损害责任，就分别规定建筑物占有人的责任（第837条）和建筑物维护义务人的责任（第838条）。[①] 绝大多数国家的侵权法没有规定不确定并列责任主体。

在规定不确定并列责任主体的日本和韩国，侵权法学说尽管没有提出这一概念，但同样存在对这种并列责任主体进行解释的问题。

对于《日本民法典》第715条规定的使用人和代使用人监督事业执行的人，日本学者认为被用人的责任和使用人的责任的并存，是不真正连带责任。所谓的"代理监督者"是客观来看代替使用人现实地处于监督事业地位的人，只是公司的代表人。代理监督人的

---

① 其他可以列举的是：《埃塞俄比亚民法典》侵权法规定，建筑物的所有人（第2078条）与建筑物的占据人（第2080条）、机器和机动车所有人（第2081条）与机器和机动车的保管人或代理人（第2082条）；《魁北克民法典》侵权法第1468条第1款和第2款分别规定了动产制造商和经销商或供应商；新《荷兰民法典》的侵权法第6:175条规定危险物品责任，按照款的顺序，分别规定从事营业的人、保管人、管道管理人等不同责任主体。

责任,是现实地监督被用人的人(进行具体的选任和监督的人),法定的监督义务者的责任和代理监督者的责任并不相互排斥,两者可并存成立(当代理监督人的选任存在过错的时候)。[①] 研究日本法的中国学者认为:被用人独立地负担一般的侵权行为责任。这种被用人的责任与使用人、代理监督者的责任是不真正连带债务。[②]

对于《日本民法典》第718条并列规定动物占有人和代占有人看管动物人,日本学者认为,直接占有者(保管者)是根据民法第718条第2项,间接占有者(占有者)是根据第718条第1项负有责任,两者的责任可以认为是并存的(不真正连带责任)。尤其是第1项的占有者(间接占有者)在能够举证已经根据动物的种类、性质具备相当的注意对保管者进行选任和监督时,可以免除责任。当动物的占有人和管理人并存时,两者的责任是可能重复地发生的,占有人选任代替自己保管动物的人,让其保管时,占有人如果能举证"依动物之种类与性质,已为相当注意之保管",则不承担责任。[③] 中国研究日本法的学者持上述相似观点。[④]

对于《韩国民法典》第759条规定的动物占有人以及代替动物占有人看管动物的人,学者认为,"占有人和看管人间的责任关系:属于直接占有人和间接占有人的关系,第759条的责任竞合,两者间成立不真正连带债务关系"[⑤]。不同意见认为,"占有人或保管人应理解为事实上支配动物的人。对于间接占有人或帮助占有人是否与直接占有人同样需要承担责任这一点上,通说认为是不承担。但是,在判例和部分学说中有赞同间接占有人承担责任的观点,如果与通说一致地认为只有直接占有人才承担责任的话,那么直接占有人与间接占有人或占有帮助人间的责任是无法发生竞合的"[⑥]。

认真分析日本和韩国学者对不确定并列责任主体的意见,存在

① [日]潮見佳男:『不法行為法』(第2版)(信山社、2011年)、頁65—頁67。

② 于敏:《日本侵权行为法》,法律出版社2006年版,第244页。

③ 引自「民法718条の立法過程と判例」小野健太郎『国際関係学部研究年報』第35集 平成2014年2月。

④ 于敏:《日本侵权行为法》,法律出版社2006年版,第244、300页。

⑤ 장재현:『註釋民法』(2010년),정림사,제779면.

⑥ 김형배:『민법학강의-이론·판례·』(11),신조, 제1680면.

较大差异。日本民法典的两个条文规定的规则基本相同,但在解释上并不完全相同。韩国学者对同一个法条的解释,意见不一。可见,都存在对不确定并列责任主体的认识问题。

由于文献的缺乏,对于《越南民法典》规定的并列责任主体的解释不得而知。

(四)研究并列责任主体的意义和主要问题

我国《侵权责任法》与日本、韩国和越南的民法典规定不确定并列责任主体,都没有明确规定其实施的侵权行为的性质和承担责任的形态,因而在司法实践中,无法确定究竟由哪个或者哪些个责任主体承担责任,以及如何承担责任。这意味着规定不确定并列责任主体的侵权法对于这些特殊侵权责任尚未最终确定、或者尚未发现、或者误认为已经确定责任承担的应然规则,因而采取这种方法作出规定,导致在司法实践中出现问题。研究不确定并列责任主体的意义,正是在于明确不确定并列责任主体的概念和性质,明确其实施的侵权行为的性质以及相互之间怎样承担侵权责任的具体规则。主要问题是:第一,不确定并列责任主体究竟是何种概念,应当怎样定义;第二,在法学方法论上究竟应当怎样认识不确定并列责任主体的性质;第三,不确定并列责任主体实施的侵权行为是何种性质;第四,不确定并列责任主体承担的侵权责任应当是何种形态:连带责任、按份责任、不真正连带责任抑或单独责任。只有将上述四个问题界定清楚,有关不确定并列责任主体的法律规定才能够在实践中正确适用。

二、不确定并列责任主体的定义及法律属性

(一)关于不确定并列责任主体概念的定义

在本文之前,我国侵权法理论无人使用过"并列责任主体"的概念,也没有使用过"不确定并列责任主体"的概念。我们第一次使用这个概念,有义务对其作出定义。并列责任主体是指侵权法在规定某种特殊侵权责任时,并列规定了两个以上的责任主体的立法现象。而不确定并列责任主体,是指侵权法在规定某种特殊侵权责任时,并列规定了两个以上应当承担责任的主体,但未明确规定其

实施的侵权行为的性质及责任承担形态的立法现象。

研究不确定并列责任主体这个概念,应当特别注意以下几个基本问题:

第一,不确定并列责任主体须为侵权法对特殊侵权责任规定了两个以上的责任人。在出现不确定并列责任主体的特殊侵权法律关系中,都规定了两个以上应当承担责任的主体。规定侵权请求权人一方为两个以上主体的,是多数侵权请求权人,而不是并列责任主体,例如请求承担死亡赔偿金的受害人的数个近亲属。

第二,不确定并列责任主体只能出现在特定的特殊侵权责任法律关系中。不确定并列责任主体是在特殊侵权责任法律关系中承担侵权责任的主体,而非一般侵权行为的责任主体。因为一般侵权行为的责任主体就是行为人,或者替代行为人。

第三,不确定并列责任主体的最突出特征就是不确定性。首先,表现在不确定并列责任主体实施的侵权行为的不确定,有的是多数人侵权行为,有的并不是多数人侵权行为。尽管法律在某一特殊侵权法律关系中规定了并列责任主体,但并非所有的并列责任主体都是侵权人,只有符合多数人侵权行为法律特征的,才属于多数人侵权行为;不符合多数人侵权行为的特征的,属于单独侵权行为。其次,表现在承担的侵权责任形态的不确定,即并非都是共同责任,也存在单独责任的情形。侵权责任有单独责任和共同责任之分,前者与单独侵权行为相对,后者与多数人侵权行为相对。尽管法律规定并列责任主体为侵权法律关系责任人,但这并不意味着不确定并列责任主体承担的都是共同责任,应当根据不确定并列责任主体实施的侵权行为的性质予以确定。

(二)不确定并列责任主体的法律属性为法律漏洞

1. 不确定并列责任主体非为不确定法律概念而是属于法律漏洞

既然不确定并列责任主体的基本特征是“不确定”,那么在民法方法论上,这个概念就是不确定法律概念吗？对此必须作出明确回答,否则无法继续进行深入研究。

不确定法律概念是指未明确表示而具有流动的特征之法律概念,其包括一个确定的概念核心以及各多多少少广泛不清的概念外围,此种不明确的概念,多见于法律之构成要件层面,亦有见于法规之效果层面。[①] 不确定法律概念的核心词素是“概念”,其基本内涵是“在内涵和外延上都具有广泛不确定性的概念”。[②] 而不确定并列责任主体尽管有一个“不确定”的定语,但这个概念的本身并不是法律条文中的法律概念,即不属于“合理费用”(《侵权责任法》第18条)、“严重精神损害”(该法第22条)、“及时”(该法第36条第2款)等单纯的法律概念,而是将数个责任主体并列规定在一起的立法现象,因而不因为不确定并列责任主体的定语为“不确定”,而认其为一个不确定法律概念,进而采用不确定法律概念的法律修正方法予以解释。

准确分析不确定并列责任主体概念的基本特征,在法学方法论上应当属于法律漏洞。

关于法律漏洞的定义,谓之“法律体系上之违反计划的不圆满状态”[③],或者“系指以现行法律规定之基本思想及内在目的,对于某项问题,可期待设有规定而未设定规定之谓”[④],或者“现实性法律体系上存在影响法律功能,且违反立法意图之不完全性”[⑤],或者“是由于立法者未能充分预见待调整的社会关系,或者未能有效地协调与现有法律之间的关系,或者由于社会关系的发展变化超越了立法者立法时的预见范围,而导致的立法缺陷”[⑥],等等。在上述对法律漏洞的界定中,尽管说法不一,但不论是将法律漏洞界定为“不圆满”“未设定规定”还是“不完全性”“立法缺陷”,都表明了立法漏洞存在的立法体系有不完全性或者不圆满性,影响现行法应有功能,以及违反立法意图这三个基本含义。[⑦]

---

① 吴国喆、梁琪:《不确定法律概念的界定、特征及其缺陷》,载《甘肃理论学刊》2013年第5期。

② 王利明:《法学方法论》,中国人民大学出版社2011年版,第412页。

③ 黄茂荣:《法学方法与现代民法》,2011年版(自版),第456页。

④ 王泽鉴:《民法学说与判例研究》(第二册),北京大学出版社2009年版,第16页。

⑤ 梁慧星:《法律解释学》,法律出版社2009年版,第253页。

⑥ 王利明:《法学方法论》,中国人民大学出版社2011年版,第426页。

⑦ 梁慧星:《民法解释学》,法律出版社2009年版,第253页。

观察不确定并列责任主体概念,恰好存在法律漏洞的这三个基本特点:第一,不确定并列责任主体概念的"不确定",表明的就是这个概念涵盖的立法条文规定并列责任主体中存在的不完全性和不圆满性,即规定了并列责任主体,却未能明确规定并列责任主体应当怎样承担侵权责任。这就是不完全性和不圆满性的表现,集中体现在这个概念的"不确定"的定语上。第二,对于这些不确定并列责任主体实施的侵权行为及责任,不仅学者无法对其内涵取得一致见解,就连立法官员的权威解释也不能清楚说明,当然不能使法官在司法实践中予以准确适用,因而影响现行法的应有功能。第三,对于不确定并列责任主体的这种消极作用,立法者在立法之时未能预料,出现与立法者的立法意图相背离的后果,因而违反立法意图。故而得出的结论是,不确定并列责任主体概念乃系立法漏洞,而非不确定法律概念。

2. 不确定并列责任主体作为法律漏洞的属性

不确定并列责任主体作为法律漏洞,其法律属性是:第一,属于不认知漏洞。《侵权责任法》的立法者在立法之初,并未认识到规定不确定并列责任主体的后果,误认为不存在漏洞,在系争法律制定时,对于其不圆满状态没有认知。① 原因是立法者忽略了——依其根本的规整意向——应予规整的问题,或误以为就此以为规整。②第二,属于自始漏洞。不确定并列责任主体作为法律漏洞,是在立法之时,由于立法者的疏忽等原因而导致的法律漏洞,③并非随着时代发展而产生的嗣后漏洞。第三,属于部分漏洞,而非全部漏洞,即有规范而不完全者。④ 第四,属于非碰撞漏洞,因为不确定并列责任主体的规范基本上不会与其他法律规范相冲突,不构成碰撞漏洞。第五,大多数不确定并列责任主体属于公开漏洞,即预想外型明显

---

① 黄茂荣:《法学方法与现代民法》,2011 年版(自版),第 525 页。

② [德]卡尔·拉伦茨:《法学方法论》,陈爱娥译,商务印书馆 2013 年版,第 256 页。

③ 王利明:《法学方法论》,中国人民大学出版社 2011 年版,第 432 页。

④ 黄茂荣:《法学方法与现代民法》,2011 年版(自版),第 523 页。

漏洞，[①]是就特定类型事件，法律欠缺——依其目的本应包含之——适用规则时，即有“开放的”漏洞存在，[②]因而不属于隐藏漏洞，如《侵权责任法》第 89 条规定的“有关单位或者个人”，漏洞至为明显；而少数不确定并列责任主体属于隐藏漏洞，如该法第 86 条关于“建设单位与施工单位承担连带责任”的规定，看似法律适用规则明确，但实际隐含着不真正连带责任的可能，因而属于乍看之下并未欠缺可资适用的规则，[③]但在实际上却存在欠缺可资适用的规则。

（三）《侵权责任法》形成不确定并列责任主体法律漏洞的原因

侵权法规定不确定并列责任主体，并非科学的立法方法，而属于法律漏洞，需要进行法律续造方可适用。既然如此，《侵权责任法》的立法者为什么要规定诸多不确定并列责任主体，主要有以下原因：

第一，不确定并列责任主体为侵权法律关系的复杂性所决定。在成文侵权法为侵权行为一般条款一统天下时，[④]并不需要对特殊侵权法律关系做出更多的规定，因而侵权责任主体在立法中并不体现为复杂的状况，承担责任的主体的复杂性存在于司法实践之中，依靠法官的智慧去解决。随着英美法系类型化侵权法对成文法的影响，成文侵权法开始大量增加特殊侵权责任的规定，因而特殊侵权责任的复杂性不断反映到侵权法的立法中。我国《侵权责任法》尽管坚持了侵权责任一般化立法的大陆法传统，但大量借鉴了英美法系侵权法的立法经验，规定了大量的特殊侵权责任，而且每一种特殊侵权责任都规定了不同的情形，责任主体的复杂性因而体现在立法中，形成了大量需要并列规定的责任主体；其中能够准确规定其责任形态的，就成为确定的并列责任主体，不能确定其责任形态

---

① 梁慧星：《法律解释学》，法律出版社 2009 年版，第 263 页。

② ［德］卡尔·拉伦茨：《法学方法论》，陈爱娥译，商务印书馆 2013 年版，第 254 页。

③ ［德］卡尔·拉伦茨：《法学方法论》，陈爱娥译，商务印书馆 2013 年版，第 254 页。

④ 侵权责任一般条款为《法国民法典》第 1832 条所创立，一直延续至今天当代各国的侵权法。参见张新宝：《侵权行为法的一般条款》，载《法学研究》2001 年第 4 期。

的,就成为不确定并列责任主体。如果没有特殊侵权责任法律关系的复杂化,不确定并列责任主体就不会大量出现。

第二,保障被侵权人对承担赔偿责任的主体有更多的选择余地。我国《侵权责任法》的立法意图之一,是让被侵权人的损害有更多的救济途径,使其索赔的请求权尽可能地得到满足。[①] 这样的立法意图无疑是正确的,无可指责。在特殊侵权责任关系中,多一个责任主体,被侵权人就会多一条选择的出路,就会对赔偿请求权多一份保障。立法者力图将某一特殊侵权责任关系尽可能多的责任主体在法律中罗列出来,以保障被侵权人进行索赔有更多的选择余地,因而出现了较多的并列责任主体的规定,其中既存在确定的并列责任主体,也存在不确定并列责任主体。

第三,立法者在立法时对不确定并列责任主体怎样承担责任尚不清晰。应当承认,对于《侵权责任法》规定的不确定并列责任主体,由于立法理论准备的原因,在立法时并没有清晰的认识。以人大法工委立法官员以及参加立法的主要学者的论述为例,对此作出"百花齐放"的解释,不仅足以证明立法者认识的不一致和不统一,而且也说明立法当时对此缺少清晰、明确的看法。作这样的结论,作为《侵权责任法》立法的亲历者,亲身体会,否则不必在今天专门提出并研究这个问题。

第四,立法技术的限制。我国《侵权责任法》规定诸多不确定并列责任主体,还有一个重要原因是立法技术问题。尽管我国走向正常的立法轨道已经有 30 多年了,但是立法技术并未达到至臻完美的程度,仅以我国现有法律修订后重新排列条文序号的做法为例,在国外法律修订中极为罕见,足以证明我国立法技术的落后。《侵权责任法》第 89 条规定"有关单位或者个人"这种概念,极为通俗,难以称为严格的法律概念,但却成为妨碍通行物损害责任的责任主体。

---

① 王胜明:《中华人民共和国侵权责任法释义》,法律出版社 2013 年版,第 32 页。

三、对不确定并列责任主体进行漏洞填补的方法及应用

(一)对不确定并列责任主体进行漏洞填补的一般方法

在侵权责任纠纷案件的个案裁判中,由于存在不确定并列责任主体的法律漏洞,而立法不能及时作出回应,法官又不能以存在法律漏洞为由而拒绝审判,因而要求法官进行漏洞填补。①

法律填补是补充法律漏洞的基本方法,也称为法律续造,在存在法律漏洞的情况下,由法官根据一定标准和程序,针对特定的待决案件,寻找妥当的法律规则,并据此进行相关的案件裁判。② 故法律的补充与法律的解释不同,补充乃比解释更进一步依据法律精神与目的,发现法律的方法。③ 填补不确定并列责任主体的法律漏洞,同样如此。

应当看到的是,《侵权责任法》规定的不确定并列责任主体的数量较多,种类复杂,难以用一种填补方法进行补充,须广泛使用填补法律漏洞方法,在既有法律规定之外,努力寻求可适用到具体个案的裁判规则,以解决个案争议。④

填补法律漏洞的方法,是在穷尽了所有狭义的法律解释方法之后也无法寻找到法律适用规则的前提下,适用类推适用、目的性限缩、目的性扩张以及创制性补充。类推适用和目的性限缩所依据的法理主要是平等原则,目的性扩张主要以立法意旨为其补充的法理基础;在创制性补充,与实证法上并无可供攀附援引的具体规定,必须由法律适用者根据法理念及事理,为拟处理之案件予以创制。⑤ 在填补不确定并列责任主体的法律漏洞中,主要适用前三种方法。

(二)对不同的不确定并列责任主体予以漏洞填补的具体方法

1. 类推适用

采用类推适用方法填补不确定并列责任主体漏洞,可以利用不

---

① 王利明:《法学方法论》,中国人民大学出版社 2011 年版,第 435 页。
② 王利明:《法学方法论》,中国人民大学出版社 2011 年版,第 435 页。
③ 施启扬:《民法总则》,中国法制出版社 2010 年版,第 47 页。
④ 王利明:《法学方法论》,中国人民大学出版社 2011 年版,第 436 页。
⑤ 黄茂荣:《法学方法与现代民法》,2011 年版(自版),第 600 ~ 601 页。

确定并列责任主体之间使用的连接方式确定侵权行为性质，寻找相同处理的规则，对漏洞予以填补。

《侵权责任法》在规定11种不确定并列责任主体时，在并列责任主体之间分别使用三种方法连接，即顿号、"或者"和"与"。对于这种不确定并列责任主体的漏洞填补，可以利用三种不同的连接方法，确定部分不确定并列责任主体实施的侵权行为性质，进而类推适用相同的处理规则。即对特定案件，比照援引与该案件类似的法律规定，将法律的明文规定适用于该法律所未直接加以规定，[1]但其规范上的重要特征与该规定所明文规定者相同的案型，依据"相同之案型，应为相同之处理"的方法[2]，在现有实证法中寻找可以适用的法律规则。

使用顿号连接并列责任主体的有：第44条的"生产者、销售者"，第75条的"所有人、管理人"。使用"或者"连接并列责任主体的有：第78条至第80条、第82条的"动物饲养人或者管理人"，第85条的"所有人、管理人或者使用人"，第89条规定的"有关单位或者个人"，第90条规定的"林木所有人或者管理人"。使用"与"字连接并列责任主体的，是第86条第1款规定的"建设单位与施工单位"，在后段又使用了顿号相连接。

使用"或者"连接的不确定并列责任主体，在一般情况下含义明确，应当是选择关系，即并列责任主体实施的侵权行为大多属于单独侵权行为。《侵权责任法》第85条规定的"所有人、管理人或者使用人"，尽管含义不够确定，但依据"相同之案型，应为相同之处理"的方法，与《侵权责任法》第72条关于占有或者使用高度危险物致人损害，"占有人或者使用人应当承担侵权责任"的规定相同案型，应为相同的处理，认定为单独侵权行为是正确的。第90条和第91条第2款规定的并列责任主体，同此道理。例外的是第89条规定的"有关单位或者个人"，将其解释为公共道路的管理人与堆放人、倾倒人、遗撒人后，堆放人、倾倒人、遗撒人与公共道路管理

---

① 王利明：《法学方法论》，中国人民大学出版社2011年版，第439页。

② 黄茂荣：《法学方法与现代民法》，2011年版（自版），第600～601页。

人之间就能够形成多数人侵权行为，而堆放人、倾倒人、遗撒人之间不会形成多数人侵权行为，除非三人之间有两人以上同时堆放、倾倒或者遗撒，且为损害发生的共同原因。同样，第78条至第80条、第82条规定“动物饲养人或者管理人”尽管使用“或者”连接，但由于其适用无过错责任原则，因而不能以类推适用方法进行漏洞补充。

使用顿号连接的不确定并列责任主体之间通常是选择关系，第44条的“生产者、销售者”，第75条规定的“所有人、管理人”，这两个条文规定的是产品责任和高度危险责任，都是无过错责任。按照无过错责任的要求，并列责任主体实施的侵权行为是竞合侵权行为，承担的是不真正连带责任，因而与“或者”连接的并列责任主体的情形不同。第44条规定的“生产者、销售者”与第43条规定的“生产者、销售者”的案型相同，应当类推适用第43条规定；第75条规定的“所有人、管理人”，与第68条规定的“第三人”和“污染者”的案型相同，应当类推适用第75条规定。这同样是采用依据“相同之案型，应为相同之处理”的方法，确定法律适用规则，进行漏洞补充。

使用“与”连接的并列责任主体，只有第86条第1款，由于规定的是连带责任，行为属于多数人侵权行为，因而使用这种连接方法表述。不过，这种不确定并列责任主体属于隐藏漏洞。对此，当存在建设单位与施工单位只有一方对损害的发生具有过错时，就成为隐藏的不确定并列责任主体，进而依据“相同之案型，应为相同之处理”的类推适用的漏洞补充方法，攀附与其最相类似的《侵权责任法》第68条和第83条的规定，确定并列责任主体承担不真正连带责任，具有正当性，属于竞合侵权行为。第75条规定的“所有人、管理人”在与非法占有人承担连带责任中，同样存在这种情形，不赘述。

根据法律在并列责任主体之间使用的不同连接方法进行类推适用，已经解决了第85条、第90条、第91条第2款、第44条、第75条和第86条第1款规定的不确定并列责任主体的法律适用问题。从中看到，使用顿号或者“与”字连接的并列责任主体，基本上是多数人侵权行为；使用“或者”连接的并列责任主体则不确定，有单独侵权行为,也有多数人侵权行为,需要进一步研究确定。

2. 目的性限缩

目的性限缩的要求是,法律文义所涵盖之案型,衡诸该规定的立法意旨,显然过广,以致将不同的案型,同置于一个法律规定下,造成规定“不同的案型为相同之处理”的情形,为消除该缺失,以贯彻该规定的立法意旨,显有对原为其文义所涵盖的案型,予以类型化,然后将与该立法意旨不符的部分,排除于适用范围之外,以符合“不同之案型,应为不同之处理”的平等要求[①]。在填补不确定并列责任主体的漏洞中,利用适用归责原则的不同,探索不确定并列责任主体的立法意旨,进行目的性限缩,确定数个主体实施的侵权行为性质和责任。

《侵权责任法》在规定无过错责任原则的侵权行为中,对并列责任主体通常界定为多数人侵权行为,其立法意旨就是通过无过错责任原则的适用,而使被侵权人获得更充分的保护。利用规定适用归责原则的不同,进行目的性限缩,进而确定使用“或者”连接的并列责任主体实施的侵权行为的性质及相同案型的处理规则。

《侵权责任法》第 68 条规定的污染环境责任因第三人的过错造成他人污染损害,以及该法第 83 条规定的饲养动物损害责任中因第三人的过错造成他人损害,原本应当按照该法第 28 条规定免除污染者和动物所有人、管理人的责任,由第三人承担侵权责任。但是,由于这两种侵权责任适用无过错责任原则,因而认定这种侵权行为为多数人侵权行为,承担不真正连带责任。这正是保护被侵权人的立法意旨使然。适用无过错责任原则的动物损害责任同样具有上述立法意旨,与《侵权责任法》第 68 条和第 83 条的立法意旨相同,在第 78 条至第 80 条以及第 82 条规定存在单独侵权行为和多数人侵权行为多种解释的情况下,按照适用无过错责任原则保护被侵权人的立法意旨,进行目的性限缩,应当认定动物饲养人或者管理人实施的是多数人侵权行为,受害人可以向动物饲养人主张权利,也可以向管理人主张权利。这样的目的性限缩,令《侵权责任

① 黄茂荣:《法学方法与现代民法》,2011 年版(自版),第 605 页。

法》第78条至第80条和第82条规定的动物饲养人或者管理人承担责任的不确定性漏洞得到填补，顺理成章，符合平等原则的要求，具有责任承担的正当性。

3. 目的性扩张

《侵权责任法》第89条规定“有关单位或者个人”的情形比较特殊，不能根据并列责任主体之间的连接词及归责原则的不同，进行类推适用或者目的性限缩确定其实施的侵权行为的性质，而须根据其实施的侵权行为的特点，适用目的性扩张方法，进行漏洞补充。当堆放人、倾倒人或者遗撒人的行为造成他人损害，与公共道路管理人的行为形成行为竞合，符合造成损害后果的是两个行为，对于损害的发生一个行为为主，一个行为为辅的竞合侵权行为的特征，[①]构成竞合侵权行为，应当承担的是典型的不真正连带责任，而不是学者所主张的补充责任。[②] 这种不确定并列责任主体的漏洞补充方法属于目的性扩张，即法律文义所涵盖之案型，有时衡诸该规定的立法意旨，显然过狭，以致不能贯彻该规范的意旨，是故，为贯彻该意旨，显有越过该规定之文义，将其适用范围扩张至该文义原不包括之类型的必要，包括于该法律之适用范围内。[③] 在该条文中，列举的行为只有堆放、倾倒和遗撒，如果确定责任人，则应当只包括堆放人、倾倒人和遗撒人，但是由于妨碍通行物损害责任的特殊性，即发生在公共道路之上，因而将公共道路的管理人通过目的性扩张，使其涵括在“有关单位或者个人”的不确定并列责任主体之中，符合妨碍通行物损害责任在无法找到堆放人、倾倒人、遗撒人时，通过公共道路管理人承担责任的方法，保证被侵权人权利的立法意旨，符合目的性扩张进行漏洞补充的要求，且具有法理的正当性。

四、不确定并列责任主体实施的侵权行为的性质与责任形态

经过上述对《侵权责任法》规定的不确定并列责任主体的法律

① 参见杨立新：《论竞合侵权行为》，载《清华法学》2013年第1期。

② 张新宝：《侵权责任法》，中国人民大学出版社2010年版，第343页。

③ 黄茂荣：《法学方法与现代民法》，2011年版（自版），第609页。

漏洞的填补,不确定并列责任主体实施的侵权行为的性质以及承担的责任形态,都能够予以确定。

(一)对不确定并列责任主体实施的侵权行为性质的具体认定

1. 认定不确定并列责任主体实施的行为为单独侵权行为

对于《侵权责任法》第 85 条规定的"所有人、管理人或者使用人"实施的侵权行为,究竟是何种性质,立法机关官员的解释可以理解为单独侵权行为,①而学者认为应当承担不真正连带责任。②

根据前述类推适用的漏洞补充,尽管《侵权责任法》第 85 条规定的"所有人、管理人或者使用人"实施的侵权行为性质可以作多种解释,但应当肯定的是,对此如果认定为竞合侵权行为采用不真正连带责任,会存在严重的不公平的后果,即被侵权人可以任意选择所有人、管理人或者使用人作为责任主体索赔,如果其能够证明自己没有过错,在其承担了赔偿责任之后,向有过错的行为进行追偿,就有可能使没有过错的人承担了侵权责任,无法转嫁不应当由他承担的最终责任,结果形成了无过错责任原则的后果。这不仅使无过错的人承担责任不具有法理念的正当性,而且违背了《侵权责任法》第 7 条规定适用无过错责任原则须有"法律规定"的要求。因此,第 85 条规定的"所有人、管理人或者使用人"实施的侵权行为应当属于单独侵权行为,由有过错的行为人承担单独责任。被侵权人向不确定并列责任主体之一请求赔偿,该人能够证明自己没有过错,或者能够证明造成损害另有他人的,就应当免除其责任,驳回被侵权人的诉讼请求。被侵权人应当另行起诉没有被诉的人,并最终确定有过错的责任人承担侵权责任。这符合目的性限缩方法的要求。

《侵权责任法》第 90 条规定的"林木所有人或者管理人",同属上理,不再赘述。同样,对该法第 91 条规定的"管理人"解释为不确定并列责任主体,如受国家委托管理国有资产的人和负责管理维修的管理人,不同主体实施的侵权行为的性质也属于单独侵权行为。

---

① 王胜明主编:《中华人民共和国侵权责任法释义》,法律出版社 2010 年版,第 415 ~416 页。

② 杨立新:《侵权责任法》,法律出版社 2015 年版,第 351 页。

不过，如果上述并列责任主体实施的侵权行为符合客观关连共同要求的时候，则成为共同侵权行为，承担连带责任。

2. 认定不确定并列责任主体实施的侵权行为为竞合侵权行为

（1）不确定并列责任主体实施的侵权行为不存在分别侵权行为

有的学者认为在并列责任主体实施的侵权行为中，有的应当依照《侵权责任法》第12条规定承担按份责任，如第85条和第89条。① 我们不认为这样的解释是正确的，因为《侵权责任法》规定的不确定并列责任主体实施的侵权行为，不存在分别侵权行为的可能性。该法第85条规定的是单独侵权行为；即使因建筑物等脱落、坠落造成损害，所有人、管理人或者使用人都有过错的，成立的也是客观的共同侵权行为，承担的责任形态是连带责任，也不会构成分别侵权行为而承担按份责任。至于在第89条规定的情形下，堆放人、倾倒人或者遗撒人与公共道路管理人实施的行为是竞合侵权行为，责任形态是不真正连带责任，既不会依照《侵权责任法》第12条规定构成典型的分别侵权行为而承担按份责任，也不会依照该法第11条规定构成叠加的分别侵权行为而承担连带责任。

（2）不确定并列责任主体实施的侵权行为一般不存在共同侵权行为

在不确定并列责任主体实施的侵权行为中，一般不存在共同侵权行为，原因在于，构成共同侵权行为须具备主观关连共同或者客观关连共同，②在通常情况下，不会存在这样的情形。只有在第85条和第90条以及第91条第2款规定的不确定并列责任主体中，如果出现了各方均有过失，符合客观关连共同的法律特征，才能构成客观的共同侵权行为，承担连带责任。

（3）不确定并列责任主体实施的侵权行为是竞合侵权行为

可以确定，在并列责任主体实施的侵权行为中，构成多数人侵权行为的，基本性质属于竞合侵权行为。

---

① 王利明：《侵权责任法研究》（下卷），中国人民大学出版社2011年版，第689～690页；程啸：《侵权责任法》，法律出版社2011年版，第527页。

② 对此参见杨立新：《侵权责任法》，法律出版社2015年版，第139页。

在竞合侵权行为中,两个以上的行为人对受害人实施的侵权行为,总是一个为主,一个为辅,前者是发生损害的直接原因,后者是发生损害的间接原因,尽管在中间责任上可以连带承担,但最终责任必定由其行为与损害结果之间具有直接因果关系的行为人承担。我们借鉴日本学者潮见佳男教授的见解,[①]将这种侵权行为称为竞合侵权行为。竞合侵权行为概念的含义,是指两个以上的民事主体作为侵权人,有的实施直接侵权行为,与损害结果有直接因果关系,有的实施间接侵权行为,与损害结果的发生具有间接因果关系,行为人承担不真正连带责任的侵权行为。[②] 并列责任主体实施的侵权行为,行为人为二人以上,行为人实施的行为与损害发生的因果关系性质不同,对被侵权人承担的责任是不真正连带责任,符合竞合侵权行为的法律特征,因而属于竞合侵权行为。

属于竞合侵权行为的不确定并列责任主体实施的侵权行为,包括《侵权责任法》第 44 条规定的产品责任中第三人责任的"生产者、销售者"的先付责任;第 75 条规定的"所有人、管理人与非法占有人"之间一方存在过错而他方没有过错的;第 78 条至第 80 条、第 82 条规定的"动物饲养人与管理人"之间的侵权责任;第 86 条第 1 款规定的"建设单位与施工单位"一方有过错他方没有过错的;第 89 条规定的公共道路管理人与堆放人、倾倒人、遗撒人实施的侵权行为("有关单位或者个人"),都是竞合侵权行为,其承担的责任形态都是不真正连带责任。

(二)不确定并列责任主体应当承担的侵权责任形态

1. 不确定并列责任主体承担单独责任

《侵权责任法》第 85 条和第 90 条、第 91 条第 1 款规定的建筑物等脱落、坠落损害责任的"所有人、管理人或者使用人",林木损害责任的"林木所有人或者管理人",以及地下设施的不同"管理

---

① [日]潮見佳男:『不法行為法』(第 2 版)(信山社、2011 年)、頁 196—頁 197。贡献度的概念与我国侵权法的原因力概念相同。

② 杨立新、陶盈:《论竞合侵权行为》,载《晋阳学刊》2014 年第 1 期。

人”,实施的侵权行为性质基本上是单独侵权行为,承担单独责任,即侵权责任人是由一个行为人承担的侵权责任形态。

在诉讼中存在的问题是,被侵权人在选择并列责任主体之一起诉时,由于这些侵权责任都适用过错推定原则,原告起诉并列责任主体中的一人,如果该被告能够证明自己对于损害的发生没有过错的就不承担责任,因而应当驳回原告的诉讼请求;被侵权人要再选择其中之一起诉,直至找到应当承担责任的过错行为人。这似乎对保护被侵权人的利益不当,但却符合过错推定原则的立法意旨。如果被侵权人将所有的并列责任主体都作为被告起诉,则凡是能够证明自己没有过错,或者能够证明真正的过错行为人的,都予以免责,当然也能够确定应当承担责任的单独侵权人,且对被侵权人有利。

2. 不确定并列责任主体承担不真正连带责任

不确定并列责任主体承担不真正连带责任的情形有两种:一是不确定并列责任主体的法律漏洞属于公开漏洞,可以直接确认为不真正连带责任的,如《侵权责任法》第 44 条规定产品责任中第三人责任的“生产者、销售者”的先付责任,第 75 条规定的“所有人、管理人”,第 78 条至第 80 条、第 82 条规定的“动物饲养人与管理人”的侵权责任,以及第 89 条规定的妨碍通行物损害责任的“有关单位或者个人”。二是不确定并列责任主体的法律漏洞属于隐藏漏洞的,即条文表面规定承担连带责任,但根据过错在不同方当事人的表现形式,会出现其他责任形态的情形,如第 75 条规定的“所有人、管理人与非法占有人”之间如果一方存在过错而他方没有过错的,第 86 条第 1 款规定的“建设单位与施工单位”一方有过错他方没有过错的。这些不确定并列责任主体实施的侵权行为都是竞合侵权行为,承担不真正连带责任。

不真正连带责任是不真正连带债务中的一种,为多数债务人的一种形态。[①] 侵权责任法的不真正连带责任源于不真正连带债务,是指多数行为人违反法定义务,对同一个受害人实施加害行为,或

① ［日］我妻荣:《我妻荣民法讲义 · 新订债法总论》,王燚译,中国法制出版社 2008 年版,第 393 页。

者不同的行为人基于不同的行为而致使同一个受害人的民事权益受到损害，各个行为产生的同一内容的侵权责任，各负全部赔偿责任，并因行为人之一的责任履行而使全体责任人的责任归于消灭，或者依照特别规定多数责任人均应当承担部分或者全部责任的侵权责任形态。[①]

有很多人主张废除不真正连带责任，认为“不真正连带责任是德国法系特有的概念，并形成了不同的界定理论，但也存在难以克服的理论困境；在侵权法领域，不真正连带责任的理论基础是主观共同说，随着关连共同说的发展，该理论基础受到极大挑战；且其制度本身也存在明显的缺陷，难以承载其所该有的目的价值”。[②] 但是，我国《侵权责任法》却大量规定不真正连带责任，以及补充责任、先付责任[③]等非典型的不真正连带责任。这说明，不真正连带责任在我国具有茁壮的生命力和广泛的适用性，并非“假手于台湾，只是对我国台湾不同版本理论的介绍，狭隘的知识来源更加剧了研究的‘盲从’倾向”，[④]而是结合我国的国情及司法实践的具体情形，作出的科学选择。因而，不确定并列责任主体承担不真正连带责任，符合我国实际情况，具有法理的正当性。

不确定并列责任主体承担不真正连带责任的规则是：(1)承担不真正连带责任的不确定并列责任主体，都是不真正连带责任的中间责任人，被侵权人可以向任何一个中间责任人请求承担赔偿责任。中间责任是承担了责任之后可以向最终责任人进行全部追偿的非终局性责任。(2)不确定并列责任主体中的直接行为人为最终责任人，应当最终承担赔偿责任，是对终局责任的承担。[⑤] (3)中间责任人承担了赔偿责任后有权向最终责任人追偿，将最终责任转嫁给最终责任人，完成不真正连带责任的最后形式。

---

① 杨立新：《侵权法论》(下卷)，人民法院出版社2013年版，第988页。

② 程金洪：《一个尚未解决的问题——不真正连带责任的存与废》，载《广西政法管理干部学院学报》2011年第4期。

③ 关于补充责任与先付责任的概念和规则，请参见杨立新：《多数人侵权行为及责任理论的新发展》，载《法学》2012年第7期。

④ 李中原：《不真正连带债务的反思与更新》，载《法学研究》2011年第5期。

⑤ 李中原：《不真正连带债务的反思与更新》，载《法学研究》2011年第5期。

3. 不确定并列责任主体承担连带责任

在《侵权责任法》第 85 条和第 90 条、第 91 条第 1 款规定的“所有人、管理人或者使用人”或者“林木所有人或者管理人”以及地下设施的不同“管理人”实施的侵权行为构成客观的共同侵权行为时，则应当承担连带责任，而不是单独责任。此时，数个行为人实施的行为须符合客观关连共同的要求。

五、结论

我国《侵权责任法》规定诸多不确定并列责任主体存在的最大问题，是对不确定并列责任主体实施的侵权行为的性质与承担的责任形态具有不确定性，这影响法律的准确实施。这种立法现象表明立法者的立法技术不成熟，属于法律漏洞，应当通过类推适用、目的性限缩和目的性扩张的方式进行漏洞填补。

我国《侵权责任法》规定不确定并列责任主体的 11 个条文中，分为四种类型：一是属于明显漏洞的不确定并列责任主体实施的侵权行为的性质是竞合侵权行为，承担的责任是不真正连带责任，包括第 44 条、第 78 条、第 79 条、第 80 条、第 82 条、第 89 条；二是属于隐藏漏洞的不确定并列责任主体，规定承担的责任为连带责任，但其中存在竞合侵权行为的可能，一旦并列责任主体之间出现一个主体实施的主行为造成全部损害，另一个主体实施的行为仅是为主行为造成损害提供必要条件的从行为，就构成竞合侵权行为，承担的是不真正连带责任，包括第 75 条和第 86 条第 1 款；三是不确定并列责任主体实施的侵权行为是单独侵权行为，由单独实施侵权行为的个人承担单独责任，包括第 85 条、第 90 条和第 91 条第 1 款；四是第 85 条、第 90 条和第 91 条第 1 款规定的并列责任主体实施的行为构成客观的共同侵权行为，承担连带责任。其中第 1、2、4 三种侵权行为的性质是多数人侵权行为，第 3 种侵权行为的性质是单独侵权行为（四种不确定并列责任主体实施的侵权行为及承担责任的情形见表 6－1）。这种立法漏洞，在将《侵权责任法》编入我国民法典时，应当尽量避免出现。

表6－1　不确定并列责任主体实施的侵权行为性质及责任形态

类型	条文	内容	归责原则	行为形态	责任方式
1.竞合侵权行为适用不真正连带责任	第44条	产品责任的运输者、仓储者等第三人责任，其中规定先承担赔偿责任的主体为“生产者、销售者”。	无过错责任原则	竞合侵权行为，生产者和销售者承担的是中间责任。	责任形态为不真正连带责任，由被侵权人选择。
	第78～第80条、第82条	饲养动物损害责任，责任主体为“动物饲养人（原动物饲养人）或者管理人”。	无过错责任原则	使用的是“或者”，但不是单独或者共同侵权行为，而是竞合侵权行为。	责任形态是不真正连带责任，由被侵权人选择。
	第89条	妨碍通行物损害责任，责任主体为“有关单位或者个人”，存在公共道路管理人和堆放人、倾倒人或者遗撒人的责任关系。	过错推定原则	堆放人、倾倒人、遗撒人为单独侵权行为；与公共道路管理人之间为竞合侵权行为。	堆放人、倾倒人、遗撒人为个人责任；与管理人之间为不真正连带责任。
2.连带责任中存在不真正连带责任	第75条	非法占有高度危险物损害责任，责任主体为“所有人、管理人”，与非法占有人承担连带责任。	无过错责任原则	视为共同侵权行为；但一方有过错的为竞合侵权行为。	双方过错是连带责任，一方过错的为不真正连带责任。
	第86条第1款	建筑物、构筑物或者其他设施倒塌损害责任，责任主体为“建设单位与施工单位”。	过错推定责任	视为共同侵权行为；但一方有过错的为竞合侵权行为。	连带责任，或者不真正连带责任。

续表

类型	条文	内容	归责原则	行为形态	责任方式
3. 单独侵权行为承担单独责任	第 85 条	建筑物、构筑物或者其他设施及其悬挂物、搁置物损害责任，责任主体为“所有人、管理人或者使用人”。	过错推定原则	并列责任主体之间的连接词鲜明，为单独侵权行为。	单独责任，由有过错的人承担责任。
	第 90 条	林木损害责任，责任主体为“林木所有人或者管理人”。	过错推定原则	单独侵权行为。	单独责任，由有过错的人承担责任。
	第 91 条第 2 款	窨井等地下设施损害责任，责任主体为为“管理人”，为广义管理人。	过错推定原则	管理国有资产的人或者管理维修的人实施的单独侵权行为。	单独责任，由有过错的人承担责任。
共同侵权行为承担连带责任	第 85 条、第 90 条、第 91 条第 2 款	符合客观关连共同要求的，为客观共同侵权行为。	过错推定原则	同上。	承担连带责任。

第二节　侵权责任并合与营销参与者

我国《侵权责任法》及其特别法不仅规定了多数人侵权行为的多种责任形态，而且规定了较多的连带责任、不真正连带责任相互之间并合的侵权责任形态，呈现出丰富多彩的样态。多数人侵权行为及责任的理论对此现象应当如何解释，针对何种主体实施的侵权行为适用，怎样确定责任分担规则，尚未进行深入讨论，在理论上尚属空白，司法实践亦无定论。本文结合上述问题进行探讨。

一、我国侵权责任法规定侵权责任并合的具体表现

我国侵权法立法的发展有一个重要的动向，就是在不断增加多数人侵权责任形态的同时，不断扩大连带责任和不真正连带责任的适用范围，形成了侵权责任相互并合的情形。

前者的表现是，在多数人侵权行为应当承担的连带责任和不真正连带责任中，增加了很多特殊表现形式。关于连带责任的特殊表现形式，在《侵权责任法》第13条和第14条规定的典型连带责任基础上，规定了单向连带责任（《侵权责任法》第9条第2款、第49条）①和部分连带责任（《侵权责任法》第36条第2款规定的就扩大的部分承担连带责任，②《最高人民法院关于审理环境侵权责任纠纷案件适用法律若干问题的解释》第3条规定的半叠加分别侵权行为与部分连带责任③）。关于不真正连带责任的特殊表现形式，尽管《侵权责任法》没有像该法第13条和第14条规定连带责任规则那样明文规定不真正连带责任的基本规则，但在第43条、第68条和第83条等都规定了典型不真正连带责任，规则比较明确。在上述规定的基础上，《侵权责任法》第44条、第85条和第86条第1款还规定了先付责任，第34条第2款、第36条第2款和第40条规定了补充责任，以及《消费者权益保护法》第43条和第44条、《食品安全法》第131条规定了附条件的不真正连带责任。④ 这些责任形态都是典型的不真正连带责任的特殊表现形式，构成了我国复杂的多数人侵权责任形态体系，标志着我国侵权责任立法和理论的发达程度。

---

① 关于单向连带责任，参见杨立新：《教唆人、帮助人责任与监护人责任》，载《法学论坛》2012年第3期。

② 参见杨立新：《多数人侵权行为及责任理论的新发展》，载《法学》2012年第7期。

③ 参见杨立新：《环境侵权司法解释对分别侵权行为规则的创造性发挥——〈最高人民法院关于审理环境侵权责任纠纷案件适用法律若干问题的解释〉第3条解读》，载《法律适用》2015年第10期。

④ 参见杨立新：《多数人侵权行为及责任理论的新发展》，载《法学》2012年第7期。

后者的表现形式更为复杂。最早出现连带责任和不真正连带责任并合的，是原《消费者权益保护法》第 38 条（修订后的第 43 条），表现为，在传统交易平台（展销会或者租赁柜台）销售商品致害消费者，《民法通则》第 122 条规定生产者、销售者承担不真正连带责任；该条规定，在展销会结束或者租赁柜台期满后，展销会的举办者、柜台出租者承担不真正连带责任，形成了不真正连带责任的并合。继之，原《食品安全法》第 55 条规定："社会团体或者其他组织、个人在虚假广告中向消费者推荐食品，使消费者的合法权益受到损害的，与食品生产经营者承担连带责任。"食品生产经营者包括食品的生产者和销售者，缺陷食品造成消费者损害，依照产品责任规则，应当承担不真正连带责任。在此基础上，社会团体或者其他组织、个人与食品生产经营者承担连带责任，就是在不真正连带责任的基础上，又增加了连带责任的规定，形成了连带责任与不真正连带责任的并合。

2013 年修订《消费者权益保护法》，新增加的第 44 条规定网络交易平台销售的商品致害消费者，销售者应当承担赔偿责任，网络交易平台提供者承担约定的或者法定的不真正连带责任；网络交易平台提供者知道或者应当知道销售者利用网络交易平台侵害消费者合法权益，不采取必要措施，造成消费者损害的，与销售者共同承担连带责任。缺陷商品致害，本属于产品责任，依照《侵权责任法》第 43 条规定，由生产者、销售者承担不真正连带责任。《消费者权益保护法》上述条文规定销售者承担赔偿责任，实际上仍然要适用《侵权责任法》第 43 条规定，即销售者与生产者承担不真正连带责任。再加入网络交易平台提供者承担不真正连带责任或连带责任，就构成了不真正连带责任与不真正连带责任的并合，以及不真正连带责任与连带责任的并合。

随着 2015 年立法机关修订《广告法》和《食品安全法》，大量出现连带责任与不真正连带责任及其相互之间的并合情形。

第一，新修订的《广告法》第 56 条规定了 4 种责任并合的情形：(1)虚假广告欺骗、误导消费者，造成消费者的损害，必然是虚假广告所宣传的商品所致，产品有缺陷，本来就由生产者、销售者承担不真正连带责任,再加上广告主承担民事责任,加入到生产者、销售者的责任之中,与之共同承担责任,形成多数人侵权责任的并合;(2)广告经营者、广告发布者不能提供广告主的真实名称、地址和有效联系方式的,承担先行赔偿的责任,而先行赔偿责任就是不真正连带责任的中间责任,因而,广告经营者和广告发布者又加入了生产者、销售者(包括广告主)的责任主体范围之中,构成侵权责任并合;(3)关系消费者生命健康的商品或者服务的虚假广告,其商品造成消费者损害的,构成产品责任,生产者、销售者必然承担不真正连带责任,加上广告主的责任,再加上广告经营者、广告发布者、广告代言人应当与广告主承担连带责任,又构成了更加复杂的多数人侵权责任的并合;(4)其他商品或者服务的虚假广告,造成消费者损害的,除了生产者、销售者之外,广告主要承担责任,其广告经营者、广告发布者、广告代言人,明知或者应知广告虚假仍设计、制作、代理、发布或者作推荐、证明的,又应当与广告主承担连带责任,构成了更加复杂的侵权责任并合。

第二,新修订的《食品安全法》增加了 7 种侵权责任并合的情形:(1)第 122 条规定,明知食品经营者未取得食品生产经营许可从事食品生产经营活动,或者未取得食品添加剂生产许可而从事食品添加剂生产活动,仍为其提供生产经营场所或者其他条件,使消费者的合法权益受到损害的,应当与食品、食品添加剂生产经营者承担连带责任。(2)第 123 条规定,明知食品经营者用非食品原料生产食品、在食品中添加食品添加剂以外的化学物质和其他可能危害人体健康的物质,或者用回收食品作为原料生产食品,或者经营上述食品;生产经营营养成分不符合食品安全标准的专供婴幼儿和其他特定人群的主辅食品;经营病死、毒死或者死因不明的禽、畜、兽、水产动物肉类,或者生产经营其制品;经营未按规定进行检疫或者检疫不合格的肉类,或者生产经营未经检验或者检验不合格的肉类制品;生产经营国家为防病等特殊需要明令禁止生产经营的食品;生产经营添加药品的食品等违法行为,仍为其提供生产经营场所或者其他条件,使消费者的合法权益受到损害的,应当与该食品生产经营者承担连带责任。(3)第 130 条规定,集中交易市场的开办者、柜台出租者、展销会的举办者允许未依法取得许可的食品经营者进入市场销售食品，或者未履行检查、报告等义务，使消费者的合法权益受到损害的，应当与食品经营者承担连带责任。(4)第131条规定，网络食品交易第三方平台提供者未对入网食品经营者进行实名登记、审查许可证，或者未履行报告、停止提供网络交易平台服务等义务，使消费者的合法权益受到损害的，应当与食品经营者承担连带责任。(5)第138条第3款规定，食品检验机构出具虚假检验报告，使消费者的合法权益受到损害的，应当与食品生产经营者承担连带责任。(6)第139条第2款规定，认证机构出具虚假认证结论，使消费者的合法权益受到损害的，应当与食品生产经营者承担连带责任。(7)第140条第2款和第3款规定，广告经营者、发布者设计、制作、发布虚假食品广告，使消费者的合法权益受到损害的，应当与食品生产经营者承担连带责任；社会团体或者其他组织、个人在虚假广告或者其他虚假宣传中向消费者推荐食品，使消费者的合法权益受到损害的，应当与食品生产经营者承担连带责任。①

侵权责任法增加多数人侵权责任的多种不同形态，是侵权责任法的多数人侵权行为与责任的形态多样性问题，类似于美国《侵权法重述·第三次·责任分担》的规则及其阐释。对此，我们在有关文章中进行了说明，形成了多数人侵权责任形态的理论体系。对于侵权责任法增加多数人侵权责任并合，从上述立法情形进行观察，并不仅仅是在两部法律出现。随着侵权责任法在更多的社会生活领域中被广泛应用，特别是在维护人的生命、健康方面，立法者在予以更大的关注和重视中，会更多地采用连带责任、不真正连带责任的形式，保护消费者的权益，因而会出现越来越多的侵权责任并合的规定。这样就给侵权责任法理论提出一个重大问题，即在理论上解释侵权责任并合的概念及其适用范围，确定侵权责任并合的责任分担规则。这是一个重要的理论问题，也是重要的司法实践问题，必须予以重视。

---

① 在最高人民法院的有关司法解释中，也规定了部分侵权责任并合的情形。对此，在此不作具体涉及，仅在有关论述中会提到这方面的规定。

二、侵权责任并合的概念及类型

(一)侵权责任并合的概念界定

对我国侵权责任法立法不断加强连带责任和不真正连带责任的扩大适用,形成了多数人侵权责任相互并合的情形,侵权责任法理论尚未提出探讨见解。我们想用“侵权责任并合”这个概念来概括这种立法现象,并依此构建理论支撑,丰富多数人侵权行为及责任的理论体系。

侵权责任并合,是指在多数人侵权行为中,法律原本规定了一种侵权责任形态,又增加规定了新的侵权人承担同一种侵权责任形态或者其他侵权责任形态,构成更多的侵权人对同一损害承担同一种或者不同种侵权责任,并相互重合的责任形态。例如,《侵权责任法》第43条规定产品生产者和销售者对缺陷产品造成的损害承担不真正连带责任,《消费者权益保护法》第45条又规定广告主、广告经营者、广告发布者以及广告代言人对同一损害承担连带责任,就是在法律规定的不真正连带责任的基础上,又增加规定了其他侵权人对同一损害承担连带责任,构成多数人侵权的不真正连带责任与连带责任的并合。

(二)侵权责任并合的基本特征

1. 原侵权人和新侵权人的行为造成的是同一个损害

侵权责任并合的本质特征,仍然是多数人侵权行为发生的侵权责任形态。

构成侵权责任并合,首先必须是多数人侵权行为,即侵权人为多数。至于侵权行为的形态,应当是共同侵权行为、竞合侵权行为或者分别侵权行为。不过也有一种情形,即尽管不构成多数人侵权行为,但法律规定应当承担连带责任的,也视为共同侵权行为。如《侵权责任法》第51条规定的买卖拼装车或者报废车,发生交通事故致人损害的,规定由转让人和受让人承担连带责任。这种行为难说已经构成共同侵权行为,但法律规定承担连带责任,将其视为准共同侵权行为未尝不可,故也属于发生在多数人侵权行为中多数人的侵权责任。

同样,侵权责任并合既然须符合多数人侵权行为的要求,因而不论原来的侵权人,还是新加入的侵权人,其行为造成的损害都是同一个损害,而不是新造成的损害。新加入的侵权人的行为,与原侵权人的行为结合在一起,共同造成了同一个损害结果,每一个行为人的行为都对同一个损害的发生有原因力。例如,生产者和销售者制造、销售缺陷食品造成消费者损害,其行为当然与损害的发生具有原因力,但该食品的认证机构出具虚假认证结论的行为,对损害的发生也具有原因力,依照《食品安全法》第 139 条第 2 款规定,应当与食品生产经营者承担连带责任,就在原来的不真正连带责任的基础上,又增加了实施虚假认证行为对损害的发生也具有原因力的行为人,加入该责任范围,承担连带责任。

2. 法律原本规定了一种多数人侵权责任形态

在侵权责任并合中,原本法律就规定了一种多数人侵权责任形态。例如,法律原规定为承担连带责任的共同侵权行为,承担连带责任或者按份责任的分别侵权行为,承担不真正连带责任的竞合侵权行为。如果法律原本规定的侵权行为就不是多数人侵权行为,也不承担连带责任、按份责任或者不真正连带责任,而是单独责任,即使法律又规定了新的侵权人加入原来的侵权人所要承担的责任范围之中,也并非侵权责任并合,而是根据新的法律规定,发生了多数人侵权行为及责任。

3. 法律又规定新增加的侵权人加入到多数人侵权责任之中

构成侵权责任并合,须法律在规定了多数人侵权责任之后,又规定了新的侵权人加入多数人侵权行为的行为人之中,成为多数人侵权责任的责任人,使该种多数人侵权的责任人数额增加,或者与其他责任形态发生并合。前者如规定新的侵权人加入原来规定的连带责任、按份责任或者不真正连带责任之中,成为连带责任人、按份责任人或者不真正连带责任人;后者如规定新的侵权人承担的责任与原来的责任形态不同,构成责任形态的并合,成为与原来规定的责任形态不同的新的责任形态的责任人,如原来规定的是不真正连带责任,增加新的侵权人承担的是连带责任。

4. 原本规定的侵权责任形态与新增加的侵权人承担的责任形态相重合

构成侵权责任并合，还须原来规定的侵权责任形态与新增加的侵权人承担的责任形态相重合，并合在一起，成为一个侵权行为要承担的相同的多数人侵权责任形态，或者不同的多数人侵权责任形态。例如，《消费者权益保护法》第 44 条第 2 款规定网络交易平台提供者承担的连带责任，原本是缺陷商品销售者和生产者应当承担的不真正连带责任，网络交易平台提供者加入其中后，构成了不真正连带责任与连带责任的并合，等于是网络交易平台提供者加入到生产者与销售者承担的不真正连带责任之中，又与原来的不真正连带责任形态不同，要承担连带责任。这种侵权责任并合的情形，要比同种类的侵权责任并合的情形更为复杂。

（三）侵权责任并合与相关概念的区别

1. 侵权责任并合与侵权责任竞合

民事责任竞合，是指因某种法律事实的出现，而导致两种或两种以上的民事责任产生，各项民事责任相互发生冲突或者不冲突的民法现象。它来源于法律规范竞合理论，现代法律都作抽象规定，并且从各种不同角度对社会生活现象进行规范，所以经常发生同一个事实符合几个法律规范的要件，致使这几个法律规范竞合。① 民事责任竞合包括冲突性竞合和非冲突性竞合，前者须选择其中一个请求权行使，请求责任人承担一种民事责任；后者因为数个责任都有承担的必要，因而权利人可以同时请求责任人承担数种责任。侵权责任竞合是民事责任竞合的一种，规则相同。

侵权责任并合与此不同，虽然都是不同法律的规定竞合在一起，但是侵权责任并合并不发生请求权竞合的后果，而是扩大就同一损害事实承担责任的主体范围，让更多的责任人参加到这一个多数人侵权责任之中，让更多的人对受害人的同一个损害承担责任，使受害人的索赔权利更加有保障，更容易得到实现。因此，侵权责任并合并不存在冲突性和非冲突性的区别，都是应当承担的责任。

---

① 王泽鉴：《民法学说与判例研究》（第一册），中国政法大学出版社 1998 年版，第 371 页。

责任竞合研究的是法律规定的责任发生重合后,权利人怎样行使请求权,而侵权责任并合则是增加对同一损害承担责任的人数,以及怎样分担责任。

2. 侵权责任并合与侵权责任聚合

侵权责任法理论中有责任聚合的概念,是指同一法律事实基于法律的规定,以及损害后果的多样性,而应当使责任人承担多种法律责任的形态。① 侵权责任聚合分为两种,一是一般的侵权责任聚合,是指侵权人实施的一个行为造成他人损害,依照法律产生多项侵权请求权,行为人应当承担多项侵权责任的情形,如侵害名誉权要承担精神损害赔偿责任,同时又要承担赔礼道歉、恢复名誉等几个民事责任。二是特殊的侵权责任聚合,是指侵权人实施的一个行为造成他人损害,依照法律不仅产生侵权请求权,而且产生了其他民事请求权,侵权人应当承担不同的民事责任的情形,即在类似于产品责任中,行为人承担了固有利益的损害赔偿责任,同时还要承担违约责任等几个不同的责任。②

侵权责任并合既不同于一般的侵权责任聚合,也不同于特殊的侵权责任聚合。侵权责任并合既不是一个侵权行为发生几个不同责任方式的请求权,承担几个不同的责任方式;也不是造成了几个不同的损害,分别由侵权责任和违约责任救济,而是数个不同的侵权人实施的加害行为,造成受害人的同一个损害,在原来的法律规定要承担多数人侵权责任的基础上,又增加侵权人,共同承担对同一个损害进行赔偿的责任形态,以增加受害人获得救济请求权实现的保障。

3. 侵权责任并合与债务加入

侵权责任并合与债法的债务加入有相似之处,都是在原有的债务人范围内,又增加新的债务人,与原债务人共同承担同一个债务。③ 不过,债务加入是新债务人为原债务人承担债务,当新加入的债务人不能履行债务或者履行债务不符合债的本质要求时,原债务

---

① 王利明:《侵权行为法研究》(上卷),中国人民大学出版社2004年版,第654页。

② 参见杨立新:《侵权法论》(上卷),人民法院出版社2013年版,第320页。

③ 史尚宽:《债法总论》,中国政法大学出版社2000年版,第750页。

人还应当承担债务履行责任。

侵权责任并合并不是仅有新的债务人加入，为债务人承担债务，而是既有新的债务人加入债务人（侵权人）之中，又要与原债务人（侵权人）共同承担债务（侵权责任），同时法律还要规定新加入的债务人应当承担何种责任形态，而不是仅仅为原债务人承担债务而已。不仅如此，由于我国侵权责任法单独制定，已经脱离债法，因此，侵权责任并合与债务人加入的区别更加明显。

（四）侵权责任并合的类型

1. 同质并合

同质并合，即同种类责任形态的侵权责任并合，是指原来的多数人侵权责任形态与后来增加的侵权人承担的责任形态属于同一性质，是相同的侵权责任形态的并合。如原数个侵权人承担的是连带责任，又增加了新的侵权人承担连带责任。最高人民法院《关于审理道路交通事故损害赔偿案件适用法律若干问题的解释》第6条规定："拼装车、已达到报废标准的机动车或者依法禁止行驶的其他机动车被多次转让，并发生交通事故造成损害，当事人请求由所有的转让人和受让人承担连带责任的，人民法院应予支持。"《侵权责任法》第51条规定的这种侵权行为的连带责任主体只有转让人和受让人，该司法解释将责任主体范围扩大，多次转让的再转让人和再受让人等也都加入这个连带责任的责任主体范围，共同承担连带责任，使连带责任人的范围扩大，构成侵权责任的同质并合。

2. 同质异形并合

同质异形并合，是相同的基本侵权责任形态中不同责任形态的并合，侵权人承担的尽管是连带责任或者不真正连带责任，但是并合的是非典型的连带责任、典型的不真正连带责任形态，如附条件的不真正连带责任、先付责任或者补充责任。[①] 例如，《消费者权益保护法》第44条第1款规定的是网络交易平台提供者承担的附条件不真正连带责任，与《侵权责任法》第43条规定的生产者、销售者承担的典型的不真正连带责任之间发生并合，属于侵权责任的同质

① 由于按份责任并没有典型和非典型之分，因此不存在这种责任并合形态。

异形并合。

3. 异质并合

异质并合,即非同种类责任形态的侵权责任并合,是指原来的多数人侵权责任形态与后增加的侵权人承担的责任形态不属于同一性质,是不同的多数人侵权责任形态的并合。具体表现为典型形态的连带责任、不真正连带责任和按份责任之间的并合。在目前法律规定的侵权责任并合中,多数是异质并合。如在《消费者权益保护法》第44条第2款规定的网络交易平台提供者承担的连带责任,就是加入到《侵权责任法》第43条规定的产品生产者与销售者承担的不真正连带责任之中,形成了不真正连带责任与连带责任的并合,为异质并合。《食品安全法》第131条规定,同样是网络食品交易第三方平台提供者加入到食品经营者和食品生产者的不真正连带责任之中,形成的连带责任与不真正连带责任的异质并合。

我国侵权责任法规定的侵权责任并合的情形如表6-2所示。

表6-2　我国法律规定的侵权责任并合一览表

法律	条文	适用范围	原责任形态	原责任人	新责任形态	新责任人	责任并合种类
消费者权益保护法	第43条	传统交易平台销售商品	不真正连带责任	生产者、销售者	附条件不真正连带责任	柜台出租者、展销会举办者	同质异形并合
	第44条第1款	网络交易平台销售商品	不真正连带责任	生产者、销售者	附条件不真正连带责任	网络交易平台提供者	同质异形并合
	第44条第2款	网络交易平台销售商品	不真正连带责任	生产者、销售者	连带责任	销售者、网络交易平台提供者	异质并合
广告法	第56条第1款	虚假广告	不真正连带责任	生产者、销售者	附条件不真正连带责任	广告经营者、发布者	同质异形并合
	第56条第2款	涉及生命健康的虚假广告	不真正连带责任	生产者、销售者	连带责任	广告经营者、广告发布者、广告代言人	异质并合
	第56条第2款	其他商品虚假广告	不真正连带责任	生产者、销售者	连带责任	广告经营者、广告发布者、广告代言人	异质并合

续表

法律	条文	适用范围	原责任形态	原责任人	新责任形态	新责任人	责任并合种类
食品安全法	第122条	没有许可证生产食品	不真正连带责任	食品、食品添加剂生产经营者	连带责任	为其提供生产经营场所或者其他条件的经营者	异质并合
	第123条	用非食品原料等物质制造食品	不真正连带责任	生产者、销售者（食品生产经营者）	连带责任	为其提供生产经营场所或者其他条件的经营者	异质并合
	第130条	允许销售未取得许可的食品经营者进入市场	不真正连带责任	食品经营者（生产者、销售者）	连带责任	传统交易平台开办者、柜台出租者、展销会举办者	异质并合
	第131条第1款	网络交易平台提供者未对入网食品经营者实名登记、审查许可证等	不真正连带责任	食品经营者（生产者、销售者）	连带责任	网络交易平台提供者	异质并合
	第131条第2款	网络交易平台销售食品致害消费者	不真正连带责任	食品经营者和生产者	附条件不真正连带责任	网络交易平台提供者	同质异形并合
	第138条第3款	出具虚假检验报告	不真正连带责任	食品生产经营者（生产者、销售者）	连带责任	食品检验机构	异质并合
	第139条	出具虚假认证结论	不真正连带责任	食品生产经营者	连带责任	认证机构	异质并合
	第140条第2款	虚假食品广告	不真正连带责任	食品生产经营者	连带责任	广告经营者、发布者	异质并合
	第140条第3款	虚假食品广告、虚假宣传	不真正连带责任	食品生产经营者	连带责任	社会团体、其他组织、个人（广告代言人）	异质并合

从表6－2可以看出:第一,侵权责任并合主要发生在涉及消费者权益保护领域,特别是对食品消费者的保护;第二,侵权责任并合的适用范围主要是产品责任,也包括服务致害责任领域;第三,发生侵权责任并合的责任形态,主要是连带责任与不真正连带责任之间,表现为不真正连带责任与连带责任并合,不真正连带责任与不真正连带责任其他特殊形态并合,以及连带责任与连带责任的并合,其他责任形态发生侵权责任并合的情形尚不多见。

三、营销参与者及对其适用侵权责任并合的目的

从上述法律规定的情形观察,法律规定侵权责任并合制度的适用范围,主要针对的是产品责任、服务责任,只有司法解释规定了报废车、拼装车交易的侵权责任并合。抛开机动车交易问题,就其他主要适用侵权责任并合的情形而言,集中在三个方面:一是规定侵权责任并合的法律都是调整交易的法律,如《消费者权益保护法》《食品安全法》和《广告法》;二是规定适用侵权责任并合的都是涉及交易中的产品责任和服务致害责任;三是适用侵权责任并合的主体,都是与产品和服务营销有关的经营者。概括起来,侵权责任并合主要发生在产品责任、服务责任领域,承担侵权责任并合的主体可以概括为营销参与者。

(一)营销参与者的概念界定及类型

营销参与者(marketing participant)的概念由美国侵权法学家戴维·G. 欧文(David G. Owen)提出并使用。他认为,营销参与者主要包含两类:第一类,零售商、非生产性销售者、原材料及零部件供应者、母公司、表见生产者、代理商、继受公司等,这些在产品分销链条上起重要作用的非生产性的产品供应者,是营销参与者的关键主体;[①]第二类,以次要方式(secondary way)促成社会中产品的买卖和分销的主体,包括产品认证者和保证人、安全检验者、贸易协会以及其他偶然性的市场参与者。[②] 无论是欧文教授还是美国《侵权法

① David G. Owen, Products Liability Law, Thomson West, 2008, pp. 1000－1040.

② David G. Owen, Products Liability Law, Thomson West, 2008, p. 1050.

重述第三版:产品责任》,都未提到柜台出租者这一主体。

我国学者也有使用营销参与者的概念。王竹教授在其《论我国侵权法上的缺陷产品营销参与者责任》一文中,认为广义的市场营销活动,既包括常见的发布广告,也包括生产环节的检验、认证和其他质量担保方式,以及销售环节的交易市场和交易平台。这些市场营销行为的共同目的就是保障产品质量并促进产品的销售,这样就在产品市场上形成了产品分销链条和产品营销链条两个平行的市场链条,因而形成产品分销参与者的责任和产品营销参与者的责任。①

戴维·G.欧文教授和王竹教授在其著述中,都没有对营销参与者给出一个抽象的定义,而是指出其具体类型。同时,两位教授在概括营销参与者的类型中也有不同看法。不过,这并不妨碍在我国侵权法特别是产品责任法中使用营销参与者的概念,并且据此解释侵权责任并合的主体。

我国法律规定的侵权责任并合的主体,主要是柜台出租者、展销会举办者,网络交易平台提供者,广告经营者、发布者、广告代言人,为没有许可证而生产食品的生产者提供生产经营场所或者其他条件的经营者,为用非食品原料等物质制造食品的经营者提供生产经营场所或者其他条件的经营者,食品检验机构,认证机构,等等。这些主体尽管在戴维·G.欧文所概括的主体和王竹教授在其概括的主体中不尽相同,但都可以通过对营销参与者的概念进行界定,而将这些法律规定的责任主体概括在营销参与者的概念之中。

根据我国实际情况,营销参与者是指在商品和服务的交易领域中,为商品的生产、销售以及服务提供营销支持,促成商品、服务经营者与消费者达成交易的经营者和非经营者。其特征是:第一,多数营销参与者是交易领域的经营者,而不是非经营者,其目的与经营者相同,都具有营利目的,但是也包括为保障交易安全的非经营

---

① 王竹:《论我国侵权法上的缺陷产品营销参与者责任——兼评最高人民法院〈食品药品纠纷司法解释〉相关规定》,载《人大法律评论》2014 年第 1 期,法律出版社 2014 年版,第 214 页。

者，如食品检验机构、认证机构等；第二，营销参与者服务支持的交易活动包括商品生产、销售以及服务的营销，而不只是商品生产和销售；第三，营销参与者并不直接参加交易，而仅仅是对商品和服务的交易提供营销支持，促成交易进行，因而不是直接的商品、服务的经营者，是为商品、服务交易提供服务的经营者。

我国的营销参与者可以分为三种类型：一是为商品、服务进行广告宣传支持的营销参与者，如广告经营者、发布者、广告代言人；二是为商品生产、销售和提供服务而提供支持的营销参与者，如为没有许可证而生产食品的生产者提供生产经营场所或者其他条件的经营者，为用非食品原料等物质制造食品的经营者提供生产经营场所或者其他条件的经营者，柜台出租者、展销会举办者，网络交易平台提供者；三是为商品、服务提供检验、认证服务支持的营销参与者，如食品检验机构和认证机构。

不仅欧文教授对“营销参与者”范围的界定与我国学者的界定存有区别，而且这些主体承担责任的方式也存在区别。在美国，尽管《侵权法重述第三版：产品责任》并未提出“营销参与者”的概念，其用“seller”一词将从事产品销售或者分销者经营活动的主体都纳入此范畴，包括非生产性的销售者和分销者。依据《重述》第 20 节评注 e，“代理商、销售代表（非独家）、拍卖商、未参与被许可人产品的设计、制造以及销售的许可权人，都不承担严格责任。”①这些主体如仅仅为“产品设置安全标准的非营利性机构，可能在《侵权法重述》第二版第 324A 节下负过失之责任”。② 该节规定：“一个开始——无偿或有偿地——向他人提供他应当会意识到为保护第三人的人身或物品所必需的服务的人，在下列情形下，可能对该第三人因他未能在开始提供其服务时行使合理关注而受到的身体伤害

① 美国法院研究院：《侵权法重述第三版：产品责任》，肖永平等译，法律出版社 2006 年版，第 418 页。

② 如 Wissel v. Ohio High Sch. Athletic Ass'n［605 N. E. 2d 458（Ohio Ct. App. 1992）］案。该案确认，为运动器械设置安全标准（包括为橄榄球头盔设置最低碰撞要求）的非营利性机构，不是侵权中的严格责任目的上的“销售者”，但其受《侵权法重述第二版》第 324（A）节的调整。

承担责任：(a)造成该伤害的风险因其未行使合理关注而得到增强；或(b)他已经开始履行由该他人对该第三人所负有的义务，或(c)该伤害之所以发生，是因为该他人或该第三人对其开始提供服务的依赖。”①营销参与者正是如此，它在交易中，对商品交易或者服务交易提供营销服务，因其过失，而违反了对消费者即第三人的注意义务，造成了消费者以及他人的损害。这正是营销参与者承担侵权责任的法理基础。而欧文教授提到的第一种营销参与者情况比较复杂，零售商、非生产性销售者、原材料及零部件供应者经常承担严格责任，只在极少数情况下不承担严格责任，其他主体在被排除实质性地参与产品设计、生产或销售时，不承担严格责任。无论是哪种营销参与者，在责任分担上，通常不承担连带责任，美国侵权法中也没有不真正连带责任的概念。这与我国侵权法及其特别法对营销参与者与其他主体的责任分担存在区别。

（二）对营销参与者适用侵权责任并合的条件

法律规定营销参与者承担侵权责任并合的法律后果，除了应当具备营销参与者的身份之外，还应当具备以下要件：

1. 损害要件

营销参与者承担责任的受害主体，须为造成损害的经营者和营销参与者以外的第三人，通常是消费者，也包括受到损害的他人。损害的表现主要是人身伤害，且法律特别保护的是人身安全，造成死亡、伤害后果的均属之。

2. 行为要件

营销参与者实施何种行为才应当对其提供服务的经营者承担并合的侵权责任，通常是由法律规定的具体行为。例如，为没有许可证而生产食品的生产者提供生产经营场所或者其他条件的经营者，为用非食品原料等物质制造食品的经营者提供生产经营场所或者其他条件的经营者，未提供销售者、服务者的真实名称、地址、有效联系方式，等等。这些行为概括起来，就是为商品或者服务交易

---

① 美国法律研究院：《侵权法重述第二版：条文部分》，许传玺等译，法律出版社2012年版，第133～134页。

提供服务支持的行为,该行为须具有违法性。

3. 因果关系要件

营销参与者对营销提供服务支持的行为,与消费者以及他人受到的人身损害之间须有因果关系。这种因果关系,并非都具有直接的原因力,而是其行为对损害的发生,具有了一定的原因参与度。例如,对于造成消费者等人身伤害的风险,因营销参与者未履行合理注意义务而得到增强;或者营销参与者已经开始实施对经营者提供服务支持的行为,并且知道其应当对消费者等第三人所负有的义务;或者消费者等人身伤害之所以发生,是因为经营者以及消费者及他人对营销参与者所提供服务的依赖。在这些行为与损害之间,有的是直接原因,有的是间接原因。在这些情况下,营销参与者对营销活动提供服务的支持行为与消费者等的人身损害之间,就具有因果关系。

4. 主观要件

营销参与者承担并合的侵权责任,对主观要件的要求有所不同,有的规定为有过失,有的规定为无过失。这与美国侵权法对提供服务而对第三人承担责任的要求,①以及营销参与者的要求不同。例如,产品认证者或者保证人,美国侵权法认为认证者和保证人为虚假陈述负责任,但该种被告通常不为违反担保或侵权之严格责任负责任,因为认证者并不出售产品,也不控制产品安全,②因而须有过失才承担责任。我国《广告法》第56条第2款规定:"关系消费者生命健康的商品或者服务的虚假广告,造成消费者损害的,其广告经营者、广告发布者、广告代言人应当与广告主承担连带责任。"这里规定的是无过错责任,而该条第1款后段关于"广告经营者、广告发布者不能提供广告主的真实名称、地址和有效联系方式的,消费者可以要求广告经营者、广告发布者先行赔偿"的规定,就是过错责任。《食品安全法》规定的侵权责任并合,由于涉及消费者生命健

① 依照《美国侵权法重述第二版》第324A条规定,提供服务而对第三人造成的损害负责的基础,是其有过失。

② [美]戴维·G.欧文:《产品责任法》,董春华译,中国政法大学出版社2012年版,第323页。

康问题，因而通常要求营销参与者承担无过错责任；除此之外的，适用过错责任原则。

符合上述侵权责任构成要件的要求，构成侵权责任并合，营销参与者就应当参与直接侵权行为人之中，依照法律规定承担并合的侵权责任。

(三)对营销参与者适用侵权责任并合的目的

对于我国大量出现的侵权责任并合制度，立法者究竟寄托何种立法目的，尚无人进行探讨和说明，立法说明中只简单提到"建立最严格的各方法律责任制度""突出民事赔偿责任"，①"对食品安全违法行为加重法律责任，并采取多种法律手段予以严惩"。② 我们认为，是通过以下调整功能实现其立法目的：

1. 更好地保护被侵权人的损害赔偿请求权

检讨我国立法增加侵权责任并合制度的场合，主要集中在食品、药品交易，网络交易平台销售商品提供服务，涉及生命健康安全的虚假广告，以及其他相关方面。这表明，我国几十年来，诚信交易秩序受到严重破坏，经营者诚信观念淡漠，市场秩序混乱，在有关生命、健康的食品、药品销售和服务及其他方面，形势越来越严峻，人民群众的生命健康安全受到严重威胁，甚至造成严重损害。为了更好地保护上述领域中的被侵权人，保障其损害赔偿请求权能够及时、完全地得到实现，以救济损害，恢复权利，立法者采取更多的连带责任、不真正连带责任的方式，使受害人行使索赔请求权的责任主体增加，能有更多的选择。无论是连带责任还是不真正连带责任，其责任人都对损害承担全部赔偿的中间责任，增加一个责任人，受害人的权利就多了一个责任主体，就增加了一份保障。因此，侵权责任并合制度就是通过这种功能，实现保障被侵权人损害赔偿的

---

①　国家食品药品监督管理总局局长张勇：《关于〈中华人民共和国食品安全法(修订草案)〉的说明》，载信春鹰主编：《中华人民共和国食品安全法释义》，法律出版社 2015 年版，第 440、444 页。

②　《全国人民代表大会法律委员会关于〈中华人民共和国食品安全法(修订草案)〉修改情况的汇报》，载信春鹰主编：《中华人民共和国食品安全法释义》，法律出版社 2015 年版，第 448 页。

请求权,增加全部实现的可能性。

2. 让与损害发生有关联的侵权人承担中间性责任予以侵权责任制裁

侵权责任并合的另一个法律调整目的,就是用连带责任或者不真正连带责任制裁与损害发生有原因力的其他行为人。无论是在连带责任还是不真正连带责任,救济的损害其实都是同一个,不论增加多少人作为责任人,损害赔偿数额也不会增加,不会因为连带责任人和不真正连带责任人的增加,而使受害人得到超出其实际损害的赔偿金。但是,增加了对同一个损害承担责任的责任人,承担连带责任或者不真正连带责任,在形式上都实行连带,每一个人都要对全部损害承担中间性的连带责任,因而都有可能对受害人的损害承担全部责任。因此,侵权责任并合对新增加的侵权责任人具有足够的侵权责任制裁力度。例如,缺陷产品致人损害,早有产品责任规定的生产者和销售者承担不真正连带责任,生产者和销售者都承担赔偿全部损失的中间责任,以保障受害人索赔权利的实现。《消费者权益保护法》增加规定了网络交易平台提供者承担附条件不真正连带责任,《广告法》增加规定了广告主、广告经营者、广告发布者以及广告代言人对此承担连带责任,《食品安全法》增加规定了食品添加剂及其为其提供经营场地条件的食品添加剂经营者、以非法食品原料化学物质回收食品加工食品的经营者、开办交易市场出租柜台展销会的经营者、出具虚假检验报告的机构以及出具虚假认证报告的机构等,都须对该食品造成的损害承担连带责任。对同一个损害,增加如此多的经营者和营销参与者承担连带责任,尽管没有增加赔偿数额,但他们都须对该损害承担全部赔偿的中间责任。这样的制裁力度,对每一个经营者和营销参与者都有足够的制裁力度,足以惩罚其违法行为。

3. 发挥阻吓作用警示营销参与者防范侵权行为发生

阻吓功能也称为教育功能,是侵权责任法的主要功能之一,[①]也

① 我国《侵权责任法》第1条规定的“预防”“侵权行为”,实际上就包括阻吓作用和警示作用。

是侵权责任并合制度的法律调整目的。在多数人侵权行为中,规定连带责任或者不真正连带责任的本意,就具有阻吓相关人员的作用,将更多的与造成损害的营销参与者划入连带责任人或者不真正连带责任人的范围之中,不仅对相关行为人起到必要的制裁作用,同时对于营销参与者都具有强烈的阻吓、警示作用。在《食品安全法》制定之初,因规定了广告代言人的责任,增加了法律的压力,引起了文体明星的高度警惕。可见,侵权责任并合制度即使不必实际适用,都具有足够的阻吓、警示作用。更好地发挥侵权责任并合制度的阻吓、警示作用,对于完善我国的市场管理秩序、建设诚信道德和遵守诚信规则,保护好消费者的合法权益,都具有重要意义。

(四)对营销参与者适用侵权责任并合能否实现立法目的

在我国,大量出现的侵权责任并合法律现象,说明立法者正是要利用这一制度的上述法律调整功能,规范市场,制裁在交易行为中,尤其是在食品、药品以及网络交易中日益增多的侵害消费者合法权益的违法行为。

"文化大革命"破坏的是整个社会的诚信道德观念和诚信交易秩序。改革开放以来,随着市场经济的不断发展,不正当的利益关系侵入交易领域,市场交易形成假货泛滥、欺诈盛行的严峻形势,人民群众的生命健康安全无法得到保障,甚至受到严重侵害。1993年以来,立法机关通过制定《消费者权益保护法》等法律及相应规则,明确侵权、违约责任,制裁非法经营着,保护消费者的合法权益,尽管已经取得了部分社会效果,但是,对于严重侵害消费者生命健康的食品、药品以及网络交易中提供商品和服务危害消费者合法权益的行为屡禁不止,甚至越发猖獗:含有"苏丹红""塑化剂"等有毒有害的食品、药品仍在泛滥,营销参与者参与制假售假,欺诈性虚假广告盛行,有关的检验、认证机构出具虚假检验报告、认证报告的行为,比比皆是。面对这样的严峻形势,立法机关在最近十年中,制定和修订了一系列相关法律,其中采取的一个重要措施,就是增加侵权责任并合制度,借以实现侵权责任法保护权益、制裁违法和警示社会的功能。目前,立法机关在立法中增加侵权责任并合制度的适用范围,已经形成了一个体系。

立法者对侵权责任并合制度似乎寄托更多的期待,希望通过这样的立法,增强和建设诚信道德观念和诚信秩序,维护市场交易规则,保护好消费者权益,并且对营销参与者有足够的阻吓作用,警示其自觉守法。从消极的方面观察,这种做法也可以看出,政府在救济缺陷食品、药品和服务致害消费者方面,更愿意将责任推给营销参与者,而自身不愿承担更多的救助责任。这种无限增加侵权责任并合制度的适用,让更多人加入连带责任或者不真正连带责任的责任主体之中的做法,能否实现立法者的愿望,对受害人的保护究竟能够起到多大作用,究竟能给受害人带来多少好处,尚不得而知。美国侵权法的责任分担规则比较先进、科学,他们的学者很难理解我国这种侵权责任并合的立法现象。美国产品责任法对营销参与者不适用连带责任,甚至在美国法律数据库中,也没有查到直接探讨营销参与者与生产者、销售者之间承担连带责任或者不真正连带责任的判例或者论文。可以推断,美国法院通常不会让营销参与者与生产者、销售者承担连带责任,而是依据相关工具厘清他们的责任和过错。这与美国几十年来对连带责任的限制和对比较过错的适用不无关联。[①] 不仅如此,我国的这种做法也与世界性的限制连带责任、无过错责任的潮流相反。对于我国对营销参与者苛以侵权责任并合的法律后果做法的实际效果,还应当在司法实践中进一步观察。

四、侵权责任并合的责任分担规则

在现行立法中,侵权责任并合主要表现为连带责任与连带责任并合、不真正连带责任与不真正连带责任并合,以及连带责任与不真正连带责任并合。在表 6 - 2 中列举的 16 种责任并合形式中,前者同质并合只有一种,占 6.3%;中者同质异形并合有 4 种,占 25%;后者有 11 种,占 68.7%。其他形式的责任并合尚不多见。在研究上述责任并合的具体责任分担规则时,对其他尚未规定的责任

---

① 上述意见,是华东政法大学董春华博士提供的主要看法。在此向其致谢。

并合形态的责任分担规则一并进行探讨。

（一）侵权责任同质并合的责任分担规则

1. 典型连带责任与典型连带责任并合

典型连带责任与典型连带责任并合，相当于构成了一个增大的连带责任，新责任人与原责任人都是连带责任人。例如，《侵权责任法》第51条规定，交易的报废车和拼装车发生交通事故，出让人和买受人承担连带责任。最高人民法院司法解释规定，多次转让的再转让人和再受让人也应当承担连带责任，就在原来的两个连带责任人对一个损害负责，又增加了新的连带责任人，对同一个损害承担连带责任。

连带责任与连带责任并合之所以构成一个大的连带责任，原因是无论多少个连带责任人，其行为造成的都是同一个损害，各个连带责任人都要对此承担连带责任，因此仍是一个连带责任，每一个行为人就都是这个连带责任的责任人，对该损害连带承担赔偿责任。

同样，在上述诸多连带责任人中，都要依照《侵权责任法》第13条和第14条规定的连带责任规则承担连带责任。首先，每一个连带责任人都应当对全部损害承担赔偿责任，对于受害人对其提出的承担全部赔偿责任的请求不得拒绝，为中间责任；其次，每一个连带责任人都应当承担自己的最终责任份额，按照每一个责任人的过错程度和行为原因力，确定应当承担的责任份额；最后，每一个连带责任人承担的中间责任超出自己的最终责任份额的，有权向没有承担最终责任的连带责任人追偿，实现最终责任的分担。①

一个连带责任的责任人越多，受害人的赔偿请求权就越有保障。无论法律对一个具体的损害规定了多少连带责任人，只要是连带责任，就是一个连带责任。同时，对一个具体的连带责任，连带责任人越多，每一个连带责任人的最终责任份额就会越少，因为每一个连带责任人都在损害的范围内承担最终责任的份额。

---

① 对于这些责任规则的具体表述，请参见杨立新：《多数人侵权行为及责任理论的新发展》，载《法学》2012年第7期。

2. 典型不真正连带责任与典型不真正连带责任并合

典型的不真正连带责任相互发生并合，相当于一个不真正连带责任的责任人范围的扩大，有更多的不真正连带责任人加入对同一个损害承担的不真正连带责任的责任主体范围，因而对受害人的损害赔偿请求权给予更高的保障。这时，原来的和新增加的不真正连带责任人都对同一个损害事实承担不真正连带责任。

更多的责任人加入同一个不真正连带责任的责任主体范围，对责任性质不发生影响，仍然是不真正连带责任，每一个人对同一个损害都负有全部赔偿责任的中间责任，这是不变的；无论在几个不同的不真正连带责任人中，终将有一个人是最终责任人，将要承担最终的全部赔偿责任，因此，每一个承担了中间责任的人，只要自己不是最终责任人，就有权向最终责任人进行追偿，且为全额追偿。

新增加的不真正连带责任人的身份，首先，通常是中间责任人，应当同其他不真正连带责任人一样，承担中间责任，即对损害全部承担赔偿责任。其次，至于是不是最终责任人，应当依照其行为在损害中的原因力进行判断。由于承担不真正连带责任的多数人侵权行为的性质是竞合侵权行为，因而在承担不真正连带责任的竞合侵权行为人中，事实上只有一个人的行为具有全部的直接原因力，为100%，其他的都是间接原因力。因此，在新旧不真正连带责任人中，只有行为具有100%的直接原因力的人，才是最终责任人，应当承担最终责任，其他人只是承担中间责任。一般说来，最终责任人是存在于原来规定的不真正连带责任人之中，新增加的不真正连带责任人很少是最终责任人。

3. 按份责任与按份责任并合的规则

在多数人侵权行为与责任中，典型的分别侵权行为承担的按份责任，[①]一般不会发生并合。如果法律规定了有人加入分别侵权行为人之中，或者在司法实践中发现有新的分别侵权行为人，有可能发生按份责任的同质并合。按份责任的同质并合仅仅是多了按份责任的新份额，相应调整按份责任人的责任份额即可，没有较多的

① 这是《侵权责任法》第12条规定的情形。

讨论价值。

（二）侵权责任同质异形并合的责任分担规则

1. 典型的不真正连带责任与附条件不真正连带责任并合

典型的不真正连带责任与附条件不真正连带责任发生并合时，最典型的是《消费者权益保护法》第44条第1款后段、《食品安全法》第131条第2款与《侵权责任法》第43条竞合的情形。这时，应当怎样确定责任分担规则，特别值得研究。

由于附条件不真正连带责任的成立条件是所附条件成就，因而在附条件不真正连带责任所附条件尚未成就之前，不发生不真正连带责任，更不发生与典型不真正连带责任并合的问题。例如，网络交易平台销售商品造成消费者损害，如果没有先行赔付的事先承诺，也没有不能提供真实名称、地址和有效联系方式的条件的，就不存在附条件不真正连带责任，因此不发生责任并合问题。只有在附条件不真正连带责任所附条件成就时，才发生不真正连带责任与附条件不真正连带责任的并合。

当附条件不真正连带责任所附条件成就，发生的就是不真正连带责任的后果；如果此时法律还规定了此种情形仍有他人与此附条件不真正连带责任的责任人承担不真正连带责任的，就发生了实际上的不真正连带责任相互之间的并合，因而责任分担规则就与不真正连带责任并合的规则是完全一样的，为同质并合，即不真正连带责任人的范围扩大，责任性质仍然属于不真正连带责任，按照不真正连带责任的规则分担责任。

2. 典型不真正连带责任与先付责任并合

典型不真正连带责任与先付责任并合时有发生。例如，《侵权责任法》第43条与第44条就会发生并合。不过，由于这种并合法律已经有了明确的责任分担规则，即该法第44条，因此，优先适用第44条规则，即先适用先付责任规则，由不真正连带责任人先承担全部赔偿责任，之后再向后顺位的责任人进行追偿。如果其他法律又规定了不真正连带责任的责任主体，则该不真正连带责任人加入的是先顺序不真正连带责任人的主体范围，在他们之间选择任一责任人承担中间责任，然后向后顺位的最终责任人追偿。

3. 典型的不真正连带责任与补充责任并合

典型的不真正连带责任与补充责任并合，尽管都是不同的不真正连带责任，但由于补充责任的承担具有先后顺位的区别，因此会发生责任分担规则的改变。

典型的不真正连带责任与补充责任并合后，首先发生并合的，是不真正连带责任人与补充责任中的先顺位责任人的责任并合，后顺位责任人的责任并不与不真正连带责任人的责任发生并合。因此，首先，受害人应当选择请求不真正连带责任人和补充责任的先顺位责任人承担全部责任，选择哪一个责任人，该责任人都应当对全部损害承担赔偿责任，或者请求其全部责任人承担责任；其次，不真正连带责任人或者先顺位责任人承担了中间责任的，有权向最终责任人进行追偿，通常先顺位责任人是最终责任人；最后，所有的不真正连带责任人以及补充责任的先顺位责任人不能承担全部赔偿责任的，受害人再向后顺位责任人请求承担相应的补充责任，在自己的过错程度和行为原因力相对应的范围内，承担补充责任。

之所以这样考虑不真正连带责任与补充责任并合时的责任分担规则，是因为：第一，在补充责任中，先顺位责任人承担的责任性质是最终责任，因此，应当他与不真正连带责任发生并合，而不是与后顺位责任人承担的补充责任相并合。第二，在补充责任中，后顺位责任人承担的责任，是间接行为（通常是不作为行为）作为原因发生的，本来就具有非最终责任的性质，只是立法者考虑其具有的过失，才让其承担相应的补充责任，且不得追偿。第三，补充责任的性质仍然具有补充性，因此，确定由补充责任的后顺位责任人仍然承担补充性的责任，在不真正连带责任人和补充责任先顺位责任人都不能承担或者不能全部承担赔偿责任时，方可请求补充责任的后顺位责任人承担相应的补充责任。

4. 附条件不真正连带责任与先付责任并合

附条件不真正连带责任也会与先付责任发生并合。例如，《消费者权益保护法》第 44 条第 1 款的附条件不真正连带责任可能会与《侵权责任法》第 44 条的先付责任发生并合。消费者通过网络交易平台购买商品受到损害，销售者是第一位责任主体，在符合约定条件或者法定条件时，方可请求网络交易平台提供者承担不真正连带责任。此时，第一，销售者与生产者同为不真正连带责任人；第二，如果仓储者或者运输者等第三人对于产品缺陷的发生具有过错，则该第三人也是责任主体，但却是顺位在后的责任人，而不是第一顺位责任人；第三，网络交易平台提供者如果构成不真正连带责任人，也参与到该赔偿法律关系中，发生了附条件不真正连带责任与先付责任的并合。在此时，究竟应当怎样进行责任分配，没有明确的规定。

我们的看法是，发生这种情形，应当考虑的是：第一，先付责任是立法者保障受害人赔偿请求权的措施，避免受到损害的消费者为证明第三人过错而承担过重的诉讼负担。第二，网络交易平台提供者有先行赔付承诺而构成附约定条件的不真正连带责任，因而更加有利于对受到损害的消费者的保护，有更为优先的地位。第三，网络交易平台提供者承担附法定条件的不真正连带责任的立法思路，是要保护网络交易平台提供者，避免其承担过重的赔偿责任。在这样的立法背景下，应当采取的责任分担规则是：(1)凡是具备附约定条件不真正连带责任的，如网络交易平台提供者承诺先行赔付，该责任优先，受害人可以优先选择其承担赔偿责任；(2)网络交易中的销售者与生产者均为不真正连带责任人，应当承担不真正连带责任的中间责任；(3)附法定条件的不真正连带责任构成后，该责任人应当与其他不真正连带责任人一并承担不真正连带责任，先承担中间责任；(4)所有的不真正连带责任人之一或者全部承担了中间责任之后，对第三人产生追偿权，请求其承担因赔偿受害人的损失而造成的损失；(5)如果全部不真正连带责任人都不能承担赔偿责任，因而无法对第三人进行追偿，受害人无法获得赔偿时，受害人可以依照《侵权责任法》第6条第1款规定，向法院起诉请求第三人承担赔偿责任。①

---

① 最后这种情形，我们称为"索赔僵局"，破解的方法就是直接适用《侵权责任法》第6条第1款规定，依照一般侵权行为的规则，起诉有过错的第三人承担赔偿责任，保护受害人的权利。

5. 典型的连带责任与单向连带责任并合

当典型的连带责任与单向连带责任(混合责任)[①]并合时,发生并合的只是承担连带责任的责任人,与承担按份责任的责任人的责任不发生并合,但承担了超出自己的最终责任份额的责任人,对没有承担自己相应责任的按份责任人,有追偿权。

对于部分连带责任,只在应当承担连带责任的部分发生并合,并不与非连带责任部分发生连带责任的并合问题。

(三)侵权责任异质并合的责任分担规则

1. 典型连带责任与典型不真正连带责任并合及规则

连带责任与不真正连带责任之间容易发生并合,且发生并合之后,会对责任分担发生较大影响。如依照《消费者权益保护法》第44条第2款和《食品安全法》第131条第1款,除了本条规定的销售者和网络交易平台提供者之间要承担连带责任之外,还要加入造成损害的缺陷产品的生产者作为责任主体,因而形成典型连带责任与典型不真正连带责任并合。

发生连带责任与不真正连带责任并合的原因,是某些行为主体法律规定应当承担连带责任,与这些连带责任人相关,又有人参与该法律关系,法律规定应当承担不真正连带责任,或者相反,因而责任主体的数量增加,两种责任形态发生并合,每一个责任人都应当承担责任,但责任形态不同。如前例,在消费者通过网络交易平台购买商品造成损害,网络交易平台提供者知道或者应当知道销售者利用该平台侵害消费者权益没有及时采取必要措施的,销售者与网络交易平台提供者依照《消费者权益保护法》第44条第2款规定,应当承担连带责任;同时,《侵权责任法》第41~43条也规定了产品责任的生产者与销售者应当承担不真正连带责任。这样,就以销售者为中介,将应当承担不真正连带责任的生产者和应当承担连带责任的网络交易平台提供者连接起来。在三个责任主体之间,生产者应当承担不真正连带责任,网络交易平台提供者应当承担连带责

① 关于单向连带责任概念,参见杨立新:《侵权责任法》,法律出版社2015年修订版,第148条。

任,而销售者既应当与生产者承担不真正连带责任,又应当与网络交易平台提供者承担连带责任,因而使问题复杂起来。

连带责任与不真正连带责任的相同点是在形式上,即在中间责任上是一致的,即无论是连带责任还是不真正连带责任,在形式上或者在中间责任上,都是连带的。连带责任与不真正连带责任发生并合,受害人可以向任何一个连带责任人和不真正连带责任人主张承担全部赔偿责任,而无需考虑其究竟应当承担何种形式的最终责任。因而,这种责任并合形式更有利于保障受害人的赔偿请求权的实现。

连带责任与不真正连带责任的不同点,在于最终责任的承担上的区别,即连带责任实质性的最终责任是要分配给全体连带责任人的,而不真正连带责任的实质性最终责任是归属于应当承担最终责任的那个责任人,该责任人承担全部赔偿责任。因此,在受害人对数个责任人行使了全部赔偿责任的请求权之后,追偿关系即实现最终责任的关系变得十分复杂:(1)如果承担中间责任的责任主体是连带责任的最终责任人,在其承担了超过其最终责任的份额之后,有权向其他应当承担最终责任的责任人进行追偿;(2)如果承担责任的责任主体是不真正连带责任的最终责任人的,在其承担了最终责任之后,不得向任何责任主体追偿;(3)如果承担责任的责任主体是不真正连带责任的中间责任人的,在其承担了中间责任之后,可以向其他最终责任人,包括连带责任的最终责任人和不真正连带责任的最终责任人,进行追偿。

在确定连带责任与不真正连带责任并合的责任分担时,关键要是看法律规定的是何人与何人承担连带责任,何人与何人承担不真正连带责任。如果与最终责任人承担连带责任,那么最终责任就是连带责任,按照连带责任规则分担责任;如果与中间责任人承担连带责任,那么在其承担了连带责任后,可以向最终责任人进行全额追偿。

在前例,《消费者权益保护法》第44条第2款规定的连带责任与《侵权责任法》第43条规定的不真正连带责任发生并合,生产者与网络交易平台提供者之间的责任并不并合,并合的是销售者,既要与网络交易平台提供者承担连带责任,又要与生产者承担不真正连带责任。对于受害人而言,对于三个责任主体都可以直接请求其中之一承担全部责任;在追偿关系上的规则是:(1)网络交易平台提供者承担了连带责任的,如果销售者是最终责任人,除了自己应当承担的最终责任份额之外的中间责任,可以向销售者追偿;如果生产者是缺陷产品的制造者,则承担了中间责任之后可以向生产者进行全额追偿;(2)销售者是最终责任人的,在承担了全部赔偿责任后,就其最终责任份额之外的中间责任,可以向网络交易平台提供者进行追偿;如果是中间责任人的,可以向生产者全额追偿,但不能向网络交易平台提供者进行追偿;(3)生产者承担了全部赔偿责任的,如果自己就是最终责任人,则不得向任何人追偿;如果不是最终责任人的,有权向销售者进行追偿。

2. 典型的连带责任与按份责任并合

连带责任与按份责任会发生并合,其后果是发生单向连带责任,即混合责任。对此,我们在有关著作和文章中已经做了比较充分的论述。[①] 规则是:受害人可以向承担连带责任的人请求承担连带责任,连带责任人承担了全部赔偿责任之后,就其中间责任部分,可以向按份责任人进行追偿;受害人向中间责任人请求赔偿,只能请求其承担按份责任,不能请求其承担连带责任,不得要求按份责任人就全部损害承担全部赔偿责任。

典型的不真正连带责任与按份责任并合,目前还没有发现,对此不再作论述。

第三节　我国虚假广告责任的演进及责任承担

自 1994 年 10 月 27 日第八届全国人民代表大会常务委员会第十次会议通过《中华人民共和国广告法》,规定了虚假广告责任以来,立法机关又陆续通过制定和修订《食品安全法》、修订《消费者

① 参见杨立新:《侵权责任法》,法律出版社 2015 年版,第 148 页。

权益保护法》,对虚假广告责任进行了多次修正。特别是于2015年4月24日,第十二届全国人民代表大会常务委员会第十四次会议修订《广告法》,再次对虚假广告责任进行修正和补充。至此,我国法律对虚假广告及其责任的规定基本完善。虚假广告责任的性质也属于多数人侵权行为与责任的问题,且于侵权责任并合与营销参与者问题同属一体,故设专节进行研究。

一、我国虚假广告责任制度的演进过程

自20世纪80年代以来,我国法律、行政法规对虚假广告责任的规定一直在发展中,经历了以下几个演进过程。

(一)1994年《广告法》施行前虚假广告及责任的规定

20世纪80年代中后期,广告作为一种对商品和服务进行宣传的手段,开始在我国迅速流行。为规范广告行为,1987年10月26日国务院颁发《广告管理条例》,第3条规定了"广告内容必须真实、健康、清晰、明白,不得以任何形式欺骗用户和消费者"的内容,对广告内容的真实性提出了最初的要求,首次出现了禁止虚假广告的规定。第20条第1款规定:"广告客户和广告经营者违反本条例规定,使用户和消费者蒙受损失,或者有其他侵权行为的,应当承担赔偿责任。"这是最早的广告责任规则,明显包含虚假广告责任在内。

虚假广告概念在1993年《国家工商行政管理总局关于认定处理虚假广告问题的批复》中被首次提及。该批复认为:"关于虚假广告,一般应从以下两个方面认定:一是广告所宣传的产品和服务本身是否客观、真实;二是广告所宣传的产品和服务的主要内容(包括产品和服务所能达到的标准、效用、所使用的注册商标,获奖情况,以及产品生产企业和服务提供单位等)是否真实。凡利用广告捏造事实,以并不存在的产品和服务进行欺诈宣传,或广告所宣传的产品和服务的主要内容与事实不符的,均应认定为虚假广告。"该批复明确了认定虚假广告的标准,一是广告本身是否客观、真实,二是主要内容是否真实。

1994年《消费者权益保护法》首先明确规定虚假广告责任。该

法第 39 条规定:“消费者因经营者利用虚假广告提供商品或者服务,其合法权益受到损害的,可以向经营者要求赔偿。”“广告的经营者不能提供经营者的真实名称、地址的,应当承担赔偿责任。”这标志着我国虚假广告责任制度的建立。其规则是:第一,经营者[1]利用虚假广告提供商品或者服务,使消费者权益受到损害的,应当承担过错责任;第二,广告的经营者发布虚假广告,不能提供经营者的真实名称和地址的,应当承担赔偿责任。其中对于经营者与广告经营者之间怎样承担虚假广告责任,规则不清晰。

(二)1994 年《广告法》对虚假广告责任的规定

1994 年《广告法》作为我国第一部广告法,比较规范地规定了虚假广告责任。该法第 38 条:“违反本法规定,发布虚假广告,欺骗和误导消费者,使购买商品或者接受服务的消费者的合法权益受到损害,由广告主依法承担民事责任;广告经营者、广告发布者明知或者应知广告虚假仍设计、制作、发布的,应当依法承担连带责任。广告经营者、广告发布者不能提供广告主的真实名称、地址,应当承担全部民事责任。社会团体或者其他组织,在虚假广告中向消费者推荐商品或者服务,使消费者的合法权益受到损害的,应当依法承担连带责任。”这一规定的特点是:第一,确定虚假广告的特点是欺骗和误导消费者;第二,虚假广告的后果是使购买商品或者接受服务的消费者的合法权益受到损害;第三,责任主体是广告主、广告经营者、广告发布者以及广告代言的社会团体或者其他组织;第四,承担虚假广告责任的方式,一是直接责任人为广告主;二是广告经营者、广告发布者明知或者应知广告虚假仍然设计、制作、发布的,承担连带责任;三是广告经营者、广告发布者不能提供广告主的真实名称、地址的,应当承担全部责任;四是广告代言的社会团体或者其他组织恶意推荐的,承担连带责任。

(三)《广告法》之后有关法律对虚假广告责任的重申和补充

《广告法》公布实施之后,2000 年修订《产品质量法》,在第 59 条规定:“在广告中对产品质量作虚假宣传,欺骗和误导消费者的,

---

① 这一经营者的概念,应当是商品或者服务的经营者,即广告主。

依照《中华人民共和国广告法》的规定追究法律责任。”这是首次规定产品虚假宣传依照虚假广告责任处理的规定。2001 年《药品管理法》第 61 条规定：“药品广告的内容必须真实、合法，以国务院药品监督管理部门批准的说明书为准，不得含有虚假的内容。”该条没有规定具体责任。

2009 年制定《食品安全法》，对虚假广告及其责任规定了两个条文。第 54 条第 1 款规定：“食品广告的内容应当真实合法，不得含有虚假、夸大的内容，不得涉及疾病预防、治疗功能。”第 55 条规定：“社会团体或者其他组织、个人在虚假广告中向消费者推荐食品，使消费者的合法权益受到损害的，与食品生产经营者承担连带责任。”后一个条文首次增加了个人作为广告代言人，并规定恶意代言虚假广告造成损害的，与食品经营者承担连带责任。[①]

（四）修订《消费者权益保护法》《食品安全法》和《广告法》对虚假广告责任的修改和完善

2013 年以来，立法机关相继对《消费者权益保护法》《食品安全法》和《广告法》进行了修订，[②]对虚假广告责任作出了更为严厉的民事责任的规定，完善了我国虚假广告责任制度。

1.《消费者权益保护法》的规定

2013 年修订《消费者权益保护法》，在 1995 年《广告法》第 38 条规定的基础上，第 45 条明确规定：“消费者因经营者利用虚假广告或者其他虚假宣传方式提供商品或者服务，其合法权益受到损害的，可以向经营者要求赔偿。广告经营者、发布者发布虚假广告的，消费者可以请求行政主管部门予以惩处。广告经营者、发布者不能提供经营者的真实名称、地址和有效联系方式的，应当承担赔偿责任。”“广告经营者、发布者设计、制作、发布关系消费者生命健康商品或者服务的虚假广告，造成消费者损害的，应当与提供该商品或者服务的经营者承担连带责任。”“社会团体或者其他组织、个人在

---

① 参见杨立新：《论产品代言连带责任及法律适用规则——以〈食品安全法〉第 55 条为中心》，载《政治与法律》2009 年第 5 期。

② 下文称“三部法律”者，即指修订后的《消费者权益保护法》《食品安全法》和《广告法》。

关系消费者生命健康商品或者服务的虚假广告或者其他虚假宣传中向消费者推荐商品或者服务，造成消费者损害的，应当与提供该商品或者服务的经营者承担连带责任。”这一规定的特点是：第一，正式确认“虚假宣传方式”为准虚假广告，承担虚假广告责任。第二，增加不能提供“有效联系方式”作为广告经营者、广告发布者承担虚假广告责任的条件，降低了承担赔偿责任的条件。第三，确定广告经营者、发布者设计、制作、发布关系消费者生命健康商品或者服务的虚假广告，造成损害的，适用无过错责任原则，与经营者承担连带责任。第四，社会团体、其他组织、个人作为广告代言人，在关系消费者生命健康商品或者服务的虚假广告和虚假宣传中恶意推荐商品或者服务的，也承担无过错责任，与经营者承担连带责任。

2. 2015 年《食品安全法》对食品虚假广告责任的规定

2015 年修订《食品安全法》第 140 条第 2 款和第 3 款规定：“广告经营者、发布者设计、制作、发布虚假食品广告，使消费者的合法权益受到损害的，应当与食品生产经营者承担连带责任。”“社会团体或者其他组织、个人在虚假广告或者其他虚假宣传中向消费者推荐食品，使消费者的合法权益受到损害的，应当与食品生产经营者承担连带责任。”这一规定突出了加强食品安全的特色，特别强调的是：第一，广告经营者、发布者对虚假食品广告造成的损害，适用无过错责任原则，与食品生产经营者承担连带责任；第二，单独规定广告代言人在虚假广告和虚假宣传中推荐食品造成消费者损害的责任为无过错责任，广告代言人与食品生产经营着承担连带责任。

3. 2015 年《广告法》关于虚假广告责任的规定

2015 年《广告法》修订后，第 28 条对虚假广告概念作了精准的规定，确定“广告以虚假或者引人误解的内容欺骗、误导消费者的，构成虚假广告”，同时对虚假广告的具体表现做出了细化的规定：[①] (1)广告中宣传的商品或服务不存在；(2)广告中与商品或服务有

① 参见王清主编：《中华人民共和国广告法解读》，法律出版社 2015 年版，第 63 页。

关的允诺信息与实际情况不符,并对购买行为产生了实质性影响;(3)广告中使用虚构、伪造、或者无法验证的证明材料,欺骗、误导消费者;(4)虚构使用商品或接受服务效果;(5)其他以虚构或引人误解的内容欺骗、误导消费者的情形。

该法第56条规定的是虚假广告责任:"违反本法规定,发布虚假广告,欺骗、误导消费者,使购买商品或者接受服务的消费者的合法权益受到损害的,由广告主依法承担民事责任。广告经营者、广告发布者不能提供广告主的真实名称、地址和有效联系方式的,消费者可以要求广告经营者、广告发布者先行赔偿。""关系消费者生命健康的商品或者服务的虚假广告,造成消费者损害的,其广告经营者、广告发布者、广告代言人应当与广告主承担连带责任。""前款规定以外的商品或者服务的虚假广告,造成消费者损害的,其广告经营者、广告发布者、广告代言人,明知或者应知广告虚假仍设计、制作、代理、发布或者作推荐、证明的,应当与广告主承担连带责任。"与2013年《消费者权益保护法》第45条规定的虚假广告责任相比较,有以下区别:第一,没有规定虚假宣传的责任;第二,广告经营者、广告发布者对虚假广告不能提供广告主的真实名称、地址和有效联系方式的,由"应当承担赔偿责任"改为"广告经营者、广告发布者先行赔偿";第三,对于关系消费者生命健康的商品或者服务的虚假广告,造成消费者损害的,实行无过错责任原则,广告经营者、广告发布者、广告代言人应当与广告主承担连带责任;第四,非关系生命健康的其他商品或者服务的虚假广告责任实行过错责任,广告经营者、广告发布者、广告代言人,明知或者应知广告虚假仍设计、制作、代理、发布或者作推荐、证明的,应当与广告主承担连带责任;第五,对于广告代言人的责任,不再单独规定,直接规定在上述第三、四项虚假广告的连带责任中。

经过2013年修订《消费者权益保护法》,2015年修订《食品安全法》和《广告法》,现行虚假广告责任规则已经完善。但是,由于这些规则分散在三部不同的法律中,且表述有所差异,对于现行虚假广告责任规则,需要进行整理、说明。

二、虚假广告和虚假广告责任的概念界定

(一)关于虚假广告概念的定义及范围

1. 虚假广告的概念和范围

《消费者权益保护法》和《食品安全法》都没有对虚假广告概念作出界定,只有《广告法》第 28 条规定了虚假广告的概念,即"广告以虚假或者引人误解的内容欺骗、误导消费者的,构成虚假广告。"

特别值得研究的是,《消费者权益保护法》第 45 条规定了经营者利用虚假宣传方式提供商品或者服务,与虚假广告一样承担赔偿责任。《食品安全法》第 140 条规定,广告代言人进行虚假宣传,亦应与食品生产经营者承担连带责任。对此,应当如何理解和适用呢？首先,应当确定虚假宣传不是虚假广告,而是准虚假广告,因而《广告法》并不规定虚假宣传;其次,在现实生活中,广告之外的宣传方式层出不穷,在宣传商品和服务中起着日益重要的作用,如经营者面对面地向消费者讲解商品质量、性能、用途或产地等,却又进行规制的必要;[①]再次,虚假宣传的主体须确定,只有经营者以及代言人进行虚假宣传,才承担虚假宣传责任;最后,广告主、广告经营者、广告发布者和广告代言人以虚假宣传方式宣传商品或者服务,其本身就是广告,而不是虚假宣传。

因此,应当确定,虚假广告是指以虚假或者引人误解的内容欺骗、误导消费者的广告。其本质在于广告是虚假的、不真实的、具有欺骗性或者误导性,广告宣传的内容与商品的客观情况不符,有意夸大或者予以模糊,使人产生误解。[②] 虚假宣传是经营者未通过广告方式,而是通过对群众作讲解说明的活动宣传商品或者服务的宣传方式,[③]经营者进行虚假宣传,代言人为该虚假宣传代言,都应当认定为准虚假广告,承担虚假广告责任。尽管《消费者权益保护

---

① 参见李适时主编:《中华人民共和国消费者权益保护法释义》,法律出版社 2013 年版,第 200 页。

② 姚辉、王毓莹:《论虚假广告的侵权责任承担》,载《法律适用》2015 年第 5 期。

③ 参见于林洋、孙学华:《关于"虚假广告"与"虚假宣传"关系的法律思考》,载《山西高等学校社会科学学报》2004 年第 6 期,第 62 页。

法》对虚假宣传规定依照《广告法》的规定追究法律责任，条文表述不够清晰，且《广告法》对此未作规定，但是经过解释，上述理解应当是正确的。

2. 虚假广告的具体表现形式

《广告法》第28条第2款规定了虚假广告的具体表现形式，包括以下5种：

(1)广告宣传的商品或服务不存在。无论是广告主还是广告经营者、广告发布者以及广告代言人，其设计、制作、发布或者代言的广告中宣传的商品或者服务，在客观现实中根本就不存在，这样的广告就是虚假广告。

(2)广告允诺的信息与实际情况不符。广告主体在广告中，就商品或服务有关的允诺信息与实际情况不符，并对购买行为产生了实质性影响的，也是虚假广告。其要求是：第一，允诺的信息与实际情况不符；第二，该不实允诺对消费者的购买行为产生了实质性的影响，该实质性的影响，应当是不实允诺使消费者发生了决定性的交易冲动，即相信了该广告的不实允诺而进行消费。只具有上述其中一项要件的，不构成虚假广告。

(3)广告对消费者进行欺骗、误导。广告主体在广告中使用虚构、伪造、或者无法验证的证明材料，欺骗、误导消费者的，也是虚假广告。其中，欺骗、误导既是广告主体实施虚假广告行为的目的，① 也是广告主体实施虚假广告行为的结果；广告主体使用虚构、伪造、或者无法验证的证明材料，是其实施虚假广告行为的客观手段。因而，广告主体以欺骗、误导消费者为目的，使用虚构、伪造或者无法验证的证明材料的方法，达到欺骗、误导消费者的广告，是虚假广告。②

---

① 有学者认为，引人误解才是虚假广告的真实意图，也是虚假广告的本质。参见赵虎：《整治虚假广告是新〈广告法〉的重头戏》，载《青年记者》2015年第16期。

② 美国学者巴茨认为："如果广告传达给了受众，并且广告内容与实际情况不符，广告影响到消费者的购买行为并损害了其利益时，我们就认为这是欺骗行为。"这个意见值得借鉴。转引自刘婉露：《论新广告法实施后明星虚假广告代言的法律责任》，载《西部广播电视》2015年第22期。

(4)虚构使用商品或接受服务的效果。广告主体在广告中宣传商品或者服务,虚构使用商品或接受服务的虚假、没有客观事实根据的效果的,也构成虚假广告。

(5)其他虚假广告。在广告中,其他以虚构或引人误解的内容欺骗、误导消费者的虚假广告,是兜底条款。符合该兜底条款的虚假广告要件,须方法为虚构或者引人误解的内容,后果为对消费者产生了欺骗、误导。凡是符合这两个要件要求的,就是其他情形的虚假广告。①

在确定经营者的虚假宣传行为时,应当依照上述规定确认,具有其中之一的,认定为虚假宣传行为。

(二)虚假广告责任的概念界定

对于虚假广告责任概念,法律没有规定,应当由学理解决。我们认为,虚假广告责任是指广告主体实施虚假广告行为或者进行虚假宣传,致使消费者权益受到损害,应当承担的侵权损害赔偿责任。

界定虚假广告责任概念,应当特别强调的是:

第一,虚假广告责任主体是广告主体,包括广告主、广告经营者、广告发布者以及广告代言人。在利用虚假宣传方式提供商品或者服务,造成消费者合法权益损害的,经营者即虚假宣传行为人和代言人也是虚假广告责任的主体。

第二,承担虚假广告责任的违法行为是虚假广告行为。对此,应当依照《广告法》第28条规定认定,上文对此已经进行了说明。经营者未作广告,但是利用虚假宣传方式宣传自己的产品或者服务,以及代言人对商品或者服务进行虚假宣传,也应当承担虚假广告责任。

第三,构成虚假广告责任的客观后果是造成消费者合法权益损害。仅仅是广告主体实施虚假广告行为,并非民事法律所调整的范围,而是行政法调整范围,应当予以行政处罚。只有虚假广告行为造成了消费者合法权益的损害后果,才产生民事责任,才构成虚假

① 参见赵虎:《整治虚假广告是新〈广告法〉的重头戏》,载《青年记者》2015年第16期。

广告责任。

第四，虚假广告责任方式主要是损害赔偿，性质是侵权责任。有学者认为，虚假广告责任的性质属于不正当竞争行为，理由是，商业广告作为经营者目前普遍使用的、提高企业知名度与所售商品销量的竞争手段，经营者如通过捏造、发布虚假事实等不正当手段发布虚假广告，不但会侵害消费者的合法权益，同时也会对同业经营者的商业信誉、商品声誉产生恶劣影响，不正当的挤占其市场份额，从而削弱了竞争对手的竞争能力。[①] 应当看到，虚假广告责任虽然制裁的是虚假广告行为人，存在不正当竞争的因素，但是，该责任补救的不是其他经营者合法权益的损害，而是消费者合法权益的损害，因此是侵权责任，符合《侵权责任法》第6条和第7条规定的要求，性质是侵权责任，不属于不正当竞争行为应当承担的责任。对于虚假广告，同行业者主张侵权的，应当符合不正当竞争行为的要求。

三、虚假广告责任的归责原则与构成要件

（一）虚假广告责任的归责原则

在1994年《消费者权益保护法》和1994年《广告法》中规定的虚假广告责任，是过错责任。其中对经营者、广告主“利用”虚假广告的表述，显然是要求适用过错责任；广告的经营者（包括广告经营者和广告发布者）不能提供虚假广告经营者（广告主）的真实名称、地址的，也是要求适用过错责任；广告的经营者明知或者应知广告虚假，仍设计、制作、发布而承担的责任，当然也是过错责任。

2009年《食品安全法》没有专门规定虚假广告责任，但在第55条规定的广告代言人责任中，广告代言人在虚假广告中向消费者推荐食品，使消费者合法权益受到损害的，采用“与食品生产经营者承担连带责任”的方式，规定其承担赔偿责任，没有明确说明适用何种

---

① 参见黎燕燕、杨妮、柴进：《论虚假广告对消费者权益的侵害》，载《法学杂志》2003年第11期，第16页；文永辉：《关于不正当竞争行为的界定——我国〈反不正当竞争法〉第二条的修改建议》，载《太原师范学院学报》（社会科学版）2010年第3期，第48页。

归责原则。由于食品致害责任属于产品责任,产品责任是无过错责任,那么广告代言人承担的责任,究竟适用过错责任还是无过错责任,就连立法机关官员写的释义书中,也对此语焉不详。① 依我们所见,推荐食品的广告代言人责任的性质更倾向于为无过错责任。

对此,我们曾经主张虚假广告责任不适宜适用无过错责任原则,适用过错推定原则更为妥当,②但是立法机关没有采纳这个意见。修订后的三部法律在虚假广告责任的归责原则上采取一致立场,即《广告法》第 56 条规定的内容:第一,“关系消费者生命健康的商品或者服务的虚假广告,造成消费者损害的,其广告经营者、广告发布者、广告代言人应当与广告主承担连带责任。”这是适用无过错责任原则的虚假广告责任。第二,“前款规定以外的商品或者服务的虚假广告,造成消费者损害的,其广告经营者、广告发布者、广告代言人,明知或者应知广告虚假仍设计、制作、代理、发布或者作推荐、证明的,应当与广告主承担连带责任。”这是适用过错责任原则的虚假广告责任。同样,《消费者权益保护法》第 45 条第 2 款规定的虚假广告责任是无过错责任,其他虚假广告责任是过错责任。至于《食品安全法》规定的虚假食品广告责任,因为都是涉及关系消费者生命健康的虚假广告,因此都适用无过错责任原则。

因此可以确定,我国现行虚假广告责任,适用的归责原则实行二元体制,凡是涉及生命健康的商品或者服务的虚假广告责任,一律适用无过错责任原则;涉及生命健康以外的商品或者服务的虚假广告责任,适用过错责任原则。在这个问题上,尽管《消费者权益保护法》和《食品安全法》在表述上文字有所不同,但是都与《广告法》的上述规定相一致,没有实质的区别。

(二)虚假广告责任的构成要件

1. 须有欺诈误导消费者的虚假广告违法行为

构成虚假广告责任,首先须有欺诈或者误导消费者的虚假广告

① 信春鹰主编:《中华人民共和国食品安全法释义》,法律出版社 2009 年版,第 136 ~ 137 页。

② 杨立新:《广告责任不应当实行无过错责任原则》,载《甘肃理论学刊》2013 年第 5 期。

行为。关于虚假广告及其行为,前文已经说明,在此不再赘述。应当掌握的是:

第一,广告主体为多数人,且有所区别。按照《广告法》第2条规定,广告主体包括:(1)广告主是指为推销商品或者服务,自行或者委托他人设计、制作、发布广告的自然人、法人或者其他组织;(2)广告经营者,是指接受委托提供广告设计、制作、代理服务的自然人、法人或者其他组织;(3)广告发布者,是指为广告主或者广告主委托的广告经营者发布广告的自然人、法人或者其他组织,一是新闻媒介单位,二是有广告发布资格的企业、其他法人或经济组织;[①](4)广告代言人,是指广告主以外的,在广告中以自己的名义或者形象对商品、服务作推荐、证明的自然人、法人或者其他组织;虚假广告行为主体包括所有的广告主体,但虚假宣传行为的主体为经营者及其代言人,因为广告主、广告经营者、广告发布者设计、制作和发布的虚假宣传也属于广告。单一广告主体实施的虚假广告行为,为单独侵权行为;多数广告主体实施的虚假广告行为,为多数人侵权行为。

第二,虚假广告和虚假宣传行为的违法性,表现在对法定义务的违反上。《广告法》第3条和第4条从正反两方面规定了广告主体的法定义务:正面义务是广告应当真实、合法,以健康的表现形式表达广告内容,符合社会主义精神文明建设和弘扬中华民族优秀传统文化的要求;反面义务是广告不得含有虚假或者引人误解的内容,不得欺骗、误导消费者;广告主应当对广告内容的真实性负责。虚假广告行为违反前项正面法定义务,且违反后项法律禁止,就具有违法性。

2. 须有造成消费者合法权益损害的客观结果

构成虚假广告责任须具备损害后果的要件,三部法律都规定为造成消费者损害,或者消费者合法权益损害。这两种说法虽然文字有所区别,但内容没有区别。这种损害应当是消费者的人身损害和财产损害,同时也包括因此造成的精神损害。其中造成人身损害,

---

① 姚辉、王毓莹:《论虚假广告的侵权责任承担》,载《法律适用》2015年第5期。

不论是死亡还是伤害，当然都包括所受到的精神痛苦的损害；如果是财产受到损害，该财产包含人格利益因素的，也发生精神损害。

有疑问的是，虚假广告是否会造成名誉权、肖像权或者隐私权等精神性人格权的损害，即消费者的合法权益中是否包括精神性人格权。我们认为不应包括，如果广告本身侵害了隐私权、名誉权等精神性人格权，那不是因为虚假广告行为，而是因为广告本身的内容，如广告使用他人肖像、广告揭载他人隐私或者数据，这是广告侵权行为，而不是虚假广告侵权行为。

3. 须有虚假广告行为与损害后果之间的因果关系

确定虚假广告责任的因果关系要件，须采用相当因果关系规则确定，[1]即虚假广告行为是造成消费者人身或者财产损害的适当条件的，[2]即构成该要件。

不过，虚假广告责任的因果关系要件，并非认为虚假广告行为是造成损害发生的全部原因，而是对消费者损害具有一定的原因力而已。虚假广告责任的因果关系，主要是广告主用虚假广告宣传的商品或者服务的行为所致，即商品有缺陷而致害，或者因缺陷服务行为直接致害。虚假广告行为对于损害发生的作用，仅仅是消费者被虚假广告欺骗或者误导，购买或者接受了该商品或者服务，因而造成损害。因此，虚假广告行为对于因虚假广告欺骗或者误导而致消费者损害后果之间的因果关系，实际上是一种前因性的、引发造成损害的原因力，处于因果关系链条的前端，而非直接引起与被引起直接因果关系。如果不是用这样的标准确定虚假广告的因果关系，而是硬要确定虚假广告对于损害发生具有直接原因力，是不现实、不客观的。虚假广告责任因果关系要件的链条是："消费者→听信虚假广告的欺骗、误导→接受商品或者服务→缺陷商品或者服务作用于消费者→造成人身、财产损害。"虚假广告的因果关系在该链条的前半部分，而不是后半部分。符合这个要求的，就具备虚假广告责任的因果关系要件。学者认为，消费者只需要证明其看过、听

---

① 姚辉、王毓莹：《论虚假广告的侵权责任承担》，载《法律适用》2015 年第 5 期。

② 具体规则参见杨立新：《侵权责任法》，法律出版社 2015 年版，第 113 页。

过广告经营者、广告发布者、广告代言人设计、制作、发布、代言的广告，或者该虚假广告在消费者所在区域播出过，即可推定有一定的因果关系。[①] 这种意见值得参酌。

4. 须有明知或者应知等的故意或者过失

虚假广告责任的过错要件，不适用于无过错责任的虚假广告责任。关系消费者生命健康的商品或者服务的虚假广告造成消费者损害的虚假广告责任，只须具备前述三个要件即可，不必具备过错要件。

非关系生命健康的商品或者服务的虚假广告，构成虚假广告责任，除了具备上述三个要件之外，还须具备过错要件。第一，对于广告主，“发布虚假广告，欺骗、误导消费者，使购买商品或者接受服务的消费者的合法权益受到损害的”，具有欺骗或者误导消费者的故意；第二，对于关系生命健康“以外的商品或者服务的虚假广告，造成消费者损害的，其广告经营者、广告发布者、广告代言人，明知或者应知广告虚假仍设计、制作、代理、发布或者作推荐、证明的”，应当对广告虚假具有“明知或者应知”的故意或者过失。上述两种情形，都具备过错要件，成立虚假广告侵权责任。

如何理解《广告法》第56条第1款后段关于“广告经营者、广告发布者不能提供广告主的真实名称、地址和有效联系方式的，消费者可以要求广告经营者、广告发布者先行赔偿”中的过错要件，需要认真研究。这里规定的是广告经营者、广告发布者与广告主承担附条件不真正连带责任的要件，其中没有说须具备过错要件，但是，从其“不能提供广告主的真实名称、地址和有效联系方式”的表述中，可以判断，广告经营者、广告发布者是因其过失造成不能提供上述信息的结果的，这本来是应当依照法律规定掌握这些信息的，不能提供即为过失。符合这种情形的，也认为广告经营者、广告发布者具有过失。

前述广告经营者、广告发布者和广告代言人的过错，构成的责任并不相同，“明知或者应知广告虚假”的故意或者过失，与广告主

---

① 姚辉、王毓莹：《论虚假广告的侵权责任承担》，载《法律适用》2015年第5期。

承担连带责任；而“不能提供广告主的真实名称、地址和有效联系方式的”过失，应当“先行赔偿”，即承担附条件不真正连带责任。

学者认为，为了维护消费者的权益，对于广告经营者、广告发布者是否存在过错，应当实行举证责任倒置。[①] 这个意见值得斟酌。原因是，《侵权责任法》第6条第2款规定适用过错推定原则，需要有“法律规定”，三部法律对此都没有明文规定，因此不能适用过错推定原则，不能实行举证责任倒置，而应由原告举证证明过错要件。

具备上述四个要件的，构成虚假广告责任，受害的消费者有权要求广告主体（包括虚假宣传的经营者和代言人）依照法律规定，承担侵权责任。

四、虚假广告责任的责任分担

依照修订后的三部法律的规定，构成虚假广告责任，应当根据不同情形承担不同的侵权责任。虚假广告行为大多是多数人侵权行为，承担的责任是多数人侵权责任，因而需要在不同的虚假广告责任人中分担责任。具体的责任承担方式有以下形式。

（一）虚假广告责任分担的一般规则

三部法律对于虚假广告责任的规定比较复杂，经过整理，比较清晰的规则是：

第一，广告主无论是因虚假广告造成消费者的损害，还是提供的商品或者服务造成消费者的损害，其实都是一个损害，都是自己的违法行为造成的损害，因此应当自己承担侵权赔偿责任。虚假宣传的经营者亦应如此。这种责任分担规则是自己责任。[②]

第二，对于虚假广告致害，广告经营者、广告发布者没有过错的，原则上不承担赔偿责任。[③] 但其不能提供广告主的真实名称、地址和有效联系方式的，为有过失，承担的侵权责任形态为附条件的

---

① 姚辉、王毓莹：《论虚假广告的侵权责任承担》，载《法律适用》2015年第5期。

② 自己责任就是类似于《法国民法典》第1382条规定的任何人对于自己的过错行为所造成的损害，应当自己承担赔偿责任的责任形态。参见杨立新：《侵权责任法》，法律出版社2015年版，第131页。

③ 之所以称“原则上”，是因为下文第三项就是适用无过错责任原则的情形。

不真正连带责任,即“先行赔偿”。

第三,关系生命健康的商品或者服务的虚假广告责任,广告经营者、广告发布者、广告代言人承担的责任是无过错责任,无论其有无过错,责任形态都是与广告主承担连带责任。

第四,非关系生命健康的其他商品或者服务的虚假广告责任,广告经营者、广告发布者以及广告代言人承担的是过错责任,具有明知或者应知广告虚假仍设计、制作、发布或者做推荐、证明的故意或者过失的,承担的责任形态也是与广告主承担连带责任。

(二)虚假广告责任的责任分担规则

1. 广告主的自己责任

《广告法》第 56 条第 1 款规定的“发布虚假广告,欺骗、误导消费者,使购买商品或者接受服务的消费者的合法权益受到损害的,由广告主依法承担民事责任”,与《消费者权益保护法》第 45 条规定的“消费者因经营者利用虚假广告或者其他虚假宣传方式提供商品或者服务,其合法权益受到损害的,可以向经营者要求赔偿”的规定,内容都是一致的,就是广告主(商品或者服务的经营者)对虚假广告(虚假宣传)造成的损害,自己承担责任。这是典型的自己责任形态。

此处应当特别强调以下两个问题:

第一,广告主与经营者的关系。《广告法》使用的主体概念是广告主,《消费者权益保护法》使用的是经营者。这两个概念是一致的,《广告法》规范的是广告行为,因此称之为“广告主”;《消费者权益保护法》规范的是消费者和经营者的关系,因此使用“经营者”的概念。根据两部法律调整范围的区别,在虚假广告责任中,直接称为广告主即可;由于《广告法》不规范虚假宣传责任,因此在虚假宣传责任中,责任主体称之为经营者,在商品领域是生产者和销售者,在服务领域是服务提供者。

第二,虚假广告责任与产品责任和服务致害责任的关系。事实上,广告主(经营者)承担的虚假广告(虚假宣传)责任,与其承担的产品责任和服务致害责任也是一致的,并非两种责任。虚假广告责任的损害事实,是虚假广告宣传的商品或者服务致消费者损害,而不是虚假广告本身造成的消费者损害，因此，该责任性质，就是产品责任或者服务致害责任。[①] 当广告主（包括商品生产者、销售者以及服务提供者）提供的商品或者服务致消费者损害，同时又构成虚假广告责任的，其承担的责任就只有一个，不会有两个。因此，广告主承担的虚假广告责任，就是产品责任或者服务致害责任，不存在产品责任或者服务致害责任之外的虚假广告责任。

2. 广告经营者和广告发布者的不真正连带责任

广告经营者和广告发布者承担的“广告经营者、发布者不能提供经营者的真实名称、地址和有效联系方式的，消费者可以要求广告经营者、发布者先行赔偿”或者“应当承担赔偿责任”的责任，在侵权责任形态上，称之为附条件不真正连带责任。[②]

首先应当确定，广告经营者和广告发布者承担责任的前提，是广告主应当承担责任，这个规则，可以从《广告法》第 56 条第 1 款规定的顺序看出来，也可以从“先行赔偿”的用语体现出来。当虚假广告责任构成后，广告主应当承担赔偿责任，广告经营者、广告发布者可以先行赔偿，表达的就是广告主与广告经营者、广告发布者之间的责任分担关系。在这样的表述中，既没有使用不真正连带责任的概念，也没有使用连带责任的概念，但其实质是不真正连带责任，而不是连带责任。这说明，广告主是最终责任人，而广告经营者、广告发布者是中间责任人，由于其也参与了虚假广告的设计、制作和发布行为，因此也应当承担责任，但不是最终责任。在这里，虚假广告的广告经营者、广告发布者具有“不能提供”的过失，并且其行为给广告主的侵权行为实施提供了条件，因此构成竞合侵权行为，当具备法定条件即“不能提供广告主的真实名称、地址和有效联系方式”时，就应当承担不真正连带责任，可以先行赔偿。在这里，《广告法》和《消费者权益保护法》都没有规定广告经营者、广告发布者的追偿权，但在“先行赔偿”的表述中就包含了追偿权的含义，在其

---

① 关于服务损害赔偿责任的具体规则，请参见杨立新等：《消费者保护中的服务及其损害赔偿责任》，载《法律适用》2016 年第 5 期。

② 附条件不真正连带责任概念及规则，请参见杨立新：《多数人侵权行为及责任理论的新发展》，载《法学》2012 年第 7 期。

先行承担了赔偿责任之后，有权向广告主进行追偿。

竞合侵权行为是指两个以上的民事主体作为侵权人，有的实施直接侵权行为，与损害结果具有直接因果关系，有的实施间接侵权行为，与损害结果的发生具有间接因果关系，行为人承担不真正连带责任的侵权行为形态。[①] 在虚假广告的竞合侵权行为中，广告主实施的是直接侵权行为，与损害结果具有直接因果关系；广告经营者和广告发布者实施的是间接侵权行为，与损害结果的发生具有间接因果关系。故前者承担不真正连带责任的最终责任，后者承担中间责任；承担了中间责任的责任人，有权向最终责任人全额追偿。

3. 广告经营者、广告发布者和广告代言人的连带责任

在关系生命健康的商品或者服务的虚假广告责任中，广告经营者、广告发布者、广告代言人无论其有无过错，都要与广告主承担连带责任；在非关系生命健康的其他商品或者服务的虚假广告责任中，广告经营者、广告发布者以及广告代言人具有明知或者应知广告虚假仍设计、制作、发布或者做推荐、证明的，也应当与广告主承担连带责任。这是广告经营者、广告发布者和广告代言人承担连带责任的责任分担规则，承担连带责任的对方是虚假广告的广告主（经营者），广告经营者、广告发布者和广告代言人与其承担连带责任。

应当区别的是，在无过错责任的连带责任中，广告经营者、广告发布者和广告代言人无论有无过错，都与广告主承担连带责任，因此，每一个广告主体都是连带责任人。在过错责任的虚假广告连带责任中，只有有过错的广告经营者、广告发布者或者广告代言人，才与广告主承担连带责任。确定连带责任的最终责任份额，适用过错责任原则的，应以责任人各自的实际过错程度为依据，[②]同时参考行为的原因力大小；适用无过错责任原则的，则以责任人各自行为的原因力大小为依据。

① 参见杨立新：《论竞合侵权行为》，载《清华法学》2013 年第 1 期。

② 刘婉露：《论新广告法实施后明星虚假广告代言的法律责任》，载《西部广播电视》2015 年第 22 期。

应当看到的是，在商品致害的虚假广告责任中，广告主包括产品的生产者或者销售者；在服务致害的虚假广告责任中，广告主只是服务提供者。广告经营者、广告发布者以及广告代言人承担连带责任，就是与上述广告主共同承担连带责任。

（三）虚假广告责任的侵权责任并合规则及适用

在虚假广告责任中，当广告经营者、广告发布者和广告代言人应当承担连带责任或者附条件不真正连带责任时，如果与其承担连带责任或者不真正连带责任的广告主是两个以上的主体时，将会形成复杂的侵权责任分担关系。例如，广告主是缺陷产品的生产者和销售者，依照《侵权责任法》第43条规定应当承担不真正连带责任，那么，在广告经营者、广告发布者和广告代言人又要与其承担连带责任或者不真正连带责任时，应当怎样分担侵权责任，目前，法律对此只有一般性规定，具体规则不明，又无侵权法理论进行解释和说明。

我们提出的学理解释是，这种情形构成侵权责任并合，应当按照侵权责任并合的类型确定责任分担规则。

侵权责任并合是指在多数人侵权行为中，法律原本规定了一种侵权责任形态，又增加规定了新的侵权人承担同一种侵权责任形态或者其他侵权责任形态，构成更多的侵权人对同一损害承担同一种或者不同种侵权责任，并相互重合的侵权责任形态。例如，《侵权责任法》第43条规定产品生产者和销售者对缺陷产品造成的损害承担不真正连带责任，《广告法》第56条和《消费者权益保护法》第45条又规定广告主（经营者）、广告经营者、广告发布者以及广告代言人对同一损害承担连带责任，就在法律规定的不真正连带责任的基础上，又增加规定了其他侵权人对同一损害承担连带责任，构成多数人侵权的不真正连带责任与连带责任的并合。

在三部法律中规定的虚假广告责任的侵权责任并合，包括两种类型：(1)同质并合，为同种类责任形态的侵权责任并合，即原来的多数人侵权责任形态与后来增加的侵权人承担的责任形态属于同一性质，是相同的侵权责任形态的并合。例如，在生产者、销售者作为虚假广告责任（产品责任）的广告主，承担不真正连带责任，在广告经营者、广告发布者以及广告代言人不能提供广告主的真实名称、地址和有效联系方式时，又规定应当与广告主承担不真正连带责任。这就是不真正连带责任与不真正连带责任的并合。(2)异质并合，即非同种类责任形态的侵权责任并合，是指原来的多数人侵权责任形态与后增加的侵权人承担的责任形态不属于同一性质，是不同的多数人侵权责任形态的并合。具体表现为连带责任、不真正连带责任和按份责任之间的并合。作为虚假广告责任广告主的缺陷产品生产者、销售者承担不真正连带责任，广告经营者、广告发布者和广告代言人与广告主承担连带责任时，形成了不真正连带责任与连带责任的异质并合。

1. 不真正连带责任同质并合的责任分担规则

《广告法》第 56 条第 1 款和《消费者权益保护法》第 45 条第 1 款规定的是不真正连带责任的同质并合。不真正连带责任发生并合，相当于一个不真正连带责任的责任人范围的扩大，有更多的不真正连带责任人加入对同一个损害承担不真正连带责任的责任人范围，因而对受害人的损害赔偿请求权给予了更高的保障。这时，原来的和新增加的不真正连带责任人都对同一个损害事实承担不真正连带责任。当虚假广告宣传的商品有缺陷，造成消费者的损害，商品的生产者、销售者(广告主)承担不真正连带责任。依照《广告法》第 56 条第 1 款关于“先行赔偿”的规定，广告经营者、广告发布者承担的责任也是不真正连带责任。这就意味着，广告经营者、广告发布者加入生产者、销售者(广告主)的责任主体之中，共同成为不真正连带责任的责任主体，承担不真正连带责任。依照《广告法》第 56 条第 1 款第一句规定，生产者、销售者作为广告主，要承担赔偿责任，依照《侵权责任法》第 43 条规定，作为广告主的生产者、销售者，与《广告法》第 5 条第 1 款第二句规定的广告经营者、广告发布者一起，成为不真正连带责任的责任主体，对受害的消费者承担责任。

按照侵权责任法的不真正连带责任规则，更多的责任人加入同一个不真正连带责任的责任人范围，对责任性质不发生影响，仍然是不真正连带责任，每一个主体都对同一个损害负有全部赔偿责任的中间责任(先行赔偿),这是不变的;无论在几个不同的不真正连带责任人中,终将有一个人是最终责任人,将要承担最终的全部赔偿责任;因此每一个承担了中间责任的人,只要自己不是最终责任人,就有权向最终责任人进行追偿,且为全额追偿。在虚假广告(虚假宣传)宣传的商品致害时,生产者、销售者、广告经营者、广告发布者都是不真正连带责任人,都负有中间责任,都有义务首先承担全部赔偿责任,“先行赔偿”的含义就是中间责任的规则;在上述四个责任主体中,终究有一个责任主体是最终责任人,即制造了产品缺陷的人,他应当承担最终的全部赔偿责任。因此,尽管《广告法》第56条第1款和《消费者权益保护法》第45条第1款没有明确规定广告经营者、广告发布者在承担了赔偿责任之后,有权向广告主进行追偿的内容,但“先行赔偿”就意味着该主体享有追偿权。

2. 不真正连带责任与连带责任异质并合的责任分担规则

不真正连带责任与连带责任发生并合后,会对责任分担发生更大影响。例如,依照《广告法》第56条第2款、第3款的规定,广告经营者、广告发布者和广告代言人要与广告主承担连带责任。如果是虚假广告宣传的商品有缺陷而致害消费者,广告主就包括缺陷商品的生产者和销售者,他们之间要承担不真正连带责任;而广告经营者、广告发布者和广告代言人要承担连带责任,因而构成了不真正连带责任与连带责任的并合。

发生连带责任与不真正连带责任并合的原因,是对某些行为主体法律规定应当承担连带责任,与这些连带责任人相关,又有人参与该法律关系,法律规定应当承担不真正连带责任,或者相反,因而责任主体的数量增加,两种责任形态发生并合,每一个责任人都应当承担责任,但责任形态不同。

连带责任与不真正连带责任的相同点是在形式上,即在中间责任上是一致的,即无论是连带责任还是不真正连带责任,在形式上或者在中间责任上,都是连带的。连带责任与不真正连带责任发生并合,受害人可以向任何一个连带责任人和不真正连带责任人主张承担全部赔偿责任(中间责任或者称为先行赔偿),而无需考虑其究竟应当承担何种最终责任。因而,这种责任并合形式更有利于保障受害人的赔偿请求权的实现。

连带责任与不真正连带责任的不同点,在于最终责任承担上的区别,即连带责任实质性的最终责任是要分配给全体连带责任人的,而不真正连带责任的实质性最终责任是归属于应当承担最终责任的那个责任人,该责任人承担全部赔偿责任。因此,在受害人对某个责任人行使了全部赔偿责任的请求权之后,追偿关系即实现最终责任的关系变得十分复杂:(1)如果承担中间责任的责任人是连带责任的最终责任人,在其承担了超过其最终责任的份额之后,有权向其他应当承担连带责任的最终责任人进行追偿;(2)如果承担责任的责任人是不真正连带责任的最终责任人的,在其承担了最终责任之后,不得向任何责任主体追偿;(3)如果承担责任的责任人是不真正连带责任的中间责任人的,在其承担了中间责任之后,可以向其他最终责任人,包括连带责任的最终责任人和不真正连带责任的最终责任人,进行追偿。

在确定连带责任与不真正连带责任并合的责任分担时,关键要是看法律规定的是何人与何人承担连带责任,何人与何人承担不真正连带责任。如果与最终责任人承担连带责任,那就是连带责任,按照连带责任规则分担责任;如果与中间责任人承担连带责任,在其承担了连带责任(中间责任)后,可以向最终责任人进行全额追偿。

在前例,《广告法》第56条第2款、第3款规定的连带责任,与《侵权责任法》第43条规定的生产者、销售者不真正连带责任发生并合,生产者、销售者、广告经营者、广告发布者和广告代言人都要承担连带责任,但生产者和销售者承担的却是不真正连带责任。对于受害人而言,对于五个责任主体,都可以直接请求其中之一承担全部赔偿责任,每一个责任主体都有义务满足受害人的赔偿要求。在其中一个责任主体承担了赔偿责任之后,在追偿关系上的规则是:(1)广告经营者、广告发布者和广告代言人承担了连带责任中间责任的,如果销售者或者生产者是最终责任人,除了自己应当承担的最终责任份额之外的中间责任,可以向销售者或者生产者追偿;(2)如果广告主即缺陷产品的生产者或者销售者承担了中间责任的，对于超出自己最终责任份额的部分，对广告经营者、广告发布者、广告代言人有权进行追偿。

五、结论

自1987年国务院颁布《广告管理条例》以来，我国虚假广告责任制度从无到有、逐步发展，至2013年和2015年修订《消费者权益保护法》《食品安全法》《广告法》，历经近30年时间，基本完成了责任体系的完善化。这是随着我国经济体制改革以及市场经济不断发展而发展起来的虚假广告责任制度。在市场经济中，举凡有商品的存在，就有广告的存在；有广告的存在，就有虚假广告的存在，就有以虚假广告责任进行法律规制的必要性。目前，我国市场经济体制正在成长，商品流转和服务日渐繁荣，需要健康的广告活动，促进社会的进一步发展。由于我国诚信观念和诚信秩序建设存在较大问题，虚假广告仍然大量存在，需要用虚假广告责任加强对虚假广告行为进行规制，制裁虚假广告行为，保护消费者合法权益。我国《消费者权益保护法》《食品安全法》和《广告法》关于虚假广告责任的规定，构成完整的虚假广告责任制度，在我国市场经济体制下的商品和服务领域中，特别是在食品和药品流转领域中，其必须发挥更大的作用，以保障食品安全、药品安全以及商品安全和服务安全，保护消费者合法权益不受侵害，保障国家建设顺利发展。

第七章　网络平台中的多数人侵权行为与责任

在多数人侵权行为与责任体系中，随着“互联网+”的普遍使用，网络平台中的多数人侵权行为与责任越来越重要。《侵权责任法》第36条率先规定了网络媒介平台提供者的侵权责任，随后，《消费者权益保护法》第44条规定了网络交易平台提供者的侵权责任，《食品安全法》也规定了网络食品交易平台提供者的侵权责任。本章对这种多数人侵权行为及责任进行分析研究。

第一节　网络平台提供者的附条件不真正连带责任与部分连带责任

2013年10月25日，第十二届全国人民代表大会常务委员会第五次会议修订《消费者权益保护法》，增设了第44条，规定网络交易平台提供者对消费者的赔偿责任。这一规定与2009年12月26日通过的《侵权责任法》第36条规定的网络服务提供者对被侵权人的侵权责任的内容相似，但又有明显区别。这两个法条都是规定网络平台提供者应当承担民事责任的规则，究竟存在哪些差异，为什么要存在这些差异，就此提出分析意见。特别阐释互联网企业作为网络交易平台提供者承担的附条件不真正连带责任，以及作为网络媒介平台提供者承担的部分连带责任，说明其具体规则和立法者的意图，保证这两个法条的正确解释和适用，更好地平衡网络平台提供者（包括网络交易平台提供者和网络媒介平台提供者）与消费者及被侵权人之间的利益平衡，保护好民事主体的权益，推动我国互联网事业的进一步发展，促进我国网络交易平台与网络媒介平台的进一步繁荣。

一、两个法条对网络平台提供者承担民事责任规定的不同规则及原因

（一）两个法条对网络平台提供者承担民事责任规定的不同规则

互联网企业提供的网络，可以作为交易平台，也可以作为媒介平台。当网络作为交易平台时，在平台上进行交易的消费者受到网店的销售者或者服务者行为的损害，具备法律规定的条件，网络交易平台提供者应当承担赔偿责任。当网络作为媒介平台时，网络用户将该平台作为自媒体发表信息等，侵害了他人的民事权益，在符合法律规定的情形下，网络媒介平台提供者应当承担侵权责任。《消费者权益保护法》第 44 条和《侵权责任法》第 36 条规定的正是这样的规则。

从文字上进行粗略观察，可以看到《消费者权益保护法》第 44 条规定网络交易平台提供者承担赔偿责任的规则，与《侵权责任法》第 36 条规定的网络服务提供者承担侵权责任的规则，内容相似，但又存在诸多差别。

1. 互联网企业作为网络交易平台提供者承担民事责任的规则

《消费者权益保护法》第 44 条规定："消费者通过网络交易平台购买商品或者接受服务，其合法权益受到损害的，可以向销售者或者服务者要求赔偿。网络交易平台提供者不能提供销售者或者服务者的真实名称、地址和有效联系方式的，消费者也可以向网络交易平台提供者要求赔偿；网络交易平台提供者作出更有利于消费

者的承诺的,应当履行承诺。网络交易平台提供者赔偿后,有权向销售者或者服务者追偿。”“网络交易平台提供者明知或者应知销售者或者服务者利用其平台侵害消费者合法权益,未采取必要措施的,依法与该销售者或者服务者承担连带责任。”这一条文规定的互联网企业作为网络交易平台提供者承担赔偿责任的规则,有以下三个层次:第一,消费者的合法权益受到网店的销售者或者服务者的侵害,责任人是网店的销售者或者服务者。在通常情况下,网络交易平台提供者并不直接承担责任。第二,网络交易平台提供者承担不真正连带责任有两种情形:一是网络交易平台提供者不能提供网店销售者或者服务者的真实名称、地址和有效联系方式时承担的责任;二是网络交易平台提供者事前作出更有利于消费者承诺例如先行赔付时承担的责任。在这两种情形下,受到侵害的消费者可以请求网络交易平台提供者承担赔偿责任,在网络交易平台承担了赔偿责任之后,有权向网店的销售者或者服务者进行追偿。第三,网络交易平台提供者明知或者应知网店的销售者或者服务者利用其平台侵害消费者合法权益,未采取必要措施的,与网店的销售者或者服务者承担连带责任。

2. 互联网企业作为网络媒介平台提供者承担民事责任的规则

《侵权责任法》第36条规定:“网络用户、网络服务提供者利用网络侵害他人民事权益的,应当承担侵权责任。”“网络用户利用网络服务实施侵权行为的,被侵权人有权通知网络服务提供者采取删除、屏蔽、断开链接等必要措施。网络服务提供者接到通知后未及时采取必要措施的,对损害的扩大部分与该网络用户承担连带责任。”“网络服务提供者知道网络用户利用其网络服务侵害他人民事权益,未采取必要措施的,与该网络用户承担连带责任。”这一规定的互联网企业作为网络媒介平台提供者承担侵权责任的规则,也分为三个层次:第一,网络服务提供者与网络用户一样,利用网络实施侵权行为,应当单独承担侵权责任。第二,网络用户利用网络实施侵权行为,被侵权人对网络服务提供者行使通知的权利,网络服务提供者应当及时采取必要措施,未及时采取必要措施的,对损害的扩大部分,与网络用户承担连带责任。第三,网络服务提供者知道网络用户利用其网络服务侵害他人民事权益，未采取必要措施的，与该网络用户承担连带责任。

（二）网络平台提供者承担民事责任的两种规则的联系与差别

《消费者权益保护法》与《侵权责任法》这两个法条对网络平台提供者规定的承担民事责任的两种规则，既有联系，也有差别。

两种规则的共同联系是：

1. 互联网企业不论是作为网络交易平台提供者还是网络媒介平台提供者，都是网络平台提供者，都以互联网企业为责任主体。《消费者权益保护法》第 44 条把责任主体称为网络交易平台提供者，其提供的平台是网店的销售者或者服务者与消费者之间进行交易赖以发生的基础。尽管《侵权责任法》第 36 条将责任主体称为网络服务提供者，但其法律地位也是网络平台提供者，提供的是属于自媒体性质的媒介平台，网络用户和被侵权人之间的侵权法律关系就发生在这个平台之上。两个平台的性质基本相同，只不过一个是交易平台，是网店的销售者或者服务者与消费者在这个平台上进行有偿交易；另一个是媒介平台，以发布信息为主，是网络用户发布信息发生侵权行为，与传统的媒体侵权行为相似，不存在有偿行为。这两个网络平台由于是发生违法行为的交易平台或者媒介平台，使网络平台提供者有可能参与到侵权或者违约的法律关系之中，使互联网企业成为民事责任主体。

2. 在网络平台提供者承担民事责任的法律关系中，都存在另外两方当事人，并且是主要的当事人。在网络交易平台，两方主要的当事人为网店的销售者或者服务者与消费者；在网络媒介平台，主要的当事人则是侵权的网络用户和被侵权人；网络平台上的法律关系，不论是侵权法律关系还是违约法律关系，都发生在这两方当事人之间；网络平台提供者之所以成为民事责任主体，是因为提供了这个平台，而不是直接实施了侵权行为或者违约行为。因此，网络平台提供者都是与双方当事人中应当承担民事责任的那一方共同承担民事责任，形成多数人侵权行为或者多数人债务。

3. 网络平台提供者承担责任的两个规则都分为三个层次：一是网络用户或者网络服务提供者以及网店的销售者或者服务者

单独承担民事责任,二是网络平台提供者与应当承担民事责任的一方当事人共同承担民事责任,三是明知或者应知发生侵权行为的网络平台提供者与应当承担民事责任的一方当事人承担连带责任。

4. 网络平台提供者承担民事责任的方式都是赔偿责任,不存在其他责任方式。《消费者权益保护法》第 44 条直接规定的是赔偿责任。《侵权责任法》第 36 条尽管条文规定的是侵权责任,但这个侵权责任就是侵权赔偿责任。这两个法条规定的责任方式都不包括其他民事责任方式。

两种规则的主要差别是:

1. 网络平台提供者承担民事责任的性质有所不同。《消费者权益保护法》第 44 条规定网络交易平台提供者承担的责任是赔偿责任,既包括侵权赔偿责任,也包括违约赔偿责任。《侵权责任法》第 36 条规定的只是侵权责任(赔偿),不包括违约责任。

2. 在第一层次的规则上,《消费者权益保护法》第 44 条第 1 款前段规定的责任主体,只有网店的销售者或者服务者,网络交易平台提供者并不单独承担责任。而《侵权责任法》第 36 条第 1 款规定的责任主体既包括实施侵权行为的网络用户,也包括单独实施侵权行为的网络服务提供者。网络服务提供者利用自己的网站实施侵权行为,应当自己承担侵权责任。

3. 在第二层次的规则上,首先,尽管互联网企业在其提供网络媒介平台和网络交易平台时都负有一定的义务,但义务的内容不同。网络交易平台提供者承担的义务,是准确掌握销售者或者服务者的真实名称、地址和有效联系方式;而网络媒介平台提供者作为自媒体提供者,须与报纸、杂志、电台、电视台等传统媒体近似,又有自媒体的固有特点,因而其负担的义务,是在侵权的网络用户在其网站上实施了侵权行为,侵害了被侵权人合法权益时,应被侵权人的通知,及时采取必要措施。然后,正因为网络交易平台提供者和网络媒介平台提供者负担的义务不同,其违反义务时承担的民事责任也不同。按照《消费者权益保护法》第 44 条规定,网络交易平台提供者未履行其提供网店销售者或者服务者真实信息的义务,承担的责任是不真正连带责任,按照消费者的主张或者按照自己先前的承诺承担赔偿责任,但赔偿后可以向网店的销售者或者服务者进行追偿。而网络媒介平台提供者未履行其及时采取必要措施的义务,是就损害扩大的部分承担连带责任。连带责任与不真正连带责任的区别在于,作为最终责任人,连带责任的最终责任为每一个连带责任人按份分担;不真正连带责任的最终责任必由最终责任人一人承担。[①] 最后,网络平台提供者承担不真正连带责任或者连带责任都是附条件的,但所附条件并不相同。网络交易平台提供者承担不真正连带责任的条件是,不能提供网店的销售者或者服务者的真实名称、地址、有效联系方式,或者事前作出更有利于消费者的承诺。网络媒介平台提供者与侵权网络用户承担连带责任的条件是,未及时采取必要措施,致使损害进一步扩大。

4. 在第三层次的规则上,基本规则相同,都是要与侵权的网络用户、网店的销售者或者服务者承担连带责任,但文字表述略有区别:一是《消费者权益保护法》第 44 条第 2 款规定的是网络交易平台提供者"明知或者应知",而《侵权责任法》第 36 条第 3 款规定的是"知道";[②]二是在承担连带责任的规定之前,《消费者权益保护法》第 44 条第 2 款加了"依法"二字,而《侵权责任法》第 36 条第 3 款没有规定这两个字。依照法律习惯,规定依法者,应当依据其他法律的规定确定连带责任,而不是依据本法确定连带责任。《消费者权益保护法》第 44 条第 2 款规定"依法"所表达的意思是,网络交易平台提供者明知或者应知销售者或者服务者利用其平台侵害消费者合法权益,未采取必要措施的,应当依据《侵权责任法》第 8 条规定,认定为共同侵权行为,承担连带责任。而《侵权责任法》本身就是规定侵权责任的,没有必要写"依法"二字,因而可以确定,这些文字上的差别并不影响两种网络平台提供者承担这种连带责任规则的同一性。

---

① 杨立新:《多数人侵权行为及责任理论的新发展》,载《法学》2012 年第 7 期。

② 这个区别并不大,因为全国人大法工委官员在解释《侵权责任法》第 36 条规定的"知道"时,解释为包括明知和应知。参见王胜明:《中华人民共和国侵权责任法释义》,法律出版社 2010 年版,第 195 页。

(三)互联网企业作为网络平台提供者承担民事责任设置不同规则的原因

同样是互联网企业,作为网络交易平台提供者与作为网络媒介平台提供者承担民事责任的规则具有如此的不同,主要原因有以下四个:

1. 互联网企业相较于其他传统产业的特殊性

随着计算机的广泛应用及通信技术的迅猛发展,互联网已经快速辐射到社会的各个领域,改变了人们生活与生产、交易方式,上网浏览新闻、网络游戏、网络购物、网络交友、网络下载等,几乎成了人们日常生活不可或缺的组成部分,覆盖了社会生活的各个领域。[①]互联网企业一方面为广大人民群众的生活提供了各种便利;另一方面也为社会创造了巨大的财富,成为新兴的、具有巨大潜能的朝阳产业。据统计,仅腾讯公司一家企业,一年创造的产值就达到400多亿元,特别是近年来迅猛发展的移动互联网产业链,爆发了巨大的商业正能量,改变了传统的交易、社交等领域的方式,使互联网成为时代的标志。不过,互联网企业提供的网络平台在为交易和社交等提供了全新、便捷的服务的同时,也会给行为人实施违法行为提供新的机会。如果互联网企业在提供网络平台服务的过程中对侵权行为、违约行为的发生存在过错,就应当承担相应的民事责任。面对这些法律上的难题,利益衡量是一种妥当的解决问题的方法。[②]在网络信息发布者与接收者,进行网络交易的双方当事人,以及网络平台提供者这三方的利益关系中,怎样配置才能做到科学、合理、适度,既能够保护受害人的合法权益,又能够在网络平台提供者适当承担民事责任的同时,保护互联网企业健康发展,为人民群众提供更多的便利,为社会创造更多的财富,是制定网络平台提供者承担民事责任规则必须首先解决的关键一环。只有在这样的基础上,根据实际情况妥善设置规则,才能达到三者利益关系的平衡。正是

① 王胜明主编:《中华人民共和国侵权责任法释义》,法律出版社2010年版,第178页。

② 梁上上:《利益衡量论》,法律出版社2013年版,第71页。

由于这个原因,互联网企业在作为网络交易平台提供者和网络媒介平台提供者承担民事责任的时候,才出现了既有共同联系又有各自差别的现象。

2. 互联网企业承担民事责任的法律关系相较于普通法律关系的特殊性

不论是网络交易平台还是媒介交易平台,互联网企业在向公众提供这些网络平台时,与发生侵权行为或者违约行为的双方当事人之间形成的法律关系与普通的法律关系相比较,其特殊性是,侵权行为或者违约行为发生在利用网络平台进行交易或者发布信息的当事人之间,互联网企业也参与其中,有可能成为法律关系的当事人之一。在网络交易平台进行交易中发生了侵权行为或者违约行为,侵权法律关系和违约法律关系的当事人是在网络交易平台上进行交易的双方当事人,即网店的销售者或者服务者与消费者;在网络媒介平台发布信息实施侵权行为,侵权法律关系的当事人是网络用户与被侵权人。之所以互联网企业卷入侵权行为成为侵权责任人,或者卷入违约的交易之中与违约行为人共同承担责任,就是因为它为交易行为或者侵权行为的实施提供了平台,这就像侵权人在报纸、杂志上发表侵权文章,出卖人承租柜台与消费者进行交易,报纸、杂志作为媒体以及柜台出租者作为交易平台一样,有可能成为责任主体,与侵权一方或者违约一方共同承担责任。在这种情况下,在网络平台上发生的侵权法律关系或者违约法律关系就形成了三个当事人作为主体的情形。在互联网企业作为责任主体之一时,总要与一方当事人形成多数人侵权行为或者多数债务人的法律关系,因而才须依照多数侵权行为人或者多数债务人的规则共同承担民事责任。这就是互联网企业在提供网络平台时,作为民事责任主体承担民事责任的法律关系的特殊性。不存在这样的特殊法律关系,互联网企业不存在成为民事责任主体的条件。

3. 网络媒介平台提供者相较于传统媒体的特殊性

《侵权责任法》第36条规定互联网企业作为网络媒介平台提供者与侵权的网络用户承担连带责任,与之相似的是传统媒体承担的媒体侵权责任。在报纸、杂志、电台、电视台等传统媒体上发布诽谤、侮辱等报道、信息的，只要传统媒体未尽真实性审查义务，造成了被侵权人的人身权益损害，即与侵权人构成共同侵权行为，应当承担连带责任。其原因是，传统媒体对于自己发表的稿件都须尽到真实性的审查义务，未尽该审查义务即存在过错，对于造成的损害就须承担侵权责任。[①] 但是，互联网企业提供的网络媒介平台的性质属于自媒体，网络用户在网络媒介平台发布信息并不需要网站进行真实性审查；同时，互联网上发布信息的数量为海量，互联网企业也无法进行真实性审查。在这样的情况下，将互联网企业作为网络媒介平台提供者在承担侵权责任时，就不能按照传统媒体承担侵权责任的规则进行，具有自己的特殊性。为了进一步体现互联网企业提供的网络媒介平台的特殊性，对其在网络侵权行为发生时的责任承担规则，《侵权责任法》借鉴美国《千禧年数据版权保护法案》规定的"避风港原则"和"红旗原则"，[②]制定了第 36 条第 2 款和第 3 款的"通知规则"和"知道规则"，体现了互联网企业提供网络媒介平台作为自媒体的特殊性。不过，美国《千禧年数据版权保护法案》的"避风港原则"和"红旗原则"仅适用于在网络上发生的著作权侵权纠纷，不适用于所有的侵害民事权益的侵权纠纷，而且美国学者也不建议中国在规定网络侵权责任的规则中全面采用这样的规则。[③] 我国立法者审时度势，结合中国社会的特点，将"避风港原则"和"红旗原则"全面适用于在网络上保护民事权益的场合，具有其合理性，既有对互联网企业过错行为的严格要求，又有对互联网企业权益进行特别保护的合理措施，符合中国国情。

4. 网络交易平台提供者相较于网络媒介平台提供者及柜台出租者等的特殊性

一是同样是互联网企业，在其提供网络媒介平台和网络交易平台时，情形并不相同。互联网企业提供网络媒介平台，网络用户

---

① 参见最高人民法院《关于审理名誉权案件若干问题的解答》第 8 条。

② 全国人大常委会法律工作委员会民法室编：《消费者权益保护法立法背景与观点全集》，法律出版社 2013 年版，第 254 页。

③ 全国人大常委会法制工作委员会民法室编：《侵权责任法立法背景与观点全集》，法律出版社 2010 年版，第 352～353 页。

在网络上发布信息、接收信息，并不属于交易行为，而属于自媒体的利用，互联网企业并不在其中获得直接利益。因此，互联网企业构成侵权责任，须具有一定的要件。同样，互联网企业提供网络交易平台提供给交易双方进行交易，不论是 B2C（Business-to-Customer）的网上商厦平台方式（即阿里巴巴的天猫商城模式），还是 C2C（Customer-to-Customer）的网上集市平台（网上个人交易市场）方式（淘宝网模式），在平台上进行的都是具有交易性质的商业行为。互联网企业在提供网络交易平台时，不具有营利性的直接经营行为，只是给交易者双方提供安全稳定的技术服务、市场准入审查、交易记录保存、个人信息保护、不良信息删除、协助纠纷解决、信用监督等义务，[①]而且是无偿提供。尽管有人认为，网络交易平台提供者提供网络服务是为了获利，属于经营者，应当承担参照《侵权责任法》的相关规定负有事后审查义务，采取同样的规则，[②]但互联网企业提供网络交易平台和网络媒介平台的性质并不相同，尤其是网络媒介平台上的网络用户属于一般民事主体，而网络交易平台上的网店的销售者或者服务者是经营者，对消费者负有高度谨慎义务，二者具有相当的差异。而网络交易平台提供者在网络交易中不会与网店的销售者或者服务者站在一起坑害消费者，也很难由于过失而使消费者的权益受到损害。如果对网络交易平台经营者与网络媒介平台提供者承担责任采取同样的规则，是不适当、不公平的，应当设置更为准确的规则确定网络交易平台提供者的民事责任。再进一步分析可以看到，当互联网企业作为网络媒介平台提供者时，其负担的义务是向后的，即在被侵权人通知之后，及时采取必要措施，防止侵权损害后果继续扩大。这种作为义务不履行，就会使侵权人的侵权行为损害后果继续扩大，就扩大部分的损害当然应当承担连带责任。当互联网企业作为网络交易平台提供者时，其负担的义务是向前的，即将自己掌握的网店的销售者或者服务者的真实信息予

① 全国人大常委会法律工作委员会民法室编：《消费者权益保护法立法背景与观点全集》，法律出版社 2013 年版，第 134 页。

② 全国人大常委会法律工作委员会民法室编：《消费者权益保护法立法背景与观点全集》，法律出版社 2013 年版，第 134 页。

以告知,在这时,造成消费者权益损害的行为已经终止,损害已经固定,不再进一步发展。互联网企业具备的法定条件是提供网店销售者或者服务者的真实名称、地址和有效联系方式,如果有先行赔付的约定,则按照约定先行赔付。如果既没有先行赔付约定,又能够提供上述有效信息,互联网企业就与损害没有关系,连间接的原因力都不存在。只有不能提供有效信息,使受到损害的消费者投诉无门,互联网企业的行为就与损害后果具有间接的原因力了,构成竞合侵权行为,才应当承担不真正连带责任。针对网络平台的上述不同情形,如果令网络媒介平台与网络交易平台承担相同的责任,是不符合客观实际情况的。

二是互联网企业对网店的销售者或者服务者提供的网络交易平台,与柜台出租者出租的柜台或者展销会举办者提供的展销会交易平台也有显著区别。从表面上看,展销会和出租柜台作为交易平台,与互联网企业提供的网络交易平台确实有相似之处,都是在一方当事人提供的交易平台上进行交易,当经营者在平台上侵害了消费者的权益,与柜台出租者和展销会举办者承担的责任似乎应当一致。故而在《消费者权益保护法》修订的初期,立法者曾经将网络交易平台提供者等同于柜台出租者和展销会举办者,承担相同的责任。这在《消费者权益保护法》修订草案的前两稿中可以看出来。在2013年4月审议的第一次审议稿中,将网络交易平台提供者的责任加入原第38条关于展销会、租赁柜台的责任之中,条文是第43条:"消费者在展销会、租赁柜台或者通过网络交易平台等购买商品或者接受服务,其合法权益受到损害的,可以向销售者或者服务者要求赔偿。展销会结束、柜台租赁期满或者网络交易平台上的销售者、服务者不再利用该平台的,也可以向展销会的举办者、柜台的出租者或者网络交易平台提供者要求赔偿。展销会的举办者、柜台出租者或者网络交易平台提供者赔偿后,有权向销售者或者服务者追偿。"在互联网企业以及有关部门和学者都提出不同意见之后,2013年8月《消费者权益保护法修正案(草案)》第二次审议稿在上述条文的基础上,增加了"网络交易平台提供者知道销售者或者服务者利用其平台侵害消费者合法权益,未采取必要措施的,与该销售者或者服务者承担连带责任”的第 2 款内容。对此，互联网企业等仍然提出较多的意见。全国人大法工委为了对网络交易平台提供者确定民事责任的规则更为准确，连续召开了有关部门、单位、专家和律师座谈会，部分学生、工薪阶层消费者座谈会，以及部分电子商务企业和有关协会座谈会等，广泛征求意见，并且深入实际进行调查研究，[①]正确认识到，网络交易平台提供者与展销会组织者、柜台出租者有很大区别，不能让其承担与展销会组织者和柜台出租者相同的责任。其原因是，展销会组织者和柜台出租者可以看到商品实物并对其交易现场进行监管，而网络交易平台提供者不可能接触商品实物，对交易过程监管起来也很困难；网络交易平台上的卖家数量繁多，拍拍网就有几十万家，大的 C2C 网站则有数百万家，而平台上的商品种类更是海量，要求平台对所有商家及代售商品进行监管，是不可能实现的；展销会组织者和柜台出租者面对的商家多限于本地域，先行赔付后，追偿成本可控，但网络交易平台面对的商家遍布全国，有的甚至在国外，追偿成本太高；平台提供的仅是中立性的网络服务，并不参与交易过程，[②]且平台的提供绝大多数是无偿的，不像参加展销会和承租柜台那样都是有偿的。正是基于这些原因，《消费者权益保护法》最终确定了现在的第 44 条，准确地反映了互联网企业在网络交易中的地位，区别了互联网企业提供网络媒介平台和网络交易平台在性质上的差别，平衡了各方当事人的利益关系，使各界对此均持赞同意见。

（四）本节小结

综上所述，在《消费者权益保护法》第 44 条和《侵权责任法》第 36 条规定的互联网企业承担网络平台提供者责任的规则中，存在上述关联性和差异性，包含着特别值得研究的民法规则，是立法者对其进行的精巧构思，既符合社会的客观需要，又体现了互联网发展的客观规律，既能够保护消费者和被侵权人的合法权益，制裁网

---

① 全国人大常委会法律工作委员会民法室编：《消费者权益保护法立法背景与观点全集》，法律出版社 2013 年版，第 87、112、130 页。

② 全国人大常委会法律工作委员会民法室编：《消费者权益保护法立法背景与观点全集》，法律出版社 2013 年版，第 134 页。

络违法行为,又能够保护互联网企业健康发展,更好地造福社会,是科学的民事法律规范,应当特别予以肯定。

二、互联网企业作为网络交易平台提供者承担的附条件不真正连带责任

《消费者权益保护法》第 44 条第 1 款规定的责任形态究竟属于何种性质,在理论上并不明确。我们提出的意见是,这种责任形态是附条件的不真正连带责任,所附条件是网络交易平台提供者不能提供销售者或者服务者的真实名称、地址和有效联系方式,①以及网络交易平台提供者做出更有利于消费者的承诺。对于这个意见,由于提出的时间较短,既没有看到反对意见,也没有看到支持的意见。对此,我进行以下说明。

(一)竞合侵权行为与不真正连带责任

典型的不真正连带责任的典型表述,是类似于《侵权责任法》第 68 条关于"因第三人的过错污染环境造成损害的,被侵权人可以向污染者请求赔偿,也可以向第三人请求赔偿。污染者赔偿后,有权向第三人追偿"的规定,以及《侵权责任法》第 83 条、《物权法》第 21 条等的规定。这些法条的表述,都属于"一个损害是由两个行为人的行为造成的,但其中一个人的行为是直接原因,另一个人的行为是间接原因,受害人同时产生两个请求权,其中一个请求权满足后,另一个请求权予以消灭"②这种不真正连带责任的基本特征。

在这里,造成同一个损害的两个行为是竞合侵权行为。竞合侵权行为是指两个以上的民事主体作为侵权人,有的实施直接侵权行为,与损害结果具有直接因果关系,有的实施间接侵权行为,与损害结果的发生具有间接因果关系,行为人承担不真正连带责任的侵权行为形态。在《消费者权益保护法》修订之前,我们把竞合侵权行为分为三种类型,一是必要条件的竞合侵权行为,二是政策考量的竞合

① 杨立新:《修订后的〈消费者权益保护法〉经营者民事责任之解读》,载《法律适用》2013 年第 12 期。

② 杨立新:《论不真正连带责任的类型体系及规则》,载《当代法学》2012 年第 3 期。

侵权行为,三是提供机会的竞合侵权行为,分别对应的是典型的不真正连带责任(例如《侵权责任法》第68条和第83条)、先付责任(例如《侵权责任法》第44条和第85条)和补充责任(例如《侵权责任法》第34条第2款和第37条第2款)。[①] 在这个分类中,没有包括修订后的《消费者权益保护法》第44条规定的这种类型的不真正连带责任,也没有包括第43条规定的展销会、租赁柜台的责任。

(二)提供平台的竞合侵权行为与附条件不真正连带责任

事实上,《消费者权益保护法》第43条和第44条规定的责任形态的性质是相同的,都是在不真正连带责任的基础上,对竞合侵权行为中的间接行为人承担不真正连带责任附加了限定条件,只有这个条件满足后,才能构成竞合侵权行为,承担不真正连带责任。例如第43条,对于展销会的举办者、柜台出租者承担赔偿责任的条件,规定为"展销会结束或者柜台租赁期满后",不具备这个条件,展销会举办者或者柜台出租者就不承担赔偿责任。同样,第44条第2款对网络交易平台提供者承担赔偿责任,规定的条件是"网络交易平台提供者不能提供销售者或者服务者的真实名称、地址和有效联系方式",或者"网络交易平台提供者作出更有利于消费者的承诺",只有具备这样的条件时,网络交易平台提供者才承担不真正连带责任。这与前述竞合侵权行为中的任何一个类型都不相同,也与典型的不真正连带责任以及先付责任、补充责任规则都不相同。

产生这种附条件不真正连带责任的行为,是竞合侵权行为的一种特殊类型,按照《消费者权益保护法》第43条和第44条规定,可以称为提供平台的竞合侵权行为。其特点是,在造成同一个损害的两个行为中,一个行为是直接行为,如销售者或者服务者的违法销售、服务行为,另一个行为是间接行为,如展销会举办者、柜台出租者以及网络交易平台提供者的行为,在为销售者或者服务者实施违法行为公开、合法地提供平台中违反法定义务,使违法行为能够在这个平台上实施,造成了消费者的同一个损害构成的竞合侵权行为。因此,提供平台的竞合侵权行为是一种竞合侵权行为的特殊表现形式。

① 杨立新:《论竞合侵权行为》,载《清华法学》2013年第1期。

提供平台的竞合侵权行为的法律后果是附条件不真正连带责任。侵权的不真正连带责任,是多数行为人违反法定义务,对同一个受害人实施加害行为,或者不同的行为人基于不同的行为而致使同一个受害人的民事权益受到损害,各个行为人产生的同一内容的侵权责任,各负全部赔偿责任,并因行为人之一的责任履行而使全体责任人的责任归于消灭,或者依照特别规定多数责任人均应当承担部分或者全部责任的侵权责任形态。[①] 附条件不真正连带责任属于这种责任形态,其基本特征在于提供平台的一方,对于展销会举办者、柜台出租者以及网络交易平台提供者在该平台上与消费者进行交易造成了消费者权益的损害,承担不真正连带责任时,必须具备必要条件,只有具备法律规定的必要条件的,才承担不真正连带责任,否则就只能由销售者或者服务者承担赔偿责任。即使平台提供者的行为具备了法律规定的必要条件,但由于其并不是造成损害的直接原因,因此,在其承担了赔偿责任之后,《消费者权益保护法》第43条和第44条都规定了"有权向销售者或者服务者追偿"的追偿权。

附条件不真正连带责任的本质仍然是不真正连带责任,但与典型的不真正连带责任不同。在典型的不真正连带责任中,不论构成竞合侵权行为的主行为人还是从行为人,被侵权人都可以任意选择一方作为被告,行使索赔权实现权利;至于究竟由谁承担最终责任,被侵权人无须过问。但在附条件不真正连带责任,无论是法定的还是约定的,被侵权人主张从行为人承担赔偿责任须具备法定的或者约定的条件,不具有这样的条件,就只能向主行为人请求赔偿,不能向从行为人主张权利。因此,典型的不真正连带责任更有利于保护受害人,对从行为人不利;而附条件不真正连带责任有利于保护从行为人,限制其承担责任的概率,对保护受害人有所限制。

（三）附条件不真正连带责任规则也适用于违约的附条件不真正连带债务

应当特别强调的是,《消费者权益保护法》第44条规定的网络

---

① 杨立新:《论不真正连带责任类型体系及规则》,载《当代法学》2012年第3期。

交易平台提供者承担附条件不真正连带责任，并不只包括侵权责任，也包括违约责任。例如，网店的销售者或者服务者实施的是商品欺诈或者服务欺诈行为，消费者受到的损害是价款或者报酬的损害，因而属于违约损害赔偿责任。如果销售者或者服务者实施的是恶意商品致害或者恶意服务致害行为，消费者受到的损害属于人身损害或者财产损害，就构成侵权责任，承担的是侵权损害赔偿责任。在这些损害中，符合《消费者权益保护法》第 55 条规定的，在承担实际损害赔偿责任之外，还要承担惩罚性赔偿责任。不符合第 55 条规定的，则只承担实际损害的赔偿责任。

在这个范围中，如果销售者或者服务者承担的是违约赔偿责任，则应当限制在《合同法》规定的范围之内。这种法律后果就是附条件不真正连带债务，即多数债务人就基于不同发生原因而偶然产生的同一内容的给付，各负全部履行之义务，并因债务人之一的履行而使全体债务人的债务均归于消灭的债务。[①] 附条件不真正连带债务是不真正连带债务中的一种特殊类型，对不应当承担最终责任的行为人承担不真正连带债务须具备必要条件。这种不真正连带债务的请求权人享有的请求权属于债的二次请求权，[②]对应的是违约责任，故附条件不真正连带债务的性质也属于附条件不真正连带责任。

（四）附条件不真正连带责任的适用规则

1. 网店的销售者或者服务者应当承担赔偿责任

《消费者权益保护法》第 44 条第 1 款前段规定网店的销售者或者服务者的责任，用了完整的一句话规定，即"消费者通过网络交易平台购买商品或者接受服务，其合法权益受到侵害的，可以向销售者或者服务者要求赔偿。"这里使用的"可以"有两层含义，一是选择销售者、服务者，或者选择网络交易平台提供者作为被告，在这种含义下，如果不存在网络交易平台提供者承担责任的条件，这个"可

① 王利明主编：《中国民法案例与学理研究》（债权篇修订本），法律出版社 2003 年版，第 393 页。

② 杨立新：《债与合同法》，法律出版社 2012 年版，第 263 页。

以”其实就是“应当”；二是既然这个权利属于受到损害的消费者，消费者是否行使赔偿请求权，当然是可以，而不是应当；如果条文是从销售者或者服务者的角度规定，那就是应当，而不是可以。这是因为，造成这种消费者权益损害的直接责任人就是网店的销售者或者服务者，而不是网络交易平台提供者，因而网店销售者或者服务者的直接责任是必须承担的。

2. 具备必要条件的网络交易平台提供者承担附条件不真正连带责任

按照《消费者权益保护法》第 44 条第 1 款中段和后段规定，网络交易平台提供者承担不真正连带责任的条件有两个，一个是法定条件，另一个是约定条件。因此，网络交易平台提供者承担的附条件不真正连带责任，分别是法定的附条件不真正连带责任和约定的附条件不真正连带责任。

法定的附条件不真正连带责任，是网络交易平台提供者在不能向消费者提供与其进行网络交易的网店销售者或者服务者的真实名称、地址和有效联系方式时，消费者可以选择网络交易平台提供者作为被告，令其承担赔偿责任。网店销售者或者服务者对消费者造成损害，在满足“不能提供”的条件时，受到损害的消费者产生两个请求权，分别针对这两个责任主体，可以选择其中一个请求权行使，这个请求权行使之后，另一个请求权即行消灭。但由于消费者找不到销售者或者服务者，因而只能请求交易平台提供者服务提供者起诉。即使网络交易平台提供者尽管履行了义务，但消费者仍然无法通过这些信息联系到销售者或服务者无法得到赔偿的，应当认定其提供的联系方式无效，具备承担附条件不真正连带责任的条件。这是因为制定《消费者权益保护法》第 44 条第 1 款的目的，在于协助消费者及时找到网店的销售者或服务者，使消费者能够向直接责任人请求赔偿，因此特别强调这个“有效联系方式”的条件。

网络交易平台提供者承担约定的附条件不真正连带责任，是指网络交易平台的提供者事先做出更有利于消费者的承诺，消费者的合法权益因平台上进行的网络交易受到损害后，可向与之交易的销售者或者服务者请求赔偿，也可以向网络交易平台的提供者要求赔偿的违约责任。约定的不真正连带责任的所附条件是网络交易平台的提供者作出了更有利于消费者权益保护的承诺,如先行赔付的承诺等。

法定的附条件不真正连带责任与约定的附条件不真正连带责任之间,后者优先适用,即在成立约定的附条件不真正连带责任时,消费者可以选择网络交易平台提供者作为责任主体,也可以主张销售者或者服务者作为责任主体承担赔偿责任。在不成立约定的附条件不真正连带责任但成立法定的附条件不真正连带责任时,消费者在实际上只能行使对网络交易平台提供者的请求权,主张赔偿权利。

3. 网络交易平台提供者承担了赔偿责任后享有追偿权

与典型的不真正连带责任一样,在附条件的不真正连带责任中,不承担最终责任的间接行为人,在承担了中间责任性质的赔偿责任之后,享有对最终责任人的追偿权。[①] 故"网络交易平台提供者赔偿后,有权向销售者或者服务者追偿"。追偿的范围,应当是已经承担的全部赔偿责任,也包括承担中间责任时所造成的损失。

三、互联网企业作为网络媒介平台提供者承担的部分连带责任

对《侵权责任法》第 36 条第 2 款规定的网络服务提供者"对损害的扩大部分与该网络用户承担连带责任"的这种侵权责任形态,究竟应当怎样认识,学界在学理上并没有进行深入讨论,没有提出准确的说明。对此,应当进行深入研究。

(一)对损害扩大部分承担的连带责任与单向连带责任不同

1. 美国侵权法的混合责任与我国的单向连带责任

《侵权责任法》第 36 条第 2 款规定的对损害扩大部分承担的连带责任,与单向连带责任近似,但有不同。《侵权责任法》颁布之后,我们提出了一个新的连带责任的概念,即单向连带责任,用它概

---

① 参见杨立新:《论不真正连带责任类型体系及规则》,载《当代法学》2012 年第 3 期。

括该法第9条第2款和第49条规定的责任形态,[①]并将其定义为:这种责任实际上也是连带责任,其特殊性是在连带责任中,有的责任人承担连带责任,有的责任人承担按份责任,因此形成了连带责任中的一种特殊类型即单向连带责任。[②] 这个概念是否准确,由于除了我们在使用它之外,[③]尚未见其他学者使用,因而有必要对其进行论证。

美国侵权法在责任分担理论中,使用了混合责任的概念。美国《侵权法重述·第三次·责任分担篇》"责任分担编"第11节(单独责任的效力)规定:"当依据适用法律,某人对一受害人的不可分伤害承担单独责任时,该受害人仅可以获得该负单独责任者在该受害人应得赔偿中所占的比较责任份额。"这种责任形态被称为混合责任,[④]这就是在数人侵权的连带责任中,有的责任人承担连带责任,有的责任人承担单独责任,单独责任人只承担受害人应得赔偿中的自己的份额。[⑤] 这种混合责任与我国《侵权责任法》第9条第2款规定的单向连带责任的特征完全一致,即在一个数人行为造成的不可分的损害结果中,有的责任人承担连带责任,有的责任人承担按份责任,这种多数人承担的责任形态,就是单向连带责任。

混合责任与单向连带责任是同一侵权责任形态,所涵盖的内容是在数人造成同一个损害中,有些人应当对部分损害承担连带责任,有些人对其他部分损害承担单独责任;或者说,就全部损害只有部分人承担全部责任,其他人只对部分损害承担赔偿责任。因此,混合责任和单向连带责任是侵权法中客观存在的一种责任形态,指代的都是这种责任形态。所不同的是,美国人使用混合责任的概念,切入的角度是在一个完整的责任中,既有连带责任,又有按份责任;我们用单向连带责任的概念,是从请求权人的角度切入,对于承

---

① 杨立新:《侵权责任法》,法律出版社2011年版,第153页。

② 杨立新:《多数人侵权行为及责任理论的新发展》,载《法学》2012年第7期。

③ 杨立新:《教唆人、帮助人责任与监护人责任》,载《法学论坛》2012年第2期。

④ [美]肯尼斯·S.亚伯拉罕、阿尔伯特·C.泰特选编:《侵权法重述·纲要》,许传玺、石宏译,法律出版社2006年版,第346、355页。

⑤ 参见杨立新:《侵权责任法》,法律出版社2012年版,第121页。

担连带责任的责任人请求承担连带责任是允许的,对于承担按份责任的责任人请求其就全部损害承担连带责任是不允许的。

2. 对损害扩大部分承担的连带责任与单向连带责任的区别

《侵权责任法》第 36 条第 2 款规定的网络服务提供者就扩大部分的损害承担的连带责任与单向连带责任确实有相似之处,都是对同一个损害有的人承担全部责任,有的人就其中的部分人承担连带责任。例如,就侵权网络用户而言,他要对全部损害承担连带责任,而网络服务提供者就其造成的损害扩大部分承担连带责任。但是,进行仔细分析会发现,网络服务提供者依照《侵权责任法》第 36 条第 2 款规定承担的对部分损害的连带责任,与单向连带责任并不完全相同。

在单向连带责任中,承担按份责任的一方,尽管其要与承担连带责任的另一方连带负责,但这种连带是形式上的连带,而不是实质上的连带,因为单向连带责任中按份责任的最终责任是要由按份责任人全部承担的,而不再分为份额由数人分担。在《侵权责任法》第 9 条第 2 款规定的教唆人、帮助人与监护人对被监护人造成的损害共同承担责任时,教唆人或者帮助人承担的是“侵权责任”即全部损害的连带责任,而监护人未尽监护职责,应就其过错程度承担“相应的责任”即按份责任。虽然在按份责任这一部分与教唆人或者帮助人的全部连带责任相重合,构成单向连带责任,但这个相应责任最终必须由监护人全部承担,而不是双方按照份额承担,即教唆人或者帮助人承担了全部责任的连带赔偿责任之后,可以向监护人进行追偿,追偿的数额就是监护人应当承担的相应的责任,即按份责任的全部。①

在依照《侵权责任法》第 36 条第 2 款规定,网络服务提供者和网络用户对扩大部分的损害承担的连带责任中,共同承担的那部分赔偿责任的性质是连带责任,被侵权人可以按照连带责任的规则,请求网络服务提供者或者网络用户承担中间责任,但最终责任的承

① 参见杨立新:《教唆人、帮助人责任与监护人责任》,载《法学论坛》2012 年第 2 期。

担,必定分成份额,由网络服务提供者和网络用户各自承担。

可见,单向连带责任与就扩大损害承担的连带责任这两种责任形态的基本区别,就在于对于扩大损害部分承担连带责任的连带部分,在中间责任上应当连带承担,在最终责任上,应当按照过错程度和原因力比例按份承担。而单向连带责任的连带部分,在中间责任上应当连带承担,而在最终责任上必须由应当承担最终责任的人不分份额地全部承担。这正是不真正连带责任与连带责任的本质区别,[①]单向连带责任的连带部分是不真正连带责任,而扩大损害部分的连带责任则是连带责任。

因此,不能用单向连带责任概括《侵权责任法》第36条第2款规定的对部分损害承担连带责任的责任形态,应当选择更为准确的概念来界定这种连带责任形态。

(二)对部分损害承担的连带责任符合部分连带责任的特征

在大陆法系的日本,有的学者提出了"部分连带责任"的学说。日本学者川井健教授认为,鉴于加害人一方对造成损害的原因力大小不同,在各自原因力大小的共同限度内,承认提取最大公约数的部分为连带责任,剩余的部分由原因力较大的加害人负个人赔偿义务,这种就是"与原因力相应的部分连带说"。[②] 部分连带责任说尽管也是立足于共同侵权行为的客观关连共同说,但这种理论并不是各共同侵权行为人对因共同行为产生的全部损害负责,而是负有与各自行为违法性相应(范围相当)的责任,违法性大的人负有全责。仅在违法性小的共同侵权行为人的责任范围内承担连带责任。部分连带责任对责任形态的划分标准采取的是"违法性差异说",是以行为的违法性为标准,判断各自行为的参与程度,其理论基础是一般侵权行为的归责原则。也就是各行为人的违法性为同程度的场合构成全部连带;违法性差异时,违法性大的行为人对损害全额负责,违法性程度小的行为人只对一部分损害负连带债务。[③] 学者

---

① 参见杨立新:《论不真正连带责任类型体系及规则》,载《当代法学》2012年第3期。

② [日]川井健:『現代不法行為研究』(日本評論社,1978)、頁228。

③ 于敏:《日本侵权法》,法律出版社2005年版,第279、290页。

评论认为,川井健教授根据日本民法第 719 条第 1 项前段规定,虽然采用了客观的关连共同说作为基础,但对于其法律效果而言,允许部分加害人通过证明对共同行为的参与程度以减少赔偿,在证明成立时则适用部分连带责任。①

尽管有的学者对川井健教授以责任形态的划分标准采取"违法性差异说",以行为的违法性为标准判断各自行为的参与程度的观点提出质疑,②但这种连带责任的特殊形态是客观存在的。我国《侵权责任法》第 36 条第 2 款的规定恰好说明了这一点。

不过,川井健教授关于部分连带责任学说所说的这种情形,与我国《侵权责任法》第 36 条第 2 款规定的部分连带责任有所不同。依照《侵权责任法》第 36 条第 2 款规定和我们的理解,部分连带责任应以各个加害人的行为原因力为基准,对每一个加害人的行为都具有原因力的那一部分损害的责任为连带责任,对部分加害人的行为不具有原因力的那一部分损害的责任,由行为具有原因力的加害人承担,不属于连带责任。

正因为如此,我们的意见是借鉴部分连带责任的概念,将我国《侵权责任法》中规定以及未明确规定的相似的内容都归并在一起,构成一个部分连带责任的体系,可以包含的内容是以下三种:

一是川井健教授提出的共同加害人的行为原因力不等的部分连带责任。例如,在一个共同侵权行为的两个加害人中,一个加害人的行为的原因力为 70%,另一个加害人的行为的原因力为 30%。如果按照一般的连带责任规则,两个加害人在中间责任上都应当承担连带责任,这样处理,对于后一个加害人而言显然不公平。按照部分连带责任的学说,将原因力重合的那一部分即 30/70 = 42.9% 作为连带责任,其余的 57.1% 为前一个加害人单独承担;再对连带责任(42.9% 的部分)的最终责任进行分割,即每个人承担 21.45%。这

① [日]川井健:「共同不法行為の諸問題」、『現代不法行為法研究』(日本評論社,1978)220 頁以下(初出は、判タ215 号 58 頁以下、1968 年)。

② 于敏:《日本侵权行为法》,法律出版社 2006 年版,第 281 页。

样的责任分担规则,改变了我国侵权法对此一律实行连带责任,只是在最终责任确定上依照原因力规则确定连带责任人各自份额做法的不妥当之处,显然更为公平、合理。

二是部分叠加的分别侵权行为承担的部分连带责任。部分叠加的分别侵权行为也叫作半叠加的分别侵权行为,是在分别实施侵权行为的数人中,一个人的行为具有100%的原因力,另外的人只具有50%(包括不足100%)的原因力。对此,我们曾经提出的意见是,其后果仍然是承担连带责任,只在最终责任份额上体现这种区别,分别承担33.3%和66.7%。[①] 如果按照部分连带责任的学说处理,就可以将具有共同原因力的部分50%的损害作为连带责任处理,其余部分50%由前者个人负单独责任;共同承担连带责任的50%各自份额为25%。这样的结果也更为公平、合理。

三是《侵权责任法》第36条第2款规定的部分连带责任。对具有共同原因力的扩大部分的损害,加害人承担连带责任,其余部分损害,由具有单独原因力的加害人单独承担。这正是本节讨论的问题。

《侵权责任法》第36条第2款规定的对损害扩大部分承担的连带责任,就是上述第三种部分连带责任。根据违法行为的原因力和过错程度,侵权的网络用户实施的侵权行为造成了被侵权人的全部损害,存在完整的原因力,应当对全部损害负责。网络服务提供者由于未履行及时采取必要措施的义务,使损害扩大,应对损害扩大的部分与网络用户承担连带责任,因而在这一部分损害上,网络服务提供者与网络用户的赔偿责任重合,形成部分连带责任。同时,由于原因力重合的这一部分损害是由两个责任人承担连带责任,因而双方之间存在最终责任的分配问题,如果一方承担的赔偿责任超过了其应当承担的最终责任份额,对超出的部分可以向对方请求追偿。正是由于数个侵权人对于造成的同一个损害,全体责任人仅对部分损害承担连带责任,对于连带责任之外部分的责任,只由应当承担责任的人单独承担,而不由全体责任人连带承担,其所形成的

---

① 杨立新、陶盈:《论分别侵权行为》,载《晋阳学刊》2014年第1期。

情形，正是在数人中，有的承担全部责任，有的就部分责任承担连带责任，构成了部分连带责任。

（三）部分连带责任与典型的连带责任的区别

《侵权责任法》第 36 条第 2 款规定的这种部分连带责任与《侵权责任法》第 13 条和第 14 条规定的典型的连带责任不同，即在一个由数人的行为造成的损害中，网络服务提供者仅就损害的扩大部分承担连带责任，而对该部分损害之外的其他损害部分，只能由侵权的网络用户承担责任。而《侵权责任法》第 13 条和第 14 条规定的典型连带责任的规则，是全体连带责任人对全部责任连带负责，最终责任按照份额由每一个连带责任人按照过错程度和原因力比例承担。[①] 这种与典型连带责任不同的特殊连带责任，就是部分连带责任中的一种。因为在网络用户实施侵权行为之后，被侵权人主张通知权利，网络服务提供者未及时采取必要措施，并非对全部损害承担连带责任，而是仅就其损害的扩大部分承担连带责任。这样就形成了在一个完整的责任中，对于损害扩大部分，网络用户和网络服务提供者都要承担连带责任，而对于损害扩大部分以外的那一部分损害，则只有实施侵权行为的网络用户自己承担责任。因此，我们接受川井健教授的部分连带责任的学说，用其概括《侵权责任法》第 36 条第 2 款规定的网络服务提供者对扩大部分的损害承担连带责任的责任形态，不仅基本规则相同，而且使用的用语都是相同的，是准确的概念。

（四）两个法条对网络平台提供者规定不同责任形态的原因

部分连带责任与附条件不真正连带责任并不是同一类型的责任形态概念，在规则上不具有可比性。但是从实现功能的机理上进行比较，则是可行的。连带责任的功能在于扩大被侵权人实现权利的可能性，其机理是，每一个行为人的行为对损害的发生都具有原因力，形成共同原因。部分连带责任中的连带责任同样如此。不真正连带责任的功能也是扩大被侵权人实现权利的可能性，其机理是，将本不具有直接原因力的从行为人的行为与主行为人的行为竞

---

① 王利明：《侵权责任法研究》（上卷），中国人民大学出版社 2010 年版，第 586 页。

合,将主、从行为人都作为形式上的连带责任人,便于受害人的权利实现,但最终责任仍然由主行为人承担,即使从行为人承担了赔偿责任,也可以向主行为人进行追偿。两相比较,部分连带责任的行为人都是主行为人,对于部分损害都具有直接的原因力,因而任何一个行为人都具有连带责任的最终责任份额。而附条件的不真正连带责任的行为人,既有主行为人也有从行为人,行为具有间接原因力的从行为人在具备法律规定或者合同约定的条件时,才承担不真正连带责任的中间责任,并且在赔偿后可以向主行为人追偿,使自己在实际上不承担最终责任。因而可以看出,部分连带责任更重,而附条件不真正连带责任显然较轻。其基础恰恰是互联网企业作为两种不同的网络平台提供者承担的义务的不同。这一点前文已经阐释,不再赘述。

(五)《侵权责任法》第36条第2款规定的部分连带责任的基本规则

《侵权责任法》第36条第2款规定的部分连带责任的具体适用规则是:

1.侵权的网络用户应当对全部损害承担责任

网络用户在网络媒介平台上实施侵权行为,造成被侵权人的民事权益损害,应当对全部损害承担责任。这是该条第1款规定的规则。在这个全部责任中,就包括网络服务提供者要承担的部分连带责任。

2.网络服务提供者对损害扩大部分承担连带责任

网络用户实施侵权行为,被侵权人行使了通知权利之后,网络服务提供者在合理期限内未及时采取必要措施的,就应当对此部分损害与侵权的网络用户承担连带责任。就这一部分扩大的损害,被侵权人可以请求网络服务提供者承担赔偿责任,也可以主张网络用户承担赔偿责任,但不能就损失扩大部分之外的损害主张由网络服务提供者承担责任。

3.损害的扩大部分的确定

对于损害扩大部分究竟应当怎样确定,我们曾经主张“应当以网络服务提供者被提示之后确定,凡是被提示之后造成的损害,就是损害的扩大部分。”[①]有的学者指出这样的界定不妥当，原因在于，通知之后到采取必要措施之间还有一个合理时间，即“及时”的要求，因此，损害的扩大部分是指网络服务提供者接到通知后，未在合理时间内采取必要之措施而导致的损害被扩大的那部分。[②] 主张在通知之后应当扣除“及时”的这个合理时间部分的意见，是对的，我们接受这个批评。但该意见中关于还要扣除“采取措施—转达通知—反通知—恢复”的程序的时间的看法，[③]是不正确的。损害扩大的部分，就是通知提出之后经过合理时间结束时为止。这个合理时间，我们主张一般为收到有效通知后的 48 小时，涉及热播影视等作品或者涉及危害国家安全、侵害社会公共利益的，为收到有效通知后的 24 小时。[④] 收到有效通知，再加上上述时间，之后的损害部分，就是损害扩大部分。

4. 网络用户与网络服务提供者承担最终责任应当区分份额

网络用户与网络服务提供者对于损害扩大的部分承担连带责任，就中间责任而言，双方都有义务承担全部责任，但在最终责任上，必须区分双方的责任份额，应当依照《侵权责任法》第 14 条关于“连带责任人根据各自责任大小确定相应的赔偿数额；难以确定责任大小的，平均承担赔偿责任”的规定，根据双方各自的过错程度和原因力比例确定。相比较而言，网络用户作为侵权人，利用网络实施侵权行为，多数是恶意而为，至少是具有重大过失，过错程度严重，原因力比例大；而网络服务提供者只是在被侵权人通知之后未及时采取必要措施，相对来说，过错程度和原因力都比网络用户的责任程度为轻，因而网络用户应当承担主要责任，网络服务提供者应当承担次要责任，即使网络服务提供者存在恶意，最多也是承担同等责任。

---

① 杨立新：《〈中华人民共和国侵权责任法〉精解》，知识产权出版社 2010 年版，第 166 页。

② 程啸：《侵权责任法》，法律出版社 2011 年版，第 340 页。

③ 程啸：《侵权责任法》，法律出版社 2011 年版，第 340 页。

④ 杨立新主编：《中国媒体侵权责任案件法律适用指引》，人民法院出版社 2013 年版，第 35 页。

5. 网络服务提供者承担赔偿责任后的追偿权

不论是网络用户还是网络服务提供者在扩大的损害部分承担了连带责任之后，依照《侵权责任法》第14条第2款规定，都有权向没有承担最终责任的连带责任人主张追偿。追偿的数额，就是为对方承担了赔偿责任的那一部分最终责任的份额。经调查，目前我国网络服务提供者在依照《侵权责任法》第36条第2款规定承担了连带责任之后，通常不向网络用户行使追偿权，主要原因在于互联网企业并不想因此伤害自己的网络用户资源。这是网络服务提供者在处分自己的追偿权，法律并不反对。

四、网络平台提供者与网店的销售者或者服务者以及网络用户承担连带责任

如前所述，《消费者权益保护法》第44条第2款和《侵权责任法》第36条第3款的规定基本相同，都是网络平台提供者在明知或者应知销售者、服务者以及网络用户利用其平台侵害消费者或者他人合法权益，未采取必要措施的，与该销售者或者服务者以及网络用户承担连带责任。

这一规则在具体适用中应当注意以下几个问题：

（一）网络平台提供者承担连带责任的前提是构成共同侵权行为

应当特别明确的是，两部法律的上述规定，与《侵权责任法》第36条第2款和《消费者权益保护法》第44条第1款规定完全不同，规定的是连带责任，其前提是网络平台提供者与网店的销售者或者服务者以及网络用户构成共同侵权行为。

这种共同侵权行为属于客观的共同侵权行为，是既没有共同故意也没有共同过失，只是数人的行为构成客观关连共同，因而构成共同侵权。在网络平台提供者具有明知的情况下，也并不因为其明知而构成有意思联络的共同侵权行为，因为行为人并没有进行通谋，仍然属于客观关连共同，但其过错程度显然高于过失。如果是应知而未知，则为过失，当然是客观关连共同，亦为客观的共同侵权行为。不论怎样，这样的情形都符合《侵权责任法》第8条的规定，

构成共同侵权行为,应当承担连带责任。

(二)承担连带责任的中间责任人由消费者或者被侵权人选定

依照《侵权责任法》第 13 条规定,在连带责任中,"被侵权人有权请求部分或者全部连带责任人承担责任"。在被侵权人请求部分连带责任人承担责任的情形下,被起诉的连带责任人承担的是中间责任。在互联网企业、网店的销售者或者服务者、侵权的网络用户这些主体中,既然承担的是连带责任,消费者或者被侵权人有权在其中选择部分或者全部作为自己的诉讼被告,主张承担全部责任。原告主张起诉谁,谁就是被告,法官不必追加没有起诉的被告,因为这是原告在行使自己的权利。

(三)网络平台提供者的责任份额应当依照其过错程度和原因力确定

网络平台提供者在连带责任中承担的最终责任份额,应当根据其过错程度和行为的原因力确定。依我们所见,既然明知和应知在过错程度上有所不同,在确定网络平台提供者的最终责任份额时应当有所区别。如果网络平台提供者明知网络用户或者销售者、服务者利用其网络平台实施侵权行为的,就具有间接故意,其承担的责任份额应当与直接实施侵权行为的网络用户或者网店的销售者、服务者的责任大体相当(同等责任);如果网络平台提供者是应知而未知,过错性质是过失,承担最终责任的份额应当为次要责任,在百分之三十左右确定。

(四)承担了超过自己责任份额的一方有权向其他责任人行使追偿权

网络平台提供者在承担了超过自己责任份额的赔偿责任之后,对于超过自己责任份额的那部分责任,对销售者或者服务者以及侵权的网络用户享有追偿权,有权依照《侵权责任法》第 14 条第 2 款规定对其进行追偿。

第二节　网络交易平台提供者为商品损害承担责任的理论基础

《消费者权益保护法》修正案规定了新的第44条，即网络交易平台提供者对网络交易平台上销售者、服务者提供商品或者服务造成消费者损害，应当承担附条件的不真正连带责任，以及明知或者应知销售者、服务者利用其平台侵害消费者合法权益未采取必要措施的连带责任的规则。对于这些规定，理论上和实践中都还有一些问题没有完全解决，特别是对网络交易平台提供者对消费者的这种损害承担赔偿责任的法理基础还缺少深入研究，因而对法律规定的责任规则的适用条件、存在的问题等，都没有讨论清楚，需要进一步探讨，检视《消费者权益保护法》第44条的正当性和存在的问题，以便在司法实践中正确适用，保护好消费者的合法权益，也保护好各方当事人的合法权益，因此对此进行探讨。

一、网络交易平台提供者对消费者损害承担赔偿责任的法律关系背景

（一）应当研究《消费者权益保护法》第44规定的正当性基础问题

提供商品和服务的交易双方构成买卖合同关系和服务合同关系，原本有《合同法》的规定、合同约定以及交易惯例作为其法律调整规范。在提供的商品或者服务造成消费者损害时，在《合同法》上构成加害给付责任，同时发生侵权责任竞合，由《合同法》第122条规定调整，[①]即"受损害方有权选择依照本法要求其承担违约责任或者依照其他法律要求其承担侵权责任"。这是至为清楚、明白的规则。但是，在网络交易中发生的提供商品或者服务造成消费者损害，由于这些交易是在网络交易平台上发生的，因而除了商品销

① 崔建远：《合同法》，法律出版社2015年版，第269页。

售者和服务提供者之外,还存在网络交易平台提供者这一主体,它究竟是否应当对受害消费者承担赔偿责任,如果承担责任应当依据何种法律关系基础,须予以明确,否则,即使《消费者权益保护法》第44条规定了这种附条件的不真正连带责任,在执行中也会因为理论基础的不明确,认为缺少必要的正当性基础而存在较多的问题。

(二)网络交易法律关系的多重性与网络交易平台提供者承担责任的关系

网络交易法律关系与传统交易法律关系相比较,最大的不同就是有"互联网+"的参与,即互联网以及其他网络企业参与交易关系,为交易双方的交易活动提供网络交易平台,使交易由双方当事人作为主体之外,又出现了参与交易的第三主体,因而使网络交易法律关系变得更为复杂和多样。其具体表现是,除了交易双方之外,还有网络交易平台提供者为其交易提供网络平台服务,即在一个买卖合同关系或者服务合同关系的基础上,还增加了一个为交易服务的合同关系,即网络交易平台服务合同关系。这两个合同关系结合在一起,才能够实现网络交易双方当事人的交易行为和目的,缺少其中任何一个合同,都不能发生这样的网络交易法律关系。

传统的交易法律关系也存在相似的情形。在租赁柜台或者展销会等场合进行交易活动,提供商品或者服务的一方当事人,需要对商场出租的柜台或者展销会设置的摊位进行承租,然后才能够在这些由第三方提供的平台上进行交易活动。相比较而言,传统交易平台与网络交易平台的基本性质,都是提供平台服务,都是为销售者或者服务者提供销售或者服务的平台,使之在其平台上与消费者进行交易活动。最主要的区别,则一个是实体的交易平台,一个是虚拟的网络交易平台。

正因为如此,在修订《消费者权益保护法》中,修正案草案一读稿规范网络交易平台提供者的责任,仅仅是在原第38条规定展销会、租赁柜台购买商品或者接受服务的损害赔偿责任条文中,关于展销会、租赁柜台的主体之后,加上了网络交易平台提供者的内容,以及在"展销会结束或者柜台租赁期满"后,加上了"不再利用该网络”的内容，拟将该规则扩大适用于网络交易平台提供者承担侵权责任的场合。①

对这样的立法选择，电子商务企业等提出强烈的不同意见。他们认为，网络交易平台提供者与展会组织者和柜台出租者有很大不同，不宜让其承担与展会组织者和柜台出租者相同的责任。理由是，第一，网络交易平台提供者不可能接触商品实物，对交易过程监管起来也很困难；第二，网络交易平台上的卖家数量繁多，平台上的交易商品更是海量，要求平台面对所有的商家及待售商品进行监管几乎不可能；第三，平台面对的商家遍布全国各地，有的商家甚至在海外，先行赔付的成本太高；第四，平台提供的仅是中立性的网络服务，并不参与交易过程，让平台承担先行赔付责任过于严苛。②

除了上述原因之外，网络交易平台与传统交易平台毕竟是不同的交易平台，也是《消费者权益保护法》第 44 条另行规定网络交易平台提供者责任的原因之一。二者之间的重要区别，一是交易平台的性质不同，传统交易平台是实体店的交易平台，而网络交易平台是虚拟空间的交易平台；二是交易双方在交易平台上的交易方式不同，传统交易平台上的交易活动是交易双方的面对面的实体店交易，而网络交易平台上发生的交易活动基本上属于背靠背的线上交易如销售商品，或者线上和线下结合的交易如通过网络提供服务；三是提供平台服务是否有偿不同，传统交易中，商品销售者和服务提供者使用交易平台，均需交纳租金或者使用费，平台服务提供者有偿提供交易平台服务，而网络交易平台的提供，大多数或者绝大多数是免费提供，网络交易平台提供者并非直接从商品销售者或者服务提供者那里获得收益。

对于存在如此众多区别的网络交易平台与传统交易平台，如果

---

①　见《消费者权益保护法修正案（草案）》2013 年 4 月 23 日审议稿第 16 条规定，参见李适时：《关于〈中华人民共和国消费者权益保护法修正案（草案）〉的说明》，载全国人大常委会法制工作委员会民法室编：《消费者权益保护法立法背景与观点全集》，法律出版社 2013 年版，第 6 页。

②　全国人大常委会法制工作委员会民法室编：《消费者权益保护法立法背景与观点全集》，法律出版社 2013 年版，第 134 页。

立法采取相同的规则调整交易平台提供者承担的赔偿责任，就抹杀了两种交易平台之间的差别，必定会损害其中一种交易平台提供者的权益。因而，修订《消费者权益保护法》最终确定了第44条规定网络交易平台提供者的责任，区别于第43条规定的传统交易平台提供者的责任，符合网络交易法律关系的基本特点，具有民法理论上的正当性，受到电子商务公司的欢迎以及学者的充分肯定。①

(三)竞合侵权行为是网络交易平台提供者承担赔偿责任的客观基础

究竟是何原因，使网络交易平台提供者须在一定的条件下为网络交易受到损害的消费者“买单”，即承担附条件的不真正连带责任，也是一个特别值得研究的问题。直至今日，没有学者对此提出法律依据。

在我们看来，网络交易平台提供者之所以要为在网络交易平台上交易受到损害的消费者买单，承担附条件的不真正连带责任，原因在于网络交易平台提供者提供平台服务的行为，与网络交易中的商品销售者致害消费者的行为，构成了竞合侵权行为。

竞合侵权行为并非传统的侵权行为概念，而是我们提出的一个多数人侵权行为类型的概念，即多数人侵权行为的种类之一，是指两个以上的民事主体作为侵权人，有的实施直接侵权行为，与损害结果具有直接因果关系，有的实施间接侵权行为，与损害结果的发生具有间接因果关系，行为人承担不真正连带责任的侵权行为形态。② 尽管这个概念并非传统的侵权行为法的概念，但是两个行为的原因竞合，却是侵权行为法的传统概念，③而在实际上，竞合侵权行为就是特殊的原因竞合，是行为的原因竞合。

---

①　杨立新：《网络平台提供者的附条件不真正连带责任与部分连带责任》，载《法律科学》2015年第1期；杨立新、韩煦：《网络交易平台提供者的法律地位与民事责任》，载《江汉论坛》2014年第5期；张梦夏：《网络交易平台提供者的义务与责任——基于消费者保护的视角》，载《赤峰学院学报》(汉文哲学社会科学版)2014年第4期。

②　杨立新：《论竞合侵权行为》，载《清华法学》2013年第1期；潮见佳男：《不法行为法》(日文版)，信山出版株式会社2011年版，第196～197页。

③　侯国跃：《中国侵权法立法建议稿及理由》，法律出版社2009年版，第50页。

正是由于在网络交易中的商品销售者与消费者的交易关系之外,还存在网络交易平台提供者这一主体,并且为交易活动提供平台服务,因而在销售的商品造成消费者损害的法律关系中,就存在加害人一方为多人的情形,即除了商品销售者作为加害人之外,还存在一个为交易提供服务、使缺陷商品到达消费者之手,并且造成消费者损害的间接加害人。① 在两个加害人之间,一个加害人的行为直接造成了消费者的损害,具有直接的原因力,另一个加害人的行为间接地为侵权行为提供了条件,具有间接的原因力;两个行为的原因力发生竞合,一个行为是造成损害的主行为,另一个行为是造成损害的从行为,进而构成两个行为的原因发生竞合的竞合侵权行为。

竞合侵权行为的法律后果是两个以上的行为承担不真正连带责任。根据竞合侵权行为的两个行为竞合程度及形态的不同,不真正连带责任的表现形态各异,形成了典型的不真正连带责任、补充责任、先付责任等不同表现形态。② 由于网络交易平台提供者的服务行为与网络交易的商品销售者造成消费者损害行为的原因竞合程度更为轻微,因而网络交易平台提供者承担的不真正连带责任,与典型的不真正连带责任、补充责任、先付责任等都不相同,是附条件的不真正连带责任,只有具备法定的或者约定的条件时,网络交易平台提供者才承担不真正连带责任,并且对商品销售者享有追偿权。③

(四)本节小结

依据法律关系多重性和竞合侵权行为的法理基础,确定网络交易平台提供者对网络交易中的缺陷产品致害消费者承担有限制的赔偿责任,不仅不承担典型的不真正连带责任、先付责任、补充责任,而且也不承担《消费者权益保护法》第 43 条传规定的统交易平

---

① 还应当进一步看到的是,《消费者权益保护法》第 44 条仅仅规定了商品销售者与网络交易平台提供者之间的责任关系,实际上还存在缺陷产品生产者的责任问题,由于这是产品责任,尽管确定这种责任关系也是必要的,但是与《消费者权益保护法》第 44 条规定相距较远,因此这里不论述商品生产者的责任关系。

② 杨立新:《多数人侵权行为与责任理论的新发展》,载《法学》2013 年第 7 期。

③ 杨立新:《网络平台提供者的附条件不真正连带责任与部分连带责任》,载《法律科学》2015 年第 1 期。

台提供者的附条件不真正连带责任,仅仅承担该法第 44 条规定的附条件不真正连带责任,体现了客观实际情形的区别,言之成理,确有实据,在法理基础上具有正当性基础。

二、《消费者权益保护法》第 44 条忽视网络商品和服务交易的差别而使规则不周延

应当看到的是,《消费者权益保护法》第 44 条规定的责任规则,仅仅适用于网络交易中提供商品致害的赔偿责任,而不适用于网络交易中提供服务致害的赔偿责任。

(一)《消费者权益保护法》第 44 条确定的规则适用于网络销售商品致害的正确性

在前文所述中,我们在提到《消费者权益保护法》第 44 条规定的网络交易平台提供者承担附条件不真正连带责任时,都是在说销售者通过网络销售的商品致害消费者才适用这一规则。这是因为,在网络交易法律关系中,商品销售者与消费者之间的买卖合同关系完全是在线上进行的,即无论是订立合同、履行合同以及合同消灭,双方当事人没有进行面对面交易的机会。因此,既然是网络交易平台提供者为网络交易提供服务保障,那么,消费者在受到损害时,自己找不到销售者,网络交易平台提供者就应当为消费者提供销售者的真实名称、地址和有效联系方式,以便使消费者找到销售者进行索赔,如果网络交易平台提供者不能提供这些信息,网络交易平台提供者就存在过失,就应当承担赔偿责任;或者网络交易平台提供者在交易之前承诺对销售者造成的损害予以先行赔付的,应当由网络交易平台提供者对消费者的损害承担赔偿责任。在这样的场合,网络交易平台提供者承担这样的责任,是完全正确的。

(二)《消费者权益保护法》第 44 条规定的规则适用于通过网络提供服务致害的不正当性

但是,对于服务者通过网络交易平台提供服务造成了消费者的损害,采用这样的规则却不具有正当性。

在网络交易中销售的商品致害消费者,网络交易平台提供者对于损害的发生尽管没有过失,但是在消费者索赔中,由于网络交易

平台提供者不能提供销售者的真实名称、地址和有效联系方式，致使消费者无法索赔，具有过失，发生行为竞合，因而应当承担附条件不真正连带责任。但是，由于在网络交易中提供服务时，服务者与消费者之间通常是要进行面对面的交易行为，即须当面为消费者提供服务，除非仅仅是线上咨询的服务。既然如此，对于提供服务的服务者，网络交易平台提供者不仅已经为消费者提供了真实名称、地址和有效联系方式，并且服务合同的双方当事人已经实际见面，进行服务活动，在此时，服务者提供服务造成消费者损害，受到损害的消费者完全能够找到服务者进行索赔，因而网络交易平台提供者对消费者的损害承担赔偿责任的正当性基础已经不存在，即使消费者自己忘记了服务者的真实名称、地址和有效联系方式，询请网络交易平台提供者提供相关信息，那么过失就在消费者，而不在网络交易平台提供者，因而网络交易平台提供者不存在对其损害承担赔偿责任的基础。只有网络交易平台提供者事先承诺先行赔付的除外。可见，如果是通过网络交易平台，服务者向消费者提供服务，造成消费者的损害，不能适用《消费者权益保护法》第44条关于网络交易平台提供者不能提供服务者真实名称、地址、有效联系方式的，应当承担附条件不真正连带责任的规定，确定网络交易平台提供者承担赔偿责任。

为什么《消费者权益保护法》第44条规定了销售者、服务者承担的附条件不真正连带责任，而在实际上却又不适用于消费者通过网络交易平台接受服务造成损害的情形，没有人说明原因。主要原因是在研究这个问题时，主要针对的是网络交易中的商品销售，而对通过网络提供服务未作深入考察。对此可以佐证的是，在全国人大常委会法工委编写的《消费者权益保护法立法背景与观点全集》一书中，《部分电子商务企业和有关协会对消费者权益保护法修正案草案的修改意见》记载的“网络交易平台提供者的先行赔付责任”部分所陈述的不应当适用无过错责任的理由，都是针对网络交易平台销售商品的，而没有论述网络交易平台提供服务的情形。①

① 全国人大常委会法制工作委员会民法室编：《消费者权益保护法立法背景与观点全集》，法律出版社2013年版，第133～134页。

因而我们作出这样的结论是有依据的。

(三)网络交易平台提供者为销售商品或提供服务致害消费者承担责任的不同基础

对于《消费者权益保护法》第 44 条规定不适用于消费者通过网络交易平台接受服务造成损害的情形,从法理基础上分析,也是成立的。如前所述,缺陷商品致害消费者,销售者与网络交易平台提供者之间的行为是竞合侵权行为,因而网络交易平台提供者为消费者通过网络交易平台接受商品造成损害,应当承担附条件不真正连带责任。但是,消费者通过网络交易平台接受服务受到损害,在法理上进行分析,服务提供者与网络交易平台提供者之间的行为不构成竞合侵权行为,原因是,不同的行为之间缺乏竞合侵权行为应当具有的原因竞合要件,同时网络交易平台提供者对于服务者致害消费者一般也没有过失。

第一,从表面上观察,服务者提供服务造成消费者损害,网络交易平台提供者已经提供了服务者的真实名称、地址和有效联系方式,服务者与消费者直接进行面对面的线下服务提供,网络交易平台提供者应尽的交易平台服务的义务已经完成,没有违反义务的行为,因而与损害的发生没有行为上的原因力,不成立两个行为的原因竞合问题。

第二,网络交易平台提供者对于服务者致害消费者也不存在过失。在侵权法中,过失者乃怠于注意之一种心理状态,[①]表现为行为人因疏忽或轻信而为达到应有的注意程度的一种不正常或不良的心理状态。[②] 因而与《德国民法典》第 276 条"疏于尽交易上必要的注意的人,即为有过失地实施行为"所规定的一样,过失就是不注意的心理状态。在消费者通过网络交易平台接受服务受到损害时,网络交易平台提供者已经对消费者善尽告知服务者真实名称、地址和有效联系方式的义务,已经履行了应当履行的注意义务,对于损害的发生没有过失,因此,对消费者的损害没有归责的主观基础,不应

---

① 王泽鉴:《侵权行为》,北京大学出版社 2009 年版,第 241 页。

② 张新宝:《侵权行为法》,中国人民大学出版社 2010 年版,第 39 页。

当承担《消费者权益保护法》第 44 条规定的附条件不真正连带责任。

我们在作出以上判断的时候，并非说网络交易平台提供者无论在何种时候都对消费者通过网络交易平台接受服务造成的损害不承担赔偿责任；如果消费者通过网络交易平台接受服务受到损害，网络交易平台提供者是有过失的，则应当承担赔偿责任。但是，究竟应当如何确定网络交易平台提供者对消费者接受服务造成的损害承担赔偿责任，则须进行选择。

在认可多数人侵权行为分为共同侵权行为、竞合侵权行为和分别侵权行为的基础上，确认网络交易平台提供者承担责任的多数人侵权行为不属于竞合侵权行为，那么，剩余的选择就只有共同侵权行为和分别侵权行为，选择的方案有以下两种：

方案一：网络交易平台提供者对于损害的发生有过失，构成与服务者的分别侵权行为。

服务者致害消费者，构成侵权行为，网络交易平台提供者对此也有过失，双方的行为是分别实施的，符合分别侵权行为的特征。这样说似乎有道理。因为《侵权责任法》第 11 条和第 12 条规定的分别侵权行为分为两种：第 11 条规定的是数个行为人分别实施侵权行为的原因全部竞合的分别侵权行为，即全叠加的分别侵权行为；第 12 条规定的是数个行为人分别实施侵权行为的原因完全不叠加的典型的分别侵权行为。《侵权责任法》的上述规定并非不正确，而是不全面，原因在于，在全叠加的分别侵权行为与典型的分别侵权行为之外，还存在半叠加的分别侵权行为，即行为人实施的行为的原因力部分叠加，如一方行为人行为的原因力为 100%，另一方行为人行为的原因力为 50%，只有 50% 的原因力叠加。因而，全叠加的分别侵权行为承担的是连带责任，典型的分别侵权行为承担的是按份责任，而半叠加的分别侵权行为承担的是部分连带责任。①

前述半叠加的分别侵权行为的理论，已经得到了最高人民法院

---

① 杨立新、陶盈：《论分别侵权行为》，载《晋阳学刊》2014 年第 1 期。

司法解释的确认。最高人民法院《关于审理环境侵权责任纠纷案件适用法律若干问题的解释》第3条第3款规定:“两个以上污染者分别实施污染行为造成同一损害,部分污染者的污染行为足以造成全部损害,部分污染者的污染行为只造成部分损害,被侵权人根据侵权责任法第11条规定请求足以造成全部损害的污染者与其他污染者就共同造成的损害部分承担连带责任,并对全部损害承担责任的,人民法院应予支持。”这是借鉴我国侵权责任法的理论研究成果和日本侵权法理论部分连带责任的学说,挖掘出了隐藏在《侵权责任法》第11条和第12条之间的半叠加的分别侵权行为,确定了对该种分别侵权行为类型的法律适用规则,是对分别侵权行为规则的创造性发挥,不仅对环境侵权责任具有重要的理论价值和实践意义,而且对我国侵权责任法理论发展和实践应用具有更加重要的理论价值和实践意义。[①] 网络交易平台提供者对于消费者通过网络接受服务致害有过错,应当承担侵权责任的,符合半叠加的分别侵权行为的要求,具有正当性。

方案二:认定对消费者通过网络接受服务受到损害,网络交易平台提供者也有过失的行为,为应当承担单向连带责任的共同侵权行为。

这种责任,在美国侵权法中称之为“混合责任”,[②]我国《侵权责任法》第9条第2款和第49条有应用,是共同侵权行为中的一种特殊类型,即两个以上的行为人,对于造成的同一损害具有部分主观关连共同或者客观关连共同,其中对于全部损害结果具有关连共同的行为,行为人应当对全部损害承担连带责任,对于部分关连共同的行为,行为人应当承担按份责任(单独责任)。[③] 这尽管是我们的一家之言,但在解释《侵权责任法》第9条第2款和第49条规定上具有合理性,并且有美国侵权法重述关于混合责任规则作为佐证,

---

① 杨立新:《环境侵权司法解释对分别侵权行为规则的创造性发挥》,载《法律适用》2015年第10期。

② [美]肯尼斯·S.亚伯拉罕、阿尔伯特·C.泰特选编:《美国侵权法重述——纲要》,徐传玺、石宏等译,法律出版社2006年版,第346页。

③ 杨立新:《多数人侵权行为与责任理论的新发展》,载《法学》2012年第7期。

是足以成立的。

在上述两种方案中,我们选择第二种方案。作出这种选择的理由是:

第一,在多数人侵权行为中,分别侵权行为与客观的共同侵权行为之间的界限比较模糊,很难确定。在通常情况下,是确定两个以上的行为是否构成关连共同,构成关连共同的为共同侵权行为,不构成关连共同的为分别侵权行为;在实际中,更具体的方法是,以造成的同一损害结果是否可以分割为标准,同一损害后果能够分割的是分别侵权行为,不能分割的是共同侵权行为。

第二,关于在消费者通过网络交易平台接受服务造成损害的行为中,服务者的行为与网络交易平台提供者的网络服务行为是否构成关连共同,一是,能够确定双方不具有主观关连共同,因为主观关连共同就是共同意思联络,是共同故意,不存在这样的情形(《消费者权益保护法》第 44 条第 2 款规定的责任除外);二是,在服务者的致害行为与网络交易平台提供者的网络服务行为中,如果网络交易平台提供者对于造成消费者的损害具有过失,就可以确定服务者与网络交易平台提供者由于其行为造成的损害后果具有不可分割的同一性,且有过失,应当具有客观关连共同,因而与分别侵权行为有区别。

因而应当确定,消费者通过网络交易平台接受服务造成损害,网络交易平台提供者有过失的,如知道或者应当知道服务者提供的服务存在缺陷、知道或者应当知道服务者无相应服务的资质或者未取得相应服务资质、知道或者应当知道服务者存在不适宜提供服务的精神状态的,网络交易平台提供者与服务者的行为构成部分关连共同的共同侵权行为,应当承担单向连带责任,而不适用《消费者权益保护法》第 44 条规定的附条件不真正连带责任。

三、网络交易平台提供者为消费者损害承担赔偿责任的一般性规则

在研究了上述网络交易平台提供者为消费者损害承担侵权责

任的基本法理基础后，应当说明网络交易平台提供者作为为网络交易提供服务的主体，在消费者通过网络交易平台购买商品或者接受服务造成损害时，承担侵权责任的一般规则。

（一）网络交易平台提供者承担侵权责任的归责原则

确定网络交易平台提供者为消费者的损害承担侵权责任应当适用何种归责原则，《消费者权益保护法》第44条第2款规定的比较明确，为过错责任原则；但该条第1款似乎没有明确规定对归责原则的要求。不过，从该条第1款规定的内容看，存在两种情形：一是在约定的附条件不真正连带责任中，依据"网络交易平台提供者作出更有利于消费者的承诺的，应当履行承诺"的表述，可以确定承担此种约定的责任无须具有过错，因而是无过错责任原则；二是在法定的附条件不真正连带责任中，依据"网络交易平台提供者不能提供销售者或者服务者的真实名称、地址和有效联系方式的"的表述，可以确定承担此种法定的责任须有过失，因而适用过错责任原则。

在通常的违约损害责任中，确定赔偿责任，"实行过错推定是必要的"。[①] 网络交易也是交易，都属于合同关系，一方造成另一方损害，承担赔偿责任的归责原则应当是过错推定原则；如果是缺陷产品致人损害，则适用无过错责任。既然如此，为什么网络交易平台提供者承担赔偿责任时却要适用过错责任原则呢？这样规定是否不利与对消费者提供保护呢？应当看到的是，在网络交易平台提供者为消费者的损害承担赔偿责任时，双方并不是同一个合同的主体，依据合同相对性原则，作为买卖合同或者服务合同的当事人，不能向与自己没有合同关系的网络交易平台提供者请求其为自己的损害承担赔偿责任，因而，如果请求该主体承担赔偿责任，须按照《消费者权益保护法》第44条规定，依照侵权责任请求权向网络交易平台提供者主张索赔，否则即无法律依据；即使缺陷产品造成消费者损害，网络交易平台提供者须承担赔偿责任，也不是依据产品责任的规则；同时，《消费者权益保护法》第44条规定网络交易平台

---

① 崔建远：《合同法》，法律出版社2015年版，第258页。

提供者承担责任时,确定其须有过错;因而应当适用过错责任原则,既不是过错推定原则,也不适用无过错责任原则。

综合起来,网络交易平台提供者对消费者通过网络交易平台购买商品或者接受服务造成损害承担赔偿责任,应当适用的归责原则体系是:

第一,对于一般的网络交易平台提供者对消费者通过网络交易平台购买商品或者接受服务造成损害承担赔偿责任,适用过错责任原则,包括不能提供销售者或者服务者的真实名称、地址和有效联系方式的损害赔偿责任,以及明知或者应知销售者或者服务者利用其平台侵害消费者权益,未采取必要措施的损害赔偿责任。

第二,对于网络交易平台提供者事先约定有先行赔付承诺的损害赔偿责任,适用无过错责任原则,只要约定的损害出现,不论网络交易平台提供者有无过错,都应当承担赔偿责任。

(二)网络交易平台提供者承担侵权责任的构成要件

确定网络交易平台提供者为消费者的损害承担赔偿责任的构成要件,除了约定的附条件不真正连带责任无须具备过错要件之外,一般的构成要件是:

1. 消费者通过网络交易平台购买商品或者接受服务受到损害

网络交易平台提供者应当承担赔偿责任的损害,首先是消费者的损害,其次是该消费者因销售者提供的商品或者服务者提供的服务而造成的损害,再次是消费者通过网络交易平台提供者为其提供的网络交易平台进行的交易,即购买商品或者接受服务中造成的损害。具备这三个要素,构成网络交易平台提供者承担责任的损害事实要件。

2. 网络交易平台提供者实施了为销售者、服务者销售商品或者服务提供的网络平台服务行为

网络交易平台提供者承担赔偿责任的行为,是多数人侵权行为,因而一般存在两个或者两个以上的行为。

销售者在网络交易平台销售缺陷商品的行为,服务者在网络交易平台提供瑕疵服务的行为,是构成这种责任的行为要件。

同时,正因为网络交易平台提供者承担责任的损害事实基础是消费者通过网络交易平台购买商品或者接受服务造成的损害,所以,网络交易平台提供者承担责任的行为就是为销售者在网络交易平台销售缺陷产品、服务者在网络交易平台提供瑕疵服务提供了网络交易平台的服务行为。在网络非交易平台上,销售者兜售缺陷产品,网络非交易平台提供者没有对销售者的销售行为提供平台服务的行为,因而不应当为该缺陷产品造成的消费者损害承担赔偿责任。

3. 网络交易平台提供者的提供网络服务行为与损害后果有因果关系

在通常情况下,网络交易平台提供者构成赔偿责任,因果关系要件表现为两个方面:

第一,造成损害的直接原因是销售者销售缺陷产品的行为,或者服务者提供瑕疵服务的行为。这个原因行为直接导致消费者受到损害。

第二,造成损害的间接原因是网络交易平台提供者的提供网络交易平台服务的行为。这种因果关系的表现,一是间接原因,并非直接导致损害的发生;二是网络交易平台提供者的行为对损害发生的原因,有的是与发生损害的行为的直接原因发生竞合,有的是发生损害的行为的直接原因发生结合,因而形成不同的多数人侵权行为类型,前者构成竞合侵权行为,后者构成共同侵权行为,分别承担不真正连带责任或者连带责任。

4. 网络交易平台提供者对于损害的发生有过错

除了约定的附条件不真正连带责任之外,网络交易平台提供者为消费者的损害承担赔偿责任,均须具备过错要件。

网络交易平台提供者具备的过错形式,不能提供真实名称、地址和有效联系方式的,过错形式是过失;明知销售者或者服务者利用其平台侵害消费者合法权益未采取必要措施的,为故意。至于应知销售者或者服务者利用其平台侵害消费者合法权益未采取必要措施的,究竟是故意还是过失,有疑问。我们曾经主张这种“应知”

应为推定知道,[①]这种过错形式为故意,但是,《消费者权益保护法》第44条规定的应知,是本应知道却因疏忽或者懈怠而未知,为过失。对于网络线下服务造成的损害,网络交易平台提供者承担赔偿责任的过错形式,为过失。

(三)网络交易平台提供者承担侵权责任的类型

网络交易平台提供者为消费者的损害承担赔偿责任有三种类型。此外,对于网络非交易平台转化为网络交易平台的,属于第四种类型。

1. 网络交易平台提供者为平台销售缺陷产品致害消费者承担的责任

销售者销售缺陷商品造成消费者损害(包括他人的损害),为产品责任,应受《侵权责任法》和《产品质量法》关于产品责任规定的调整,生产者和销售者承担连带责任。当销售者销售缺陷产品是通过网络交易平台提供者提供的平台进行时,网络交易平台提供者成为责任主体之一,依照《消费者权益保护法》第44条第1款规定,应当承担约定的附条件不真正连带责任或者法定的附条件不真正连带责任,侵权行为的类型为竞合侵权行为。

这种不真正连带责任的实行,其实不光是与销售者的责任相连带,而且也与生产者的责任相连带,但须具备通过网络交易平台销售缺陷产品为前提,缺陷产品的生产者和销售者承担连带责任,网络交易平台提供者承担不真正连带责任。不过,在缺陷产品造成损害的场合,为产品责任,责任人还有生产者,受害的消费者可以向其请求赔偿,网络交易平台提供者承担了赔偿责任之后,也可以向他进行追偿。

2. 网络交易平台提供者为平台提供瑕疵服务致害消费者承担的责任

服务者通过网络交易平台提供服务造成消费者损害,由于网络交易平台提供者不再负有提供服务者真实名称、地址和有效联系方

---

① 杨立新:《〈侵权责任法〉规定的网络侵权责任的理解与解释》,载《国家检察官学院学报》2010年第2期。

式的义务,因而原则上不承担赔偿责任。只有在网络交易平台提供者对于损害的发生具有过失时,方构成部分关连共同的共同侵权行为,应当比照《侵权责任法》第 49 条规定,承担单向连带责任。

3. 明知或应知销售者、服务者利用其平台侵害消费者未采取必要措施的责任

网络交易平台提供者对于消费者通过网络交易平台购买商品或者接受服务造成损害,如果具备明知或者应知销售者或者服务者利用其平台侵害消费者合法权益且未采取必要措施要件的,即构成主观的共同侵权行为或者客观的共同侵权行为,因而应与销售者或者服务者承担连带责任。

4. 网络非交易平台转化为网络交易平台的提供者责任

销售者、服务者利用网络非交易平台向消费者销售商品或者提供服务,造成消费者损害的,网络非交易平台提供者未向其主动提供平台服务的,对该损害不承担赔偿责任。

这原本不是网络交易平台提供者的责任问题,但是,如果网络非交易平台提供者在销售者或者服务者利用其平台进行交易活动时知道此情,且又为其提供服务的,则网络非交易平台的性质就发生了变化,成为了网络交易平台,此时,平台提供者应当依照网络交易平台提供者承担责任的规则,对消费者的损害承担赔偿责任。有人认为,只有网络非交易平台提供者对交易活动提供了所有的平台服务如信息流、资金流、物流服务的,才应当比照网络交易平台提供者承担责任的规则承担责任,否则就是服务的"碎片化",不应当承担这种赔偿责任。我们认为,应当区分具体情况:如果网络非交易平台提供者仅仅提供了商品信息或者服务信息的服务,不应当认定为网络非交易平台的性质就发生了转化,因为网络非交易平台本身就是信息交流平台;如果网络非交易平台提供者一旦对利用其平台进行交易活动的销售者、服务者提供了资金流或者物流服务,该平台的性质就发生转化,应当承担网络交易平台提供者的责任。

（四）网络交易平台提供者承担侵权责任的方式

依照《消费者权益保护法》第 44 条规定,网络交易平台提供者承担的侵权责任方式是赔偿责任,不承担《侵权责任法》第 15 条规

定的其他侵权责任方式。

第三节 网购食品平台责任对网络交易平台责任一般规则的补充

“互联网+交易”的平台责任规则，就是《消费者权益保护法》第44条规定的网络交易平台责任一般规则。该条文规定存在一个重要缺陷，就是遗漏了网络购物中的商品生产者的责任主体地位问题。对此，我们已经写文章作出了说明。[①] 2015年修订通过的《食品安全法》第131条对网购食品造成消费者损害的赔偿责任专门作出了规定，增加了食品生产者作为责任主体的规则，以及其他相关规定。这些规定与《消费者权益保护法》第44条规定的网络交易平台责任一般规则有何不同，原因何在，以及将会发生何种影响，都特别值得探讨。

一、网购食品平台责任规则与网络交易平台责任一般规则的异同

（一）《食品安全法》和《消费者权益保护法》对网络交易平台责任规则的不同规定

2015年4月24日，第十二届全国人民代表大会常务委员会第十四次会议通过了《食品安全法修正案》，重新公布了修订后的《食品安全法》。该法增加了关于在网络交易平台购买食品致害消费者应当如何承担赔偿责任的规则，即该法第131条：“违反本法规定，网络食品交易第三方平台提供者未对入网食品经营者进行实名登记、审查许可证，或者未履行报告、停止提供网络交易平台服务等义务……使消费者的合法权益受到损害的，应当与食品经营者承担连带责任。”“消费者通过网络食品交易第三方平台购买食品，其合法权益受到损害的，可以向入网食品经营者或者食品生产者要求赔

---

① 参见杨立新：《生产者在网络交易平台责任中的地位》，载《国家检察官学院学报》2016年第3期。

偿。网络食品交易第三方平台提供者不能提供入网食品经营者的真实名称、地址和有效联系方式的,由网络食品交易第三方平台提供者赔偿。网络食品交易第三方平台提供者赔偿后,有权向入网食品经营者或者食品生产者追偿。网络食品交易第三方平台提供者作出更有利于消费者承诺的,应当履行其承诺。”此外,第 148 条第 1 款规定:“消费者因不符合食品安全标准的食品受到损害的,可以向经营者要求赔偿损失,也可以向生产者要求赔偿损失。接到消费者赔偿要求的生产经营者,应当实行首负责任制,先行赔付,不得推诿;属于生产者责任的,经营者赔偿后有权向生产者追偿;属于经营者责任的,生产者赔偿后有权向经营者追偿。”

修订后的《食品安全法》第 131 条规定,借鉴的是 2013 年《消费者权益保护法》第 44 条规定的网络交易平台责任一般规则,内容有所改变。《消费者权益保护法》第 44 条规定的内容是:“消费者通过网络交易平台购买商品或者接受服务,其合法权益受到损害的,可以向销售者或者服务者要求赔偿。网络交易平台提供者不能提供销售者或者服务者的真实名称、地址和有效联系方式的,消费者也可以向网络交易平台提供者要求赔偿;网络交易平台提供者作出更有利于消费者的承诺的,应当履行承诺。网络交易平台提供者赔偿后,有权向销售者或者服务者追偿。”“网络交易平台提供者明知或者应知销售者或者服务者利用其平台侵害消费者合法权益,未采取必要措施的,依法与该销售者或者服务者承担连带责任。”

(二)《食品安全法》和《消费者权益保护法》规定网络交易平台责任规则的具体比较

将《消费者权益保护法》规定的网络交易平台责任一般规则与《食品安全法》规定的网购食品平台责任规则相比较,存在以下相同部分和不同部分:①

1. 相同部分

《食品安全法》第 131 条和《消费者权益保护法》第 44 条规定的网络交易平台责任规则,在以下方面是相同的:

① 为表述得简单,以下不再说明两部法律的名称,只以法律的条文序号进行区别。

（1）《食品安全法》第131条规定的入网食品经营者应当对其销售的食品造成消费者的损害承担责任，与《消费者权益保护法》第44条规定的网络商品销售者对造成消费者的损害承担赔偿责任，都是网络店铺的经营者作为直接责任主体，应当承担赔偿责任。

（2）《食品安全法》第131条规定，网络食品交易第三方平台提供者不能提供入网食品经营者的真实名称、地址和有效联系方式的，由该第三方平台提供者承担赔偿责任，赔偿后，可以向入网食品经营者进行追偿；《消费者权益保护法》第44条规定，网络交易平台提供者不能提供销售者真实名称、地址和有效联系方式的，消费者可以向网络交易平台提供者要求赔偿，赔偿后，有权向销售者进行追偿。

（3）《食品安全法》第131条规定，网络食品交易第三方平台提供者事先作出更有利于消费者承诺，即事先承诺先行赔付的，应当履行其承诺，承担致害消费者的赔偿责任，对入网食品经营者也享有追偿权；《消费者权益保护法》第44条规定，网络交易平台提供者作出更有利于消费者的承诺的，应当履行承诺，先行赔付，同样在赔偿后有权向销售者追偿。（见表7－1）

表7－1　《食品安全法》和《消费者权益保护法》对网络交易平台提供者责任的不同规定

主　题	《食品安全法》第131条规定	《消费者权益保护法》第44条规定
直接责任主体	消费者通过网络食品交易第三方平台购买食品，其合法权益受到损害的，可以向入网食品经营者（或者食品生产者）要求赔偿。	消费者通过网络交易平台购买商品或者接受服务，其合法权益受到损害的，可以向销售者或者服务者要求赔偿。
附法定条件的不真正连带责任	网络食品交易第三方平台提供者赔偿后，有权向入网食品经营者（或者食品生产者）追偿。	网络交易平台提供者赔偿后，有权向销售者或者服务者追偿。
附约定条件的不真正连带责任	网络食品交易第三方平台提供者作出更有利于消费者承诺的，应当履行其承诺。	网络交易平台提供者作出更有利于消费者的承诺的，应当履行承诺。

2. 不同部分

将《食品安全法》第131条和第148条规定与《消费者权益保护法》第44条(包括《侵权责任法》第43条)的规定相比较，网购食品平台责任规则与网络交易平台责任一般规则有以下不同：

(1)《食品安全法》第131条规定，在致害消费者的直接赔偿责任主体中，增加了食品生产者，[①]这正是《消费者权益保护法》第44条没有规定生产者是责任主体的漏洞之一，因为《消费者权益保护法》第44条只规定了销售者是网购商品致害的责任主体，没有规定商品生产者是责任主体。

(2)《食品安全法》第131条规定，在网络食品交易第三方平台提供者对致害的消费者承担了赔偿责任之后，对被追偿的主体增加了食品生产者；这也正是《消费者权益保护法》第44条没有规定网络交易平台提供者行使追偿权的责任主体应当包括商品生产者的漏洞之一，网络交易平台责任一般规则遗漏了应当追偿的这一责任主体。

(3)《食品安全法》第131条第1款规定没有采纳《消费者权益保护法》第44条第2款规定的主观连带责任规则，将"网络交易平台提供者明知或者应知销售者或者服务者利用其平台侵害消费者合法权益，未采取必要措施的，依法与该销售者或者服务者承担连带责任"的规定，规定为"违反本法规定，网络食品交易第三方平台提供者未对入网食品经营者进行实名登记、审查许可证，或者未履行报告、停止提供网络交易平台服务等义务"，"使消费者的合法权益受到损害的，应当与食品经营者承担连带责任"。《食品安全法》第131条第1款规定的规则，显然比《消费者权益保护法》第44条第2款规定的主观连带责任要重，因为《食品安全法》第131条规定的是客观连带责任，只要未对入网食品经营者进行实名登记、审查许可证，或者未履行报告、停止提供网络交易平台服务等义务即可，没有规定主观的要件；而《消费者权益保护法》第44条第2款规定的是明知或

---

① 信春鹰主编：《中华人民共和国食品安全法释义》，法律出版社2015年版，第339页。

者应知销售者利用网络交易平台致害消费者，是主观连带责任。

(4)《食品安全法》第 148 条第 1 款规定借鉴的是《侵权责任法》第 43 条关于产品责任不真正连带责任的规则，但是增加了“实行首负责任制，先行赔付，不得推诿”的规定，[①]明确了受害消费者“告谁谁就应当首先承担中间责任”的规则。(见表 7－2)

表 7－2　《食品安全法》对网购食品平台提供者责任规定的新规则

主题	《食品安全法》规定	《消费者保护法》(侵权责任法)规定
增加直接责任主体	第 131 条第 2 款：消费者通过网络食品交易第三方平台购买食品，其合法权益受到损害的，可以向入网食品经营者或者食品生产者要求赔偿。	第 44 条第 1 款：消费者通过网络交易平台购买商品或者接受服务，其合法权益受到损害的，可以向销售者(或者服务者)要求赔偿。
增加追偿权的责任主体	第 131 条第 2 款：网络食品交易第三方平台提供者赔偿后，有权向入网食品经营者或者食品生产者追偿。	第 44 条第 1 款：网络交易平台提供者赔偿后，有权向销售者或者服务者追偿。
连带责任规则	第 131 条第 1 款：违反本法规定，网络食品交易第三方平台提供者未对入网食品经营者进行实名登记、审查许可证，或者未履行报告、停止提供网络交易平台服务等义务……，使消费者的合法权益受到损害的，应当与食品经营者承担连带责任。	第 44 条第 2 款：网络交易平台提供者明知或者应知销售者或者服务者利用其平台侵害消费者合法权益，未采取必要措施的，依法与该销售者或者服务者承担连带责任。
不真正连带责任首负责任制	第 148 条第 1 款：消费者因不符合食品安全标准的食品受到损害的，可以向经营者要求赔偿损失，也可以向生产者要求赔偿损失。接到消费者赔偿要求的生产经营者，应当实行首负责任制，先行赔付。	侵权责任法第 43 条第 1 款：因产品存在缺陷造成损害的，被侵权人可以向产品的生产者请求赔偿，也可以向产品的销售者请求赔偿。

---

① 信春鹰主编：《中华人民共和国食品安全法释义》，法律出版社 2015 年版，第 339 页。

就此应该看到,《食品安全法》第131条和第148条规定的网购食品平台责任规则,与其所借鉴的《消费者保护法》第44条和《侵权责任法》第43条相比较,是青出于蓝而胜于蓝,相同的部分均为借鉴,不同的部分都是在补充第44条的立法漏洞和《侵权责任法》规定不够明确的问题,或者采取更为严厉的责任,保护网购食品消费者的合法权益。

(三)网购食品平台责任的具体规则

将上述《食品安全法》第131条和第148条第1款规定的网购食品平台责任规则综合起来,在网络食品交易第三方平台购买食品的消费者因该食品致害,具体的责任分担规则是:

1. 产品责任的不真正连带责任

在网络食品交易第三方平台购买食品致害消费者,入网食品经营者或者食品生产者应当承担赔偿责任。食品经营者其实就是平台上开网络店铺的食品销售者。食品经营者与食品生产者之间的责任关系适用产品责任规则,即适用《侵权责任法》第43条规定,承担不真正连带责任,受害消费者可以向食品经营者请求赔偿,也可以向食品生产者请求赔偿;《食品安全法》第148条第1款规定了“实行首负责任制,先行赔付,不得推诿”的内容,受害消费者起诉哪个责任人,该责任人就要首负赔偿责任,不得推诿,只是在承担了赔偿责任之后,如果不是最终责任人,可以向最终责任人进行追偿,最终责任由造成食品缺陷的责任人承担。

2. 附法定条件的不真正连带责任

这个责任规则,是在受害消费者不能请求食品经营者或食品生产者承担赔偿责任时,如果网络食品交易第三方平台提供者不能提供入网食品经营者的真实名称、地址和有效联系方式的,该交易平台提供者就应当对消费者的损害承担赔偿责任,能够提供食品经营者的真实名称、地址和有效联系方式的,则不承担责任;在平台提供者承担了赔偿责任之后,有权向食品经营者或者食品生产者追偿。

3. 附约定条件的不真正连带责任

网络食品交易第三方平台提供者如果事先有“先行赔付”等更有利于消费者保护的承诺的,平台提供者应当直接对消费者的损害承担赔偿责任,无须消费者先向入网食品经营者或者食品生产者请求赔偿。平台提供者承担了这种约定的附条件不真正连带责任的赔偿责任后,也有权向入网食品经营者或者食品生产者追偿。

4. 入网经营审查违法的客观连带责任

违反《食品安全法》第 62 条规定,网络食品交易第三方平台提供者未对入网食品经营者进行实名登记、审查许可证,或者未履行报告、停止提供网络交易平台服务等义务,就是网络食品交易第三方平台提供者对食品经营者入网经营审查的违法行为。如果平台提供者有这种不作为违法行为,使消费者的合法权益受到网购食品损害的,网络食品交易第三方平台提供者应当与食品经营者承担连带责任。

5. 明知或者应知的主观连带责任

《食品安全法》第 131 条没有规定明知或者应知食品经营者利用平台侵害消费者合法权益,造成消费者损害,应当承担连带责任的规定。但在理解上,如果网络销售食品中存在网络食品交易第三方平台提供者明知或者应知食品经营者利用其平台侵害消费者合法权益的情形,应当比照适用《消费者权益保护法》第 44 条第 2 款的规定,与食品经营者共同对消费者的损害承担连带责任。

二、网络购物平台责任规则补充网络交易平台责任一般规则的理论依据

从上文分析可以看到,《食品安全法》第 131 条和第 148 条规定对《消费者权益保护法》第 44 条规定网络交易平台责任一般规则,有三个重要的修改。这种修改的理论依据是什么,特别值得研究。

(一)补充网络交易平台责任一般规则的责任主体缺位

在上述《食品安全法》第 131 条规定的前两种与网络交易平台责任一般规则的不同之处,即在致害消费者的直接责任主体中增加了食品生产者,以及在网络食品交易第三方平台提供者对受害消费者承担了赔偿责任之后,在被追偿的主体中也增加了食品生产者。这正是《消费者权益保护法》第 44 条只规定商品销售者而没有规定商品生产者为直接责任主体,以及网络交易平台提供者追偿权没有规定商品生产者为责任主体的立法漏洞。这样的规定,完全符合侵

权责任法的产品责任法法理和规则的要求。

产品责任是指因产品有缺陷造成他人财产、人身损害，产品制造者、销售者所应当承担的民事责任。这种产品责任是一种侵权责任，属于物件致人损害的侵权责任的一个特别类型。[①] 产品责任的主体，在立法例上有两种模式：一是单一主体模式，以欧盟为代表，仅将产品责任主体规定为生产者，如认定产品责任主体为生产者，包括成品生产者、原料或零部件生产者，以及任何以名称、商标或其他识别特征附于产品上表明自己是产品的生产者的人。二是双重主体模式，以美国为代表，将生产者和销售者都作为责任主体，规定从事产品销售或产品其他形式的经营者，对其销售或者经营的缺陷产品因该缺陷造成人身或财产损害，应当承担侵权责任。[②] 我国《民法通则》《产品质量法》《侵权责任法》都采美国模式，规定产品责任的主体为生产者和销售者，[③]其理由是如果产品责任实行无过错责任原则，则即使生产者或者销售者之一对于缺陷的产生没有责任，但也因其承担无过错责任而应对受害人承担赔偿责任。为了使对缺陷的产生没有责任但却承担了中间责任的主体的不公平后果进行修正，因而规定双重责任主体之一承担了赔偿责任的，其责任性质为中间责任的，享有向应当对产生缺陷的责任主体的追偿权，将缺陷产品致害的最终责任转移给最终责任主体。

之所以这样规定产品责任规则，就是为了在最大程度上保障受害人赔偿请求权的实现，使其受到的损害能够及时得到补偿，受到侵害的权利尽早得以恢复。因而，尽管对中间责任者首先承担责任显得不十分公平，但是一方面它还可以得到追偿权的救济，另一方面从救济受害人的角度而言却是最大的公平。

但是，在《消费者权益保护法》第 44 条关于网络交易平台责任

---

① 张新宝：《侵权责任法》，中国人民大学出版社 2010 年版，第 244 页。

② 王利明：《侵权责任法研究》（下册），中国人民大学出版社 2011 年版，第 266 页。

③ 《民法通则》第 122 条规定："因产品质量不合格造成他人财产、人身损害的，产品的制造者、销售者应当承担民事责任。"《产品质量法》第 43 条规定："因产品存在缺陷造成人身、他人财产损害的，受害人可以向产品的生产者要求赔偿，也可以向产品的销售者要求赔偿。"《侵权责任法》第 43 条规定："因产品存在缺陷造成损害的，被侵权人可以向产品的生产者请求赔偿，也可以向产品的销售者请求赔偿。"

一般规则的规定中,在第一个层次的责任分担规则即直接责任主体中,却只规定了销售者,没有规定生产者;在关于网络交易平台提供者承担了赔偿责任后行使追偿权的责任主体的规定中,也只规定了销售者,同样没有规定生产者。因此,在我国法律规定的产品责任双重责任主体的模式中,网络交易平台责任一般规则却只有一个销售者为责任主体,缺少生产者为责任主体,而生产者恰恰多为最终责任主体,销售者通常为中间责任主体。这种情形正像俗语所说的“捡起芝麻,丢掉西瓜”那样,遗漏了主要的责任主体。

按照《消费者权益保护法》第44条规定承担网络销售商品致害责任规则的后果是:第一,该法第44条规定的直接责任主体与《侵权责任法》第43条规定的责任主体相矛盾,即将产品责任的双重主体模式改变为单一主体模式,与以往立法不同;第二,在这样的规定之下,将会引导消费者在网购中受到缺陷产品损害,请求权指向销售者,而不向缺陷产品的生产者请求赔偿,放掉了最应当承担赔偿责任的主体;第三,在网络交易平台提供者承担了赔偿责任之后,从形式上理解,只能向销售者追偿,不能向生产者追偿,一旦销售者无法找到,或者丧失赔偿能力,网络交易平台提供者只能自担赔偿风险,无法向最终责任者转移最终责任;第四,通常应当承担最终责任的缺陷产品生产者躲在网购产品责任的规则背后,逃避侵权责任,却没有人向其主张权利。这样的后果,是不应当出现的。

《食品安全法》第131条关于网购食品责任规则的规定,增加了食品生产者作为直接责任主体和追偿权的责任主体,就起码在网购食品领域弥补了《消费者权益保护法》第44条规定的网络交易平台责任一般规则的上述漏洞,在网购食品致害责任中,保证了双重主体模式的实行,对于保护消费者合法权益,公平配置销售者、生产者以及网络交易平台提供者之间的责任分担规则,具有特别重要的意义。

(二)增加网购食品致害的客观连带责任规则

《食品安全法》第131条第1款将《消费者权益保护法》第44条第2款规定的主观连带责任规则,改变为客观连带责任规则,在侵权责任法理论上也有重要意义。

对于《民法通则》第 130 条的解释，多年来一直认为共同侵权行为的本质特征为共同过错，即采取主观标准，[①]原本是我国民法学界关于共同侵权行为本质的主流学说，并得到司法实务的肯认。[②] 问题发生在 2013 年 12 月 4 日，最高人民法院出台《最高人民法院关于审理人身损害赔偿案件适用法律若干问题的解释》，其第 3 条第 1 款规定："二人以上共同故意或者共同过失致人损害，或者虽无共同故意、共同过失，但其侵害行为直接结合发生同一损害后果的，构成共同侵权，应当依照民法通则第 130 条规定承担连带责任。"其中"虽无共同故意、共同过失，但其侵害行为直接结合发生同一损害后果的，构成共同侵权"的规定，改变了共同侵权行为的主观主义立场，向客观主义立场过渡。对此，学者提出了批评意见。[③] 在制定《侵权责任法》过程中，这个问题被重新提出来讨论，多数人认为，最高人民法院关于共同侵权行为适当向客观主义立场过渡的立场值得肯定，对保护受害人的权益是有好处的，因此，在规定该法第 8 条时，并没有对其采取否定立场，而是将其包含在其中，即《侵权责任法》第 8 条规定共同侵权行为，既包括主观的共同侵权行为，也包括客观的共同侵权行为。[④]

《消费者权益保护法》第 44 条第 2 款关于网络交易平台提供者承担连带责任的规定，借鉴的是《侵权责任法》第 36 条第 3 款关于网络服务提供者承担连带责任的规定，即"网络服务提供者知道网络用户利用其网络服务侵害他人民事权益，未采取必要措施的，与该网络用户承担连带责任"。在网络交易中，网络交易平台提供者明知或者应知商品销售者利用其网络交易平台侵害消费者的合法权益，未采取必要措施的，应当与销售者承担连带责任，认定连带责

---

① 佟柔主编：《民法原理》，法律出版社 1986 年版，第 20 页；王利明、杨立新：《侵权行为法》，法律出版社 1996 年版，第 354 页。

② 张铁薇：《共同侵权制度研究》，人民法院出版社 2013 年版，第 109 页。

③ 杨立新等：《人身损害赔偿——以最高人民法院人身损害赔偿司法解释为中心》，人民法院出版社 2004 年版，第 179 页。

④ 王胜明主编：《中华人民共和国侵权责任法释义》，法律出版社 2010 年版，第 57～58 页；杨立新：《侵权责任法》，法律出版社 2015 年版，第 137 页。

任的标准还是主观主义立场，[①]即明知为故意，应知为重大过失，因而认定其为共同侵权行为，应当承担连带责任。

《食品安全法》第131条第1款规定网络食品交易第三方平台提供者与食品经营者承担连带责任的规则，显然与《消费者权益保护法》第44条第2款的规定不同，是完全的、彻底的客观主义立场，即仅仅是网络食品交易第三方平台提供者违反该法第62条规定，未对入网食品经营者进行实名登记、审查许可证，或者未履行报告、停止提供网络交易平台服务等义务，使消费者的合法权益受到损害的，就认为是共同侵权行为应承担连带责任，采纳的显然不是主观主义立场，而是客观连带责任。

这样的规定是否符合法理，应当说明。首先，共同侵权行为中包含客观的共同侵权行为，是网络食品交易第三方平台提供者承担连带责任的法律基础。既然在共同侵权行为人之间不具有共同故意或者共同过失的主观联系的情形也能构成共同侵权行为，承担连带责任，那么，网络食品交易第三方平台提供者未尽对网络店铺食品经营者入门资格审查的高度谨慎义务，致使入网的食品经营者销售食品致害消费者，其行为是造成消费者损害的共同原因，且损害后果不可分，依据客观关连共同的法理，[②]构成客观的共同侵权行为，应当承担连带责任。其次，法律对食品安全的严重关注，是网络食品交易第三方平台提供者承担客观连带责任的社会基础。在我国当前的食品安全形势严峻的情况下，对于任何形式的食品致害消费者的行为，都应当予以严厉制裁。在网络交易中，对于网络食品交易第三方平台提供者也应当没有例外。因此，责令其在客观上未尽审查义务而造成消费者损害的承担连带责任，符合我国食品安全大形势的要求。最后，维护网络交易秩序，须采取保护网购食品消费者人身安全的必要措施。网络平台上的食品交易，最重要的特征

---

① 李适时主编：《中华人民共和国消费者权益保护法释义》，法律出版社2014年版，第197页。

② 史尚宽认为："民法上之共同侵权行为，与刑法之共犯不同，苟各自之行为，客观的有关连共同，即为已足。"参见史尚宽：《债法总论》，中国政法大学出版社2000年版，第173页。

是背靠背的线上交易,入网的食品经营者与消费者在交易中互不见面,很难保证食品质量符合要求,因而网络食品交易第三方平台提供者应当承担重要职责,维护网络食品交易安全。其未尽高度谨慎的注意义务,对入网的食品经营者未尽必要审查、登记等,对于该食品经营者造成消费者的损害承担连带责任,也是维护网络食品交易安全的必要措施。

(三)在产品责任中增加"首负责任制"

《食品安全法》第148条第1款规定,是在《侵权责任法》第43条规定的产品责任不真正连带责任规则的基础上增加"首负责任制",具体表述是:"接到消费者赔偿要求的生产经营者,应当实行首负责任制,先行赔付,不得推诿"。

产品责任的不真正连带责任规则,是说在生产者、销售者之间承担中间责任,均依照无过错责任确定,而不论二者究竟是由谁承担最终的赔偿责任。《侵权责任法》第43条第1款关于"因产品存在缺陷造成损害的,被侵权人可以向产品生产者请求赔偿,也可以向产品的销售者请求赔偿"的规定,说的就是这个意思。这是从被侵权人的角度规定的,是说被侵权人对由哪个责任主体承担中间责任享有选择权,而不是从侵权人承担责任的角度作出规定。《食品安全法》第148条第2款的规定,在从被侵权人的角度规定了对责任主体的选择权之后,再进一步规定"接到消费者赔偿要求的生产经营者,应当实行首负责任制",则是从责任主体的角度规定,"告谁谁就应当首先承担中间责任",先行赔付,不得推诿,强化了被侵权人选择权的效力,也强化了不真正连带责任之中间责任的不可推卸性。

《食品安全法》第148条的这种对责任分担的表述,尽管不像法律规范条文那样严谨,但是明确了受害消费者"告谁谁就应当首先承担中间责任"的规则,避免责任主体之间相互推诿和法官的犹豫不决,还是有重要意义的。

三、网购食品平台责任规则对补充网络交易平台责任一般规则漏洞的价值

《食品安全法》的上述内容,都是针对网购食品致害责任规定

的网购食品平台责任规则，对《消费者权益保护法》第44条规定的网络交易平台责任一般规则存在的漏洞做了补充，使网购食品平台责任规则比较完美和完善。但是，这些规则对于存在漏洞的网络交易平台责任一般规则是否具有借鉴价值，以及怎样借鉴，都存在疑问，需要解决。同时，《消费者权益保护法》第44条规定的主观连带责任规则，对网购食品责任规则是否也应比照适用，也有疑问，亦须解决。

（一）网络交易平台责任一般规则应当采纳网购食品平台责任规则的进步作为补充

《消费者权益保护法》第44条没有规定商品生产者作为责任主体、客观连带责任的规则，存在的疑问是，网络交易平台提供者承担网络销售其他商品致害消费者的责任规则，能够借鉴《食品安全法》第131条规定吗？如可借鉴则应当怎样引用法律呢？对此，我们的看法是：

1. 对生产者作为直接责任主体和追偿权的责任主体的规定应当借鉴

事实上，网络销售其他商品和网络销售食品，从总的性质上看是一致的，因为食品也是商品。《食品安全法》第131条规定网购食品平台责任规则，将食品生产者作为直接责任主体和追偿权的责任主体，完全符合产品责任法的规则和法理，而这恰好是《消费者权益保护法》第44条的立法漏洞，即“法律体系上之违反计划的不圆满状态”，[①]或者“系指以现行法律规定之基本思想及内在目的，对于某项问题，可期待设有规定而未设定规定之谓”，[②]需要采用类推适用的漏洞补充方法，即类推适用相同的处理规则，对特定案件，比照援引与该案件类似的法律规定，将法律的明文规定适用于该法律所未直接加以规定，[③]但其规范上的重要特征与该规定所明文规定者相同的案型，依据“相同之案型，应为相同之处理”的方法，[④]进行补充。只有按照这样的方法，将第131条规定的规则适用于第44条，

① 黄茂荣：《法学方法与现代民法》，2011年版（自版），第456页。

② 王泽鉴：《民法学说与判例研究》（第二册），北京大学出版社2009年版，第16页。

③ 王利明：《法学方法论》，中国人民大学出版社2011年版，第439页。

④ 黄茂荣：《法学方法与现代民法》，2011年版（自版），第600~601页。

第 44 条规定的规则才是完整的、完善的。[①]

问题是，确定非网购食品致害责任，应当适用的是《消费者权益保护法》第 44 条，如果适用《食品安全法》第 131 条规定，会被当事人以超出《食品安全法》的适用范围进行抗辩，因为《食品安全法》仅仅规范"保证食品安全，保障公众身体健康和生命安全"。[②]

对此，我们的意见是，在确定适用网络交易平台责任一般规则时，应当借鉴《食品安全法》第 131 条规定的上述规则，将商品生产者作为与销售者并列的直接责任主体，同时也将其作为网络交易平台提供者承担了赔偿责任之后行使追偿权的责任主体。在具体适用法律时，应当采取的办法是：第一，引用《消费者权益保护法》第 44 条规定，指出其不列举生产者作为责任主体的漏洞；第二，引用《侵权责任法》第 43 条规定，确认网络购物致害的被侵权人有权依照该规定起诉生产者承担责任；[③]第三，比照适用《食品安全法》第 131 条规定，确认商品的生产者、销售者都是网络购物致害消费者的责任主体，应当承担直接的赔偿责任即中间责任，并且应当承担对承担了中间责任的网络交易平台提供者行使追偿权所应当承担的赔偿责任；第四，比照适用《食品安全法》第 148 条规定的首负责任制，在生产者、销售者之间实行首负责任制，先行赔付，不得推诿。

2. 对客观连带责任规则不必借鉴

对于《食品安全法》第 131 条规定的客观连带责任规则，网络交易平台责任一般规则不必借鉴，因为这是为保障食品安全所确定的更为严厉的连带责任规则，应当在法律明文规定的范围内适用，不应扩大适用范围，且在《消费者权益保护法》第 44 条第 2 款中已经规定了主观连带责任规则。因而，《食品安全法》第 131 条第 1 款规定的客观连带责任规则，只能适用于网购食品责任范围，不能适用于网络交易平台责任一般规则。

---

① 具体漏洞的理由说明，参见杨立新：《生产者在网络交易平台责任中的地位》，载《国家检察官学院学报》2016 年第 3 期。

② 《食品安全法》第 1 条的内容。

③ 杨立新：《生产者在网络交易平台责任中的地位》，载《国家检察官学院学报》2016 年第 3 期。

（二）网购食品责任规则应当借鉴主观连带责任规则

网购食品责任规则没有规定主观连带责任规则，也存在立法漏洞，原因在于，《食品安全法》第131条第1款只规定了客观连带责任规则，并不能包含网络食品交易第三方平台提供者明知或者应知入网的食品经营者利用其平台侵害消费者权益的情形。这种情形构成共同侵权行为，无论是《侵权责任法》第36条第3款还是《消费者权益保护法》第44条第2款，都规定应当承担连带责任。这是侵权责任法的基本原理和应当适用的规则。在网购食品致害消费者时，如果存在网络食品交易第三方平台提供者明知或者应知入网食品经营者利用该平台侵害消费者权益，造成消费者损害的，当然应与入网食品经营者共同承担连带责任。

对于上述情形，在具体适用法律时：第一，应当依照《侵权责任法》第8条规定，确认其构成共同侵权行为，承担连带责任；第二，比照《消费者权益保护法》第44条第2款规定，确定网络食品交易第三方平台提供者与入网食品经营者共同承担连带责任。

四、结论

《食品安全法》在强化食品安全、加重制裁网购食品致害消费者侵权行为的网购食品平台责任规则中，将食品生产者作为直接责任主体和追偿权的责任主体的规定，对于《消费者权益保护法》第44条规定的网络交易平台责任一般规则存在的遗漏生产者为责任主体的立法漏洞，具有重要的补充价值，确定网络交易平台提供者责任时，应当比照适用。《食品安全法》第131条第1款规定的客观连带责任规则，是单独适用于网购食品致害消费者责任的规范，网络交易平台责任一般规则不应适用。《食品安全法》第148条规定的首负责任制，对于产品责任规则是一个有益补充，不仅对于网络交易平台责任一般规则有比照适用的价值，而且对所有的产品责任都有借鉴意义。《食品安全法》第131条没有规定网络食品交易第三方平台提供者承担主观连带责任的规则，也属于立法漏洞，应当比照《消费者权益保护法》第44条第2款规定，在具备相同条件时予以适用。

图书在版编目(CIP)数据

多数人侵权行为与责任 / 杨立新主编. —北京:法律出版社,2017
ISBN 978 - 7 - 5197 - 1030 - 9

Ⅰ. ①多… Ⅱ. ①杨… Ⅲ. ①侵权行为—研究 Ⅳ. ①D913. 04

中国版本图书馆 CIP 数据核字(2017)第 148586 号

多数人侵权行为与责任
DUOSHUREN QINQUAN XINGWEI YU ZEREN

杨立新 主编

策划编辑 李峰沄
责任编辑 李峰沄
装帧设计 李 瞻

出版 法律出版社
总发行 中国法律图书有限公司
经销 新华书店
印刷 三河市龙大印装有限公司
责任校对 杨锦华
责任印制 陶 松
编辑统筹 学术·对外出版分社
开本 720 毫米×960 毫米 1/16
印张 24.75
字数 338 千
版本 2017 年 6 月第 1 版
印次 2017 年 6 月第 1 次印刷

法律出版社/北京市丰台区莲花池西里 7 号(100073)
网址/www. lawpress. com. cn
投稿邮箱/info@ lawpress. com. cn
举报维权邮箱/jbwq@ lawpress. com. cn
销售热线/010 - 63939792
咨询电话/010 - 63939796

中国法律图书有限公司/北京市丰台区莲花池西里 7 号(100073)
全国各地中法图分、子公司销售电话:
统一销售客服/400 - 660 - 6393
第一法律书店/010 - 63939781/9782 西安分公司/029 - 85330678 重庆分公司/023 - 67453036
上海分公司/021 - 62071639/1636 深圳分公司/0755 - 83072995

书号:ISBN 978 - 7 - 5197 - 1030 - 9 **定价**:78.00 元
(如有缺页或倒装,中国法律图书有限公司负责退换)